About the author:

Constantinos Ierodiakonou[1] is a Computer Scientist, an experienced educator and a Certified Training Professional. During his twenty-year career he taught in all ranges of the educational spectrum and has an extensive knowledge on Game Development Platforms and he is the creator of a variety of games and the founder of two Game Development Clubs in schools of private education.

He is also the author of multiple syllabi for Computer Science in high schools, Programming courses and the author of the books "Edutainment Through Gamification" and "Game Development in Unity".

Endorsed by:

"**Game Development in Unity**" by Constantinos Ierodiakonou, is a resourceful handbook which presents some of the key game development concepts in a format that is easy to understand and engaging for the reader. The book covers important introductory topics and does so with a clarity that caters to the needs of a younger audience. Its hands-on approach to teaching Unity enables readers to learn by doing, which is a critical aspect of STEM (Science-Technology-Engineering-Mathematics) education.

Furthermore, the structured progression through the game development elements, the breakdown of the learning objectives, the annotated figures, and the tailored exercises ensure that even those with no prior experience in game development can build their skills systematically.

We are confident that "**Game Development in Unity**" will be a valuable guide for young individuals who are enthusiastic about creating their own games. It has the potential to inspire and cultivate the next generation of game developers, equipping them with some basic knowledge and skills necessary to turn their creative visions into reality.

Dr Louis Nisiotis[2]

Dr Andriani Piki[3]

School of Sciences | University of Central Lancashire Cyprus (UCLan Cyprus)

---

[1] Constantinos@GameDevUnity.com
[2] LNisiotis@uclan.ac.uk
[3] APiki@uclan.ac.uk

CYPRUS COMPUTER SOCIETY

This book is approved by :

The Cyprus Computer Society (CCS[4]) is a professional, scientific and independent non-profit organization, founded in 1984 with the aim of developing, upgrading and promoting the IT sector in Cyprus.

CCS seeks to set high standards among industry professionals, recognizing the impact that Information and Communication Technologies (ICT) has on employment, business, society and the quality of life of the citizen.

Playing a key role in connecting academics with the professional sector, the Association promotes key issues in the industry, especially in the fields of digital literacy, professional skills, professionalism, education, training and research.

As the foremost body for the promotion of the ICT sector, CCS expresses its views on behalf of its members to national authorities on strategic ICT issues and participates in European and other projects by developing multi ateral partnerships with the academic community, governmental, public, private and non-governmental organizations.

Within the framework of its education and training activities in connection to the ICDL Cyprus programme, the CCS has reviewed the work by Constantinos Ierodiakonou and submitted a series of recommendation both as to the syllabus, structure and content of the book. Considering also the positive comments made by experts in the Game Development field, the CCS recommends the book to training and educational institutions as a valuable resource for use in introductory to intermediate level Game Development with Unity programmes.

Dr. Panicos Masouras [5]

CCS Training & Education Programmes

---

[4] https://ccs.org.cy/
[5] p_masouras@ccs.org.cy

ENDORSEMENTS

The author would like to thank the following who have given permission to reproduce and/or approve the material in this book:

Hutong Games for giving permission to the author of publishing within the contents of this book the Unity Asset – PlayMaker logo, screenshots and how to use the asset. PlayMaker is used by students and faculty at a growing number of institutions such as MIT - Virginia Tech - University of Denver - Chicago Public Schools - Rochester Institute of Technology - Media Institute, College of Media Arts – NDORMS and University of Oxford.

Cyprus Computer Society (CCS) for approving this book for educational purposes. CCS seeks to set high standards among industry professionals, recognizing the impact that Information and Communication Technologies (ICT) has on employment, business, society, and the quality of life of the citizen while playing a key role in connecting academics with the professional sector, the Association promotes key issues in the industry, especially in the fields of digital literacy, professional skills, professionalism, education, training and research.

ISBN: 979-8854249195 –Copyright 2024 © - First Edition v 1.13

GAME DEVELOPMENT
IN UNITY

Table of Contents / Περιεχόμενα

Starting with Game Development _____ 1

What is Unity? _____ 2

Setting up your development Environment and the Hub _____ 3

First Steps with Unity _____ 6

    Introduction on the First Steps with Unity _____ 6

    The Editor layout _____ 6

    Adding Primitives _____ 8

    Navigating through the Scene _____ 12

    Selecting and Positioning Objects _____ 15

    The Transform Component _____ 16

    Meshes _____ 18

    Scenes - Saving and Loading _____ 19

Rigidbodies and Physics _____ 20

    Cameras _____ 24

Audio Listeners and Audio Sources _____ 30

First Script – "Teleporting" an object _____ 32

    Colliders _____ 34

    Compound colliders _____ 34

    Mesh colliders _____ 34

    Scripting in C# and Triggers _____ 38

Visual Scripting – PlayMaker – Finite State Machines _____ 42

    What is a Finite State Machine (FSM) ? _____ 42

    The PlayMaker FSM _____ 44

Prefabs _____ 51

    Instantiating Prefabs – C# _____ 53

Instantiating Prefabs – VS – PlayMaker _____ 57

Animations _____ 59

    Parent Objects and Anchor Points _____ 60

    Animation Clips _____ 61

    The Animation Tab _____ 63

    Frames _____ 63

    Record Modes and Timeline _____ 64

User Input _____ 67

    Input via C# and Void Start / Update _____ 69

    void Start(): _____ 70

    void Update(): _____ 70

Input using FSM – PlayMaker _____ 75

Introduction to Materials _____ 77

    Creating Materials _____ 78

Shaders _____ 78

Albedo _____ 79

Using Materials _____ 80

Intermediate Module _____ 82

Introduction to Lights _____ 83

Lighting Modes _____ 83

Light Types _____ 84

Enabling and Disabling Components on Objects _____ 86

Simple Generation / Baking Lights _____ 90

Activating/Deactivating Game Objects _____ 92

Destroying a Game Object _____ 93

Game Object State, Delta Time and Frames _____ 94

GameObject State and Debug.Log _____ 94

Delta Times vs Frames _____ 95

Invoking Game Objects and Forces (Projectiles) _____ 98

Tags _____ 107

Global Project variables - Statics _____ 110

Canvas / Creating Simple Menus _____ 115

On Click() _____ 119

_____

Ξεκινώντας με Δημιουργία Παιχνιδιών (Game Development) _____ 125

Τί είναι η Unity? _____ 126

Ρύθμιση του Περιβάλλον Ανάπτυξης (Development Environment) και του Hub _____ 127

Πρώτα βήματα με την Unity _____ 130

Εισαγωγή στα πρώτα βήματα με Unity _____ 130

To Editor layout _____ 130

Προσθέτοντας Primitives _____ 132

Πλοήγηση στην Scene _____ 137

Επιλογή και τοποθέτηση Objects _____ 140

To Transform Component _____ 141

Meshes _____ 143

Scenes - Saving και Loading _____ 144

Rigidbodies και Physics _____ 145

Κάμερες/Cameras _____ 149

Αποδέκτες και πήγες Ήχου - Audio Listeners και Audio Sources _____ 156

Το πρώτο Script – "Teleporting" ένα Object _____ 158

  Colliders _____ 160

  Compound colliders _____ 160

  Mesh colliders _____ 161

  Κωδικοποίηση / Scripting στην C# και Triggers _____ 165

Visual Scripting – PlayMaker – Finite State Machines _____ 170

  Τι είναι ένα Finite State Machine (FSM) ? _____ 170

  To PlayMaker FSM _____ 172

Prefabs _____ 179

  Instantiating Prefabs – C# _____ 181

Instantiating Prefabs – VS – PlayMaker _____ 185

Animations _____ 187

  Parent Objects και σημεία αγκύρωσης _____ 189

  Animation Clips _____ 190

  Η καρτέλα/Tab Animation _____ 192

  Frames _____ 192

  Record Modes και Timeline _____ 193

Input από Χρήστη _____ 196

  Input με C# και τα Void Start / Update _____ 198

  void Start(): _____ 199

  void Update(): _____ 199

Input με FSM – PlayMaker _____ 204

Εισαγωγή στα Materials _____ 206

  Δημιουργία Materials _____ 207

  Shaders _____ 207

  Albedo _____ 208

  Χρησιμοποιώντας τα Materials _____ 209

Intermediate Module _____ 211

Εισαγωγή στο Φωτισμό (Lights) _____ 212

  Lighting Modes _____ 212

  Τύποι Light _____ 213

Ενεργοποίηση και Απενεργοποίηση Components σε Objects _____ 215

  Simple Generation / Baking Lights _____ 220

Ενεργοποίηση / Απενεργοποίηση των Game Objects _____ 221

Καταστροφή/Destroying ένα GameObject _____ 222

Game Object State, Delta Time και τα Frames _____ 224

  GameObject State και το Debug.Log _____ 224

  Delta Times vs Frames _____ 225

Invoking Game Objects και Forces (Projectiles) _____ 228

Tags - Ετικέτες _____ 238

Global Project μεταβλητές - Statics _____ 242

Καμβάς - Canvas / Δημιουργία Απλών Menus _____ 247

On Click() _____ 252

> !
> *Throughout this book you will notice this symbol which indicates that the information provided in the box is additional information. This information can be skipped if needed.*

This book is separated in two parts, the first part of the book is in English and the second part in Greek respectively. The author followed this approach with respect to all the students of Cyprus so that the book can be used in both the private English-speaking educational institutions but also the Greek speaking public sector of education.

The English version starts at page 1 whilst the Greek version starts at page 125.

There are additional assets at the last page of this book. Those can be used to enhance your learning experience.

Αυτό το βιβλίο χωρίζεται σε δύο μέρη οπού το πρώτο μέρος παρουσιάζεται στην Αγγλική και το δεύτερο μέρος στην Ελληνική γλώσσα αντίστοιχα. Συνειδητά ο συγγραφέας ακολούθησε αυτή την προσέγγιση σεβόμενος όλους τους μαθητές και τις μαθήτριες της Κύπρου ώστε το βιβλίο να μπορεί να αξιοποιηθεί τόσο από σχολεία που προσφέρουν εκπαίδευση στα ελληνικά όσο και από σχολεία που προσφέρουν εκπαίδευση στα αγγλικά.

Η αγγλική έκδοση ξεκινά από την σελίδα 1 και η ελληνική από την σελίδα 125.

Υπάρχουν επιπρόσθετα assets στην τελευταία σελίδα αυτού του βιβλίου. Μπορείτε να τα χρησιμοποιήσετε για μια καλύτερη εμπειρία μάθησης.

You can find the C# scripts at our website at:

Μπορείτε να βρείτε τα script της C# στην ιστοσελίδα μας:

www.GameDevUnity.com

Table of Figures

Figure 1 - Unity Hub... 4

Figure 2 - Installing the Editor 4

Figure 3 - Starting a 3D Core project 5

Figure 4 - Unity Editor Layout 6

Figure 5 - Set Layouts to Default 7

Figure 6 - Creating a Primitive 8

Figure 7 - The Cube Primitive.. 9

Figure 8 - The Sphere Primitive... 9

Figure 9 - The Capsule Primitive 10

Figure 10 - The Cylinder Primitive with a Capsule Collider 10

Figure 11 - The Plane Primitive 11

Figure 12 - The Quad Primitive 11

Figure 13 - Autofocus on an Object 12

Figure 14 - Orbit.. 13

Figure 15 - Scene Gizmo 13

Figure 16 - Exercise 1 - Rotating around an object.. 14

Figure 17 - Inspector Tab 15

Figure 18 - The Transform Component 16

Figure 19 - Tools Menu 17

Figure 20 - Tools Menu Parts.. 17

Figure 21 - Saving and Loading 19

Figure 22 - 3D Pinball.. 20

Figure 23 - Modifying the Transform Component 21

Figure 24 - Inserting a Cube.. 21

Figure 25 - Renaming an Object 22

Figure 26 - Changing the Rotation... 22

Figure 27 - Tilting an Object 22

Figure 28 - Example of a Sphere above a tilted surface... 23

Figure 29 - Clipping Panes on Cameras 25

Figure 30 - Moving the Camera... 26

Figure 31 - Camera Position for current example 26

Figure 32 - Clicking the Play button the first time 26

Figure 33 - Adding a Component... 28

Figure 34 - Searching for a specific Component 29

Figure 35 - The RigidBody Component 29

Figure 36 - Ball Rolling using RigidBody Component.. 29

Figure 37 - Removing or deactivating a Component 31

Figure 38 - Trigger Example... 35

Figure 39 - Setting a Collider of an object as a Trigger and removing the Mesh Renderer 1 35

Figure 40 - Setting a Collider as Trigger and removing the Mesh Renderer 2 36

Figure 41 - An example of a Placeholder Object without any components 1. 37

Figure 42 - An example of a Placeholder Object without any components 2. 37

Figure 43 - Inserting a New Script.. 38

Figure 44 - Opening/Editing a Script for the first time 39

Figure 45 - First glimpse of a Public variable in Unity.. 40

Figure 46 - Final setup of the Teleporter Script using two Transforms as parameters. 41

Figure 47 - Adding a PlayMakerFSM 44

Figure 48 - Editing the FSM for the first time 44

Figure 49 - PlayMaker Layout.. 44

Figure 50 - Renaming an FSM 45

Figure 51 - Renaming a State on an FSM 45

Figure 52 - Action Browser 46

Figure 53 - Trigger Event on FSM 46

Figure 54 - Adding Another State on an FSM 46

Figure 55 - Adding a New Event on FSM 47

Figure 56 - Adding a Transition to an FSM 47

Figure 57 - A FSM Requires a Transition to it once it is created 47

Figure 58 - Final Outcome of the first Transition 48

Figure 59 - The Move Object Action using an FSM 48

Figure 60 - Dragging and Dropping Objects on FSM States 49

Figure 61 - Final outcome of a Teleporting Script using Finite State Machines 49

Figure 62 - Teleporter Script in C# 50

Figure 63 - Creating a Prefab by Drag and Drop 52

Figure 64 - Cloner Script Example 53

Figure 65 - Assigning Objects/Prefabs to the Instantiate procedure via script. 55

Figure 66 - Move and Spawn Script exercise 56

Figure 67 - Using the Create Object Action in PlayMaker 57

Figure 68 - Adding the Create and Destroy Object Actions 57

Figure 69 - Using Get Trigger Info and Destroy together 58

Figure 70 - Sample setup of Pinball 59

Figure 71 - Pinball Game Setup for learning animations 59

Figure 72 - Example of a misplaced anchor point rotating on centre 60

Figure 73 - Example of a correct anchor point rotating on corner 60

Figure 74 - Parenting an Object to another. 61

Figure 75 - Viewing/Enabling the Animation Tab 62

Figure 76 - The Animation Tab 62

Figure 77 - The Animator Component 62

Figure 78 - The Animation Tab Layout 63

Figure 79 - Recording Mode in Animation 64

Figure 80 - Preview Mode in Animation 64

Figure 81 - Copying a GameObject's Position 65

Figure 82 - Inserting a Key Frame 65

Figure 83 - Information while Recording an animation 65

Figure 84 - Returning a GameObject to its original position using animations 66

Figure 85 - The Input Manager 68

Figure 86 - Changing the Wrap Mode 71

Figure 87 - Example of a GameObject with Animation and a Script 71

Figure 88 - Setting an Animation to Legacy 72

Figure 89 - Playing Animations using FSM 75

Figure 90 - Setting for Boolean Testing on FSM 76

Figure 91 - Setting Animation Name on FSM 76

Figure 92 - Creating a Material 78

Figure 93 - Working with Materials 78

Figure 94 - Applying Materials on a GameObject 80

Figure 95 - Metallic and Smoothness on Materials 80

Figure 96 - Modifying the light Mode 83

Figure 97 - Modifying the light Type 84

Figure 98 - Adding a light 85

Figure 99 - Working with lights – Example 86

Figure 100 - Working with lights - Finished Example 86

Figure 101 - Enabling / Disabling Components via script 87

Figure 102 - Private and Public Variable differences in the Unity Editor 88

Figure 103 - Viewing the Lighting Tab 90

Figure 104 - Generating Lighting 91

Figure 105 - Showing information on the Console using Debug.Log 94

Figure 106 - Starting a shooter game 100

Figure 107 - Adjusting the camera for our shooter 101

Figure 108 - Functional scripts firing projectiles. 104

Figure 109 - Shooting at other GameObjects 105

Figure 110 - Creating a Spawner Script for Objects 105

Figure 111 – The Available Tags 107

Figure 112 – Creating and adding a New Tag 108

Figure 113 - Assigning a Tag to a Game Object 108

Figure 114 - Calling a Static Method from another script 114

Figure 115 - Inserting a Canvas UI element 116

Figure 116 - Example of a Button and Text Canvas 116

Figure 117 - Inserting Text into the Button of Canvas 117

Figure 118 - On Click() of a Canvas Button 117

Figure 119 - Disabling a game Object in the Inspector Tab 118

Figure 120 - Inserting Scripts in the On Click() method 119

Figure 121 – Options of the On_Click() component with our method ClickStart() 120

Figure 122 - Inserting a method we created in the On Click() of a Canvas 120

Figure 123 - Setting a GameObject Active or Not using On Click() 120

Starting with Game Development

In a world that thrives on innovation and creativity, few realms hold the power to transport us to new dimensions quite like the world of Game Development. As you embark on this educational journey with us, imagine yourself stepping into the kingdom where imagination knows no bounds, where worlds are constructed from the ether of ideas, and where art, technology, and passion converge to create experiences that can be immersive, enchanting, and simply unforgettable.

Picture a dimly lit room, the soft glow of multiple computer screens illuminating the faces of dedicated developers, their eyes reflecting the dancing pixels on their monitors. The air is filled with anticipation, the click-clack of keyboards, and the occasional excitement. This is the world of Game Development, a world where dreams take shape in the form of interactive experiences, where teams of artists, designers, programmers, and sound engineers work tirelessly to craft virtual realities that captivate and inspire.

To truly appreciate the art and science of Game Development, it is essential to take a step back in time. The history of Games Development is a fascinating journey marked by the evolution of technology and creativity. From the rudimentary, text-based games of the 1950s to the stunningly realistic, open-world adventures of today, games have come a long way.

In the early days, games were mostly simple, text-based affairs, where players had to use their imagination to fill in the visual gaps. As technology advanced, so did the complexity and visual richness of games. The late 20th century saw the emergence of iconic titles like Pong and Pac-Man, while the 21st century brought us monumental releases like World of Warcraft[6], Minecraft[7], and the boundless open-world of Grand Theft Auto V[8].

Game Development, like any creative endeavour, comes with its set of needs and requirements. It demands a potent blend of artistic vision, technical prowess, and an unwavering commitment to delivering an enjoyable experience. A game developer must understand not only the nuances of storytelling, character design, and world building but also the intricacies of programming languages, graphics rendering, and game physics.

The demands of modern Game Development often necessitate collaboration among diverse teams with specialized skills. Artists and designers craft the visual and narrative elements, while programmers implement the mechanics that bring these elements to life. Sound engineers and composers add an auditory layer to the experience, and quality assurance testers ensure that the game runs smoothly. In your educational journey we will get a glimpse into all of these and learn the importance of each of these skills.

---

[6] https://www Blizzard.com
[7] https://www.Minecraft.net/en-us
[8] https://www.Rockstargames.com/gta-v

Performance is a cornerstone of Game Development. In a world where games are played on a myriad of platforms, from high-end gaming Personal Computers (PC) to smartphones, performance optimization is crucial. Gamers demand smooth, responsive experiences with high frame rates and minimal lag.

Framerate, often measured in frames per second (FPS), is a critical metric. Higher FPS means smoother and more immersive gameplay. Achieving consistently high FPS requires a deep understanding of hardware limitations and software optimization techniques.

In this book, as we delve deeper into the world of Game Development, we will explore these fundamental concepts and many more. We will journey through the intricacies of game design, the art of storytelling in games, the magic of graphics and animation, and the technical challenges that developers face. Together, we will uncover the secrets of creating unforgettable gaming experiences that captivate players and transport them to worlds limited only by imagination. So, fasten your seatbelts and prepare to embark on a thrilling adventure into the heart of Game Development!

What is Unity?

Unity [9] is a platform for creating games and other specialized software on any Operating System (OS) such as Windows, Android, and iOS. This platform includes everything that we need so we can turn your imagination into a gaming reality.

This book includes two modules , the **"Introductory"** and **"Intermediate"** module where the Introductory module focuses on highlighting the first steps into the realm of Game Development, introducing the basic elements, and showing how easy it is to learn a powerful tool like Unity.

In this module we will learn:

- Creating basic Primitives and the theory behind them
- Familiarizing with the Unity platform
- Setting up objects to work with Physics / Rigidbodies
- Using Cameras (basic)
- Creating Triggers and Colliders
- Teleporting (moving Objects via Script)
- Using Visual Scripting, Finite State Machines and C# Script
- Making Prefabs
- Instantiating Prefabs
- Creating and modifying Animation Clips/Recording
- Using and changing simple Materials

If you are already familiar with the above, then you should check out the next module of this series called **"Intermediate"** which explores more advanced tools that are key to making a professional looking game.

---

[9] https://Unity.com/

> **!**
>
> *Note: This book will be using references and examples taken from **Unity 2022.2.1f1 and Hub 3.0.1** so it is highly suggested that you download these versions as later or earlier versions might differ from the examples that follow.*

Setting up your development Environment and the Hub

Unity goes hand-in-hand with a launcher called **Hub**. The Hub is a tool that allows a game developer to have multiple installations of Unity (different versions) as well as keeping track of all their projects (games). It is a simple, yet very helpful tool (it helps us keep Unity updated). The Hub also keeps your projects organized and shows what has been added or removed from newest versions. This is very important as a lot of the tools that had been used in the past may have been updated with newest and better versions while others may have been deprecated and deemed obsolete.

The first thing that you need to do to install the Hub is visit Unity's website at:

https://unity.com/download

and click on the link that corresponds to your OS (Windows/Mac/Linux)

Create with Unity in three steps

1. Download the Unity Hub
Follow the instructions onscreen for guidance through the installation process and setup.

Download for Windows
Download for Mac
Instructions for Linux

2. Choose your Unity version
Install the latest version of Unity, an older release, or a beta featuring the latest in-development features.

Visit the download archive

3. Start your project
Begin creating from scratch, or pick a template to get your first project up and running quickly. Access tutorial videos designed to support creators, from beginners to experts.

This book will be using Microsoft Windows Operating System (OS), but it can also be applied to the other OS since the changes are quite minimal.

Upon downloading and installing the Hub, you will be asked to register an account.

This is free and useful since the same account can later be used in the Asset Store where a game developer can purchase assets (such as PlayMaker) that will make programming and developing much easier.

Once you register and sign in, the following window *(Figure 1)* will appear :

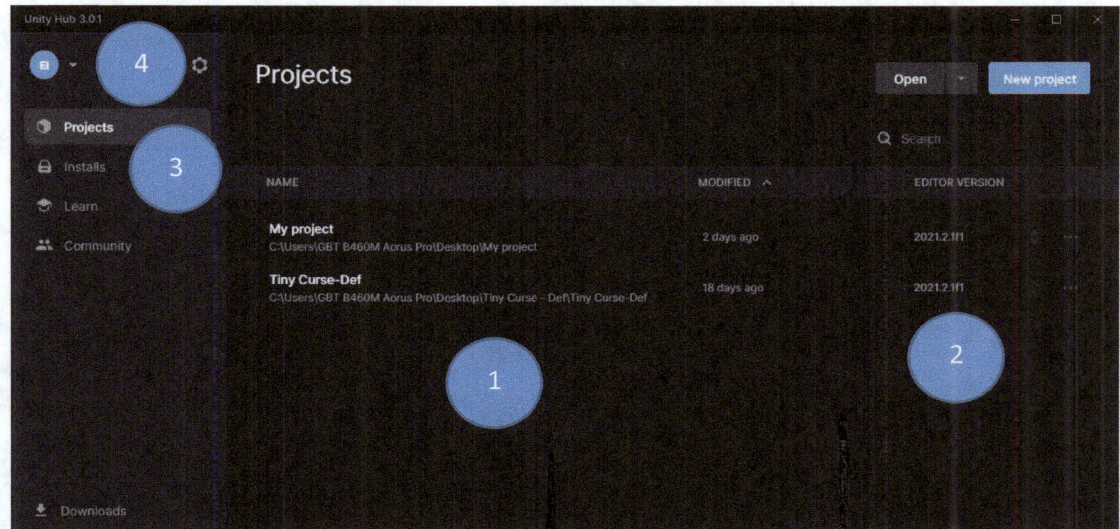

Figure 1 - Unity Hub

Figure 1 shows:

1. Projects - The current Projects on which we are working.
2. Editor Version - The Editor (Unity) version for that specific project.
3. Installs - The current Unity Installations (versions) that you have available have on your system.
4. Account - Our Account and the version of the account that you have.

So far, we have not installed Unity just yet. We still need to click on **"Installs"** and then click on the **"Install Editor"** *(Figure 2).* Once we do that, we will need to wait until Unity fully installs.

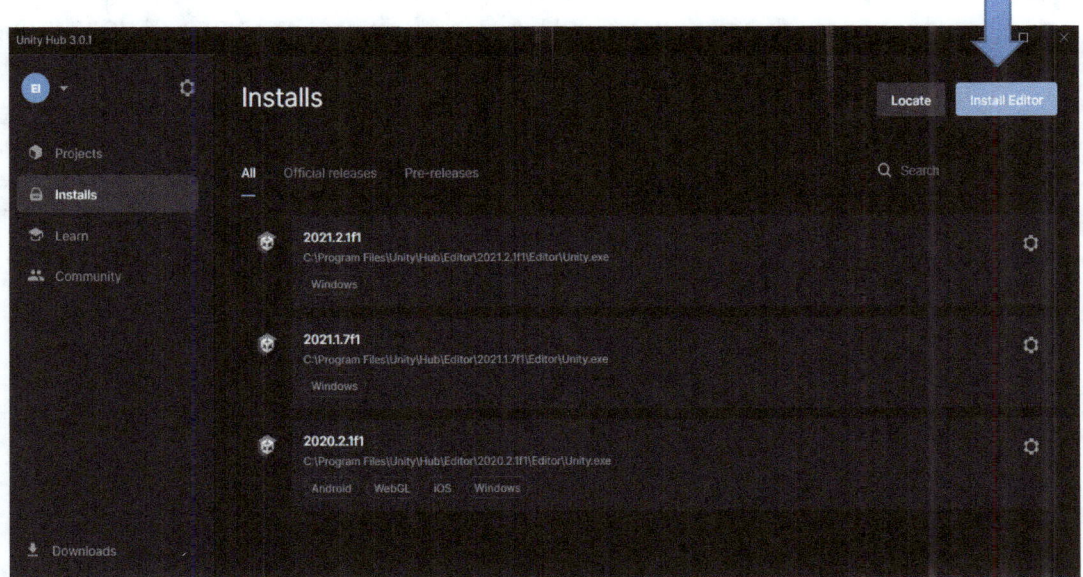

Figure 2 - Installing the Editor

> **!** *Tip: Unity will also install by default the Visual Studio Integrated Development Environment (IDE) latest version along with C# as it is the programming language that it is using along with any dependencies that it may need. If you already have Visual Studio, the installation will either update that version or install a new version depending on what version you have.*

With Unity finally installed, your Projects tab will now allow you to click on **"New Project"** and you can start developing your first game.

To make your learning experience easier, we will be using Unity 3D core. Click on **"3D Core"**, name your project, and then finally click **"Create Project"** *(Figure 3)*

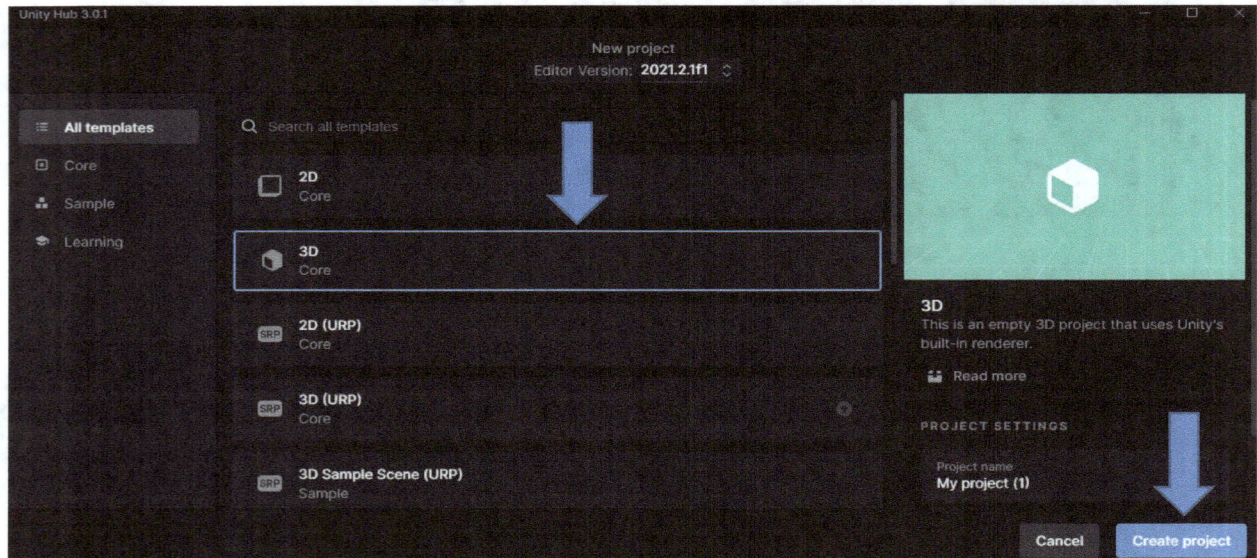

Figure 3 - Starting a 3D Core project

Keep in mind that all three **3D**, **3D (URP)** – Universal Render Pipeline and **3D (HDRP)** – High-Definition Render Pipeline, can be used for these examples and learning objectives, with URP and HDRP including high-definition textures and a better rendering engine, so they require a high-end PC. However, these will make minimal difference to the learning objectives of this book. Once you are familiar with the principles and learning objectives of this **"Introductory"** module along with the *"Intermediate"*, then you can start using URP and HDRP.

First Steps with Unity

> **Learning Objectives :**
>
> - Learning the Unity Editor and its main tabs.
> - Customizing Layouts and how to return to the Default Layout
> - Adding and modifying Primitives
> - Navigating through a scene and positioning objects in that scene
> - Learning about the Transform component and changing the Scale, Rotation and Position of an object
> - Saving and loading scene and a project
>
>
> For this chapter, no prior knowledge of programming is required.

Introduction on the First Steps with Unity

The Unity Editor is a robust and user-friendly development environment that provides us with a visual canvas to bring your ideas to life. Whether we are a seasoned developer or a complete beginner, Unity's intuitive interface makes it accessible to all.

The Editor layout

This is the Unity Editor (or simply Unity) which is broken down in the default layout (*Figure 4*).

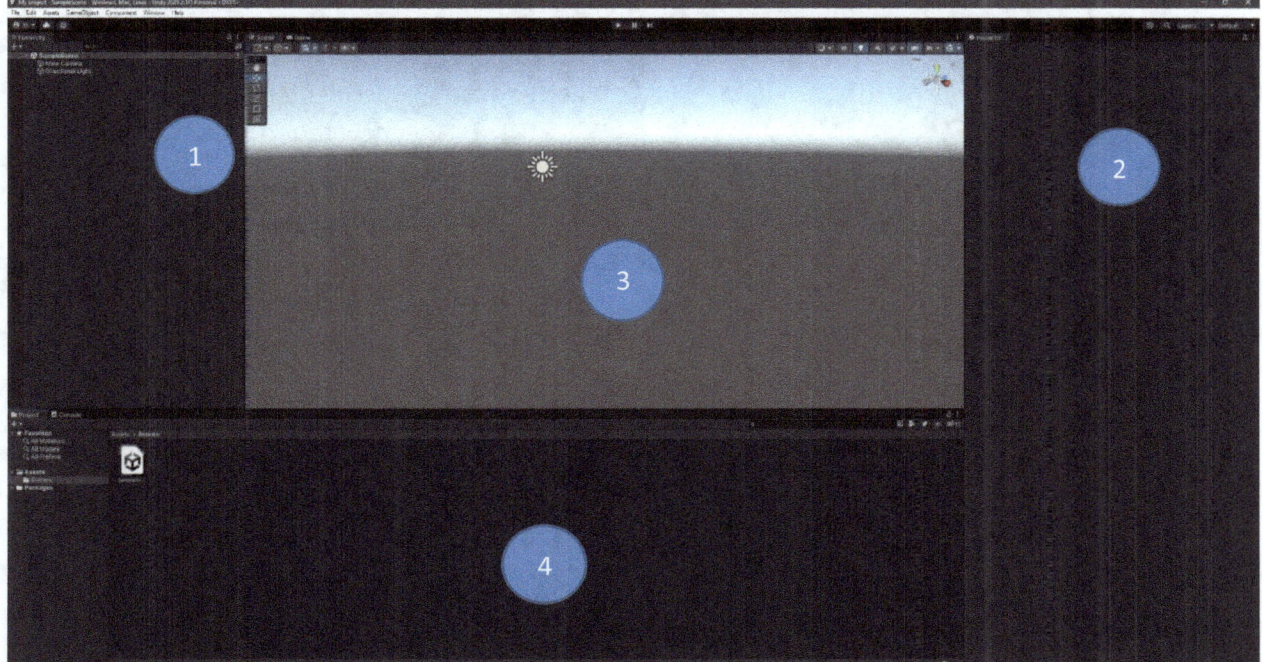

Figure 4 - Unity Editor Layout

This layout includes the following tabs:

1. Hierarchy
2. Inspector
3. Scene/Game
4. Project/Console

These four tabs are very important, and they will be referenced throughout this book quite often. Familiarize yourselves with those four tabs.

Unity allows us to move and adjust these tabs along with many others that we will be adding afterwards. Unity permits this customization of the environment to facilitate an efficient learning and working process. Given the distinct nature of each project, affected by each game developers setup like monitor count, resolution, and personal viewing preferences, this adaptability is very useful.

As an exercise and to better understand the Editor, try the following:

1. Click and hold the mouse button on the Inspector tab. While holding the mouse button down, move the Inspector tab to another location and see how it automatically adjusts itself around that specific window.
2. Click and hold the mouse button on other tabs as well. Rearrange the Tabs to explore different possible options that are more convenient and personal to your preferences.

Do not worry about how the layout will be. We will be adjusting/fixing that in the next step.

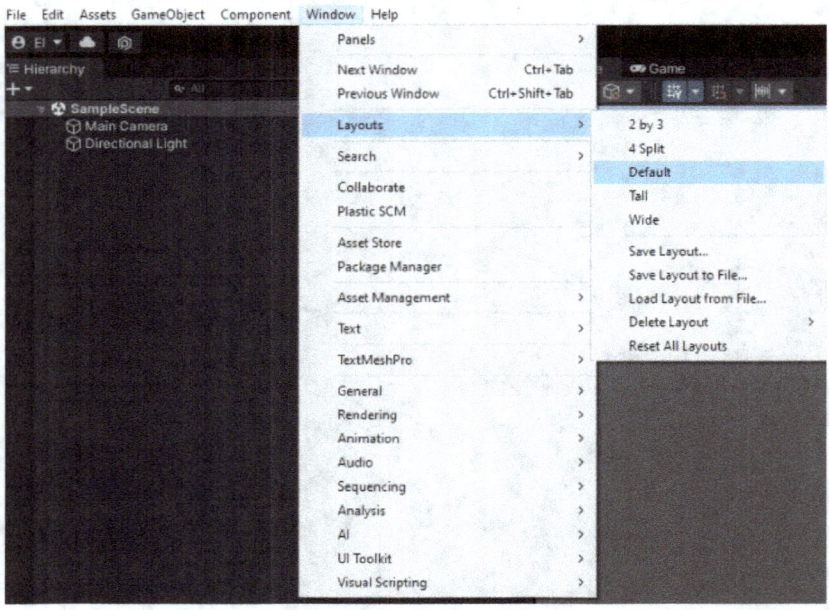

It is quite common to accidentally mix, close or insert new tabs by accident.

To fix that and to return the Editors default form, click on the tab named **"Window"** on the top and then **"Layout"** followed by **"Default"** *(Figure 5)*.

Window→ Layouts → Default

This will return Unity's Editor back to its original layout to which we are accustomed.

We can always customize it to your own preferences and according to your needs and throughout this book, while

Figure 5 - Set Layouts to Default

working with examples, you will find yourselves returning and using this step quite a lot.

Adding Primitives

In game development, primitives refer to basic geometric shapes that are often used as building blocks for creating more complex objects and environments within a game. Primitives are simple and efficiently rendered shapes that serve as placeholders or starting points for designing more detailed 3D models. They are commonly available in most game engines, including Unity, Unreal Engine, and others.

Unity can work with 3D models of any shape, that can be created with modelling software such as Blender[10]. However, there are also a number of primitive object types that can be created directly within Unity, namely:

- Cube
- Sphere
- Capsule and Cylinder
- Plane
- Quad

These objects are useful in their own right (a plane is commonly used as a flat ground surface, for example) but they also offer a quick way to create placeholders and prototypes for testing purposes.

Any of the primitives can be added to the scene using the appropriate item on the **GameObject → 3D Object** (*Figure 6*) menu.

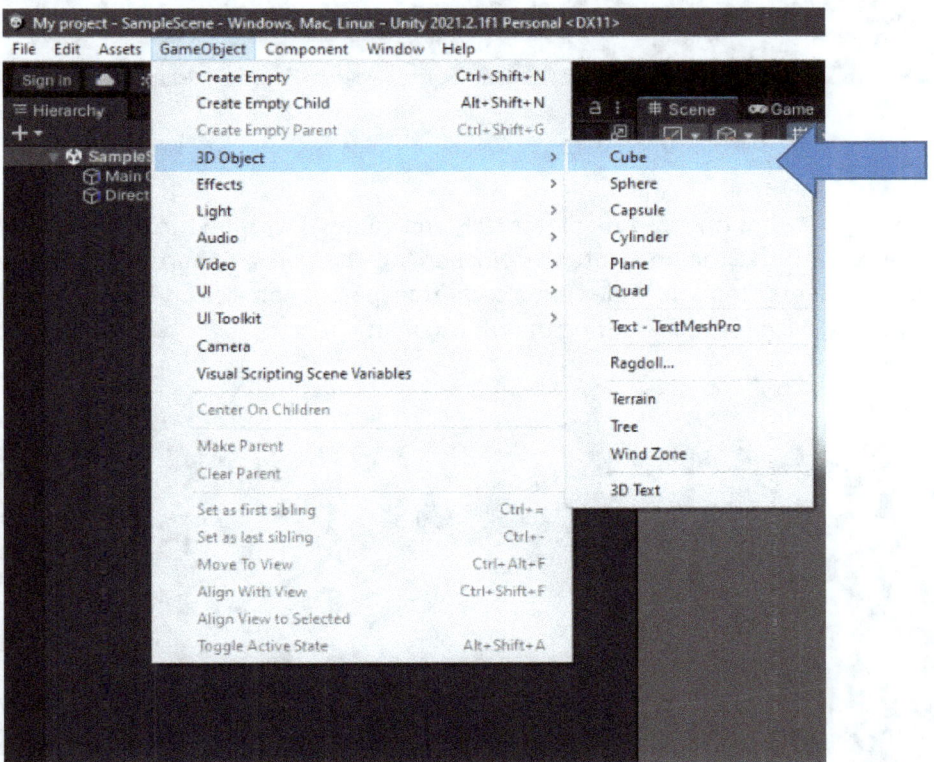

Figure 6 - Creating a Primitive

Each primitive has its own features and uses.

---

[10] https://www.Blender.org/

Cube

This is a simple cube *(Figure 7)* with sides that are one unit long, with a grey texture so that an image/texture is repeated on each of the six sides/faces. As it is now, a cube is not really a quite common object in most games but when scaled or modified, it is very useful for walls, boxes, steps, and other similar items. It is also a handy placeholder object for programmers to use during development when a finished model is not yet available. For example, an airplane body can be crudely modelled using an elongated box of the right dimensions. Although this is not suitable for the finished game, it can be used as a simple representative object for evaluating the airplane's control code.

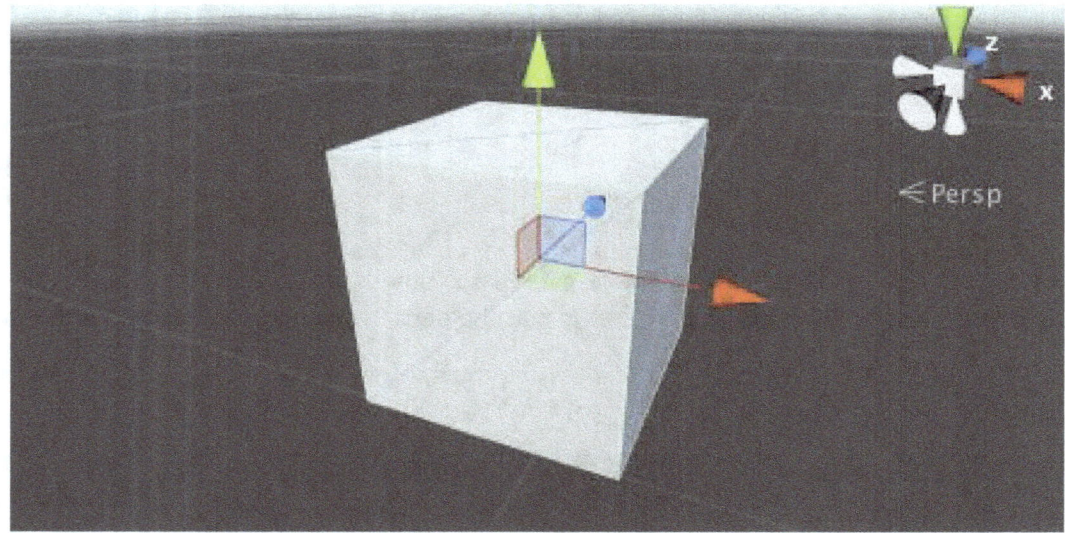

Figure 7 - The Cube Primitive

Sphere

This is a sphere *(Figure 8)* of one unit diameter (0.5-unit radius), with texture so that the entire image wraps around once with the top and bottom "pinched" at the poles. Spheres are obviously useful for representing balls, planets, and projectiles but a semi-transparent sphere can also make a nice Graphical User Interface (GUI) device for representing the radius of an effect.

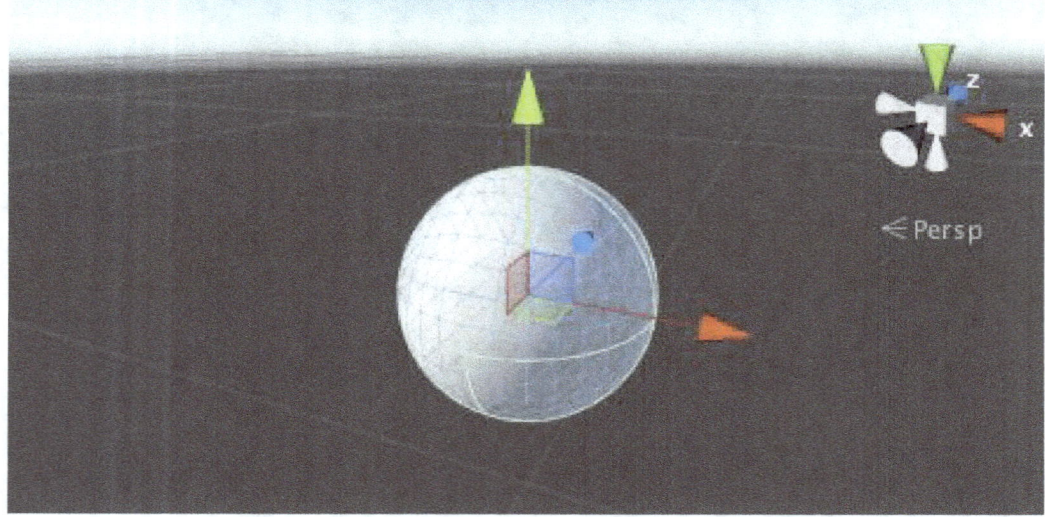

Figure 8 - The Sphere Primitive

Capsule

A capsule *(Figure 9)* is a cylinder with hemispherical caps at the ends. The object is one unit in diameter and two units high (the body is one unit, and the two caps are half a unit each). It is textured so that an image wraps around exactly once, pinched at each hemisphere's apex. While there are not many real-world objects with this shape, the capsule is a useful placeholder for prototyping and characters. In particular, the physics of a rounded object are sometimes better than those of a box for certain tasks.

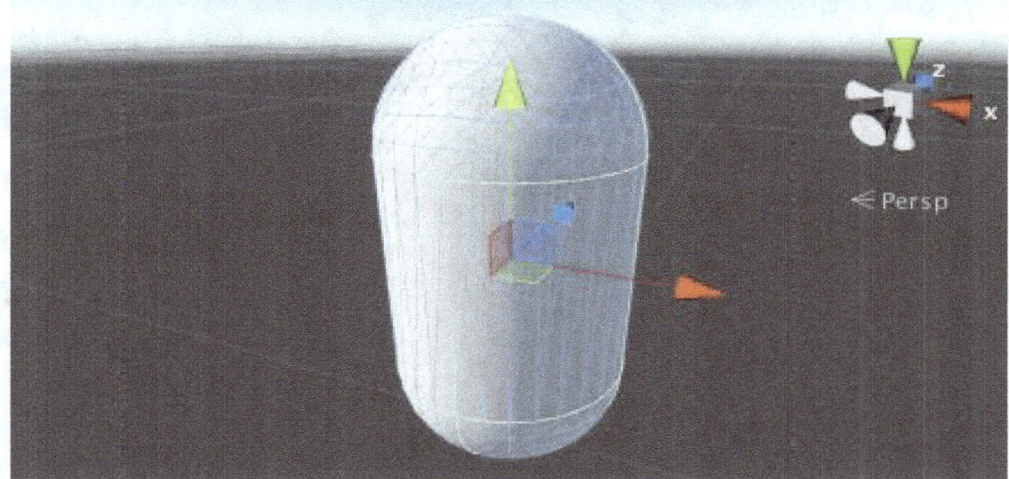

Figure 9 - The Capsule Primitive

Cylinder

This is a simple cylinder *(Figure 10)* which is two units high and one unit in diameter, textured so that the image wraps once around the tube shape of the body but also appears separately in the two flat, circular ends. Cylinders are very handy for creating posts, rods, and wheels, but you should note that the shape of the collider is actually a capsule (there is no primitive cylinder collider in Unity). You should create a mesh of the appropriate shape in a modelling program and attach a mesh collider if you need an accurate cylindrical collider for physics purposes. Colliders and meshes are explained in later chapters of this book.

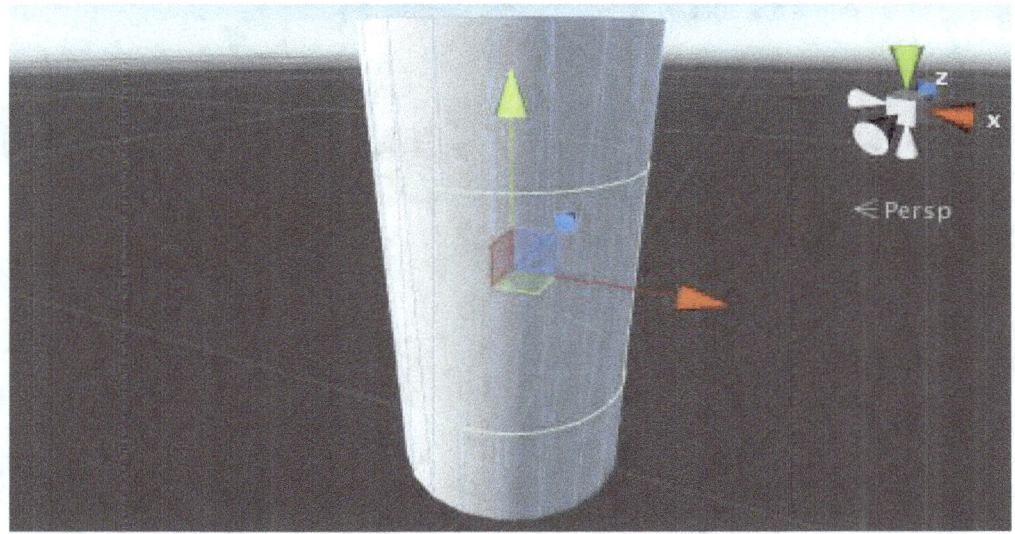

Figure 10 - The Cylinder Primitive with a Capsule Collider

Plane

A plane (*Figure 11*) is a flat square with edges ten units long oriented in the XZ plane of the local coordinate space. It is textured so that the whole image appears exactly once within the square. A plane is useful for most kinds of flat surfaces, such as floors and walls. A surface is also needed sometimes for showing images or movies in GUI and special effects. Although a plane can be used for things like this, the simpler quad primitive is often a more natural fit to the task.

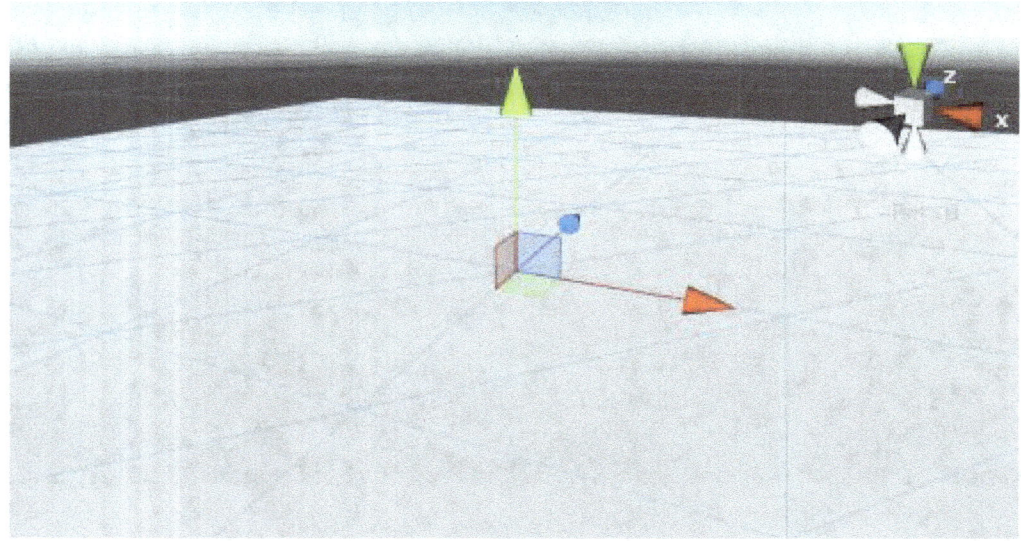

Figure 11 - The Plane Primitive

Quad

The quad (*Figure 12*) primitive resembles the plane, but its edges are only one unit long and the surface is oriented in the XY plane of the local coordinate space. Also, a quad is divided into just two triangles whereas the plane contains two hundred which results in making the quad very useful in cases where a scene object must be used simply as a display screen for an image or movie. Simple GUI and information displays can be implemented with quads, as can particles, sprites and "impostor" images that substitute for solid objects viewed at a distance.

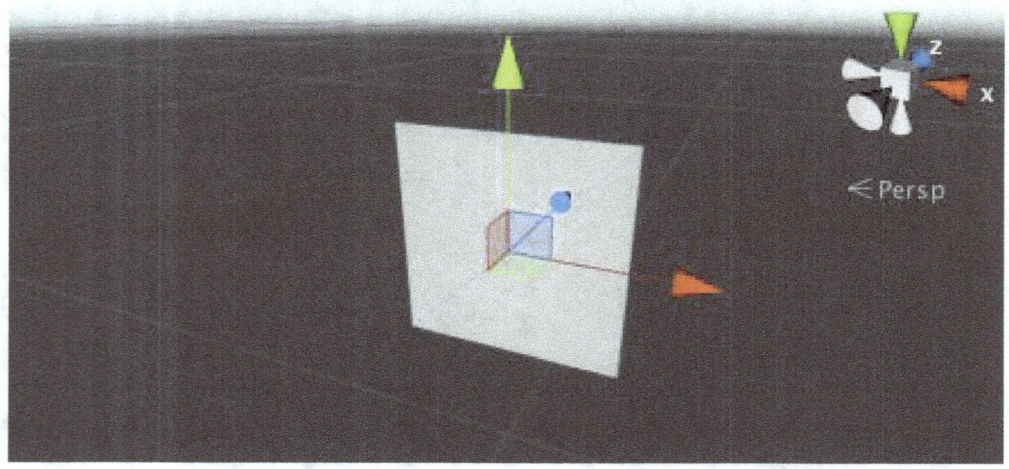

Figure 12 - The Quad Primitive

> *For the examples in this book, we will mostly be working with Cubes, Cylinders, Spheres and Capsules.*

For now, we need to add a **"Cube"** primitive object in the scene.

Recall that any of the primitive can be added to the scene using the appropriate item name on the **GameObject → 3D Object** (*Figure 6*) menu.

Once you click on it, you will see that the cube has appeared in the Scene, but also in the **"Hierarchy"** tab as "**Cube**".

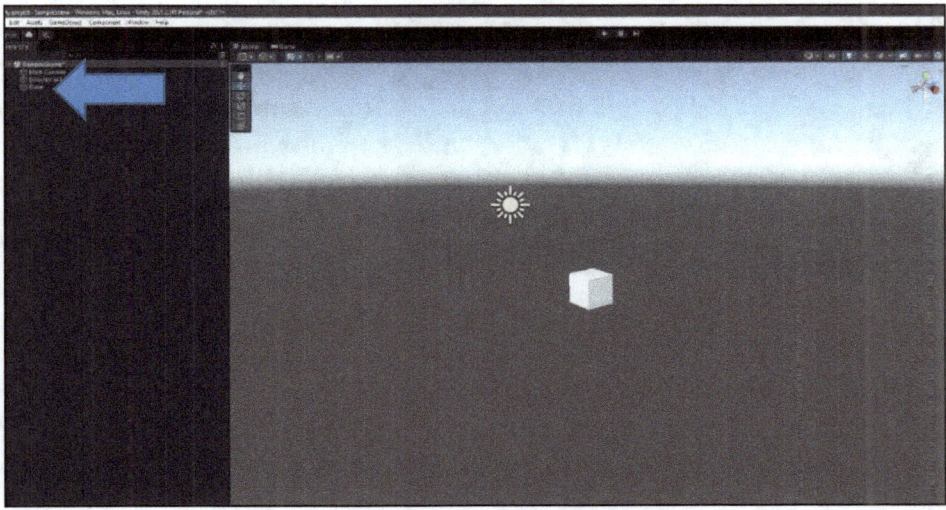

Figure 13 - Autofocus on an Object

> **!** *Tip: If the Cube is not visible in your Scene after you have added it then double (2x) click on the GameObject in the Hierarchy Tab.*

Double clicking on an object in the Hierarchy will auto-focus that object into your Scene. This is a quick way of finding an object as well in case we misplace one by accident.

Having an object in the scene while learning Unity is imperative. We need an object so it will give us the sense of distance, speed and generally as a point of refence while we work and try to learn how to navigate and use the main tools. Namely the Scene Tab.

Navigating through the Scene

Similarly with other Game Development Platforms, Unity has a very intuitive and developer friendly environment. Let's try to "fly" and navigate around the current scene that we have with the Cube. We start by **Right Clicking and holding** the mouse button on the **Scene**. This will change the mouse icon into the   **"eye"**   👁   symbol. This can also be achieved by holding the **Alt** button on your keyboard.

This is called "**Orbit**" and by pressing the Right Mouse (RM) button and moving the mouse you will notice that you will be rotating around a fixed axis and moving around the scene.

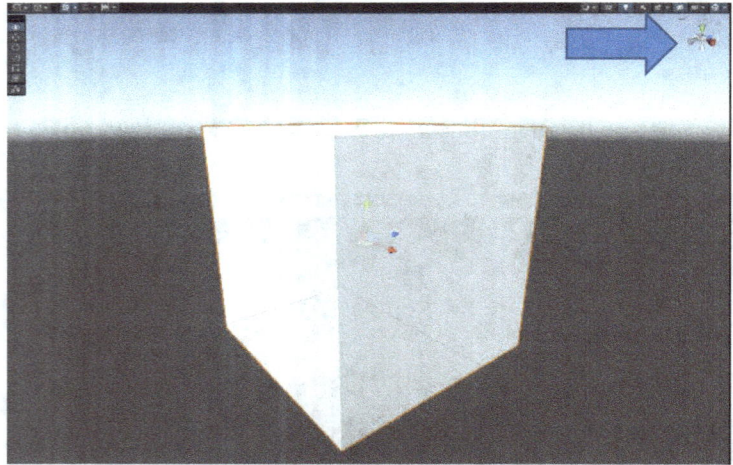

A good indicator of where you are facing is the "**Scene Gismo**" **on the top right** of the screen *(Figure 14)* . The Scene Gismo will rotate and show you where you are facing. Clicking on the X, Y and Z axis on the Gismo will automatically rotate you on the corresponding axis on the scene.

Figure 14 - Orbit

In Unity, the "**Scene Gizmo**" *(Figure 15)* refers to the small, interactive widget or navigation tool that

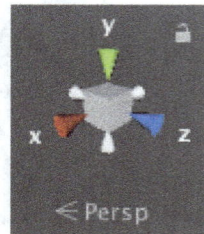

Figure 15 - Scene Gizmo

assists you in navigating and orienting yourself within the Unity Scene View. The Scene Gizmo is an essential part of the Unity Editor interface, helping you understand and manipulate your game world's orientation and camera view. Here's a breakdown of its key components:

1. **Axis Indicators:** The Scene Gizmo usually consists of three axis indicators: X (red), Y (green), and Z (blue). These indicators represent the world's three primary axes, which are commonly used for positioning and orientation in 3D space.
2. **Orientation Controls:** You can click on different parts of the Scene Gizmo, typically around the axis indicators, to change your camera's orientation within the Scene View. For example, clicking on the "X" part of the Gizmo will adjust the camera's rotation to focus on the X-axis, while clicking on the "Y" part will focus on the Y-axis.
3. **Camera Navigation:** The Scene Gizmo often includes controls for camera navigation, allowing you to orbit, pan, and zoom within the Scene View. These controls are usually positioned near the Gizmo, making it easy to switch between different navigation modes.
4. **Grid Display:** The Gizmo might also include a grid display that helps you visualize your scene's layout and alignment. The grid helps you position and align objects precisely in the 3D space.

The **"Scene Gizmo"** is particularly useful when working with 3D scenes because it provides a quick and intuitive way to change your view and focus on specific aspects of your game world. For example, you can use it to switch between a top-down view (focusing on the Y-axis) and a side view (focusing on the X or Z-axis) to better position and align objects.

It is worth noting that the appearance and functionality of the **"Scene Gizmo"** may vary slightly depending on your Unity Editor version and configuration. However, its primary purpose remains consistent: to assist you in navigating and orienting yourself within the 3D environment of your Unity scene, making the process of designing and editing your game world more efficient.

Additionally, while holding the Right Mouse button, you can press the **W, A, S and D** buttons to move around the scene.

> *Tip: If the mouse cursor exits the scene editor menu, you can keep moving and rotating. While holding the Right Mouse Button (RM) button, Unity "locks" to that specific Viewport so you can still work without constantly releasing the RM button.*

Besides the standard gaming button combination of the keys W-A-S-D on your keyboard, you can also use the Mouse Scroll to Zoom in-out faster. Holding the key Shift will help you move even faster!

> **As an exercise** and to better understand the scene navigation, try the following:
>
> 1. Try to rotate around the "**Cube**" that you placed earlier or another object that you want to add like on *Figure 16*. Do this while keeping an eye on the Scene Gismo to get a better feel of the navigation.
> 2. Add one of each primitive of your choice and navigate around all objects while keeping track of your current location in the scene.

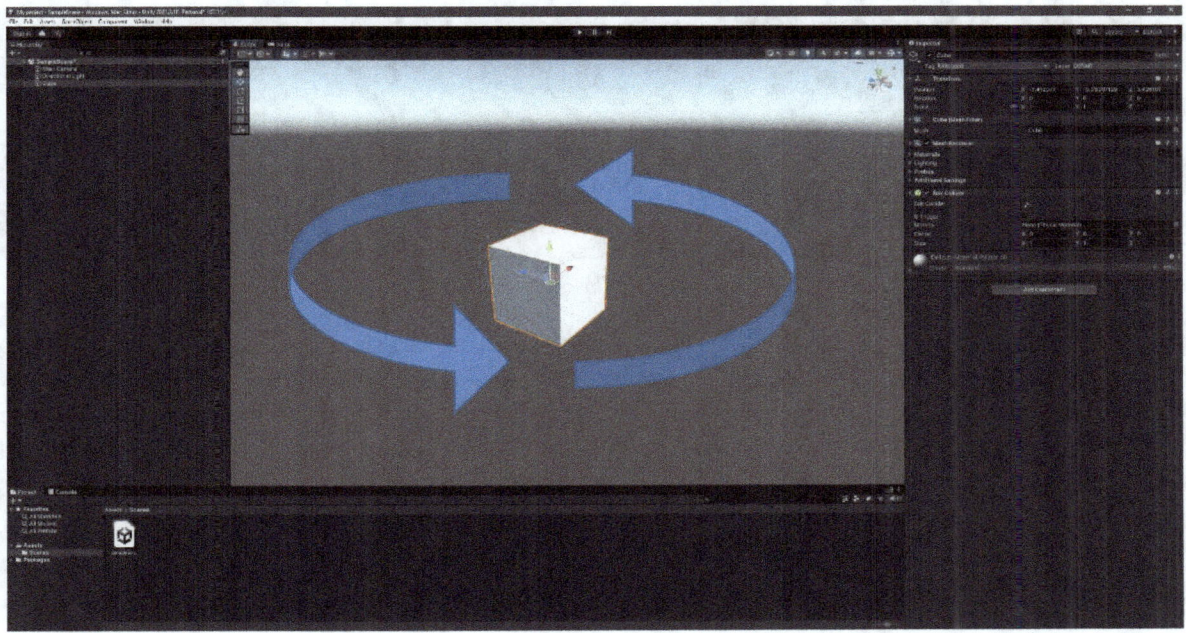

Figure 16 - Exercise 1 - Rotating around an object

Notice how simple it is yet also how easy it is to lose track of an object.

If you have lost your way while practicing, simply double click on the Cube on the Hierarchy and Unity will auto-focus back to the object that you are trying to rotate around now.

Using the Q and E keys (while holding RM) notice that that you can move Up/Down as well, while also using the **Hand Tool** can be very useful by clicking down (not rolling) the mouse Scroll bar.

> ! *Tip: Being able to "roam" around the scene is one of the most important parts of using the Editor. It allows you to easily spot mistakes in your game, but also it allows for easier world building and continuity. Make sure that you feel comfortable using the navigation before you continue to the next part of this book.*

Selecting and Positioning Objects

You can select a single **GameObject** in the Scene view by clicking on it or from the Hierarchy window. You can also select more than one **GameObject** at a time by holding down the Ctrl key.

Click on the "**Cube**" **GameObject** that we created earlier. You will notice that the "**Inspector**" Tab changes and shows the current values of that object *(Figure 17)*.

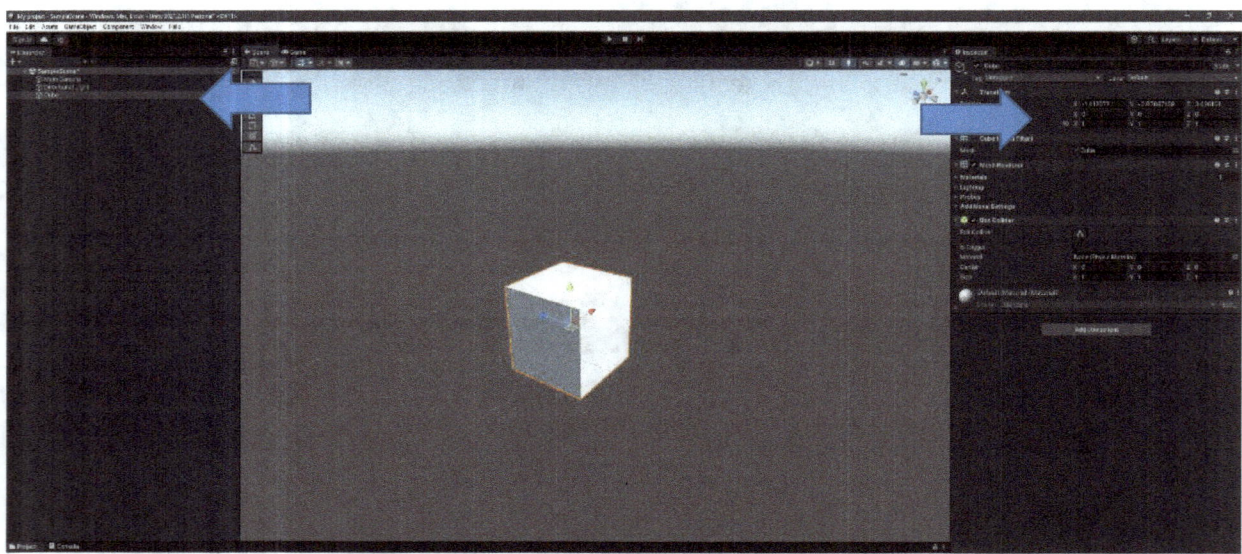

Figure 17 - Inspector Tab

The "**Inspector**" Tab shows everything that the selected object is using. This could be anything from scripts, textures, colliders, materials, and many other things. These are called **Components**, and all of those components can be moved to up/down, so you can rearrange them into what you find more convenient as order does NOT matter however the component order you apply in the Inspector is the same order that you need to use when you query components in your scripts.

> ! *In the "Introductory" module the order of your components on the GameObjects will not affect your learning experience however in later modules the order does matter.*

For now, we will ignore the other components of the Cube GameObject and we will focus more on the "**Transform**" component. A GameObject's "**Transform**" component is always the topmost component, and you cannot move it, or place other components above.

The Transform Component

Firstly, to understand the **"Transform"** component we must first understand how coordinates work in Unity's Transform *(Figure 18)*.

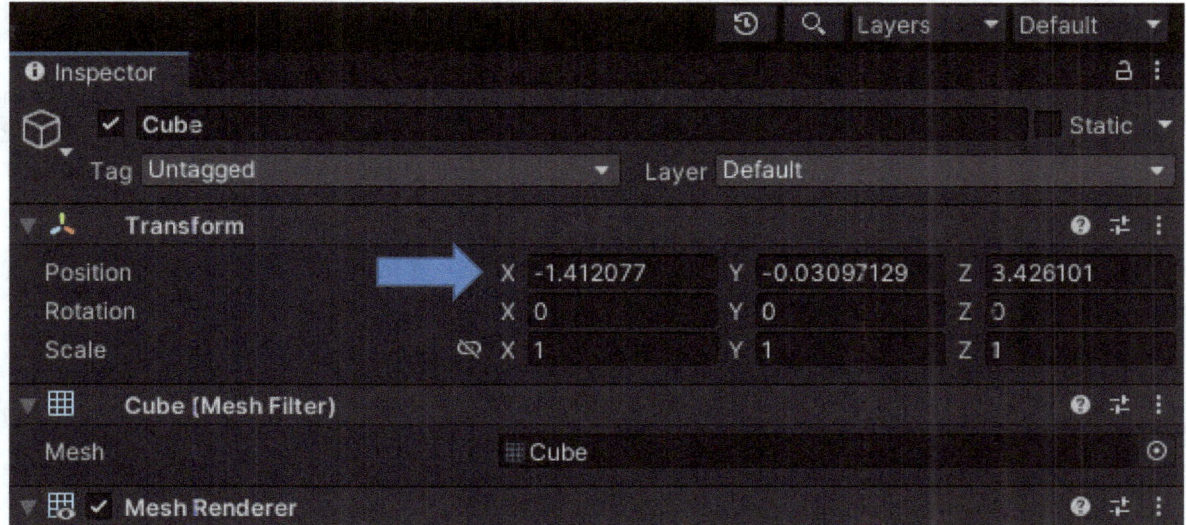

Figure 18 - The Transform Component

Coordinates in Unity, like in many other 3D game engines, work in a three-dimensional Cartesian coordinate system. This system is used to define the positions, rotations, and scales of objects in 3D space.

Three Dimensions: Unity's coordinate system is three-dimensional, consisting of the following axes:

X-Axis: The X-axis typically represents horizontal movement, with positive values extending to the right and negative values extending to the left.

Y-Axis: The Y-axis represents vertical movement, with positive values moving upward and negative values moving downward.

Z-Axis: The Z-axis represents depth or forward/backward movement, with positive values moving forward into the screen and negative values moving backward away from the screen.

Origin: In Unity, the point where all three axes intersect is known as the origin (0, 0, 0). This point serves as the reference point for positioning objects in a scene.

Position: An object's position is defined by a vector, which consists of three values (X, Y, Z). This vector determines the object's location in 3D space relative to the scene's origin. For example, a position vector of (5, 2, -3) means the object is 5 units to the right, 2 units up, and 3 units behind the origin.

Local vs. World Space: Unity objects can have their positions, rotations, and scales defined in local space or world space. Local space is relative to the object's own orientation, while world space is relative to the scene's global orientation. Transforming an object in local space affects it relative to its parent object's orientation, while transforming in world space is absolute.

Parent-Child Hierarchy: Unity allows objects to be organized in a parent-child hierarchy. Child objects inherit the transformations (position, rotation, and scale) of their parent. This hierarchy is useful for creating complex objects composed of multiple parts. The Parent-Child Hierarchy is explained later in this book.

Camera Space: Unity uses a camera to render scenes, and the camera defines its own coordinate system. The camera's position and orientation affect how objects are viewed and can be used for various camera effects.

Understanding these principles is essential for positioning and manipulating objects, creating realistic movement and animations, and designing immersive 3D environments in Unity. Unity provides tools and scripts to work with coordinates, making it relatively straightforward to bring your game world to life in three dimensions.

Now that we understand how these coordinates work, we need to make sure that the object is at the coordinates 0, 0, 0. This is the centre of your current scene on the X, Y and Z axis.

To do that, click on the Cube and in the Inspector Tab, set the Position X, Y and Z values to 0. This will reset the Cube to the centre of the scene or by Resetting it's values.

Once you place the object in the centre of the scene, double click on it to auto-focus on that object.

You can modify the coordinates from the **"Transform"** component manually (as you just did) but you can

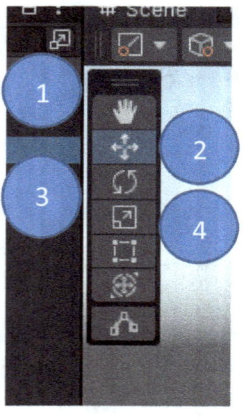

also modify them by using the tools provided in the Tools tab (visible on the top left of the Scene View in this version)

The **"Tools"** menu *(Figure 19)* provides many of the functionalities that the Transform component does.

1. Hand Tool
2. Move Tool
3. Rotate Tool
4. Scale Tool

You can recognise the **"Hand tool"** by pressing down on the Mouse Scroll from the previous section while the Move, Rotate and Scale tools can be found in the **"Transform"** component as well.

Figure 19 - Tools Menu

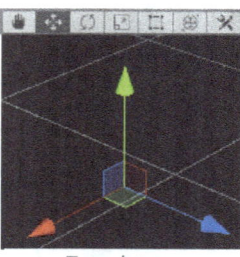

Translate

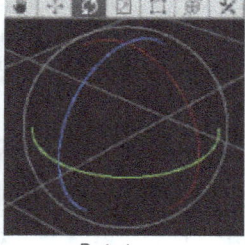

Rotate

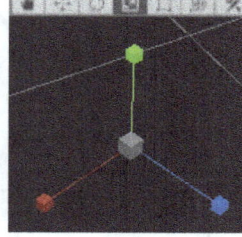

Scale

Each tool has its own recognisable interface that demonstrates by using lines, arrows or boxes to help us better understand its functionality.

Figure 20 - Tools Menu Parts

Translate is for moving the object to a certain location, either by dragging the arrows towards the certain location that we want to place it or by entering the value directly into the Transform Component.

Rotation: Rotation in Unity is typically represented using Euler angles. Euler angles describe the object's orientation by specifying rotations around each of the three axes (X, Y, Z). These rotations are measured in degrees. For example, a rotation of (0, 90, 0) would mean the object is rotated 90 degrees around the Y-axis.

Scale: Scale determines the size of an object. It is represented as a vector of three values (X, Y, Z), where (1, 1, 1) represents the object's original size. Scaling by different values along each axis can stretch or squash the object in various directions.

Scale may seem quite simple, but it is by far the most important part of the **"Transform"** component as it has to deal with Meshes.

Meshes

A **Mesh** is a collection of data that describes a shape or in more simple terms a Mesh is what makes an object be created in Unity or any other 3D creation program (like Blender). Your **"Cube"** for example is a Mesh that is made up by 8 points and those 8 points are all connected. The Points, the connections (edges) to the other Points and the flat surface that goes over them (face) together is what makes up a Mesh.

The scale is very important for a Mesh as the scale of the Transform determines the difference between the size of a Mesh in your modelling application and the size of that mesh in Unity. The mesh's size in Unity (and therefore the Transform's scale) is very important, especially during physics simulation. By default, the physics engine assumes that one unit in world space corresponds to one metre. If an object is very large, it can appear to fall in "slow motion"; the simulation is actually correct since effectively, you are watching a very large object falling a great distance.

There are three factors that can affect the scale of your object:

- The size of your Mesh in your 3D modelling application.
- The Mesh Scale Factor setting in the object's Import Settings.
- The Scale values of your Transform Component.

 Tip : Ideally, you should not adjust the Scale of your object in the Transform Component. The best option is to create your models at real-life scale so you will not have to change your Transform's scale however for the examples that we will be creating in the Introductory module, do not worry about this factor for now.

Scenes - Saving and Loading

Before we proceed, we should first **Save** the scene for later reference or for resuming after taking a short break from Game Developing.

Unity saves Scenes and Projects separately. A Project is the actual full game that includes many scenes while Saving a Scene will only save the Current scene in your Project folder (Tab).

Scenes can be reused in other Projects but the main reason that Scenes can be saved separately is because each scene can contain different assets and objects that are only needed for that specific scene. This is very important when it comes to loading times and memory requirements. Technically, a whole game can be created in one single scene (for example games like Grand Theft Auto), however the game will need to load everything in that specific scene every single time which increases loading time, and a lot of optimizations is needed so the game will load fast.

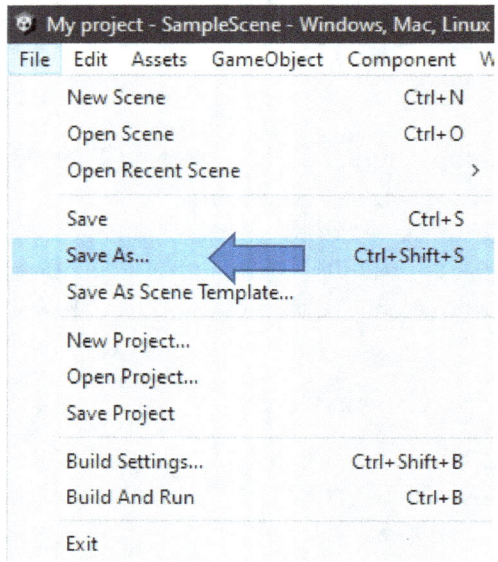

For this reason, it is easier if each scene is treated as a "level" for each game. Separating the scenes not only makes your game developing easie, but also it helps for faster editing and debugging.

To Save a scene or a Project simply click the "**File**" *(Figure 21)* Tab and select accordingly to what you want to do. In this case, the "**Save**" or "**Save As...**" option.

With the "**Save As...**" option you will be required to enter a name for a scene or a project and where you wish to save it. It is imperative that <u>if you are saving a scene then that scene should be placed within your current project folder.</u>

Figure 21 - Saving and Loading

Remember, a Project is the full game that contains everything while a Scene will only import or save (depending on if you are Opening or Saving) the current scene into your current Project.

For learning purposes, try to Save as often as possible using a different name so you can return if to a previous version if needed.

As an exercise and to better understand the Scene Navigation, try the following:

1. Insert a Cube object and using the Hand Tool, move that object to the coordinates 10,20,10
2. Insert a Sphere object and enlarge it modifying its scale. Change it so that it resembles a disc.
3. Save the above scene with the name Exercise-1 in your project folder.

Rigidbodies and Physics

In this chapter you will learn about :

- Adding a RigidBody and what functionalities it adds to your objects.
- Using Cameras and Clipping panes
- Adding and removing Audio Listeners

For this chapter, no prior knowledge of programming is required.

With the tools that we have learned so far, we can start creating your first game which in this case it will be a simple Pinball Game. This simple game will help us learn how Unity handles Physics and the forces of Gravity. Of course, the game is not limited to only utilizing and applying physics, but this is the first step towards a finished game.

Pinball [11] is a simple game where to play a ball (commonly referred to as pinball) is launched from a side

Figure 22 - 3D Pinball

corridor into a leaning platform. The pinball rolls down towards two triangles that kick the pinball back up. The player loses a game once the pinball goes through the opening between the two triangles. There are many versions of this game with the most famous version the one that Microsoft included in Microsoft Windows XP named "3D Pinball for Windows" (*Figure 22*).

There are of course alternatives and some more elaborate than others but yours will be mostly focused on learning how to setup a simple scene, instantiating (creating) GameObjects while playing the game, animations and of course player feedback.

Firstly, we need a solid surface where the pinballs need to be placed.

For large area we should use a Plane or a Terrain but since your Pinball game will only be using a small area and is mostly for learning how Unity works, we will start by modifying your current "**Cube**" into a simple leaning platform. We can later use this platform to roll the balls on as your game as will have more than one pinball rolling down.

---

[11] Image Copyright owned by Microsoft.com

Click on the Cube in the **"Hierarchy"** Tab, then in the **"Transform"** Component insert the following values *(Figure 23)*:

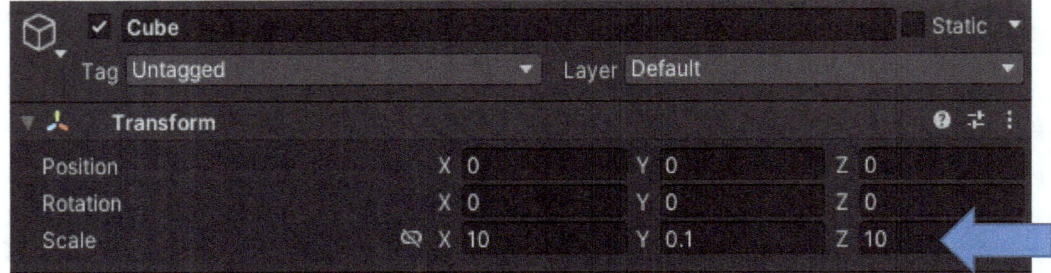

Figure 23 - Modifying the Transform Component

This will modify the "**Cube**" so it will look like a flat surface with height 0.1.

Now since the "**Cube**" is no longer an actual cube, a proper name is needed so we can differentiate between the "**Cube**" that we altered, from possibly newer ones that we may add in the future.

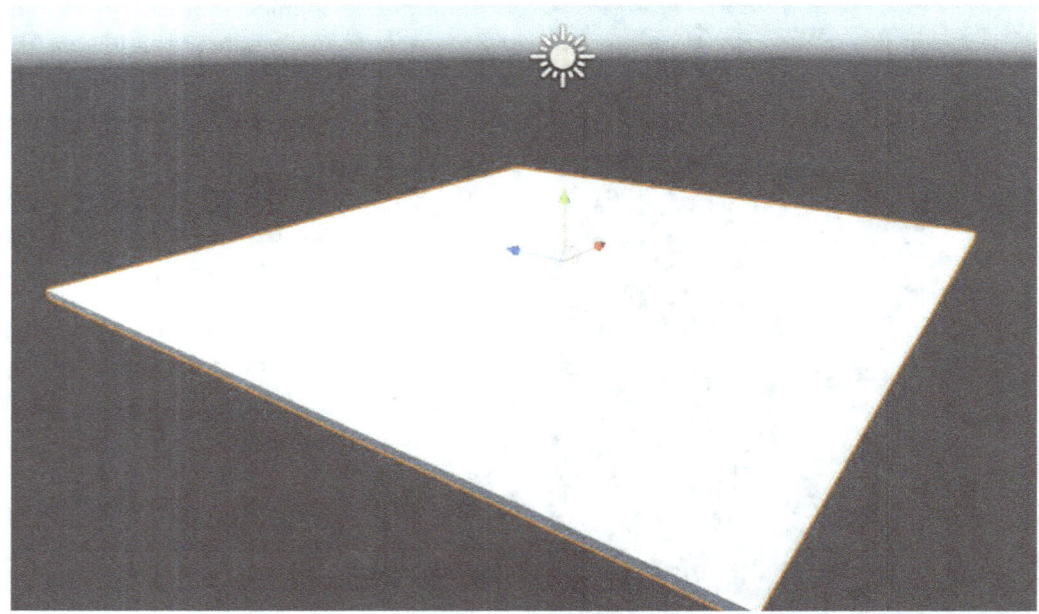

Figure 24 - Inserting a Cube

Click on the Hierarchy Tab again on the "**Cube**", but this time Right Click also on the Cube Name. This will open the **"Object Hierarchy"** Menu where we can select **"Rename"** *(Figure 25)*, so we can give a new name to the object.

Tip: It is important to name all of your GameObjects so you can differentiate between them.

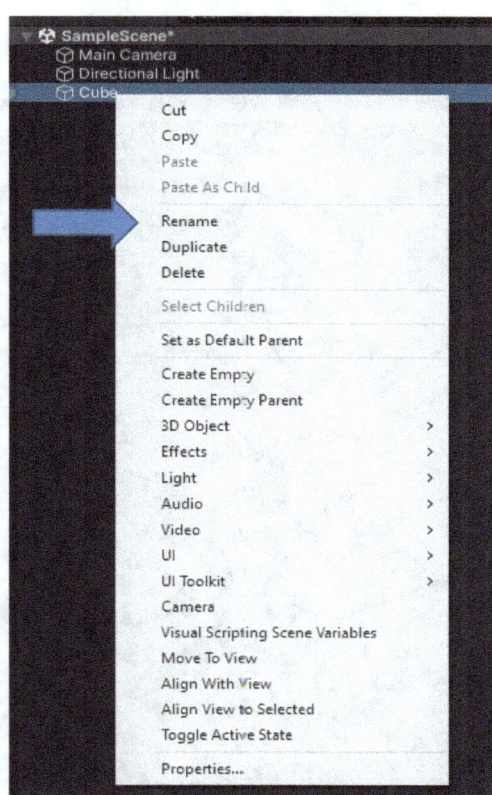

Rename this object as "**Ground**" (*Figure 25*).

Proper naming may seem redundant at first, but once you start adding multiple objects, you will notice that proper naming is very useful. You can also access objects via scripting using their names so avoid using Spaces when naming them.

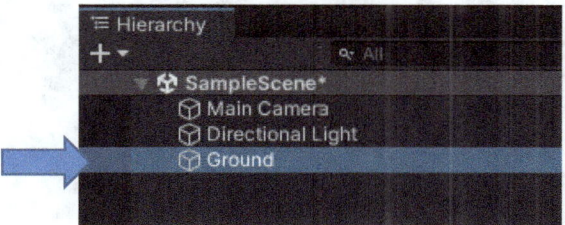

Figure 25 - Renaming an Object

Now that we have a flat surface, we need to add an angle so that the balls will roll down once they are on.

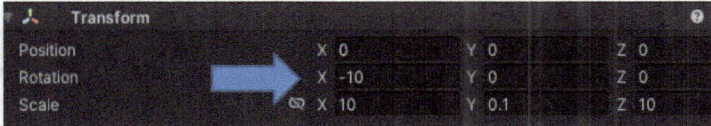

Figure 26 - Changing the Rotation

To do that, we simply modify the Transform to a angle of -10 (or more degrees) on the X on the Rotation of the object *(Figure 26).*

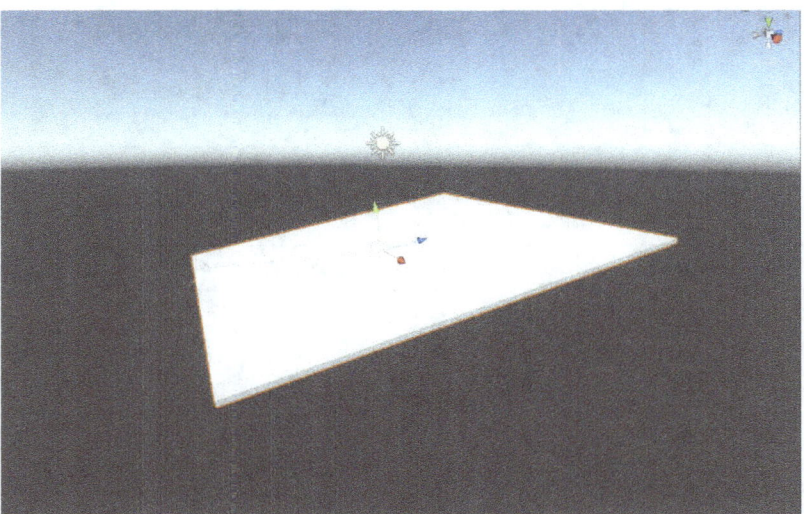

This will finally give a flat surface with a tilt *(Figure 27).*

We now need to test if the surface can actually "roll" a pinball on it hence a sphere (a pinball) is needed for testing.

Insert a **"Sphere"** primitive into the scene.

Figure 27 - Tilting an Object

 Tip : When adding a new object, be careful not to have any other objects selected as doing this will add them as Childs of that Object. Parent-Child relationships in objects are covered on later chapters of this book.

Place the **"Sphere"** above the tilted surface and rename it as **"Ball"**. Your scene should be similar with *Figure 28.*

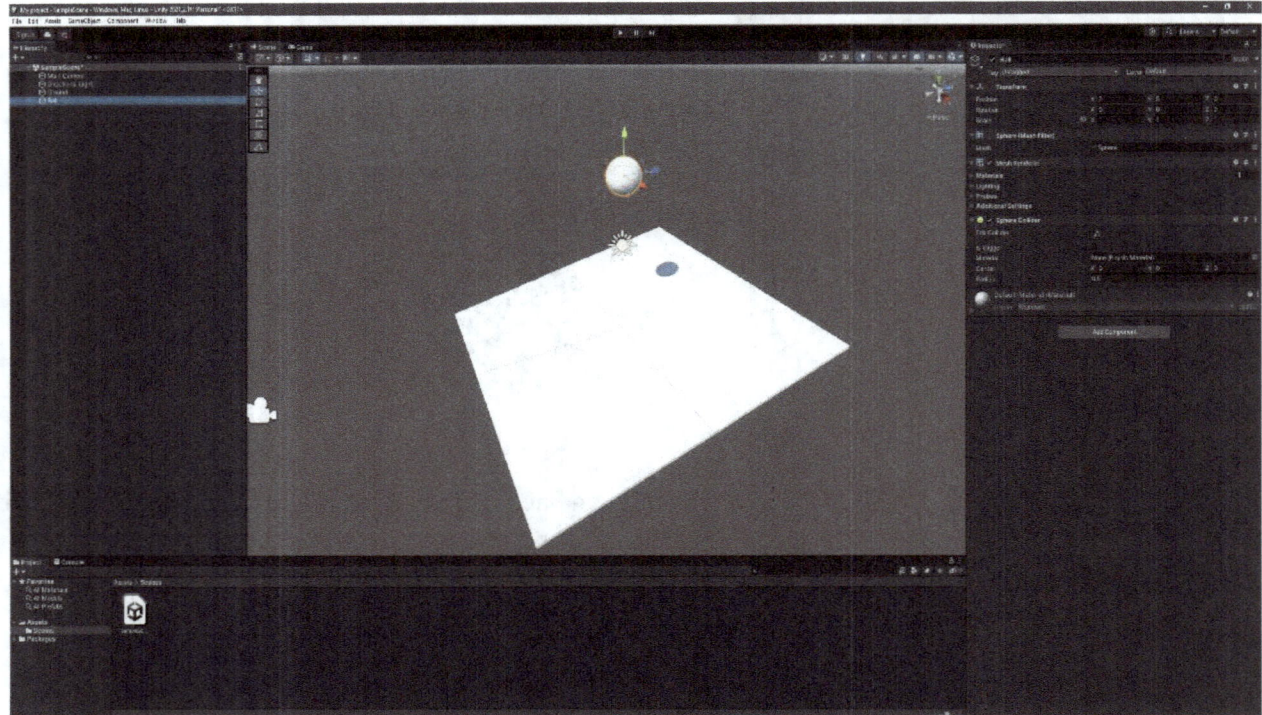

Figure 28 - Example of a Sphere above a tilted surface

For this example, the ball is set at 0,5,0 coordinates, but feel free to adjust and experiment as much as you like.

So, currently we have a Ball and a tilted surface so we expect that once the game will run, that the ball will drop and roll as in real life.

But before we see how your game will be, we first need to adjust two important factors.

1. The Camera (The Player Viewpoint)
2. The scene Lighting - Lights

*Lights are covered in the **"Intermediate"** module, so we will only deal with Cameras for the moment.*

Cameras

In Unity, the camera plays a crucial role in defining what the player sees in the game world. It simulates the perspective of the player or viewer and captures the view of the scene, rendering it to the screen. Here are some key functions and responsibilities of a camera in Unity:

1. **Viewing the Scene:** The primary function of the camera is to define the viewpoint from which the game world is observed. It determines what is visible to the player and how it is presented on the screen. Cameras are responsible for capturing and rendering the game view, which includes all the objects and effects in the scene within its field of view.
2. **Rendering:** The camera captures the scene's content and renders it to the screen or an off-screen buffer. The rendering process involves calculating how objects in the scene appear based on their position, orientation, lighting, materials, and camera settings.
3. **Camera Settings:** Cameras in Unity have various settings that can be adjusted to control how the scene is viewed. These settings include field of view (FOV), near and far clipping planes (which determine what's visible within a certain range), aspect ratio (screen dimensions), and background colour.
4. **Multiple Cameras:** Unity allows you to use multiple cameras in a scene. This can be useful for creating split-screen multiplayer games, implementing different viewports (e.g., a different view of a scene like a cutscene in the game), or handling special effects like rendering reflections or shadows from different perspectives.
5. **Culling:** The camera performs frustum culling, which means it checks which objects are within its field of view and should be rendered. This optimization prevents Unity from rendering objects that are not visible to the player, improving performance.
6. **Camera Effects:** Unity supports various camera effects and post-processing features that can enhance the visual quality of your game. These effects include depth of field, motion blur, bloom, and more.
7. **Audio Listener:** By default, the camera in Unity is also an audio listener. This means it captures audio from the scene based on the player's position and orientation, allowing you to implement 3D audio effects and spatial sound.

Camera Movement: You can move and animate cameras to create dynamic and cinematic views. This is often used in games to follow the player character, switch between scenes, or create cutscenes.

In Unity cameras, there are two primary types of planes related to the camera's view frustum: the "near plane" and the "far plane." These planes define the range of distances within which objects are visible to the camera. Think of these planes as the boundaries of a window through which the camera sees the game world.

1. **Near Plane**: Imagine this as the closest point to the camera where objects can be seen. Anything nearer to the camera than this "near plane" isn't visible and is hidden from view.
2. **Far Plane**: Think of this as the furthest point the camera can see. Objects beyond this "far plane" are also invisible and vanish from sight.

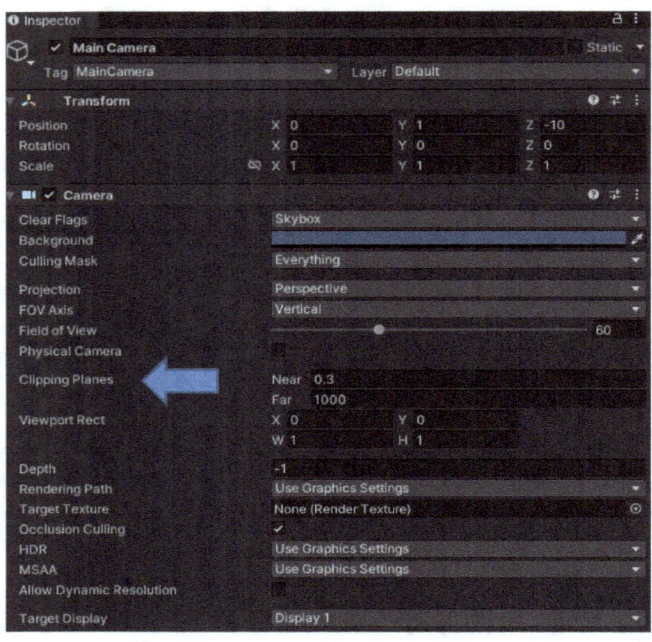

Figure 29 - Clipping Panes on Cameras

Together, the near and far planes form a sort of "box" or "window" within which objects are visible to the camera. Objects within this window appear on the screen, and those outside are clipped away, not shown to the player.

Adjusting these planes is like changing the size of this said window. Smaller windows can help optimize performance, but if set too close or too far, important objects may disappear or flicker. It is about finding the right balance to ensure everything you want to see in your game is visible to the camera.

In summary, the camera in Unity acts as the player's eyes, defining what is visible and how it is presented on the screen. Understanding and configuring camera settings is crucial for creating immersive and visually appealing game experiences.

Cameras are a fundamental component of Unity game development, and they are essential for framing the action, controlling the player's perspective, and delivering an engaging gaming experience.

> *Tip: If you are working on a large-scale game, then it is important to know the usage of Clipping Panes as cameras have a limit on how far they can "see" from their current position. The limit is defined by a plane that is perpendicular to the camera's forward (Z) direction. This is known as the far clipping plane since objects at a greater distance from the camera are "clipped" (excluded from rendering/showing it to the player). There is also a corresponding near clipping plane close to the camera - the viewable range of distance is that between the two planes.*

You can switch between cameras or even move the cameras via scripts. This allows for cutscenes to be created and giving an additional cinematic view of the game. We will further discuss how to enable objects and cameras using scripts in later parts of this book.

Cameras are a big concept when it comes to Game Development, and we will focus (pun intended) on more of their potential and their components in the next chapter.

For now, we need to just adjust the **"Default Camera"**, so it is viewing the current objects **"Ground"** and **"Ball."**

By Clicking on the **"Main Camera"** *(Figure 30)* Object in the **"Hierarchy"** Tab we can see what that specific Camera is viewing.

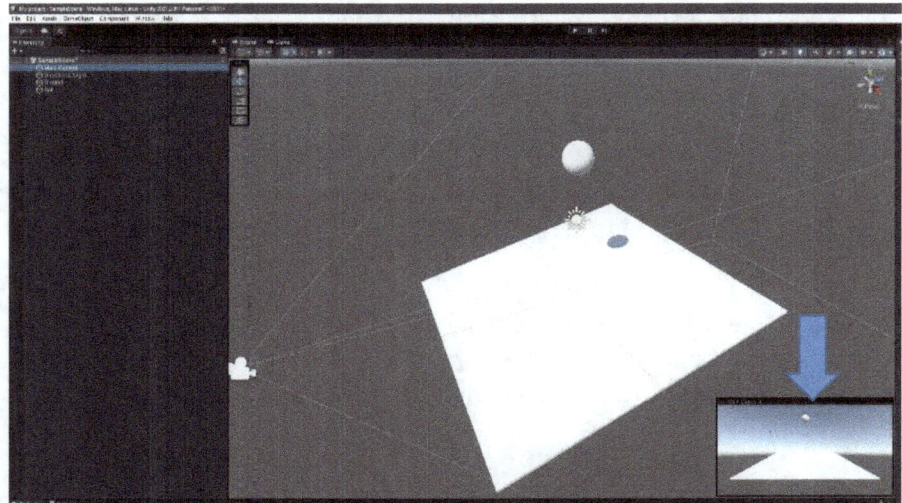

Figure 30 - Moving the Camera

If your camera is viewing something else other than the current view, simply reset the following values *(Figure 31)* into the **"Transform"** component of the **"Main Camera"** so that it matches the one in the View at the bottom right of the Camera View.

Since now we know what the player will be viewing when playing your game, let's run it for the first time and see if the ball will drop and roll on your **"Ground"**.

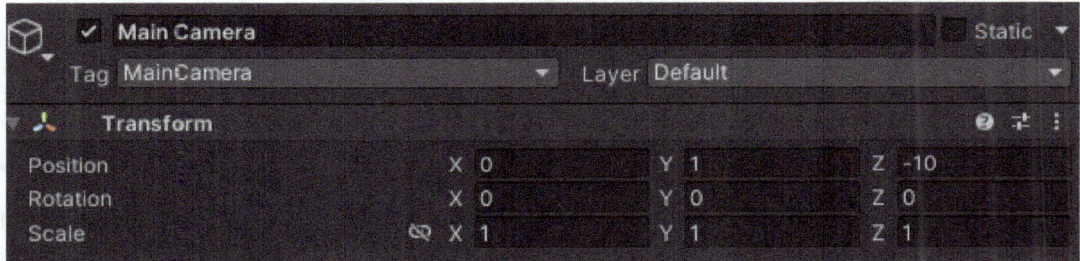

Figure 31 - Camera Position for current example

To Run the game, simply click on the **"Play"** *(Figure 32)* Button. This will instantly try to run the game and at the same time it will move you from the **"Scene View"** Tab to the **"Game"** Tab

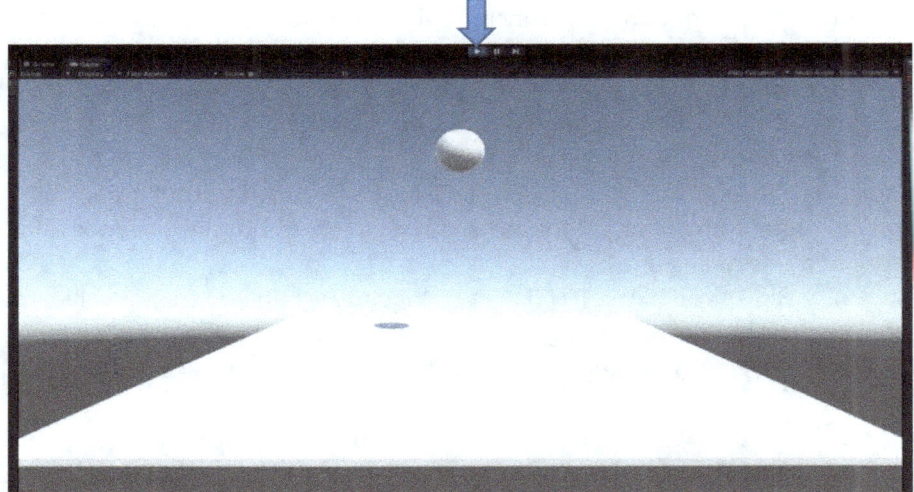

Figure 32 - Clicking the Play button the first time

26

You will instantly notice a major issue, which is that nothing is actually happening.

The ball is not dropping on the ground, and it is frozen in mid-air where we placed it. This is because Unity does not understand that an object (in your case the **"Ball"**) is supposed to be affected by physics. All objects are created with the main basic components, but since physics requires processing, it is natural to only want to apply physics on objects that require it. If an object does not require physics (such as a wall or a static object in general) there is no reason to devote processing time to something that is not actually requiring it.

Physics in a game development environment like Unity is a simulation of real-world physical behaviour applied to objects within the game world. It allows game developers to create realistic and interactive experiences by modelling the laws of physics, such as gravity, collision, and forces, in a virtual environment.

Here's an overview of how physics work in Unity and in most Game Developing Environments:

1. **Rigidbodies:** In Unity, the primary component responsible for simulating physics is the "**Rigidbody**." A Rigidbody is attached to a GameObject (e.g., a character, a ball, or any object that should be affected by physics) and defines how the object responds to physical forces and interactions.
2. **Gravity:** Unity simulates gravity by applying a constant downward force to objects with Rigidbody components. You can control the strength and direction of gravity, making it possible to create a variety of gravity-related effects.
3. **Collision Detection:** Unity's physics engine detects when objects with colliders intersect or collide. A collider is a component that defines an object's shape for collision purposes. When collisions occur, Unity can trigger events, such as OnCollisionEnter or OnCollisionExit, allowing you to respond to these interactions in your scripts. We will learn about these interactions in the next chapter.
4. **Physics Materials:** Physics materials can be applied to colliders to control how objects interact when they collide. For example, you can adjust parameters like friction and bounciness to make surfaces more or less slippery or bouncy.
5. **Forces:** You can apply forces to Rigidbody objects to make them move, rotate, or respond to external influences. Common forces include AddForce for continuous forces (e.g., pushing an object) and AddTorque for applying rotational forces (e.g., making an object spin).
6. **Joints:** Unity provides various types of joints that allow you to connect objects in a physics-based manner. Examples include hinge joints for doors, slider joints for moving platforms, and spring joints for creating elastic connections.
7. **Raycasting:** Raycasting is a technique used to cast a virtual ray from a point in a direction and check for collisions with objects along the ray's path. It is commonly used for things like shooting projectiles or determining line of sight.
8. **Triggers:** Unity allows you to mark colliders as triggers. When two trigger colliders intersect, they generate OnTriggerEnter and OnTriggerExit events, which are often used for implementing game logic like detecting when a player enters a specific area. We will learn about these interactions in the next chapter.
9. **Constraints:** Constraints can be used to restrict the movement of Rigidbody objects along specific axes or limit their rotation. This can be useful for creating physically accurate simulations or constraining the behaviour of objects.

10. **Layer-Based Collision Filtering:** Unity's layer system allows you to categorize objects into different layers. You can then control which layers can interact with each other, providing fine-grained control over collision detection.
11. **Performance Optimization:** Unity's physics engine is designed to be efficient, but for complex scenes with many objects, you may need to optimize physics calculations to maintain smooth gameplay. Techniques like Rigidbody interpolation and adjusting the physics timestep can help.

In summary, physics in Unity is a powerful tool for creating realistic and interactive game environments. By applying Rigidbody components, colliders, forces, and constraints to game objects, developers can simulate a wide range of physical interactions, from simple gravity and collisions to complex mechanical systems. This adds depth and realism to games and enables the creation of engaging and immersive experiences for players.

Let's apply some physics on your **"Ball"** GameObject so we can observe how it will be affected by the physics engine.

Click the **"Play"** *(Figure 32)* button again to stop the Game Tab (do <u>not</u> click on Pause) and return back to the Scene Tab.

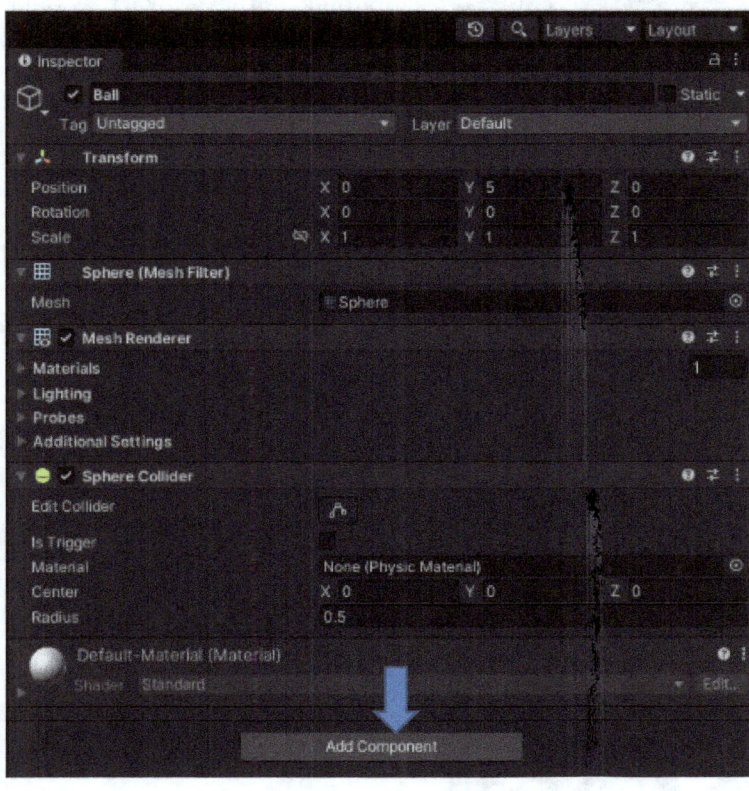

Figure 33 - Adding a Component

Select the **"Ball"** Object and in the **"Inspector"** Tab, click on the **"Add Component"** *(Figure 33)* . We need to add a RigidBody to the Ball so that it will know that we want to apply Physics.

A RigidBody will notify Unity that the object in question needs to act according to the Physics settings of the scene. These can be adjusted in various ways, and they all depend on the scale of the said object.

To add a Component, once you click **"Add Component"** *(Figure 33)* then type the component that you are looking for *(Figure 34)*.

In your case we are looking for the **"RigidBody Component"** so we simply write the first letters, and Unity will find it for us.

Clicking/Selecting the Component will add it into the object. Notice now that a new component has appeared on "**Ball**" as **"RigidBody"** *(Figure 35)* with a few new options.

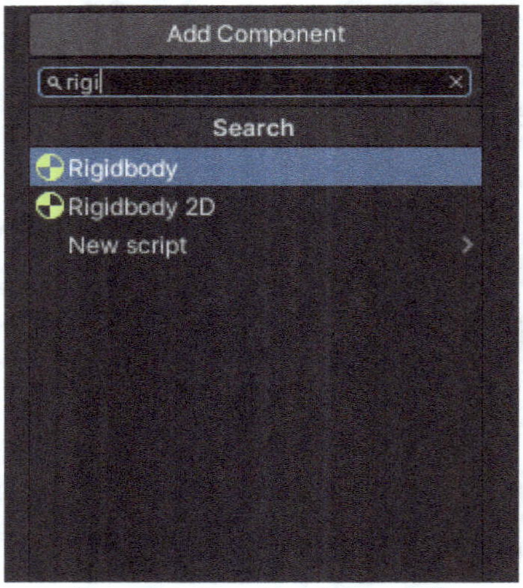

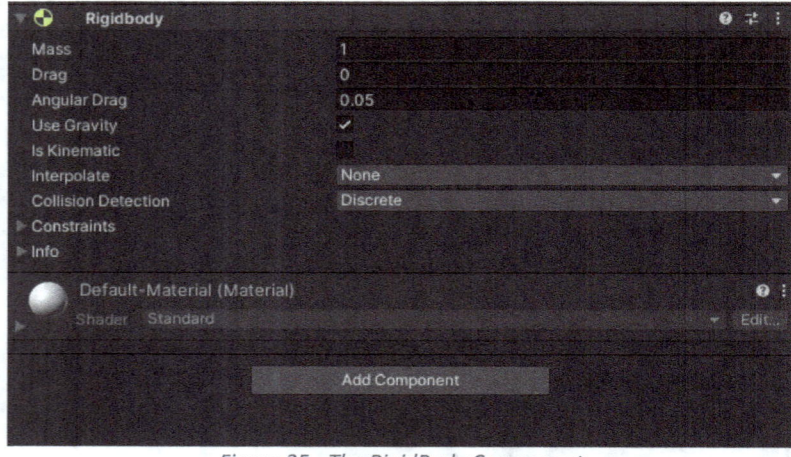

Figure 34 - Searching for a specific Component

There you can play with the settings *(Figure 35)* such as Angular Drag which affects the rotational motion of an object. It is used to simulate the resistance an object encounters when trying to rotate in a specific direction.

The higher the angular drag value, the faster the object's angular velocity (rotation) will decrease when no external forces or torques are applied or normal Drag which is similar with Angular but in linear form.

In the **"RigidBody"** component you can also modify the use of Gravity and even adjust the Mass of the object.

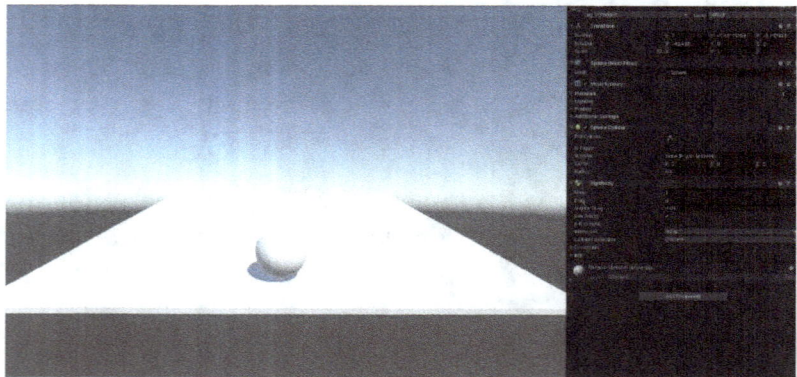

Figure 35 - The RigidBody Component

Remember that gravity gives everything the exact same acceleration, so objects with different masses will still hit the ground at the same time if they are dropped from the same height since in Unity there is no air-resistance unless it is designed that way.

Let us try to **"Play"** our game again, this time with the RigidBody on the ball.

This time the **"Ball"** does indeed fall (*Figure 36*) and roll down since physics is indeed applied to it and the Unity Physics engine will roll the GameObject.

Figure 36 - Ball Rolling using RigidBody Component

Audio Listeners and Audio Sources

One important factor is the **Audio Listeners** that are attached on the cameras and those you should always have just one. An Audio listener a component that adds "ears" and will provide sound output to the speakers.

Working with sound can be tricky if we are not familiar with the following terms :

1. Audio Attenuation: refers to the reduction in the intensity or volume of sound as it travels through space. It is a fundamental concept in game audio and real-world acoustics. In the context of game development, audio attenuation is used to make sounds in a virtual environment behave more realistically by simulating how they become quieter as they move away from the source or become obstructed by obstacles.

2. 2D Audio: refers to the presentation of sound in a game or application without considering depth or spatial positioning. In a 2D audio system, sounds are played back in a way that doesn't convey the illusion of three-dimensional space. Instead, they are typically presented as if they are coming from a flat plane, such as the screen or the listener's ears, without regard for their position in the virtual world.

Another important factor that works hand in hand with Audio Listeners are the Audio Sources which is the component that generates the sound that the Audio Listener will have as input.

These can be anything from music, sound effects, dialog and more.

We can add **"Audio sources"** as components on GameObjects and then those GameObjects will emit the sound that we will specify but for our current learning experience we will not dwell on that just yet.

For now, familiarize yourselves with the following terminology about sounds:

Sound Emitters: Audio Sources are like speakers that emit sounds in your game.

Attach to Game Objects: You place Audio Sources on objects to make them emit sound.

Control Volume and Pitch: You can adjust the loudness and speed of the sound.

3D Sound: Audio Sources support positioning sounds in 3D space for a realistic audio experience.

Having more than one sound input is normal in the sense that we can have many birds singing in a forest, but it makes for terrible sound coordination when you have to hear from one output (a speaker) the sound of one bird but from two simultaneous different locations! Unity will provide a warning that you have more than one Audio Listener, but it will still allow you to continue.

If you are using multiple cameras, make sure that <u>only one of them has an Audio Listener</u> active at that specific time. You can deactivate or remove entirely a component that you are not using by simple clicking on the component 3-Dot symbol and clicking "**Remove Component**" *(Figure 37)* or by removing the Tick from the check box of that component.

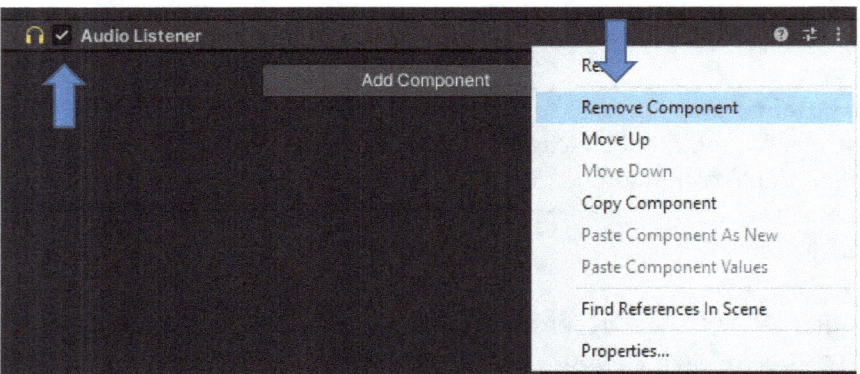

Figure 37 - Removing or deactivating a Component

As an exercise and to better understand RigidBody, try the following:

1. Insert a few more primitives such as Spheres, Capsules and Cylinders and add Rigidbodies on them. Try from different Heights and different objects. Play and test how the primitives act.
2. Move your camera to different locations and see from different angles. Make sure to delete the first camera.
3. Change the Clipping Panes of your Camera to Near (− 1) and Far (10).
4. Add and Remove an Audio Listener on your Camera.
5. Create a project that will have at least 4 objects with a RigidBody that will fall on a Capsule shaped surface.

First Script – "Teleporting" an object

In this chapter you will learn about :

- Creating Colliders and their different types (Mesh/Compound/Primitive)
- Using Mesh Renderers
- Adding Trigger Colliders
- Creating and adding Scripts
- Writing a simple Script and Collider Functions
- Using public Variables

For this chapter, minor knowledge of programming is preferred.

Learners are expected to have some familiarity with :

- Variables
- Assignments

In your current Pinball game so far, you have added a Sphere GameObject named "**Ball**" on a tilted surface named "**Ground**". The Sphere will roll on the surface and then drop and disappear into infinity as it will forever drop. This is of course a problem that needs to be addressed for quite a few reasons since in Unity, keeping objects alive or retaining references to objects for extended periods can lead to various problems and challenges.

Here are some common issues associated with keeping objects alive in Unity:

Memory Leaks: One of the most significant concerns is memory management. If you retain references to objects that are no longer needed but don't release those references appropriately, it can lead to memory leaks. These leaks gradually consume system memory and can eventually lead to poor performance or crashes.

Performance Degradation: Keeping too many objects alive in a scene can impact performance. Unity must manage and update the state of each active object, which requires CPU and GPU resources. If there are too many objects, especially with complex scripts and components, it can lead to frame rate drops and decreased performance.

Garbage Collection Overhead: Unity uses garbage collection to automatically release memory occupied by objects that are no longer in use. However, if you create and destroy objects frequently or keep objects alive unnecessarily, it can lead to frequent garbage collection events, causing performance spikes and reduced frame rates during collection cycles.

Resource Consumption: Objects in Unity can consume various resources, such as textures, meshes, audio clips, and shaders. Keeping unnecessary objects alive can lead to increased resource consumption, impacting the overall efficiency of your game.

Complex Debugging: When objects are kept alive longer than necessary, it can make debugging more challenging. Objects may hold references to outdated data or exhibit unexpected behaviour, making it difficult to identify and fix issues.

Maintainability: Overly complex or convoluted object lifetimes can make your codebase harder to maintain. It may become challenging to track which objects should be destroyed, which should persist, and how they interact.

Scene Management: Keeping objects alive when switching between scenes can lead to issues. Old scene references can interfere with new scenes, potentially causing conflicts or unexpected behaviour.

To mitigate these problems, it is essential to follow good coding practices and maintain a well-structured architecture for your Unity projects. Here are some strategies to address these issues:

Use Object Pooling: For frequently created and destroyed objects, consider implementing object pooling. This technique involves recycling objects instead of instantiating and destroying them repeatedly, reducing memory allocation and garbage collection overhead.

Manage References Carefully: Be diligent about releasing references to objects when they are no longer needed. Use methods like **Destroy**() or null out references to ensure objects can be properly garbage collected. We will mostly be using **Destroy()** throughout this book in this chapter.

Implement Resource Management: Keep track of resource usage and unload unused assets or objects to free up memory and resources.

Profile and Optimize: Regularly profile your game to identify performance bottlenecks related to object management. Optimize your code and architecture accordingly.

Scene Management: When switching scenes, ensure that objects from the previous scene are properly cleaned up or managed, and avoid unnecessary persistence of objects between scenes.

By addressing these issues and adopting good coding practices, you can maintain efficient object lifetimes in your Unity projects, leading to better performance, reduced memory usage, and smoother gameplay experiences.

Typically, the larger a game is then the more memory it consumes. This means that if the objects that we are not using anymore are not destroyed, then the game will eventually run out of memory or processing power and the game will start having problems such as performance issues and crashes.

Overall, as a rule, your aim is to keep as fewer objects as possible running, while at the same time destroying anything that is not being used anymore. It is even better to re-use an object rather than re-creating another one if an object has been eliminated. For example, if in your game we wanted to spawn more balls as the game was progressing it would be much more efficient if when a ball falls over the plane to just re-route it (or teleport it) back to the top.

It is quite common to instantly move an object in gaming such as the player or an object teleporting or moving to a new location or having a task move to another location.

The main principle here is to have the object move to a certain world space (coordinates) when something happens. This could be the object touching something or reaching a location. The trigger that will activate this "action" to move the object is called a **Collider** and it is one of the most key factors of creating a game.

Colliders

Colliders in game development are like the sense of touch in the physical world. They provide the means for objects to interact with and respond to their surroundings, enabling the simulation of collisions, triggers, and physical interactions in the virtual environment. Just as our sense of touch allows us to feel and react to the world, colliders empower game objects to sense and react to the digital world they inhabit. The simplest (and least processor-intensive) colliders are primitive collider types which we learned above (Cube, Sphere, etc)

Compound colliders

Compound colliders are used to describe a situation where you attach multiple simple colliders to a GameObject's hierarchy, often as child GameObjects. Each child GameObject has its own collider with a specific shape and position.

Consider the scenario: Suppose you have a complex vehicle model in your game. Instead of using a single MeshCollider for the entire vehicle, which might be computationally expensive, you can create child GameObjects for different parts of the vehicle, each with its own appropriate collider (e.g., BoxCollider for the body, WheelColliders for wheels, etc.). This way, you achieve a more accurate collision representation while keeping performance in check.

In summary, a compound collider in Unity is a concept where multiple simple colliders are used together, often as child GameObjects, to create complex collision shapes for a GameObject. This approach provides a balance between accurate collision detection and efficient processing.

Mesh colliders

We have mentioned Meshes in the Transform Component section of this book, but we have not really seen them in action. For now , we only need to know that the Mesh Colliders in some cases are better than Compound colliders in accuracy however these colliders are much **more processor-intensive than primitive types**, so use them sparingly to maintain good performance. *Also, a mesh collider cannot collide with another mesh collider* (nothing happens when they make contact). You can get around this in some cases by marking the mesh collider as Convex. This generates the collider shape as a "convex hull" which is like the original mesh but with any undercuts filled in. The benefit of this is that a convex mesh collider can collide with other mesh colliders so you can use this feature when you have a moving character with a suitable shape. However, a good rule is to use mesh colliders for scene geometry and approximate the shape of moving GameObjects using compound primitive colliders.

To further understand colliders, we need to start working with them.

So, let's add another Cube in your Pinball and set it to have a size of 10,0.1,10 with the Transform Position 0,-4,-5. This should place the new surface at the bottom of the previous one with part of it extending towards the end. If yours is different then just rearrange the object until it is similar with *Figure 38*

Rename this new surface as "**LowerEnd**".

Your Scene view should be similar with the example below *(Figure 38)* which means that when the "**Ball**" rolls down the "**Ground**" surface it will then drop into the "**LowerEnd**" surface that we just created.

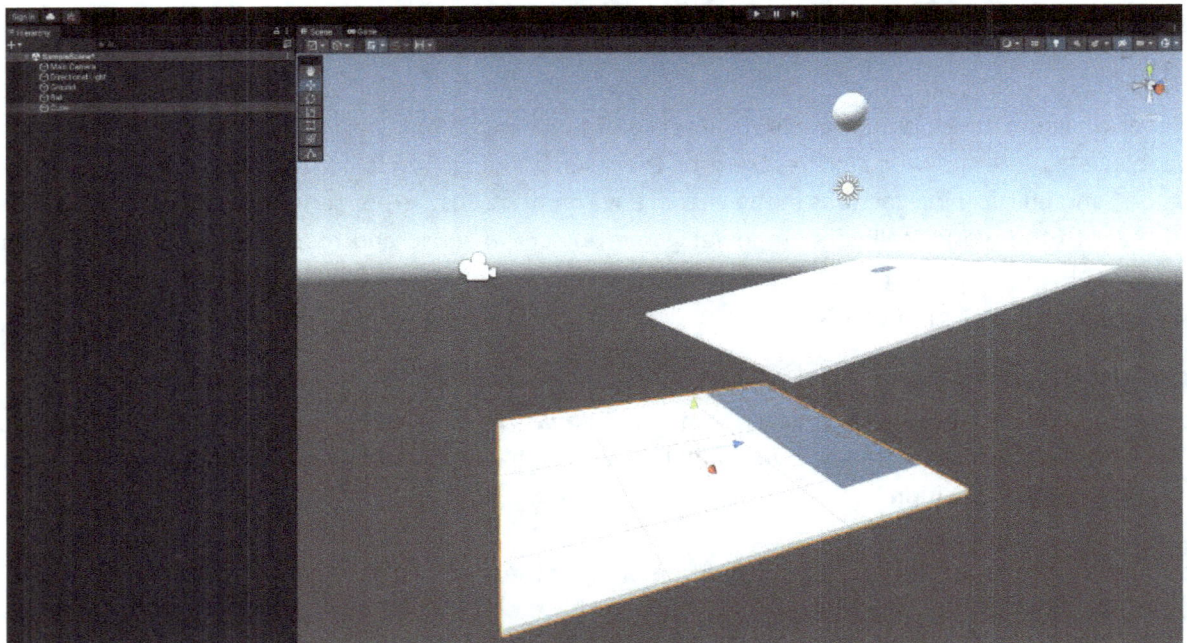

Figure 38 - Trigger Example

However, this new surface that we just created is not going to be used as a surface but rather as a trigger. This means that we need to do the following changes to it.

1. We need to remove the Mesh Renderer so that the object will not be visible any more to the Player (and to save on rendering time)
2. We need to state that the current Collider of that object will be used as a trigger.

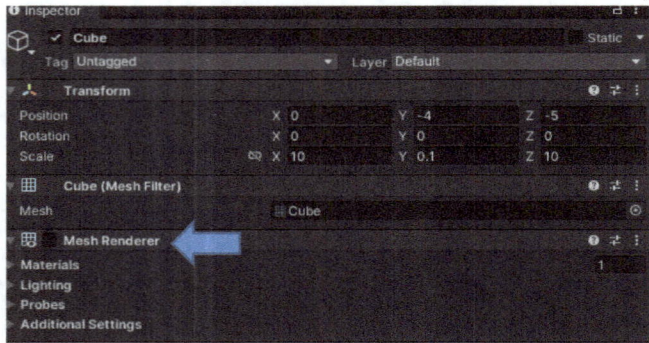

Make sure that you are selected on the "**LowerEnd**" object and then **unclick** the Mesh Renderer Component *(Figure 39 up)*

This will disable that component (we can alternatively remove it entirely) and only the Collider will remain.

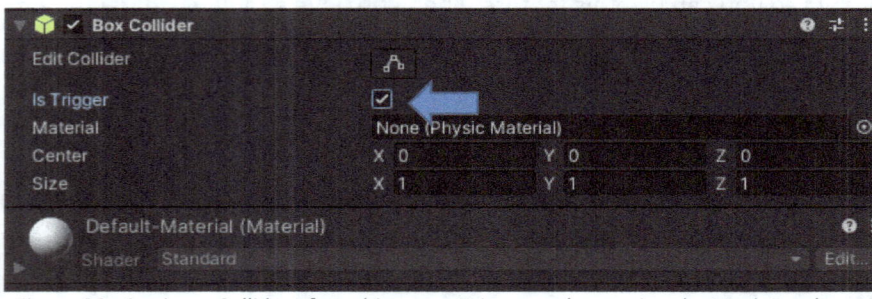

Then we need to set the Collider to be a Trigger by clicking on the "**Is Trigger**" box in the Box Collider of the "**LowerEnd**" Game

Figure 39 - Setting a Collider of an object as a Trigger and removing the Mesh Renderer 1

Object in the **"Inspector"** *(Figure 39)* Tab.

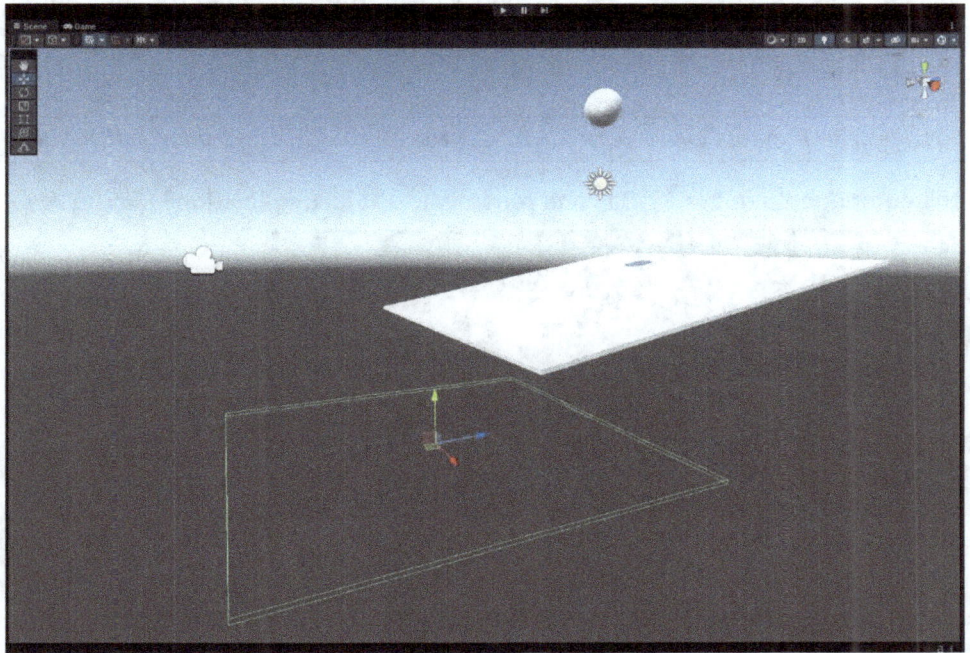

Figure 40 - Setting a Collider as Trigger and removing the Mesh Renderer 2

Your final result should be a flat surface with only the green outline of the collider visible *(Figure 40)*.

The green Outline denotes that there is a **Collider** there but since the Collider is set as a Trigger it will not actually stop or block any incoming objects. It will just act as a Trigger for your script or action that we wish to do once something touches that specific green area.

> *Reminder: In Unity, a **Trigger** is like an invisible sensor that you can place on objects. When something enters or exits this sensor's area, it can trigger specific actions or events in your game. It is a way to detect interactions between objects without physical collisions, making it useful for various gameplay mechanics.*

In simple words, think of a trigger like a hidden button that activates something when you step on it or move near it in a game. It is also a way for objects to sense each other's presence and respond accordingly, like opening a door when a character approaches or scoring points when a player collects an item. If you want to also make it act as a Collider, then you need to add an additional Collider Component that will do that.

A Trigger is what will eventually "start" an action or a script. In your case we want the ball, once it touches the **"LowerEnd"** GameObject collider to instantly move back to its original position. This means that we require a Start Position (in this game the Trigger collider) but we also need an Ending Position, in this case the starting position of the ball. The names here used (Start Position/Ending Position are for this example only. You can use any name you prefer to identify your objects)

So, we have the Object that will Trigger the move script, but we do not know where to teleport as the ball will obviously move. This means that we will also require another object that will help us and keep track of the starting position of the ball. Alternatively, we can hardwire the script so that it will go to a certain position each time but that is not as efficient as the current method since with the current method that we will learn we will be able to also move the object on the go.

Duplicate the current Ball object by Right Clicking on the GameObject in the **Hierarchy** Tab and then selecting **Duplicate**. This will create a second Ball Object with the same features and components as the previous one. Since the 2nd Ball will only be used as a Placeholder for a location (Transform) , it is imperative that we remove all the components that it is using in order to save memory.

> *Tip: The less useless components we have on an object the more optimized your game will be.*

Remove all the components of the 2nd Ball and rename it to "**StartingPosition**" *(Figure 41)*

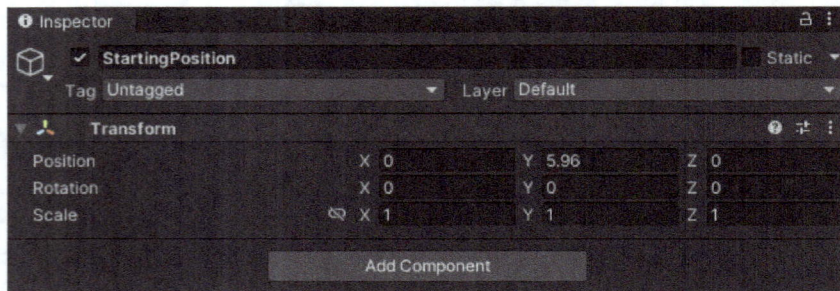

Figure 41 - An example of a Placeholder Object without any components 1

By creating this "invisible" new object we have now created an object that the ball can move (teleport) once it has reached the Trigger "**LowerEnd**".

Since the "**StartingPosition**" object does not have any components and no colliders it will just act as a placeholder position. If we later wish the ball to teleport to another location, then the only thing that we need to do is just move the "**StartingPosition**" object to another location and Unity will handle the rest.

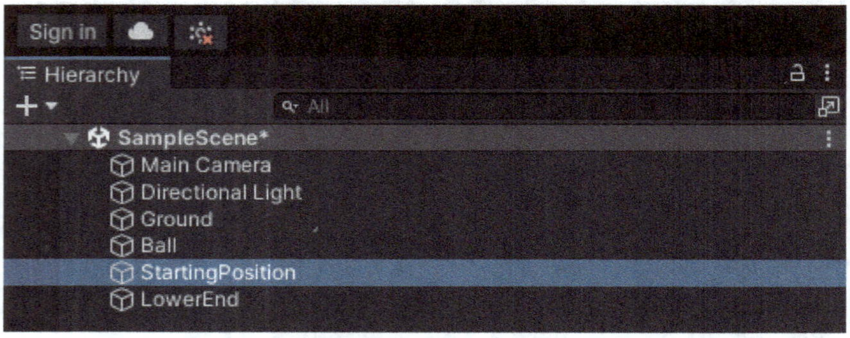

To do this, we require **scripting** and scripting in Unity is done with various ways. We will learn how to use the most basic and important way which is via coding in the programming language C# and with Visual Scripting which is easier for younger audiences but will still provide the same results.

Figure 42 - An example of a Placeholder Object without any components 2.

The Visual Scripting that this book is using is done via PlayMaker [12] which is an additional tool that can be downloaded and used from the Unity Asset Store[13]. There are many more like the Unity Build-in Visual Scripting that you can use and learn at your own pace.

---

[12] https://hutonggames.com/
[13] https://assetstore.unity.com/

Scripting in C# and Triggers

When collisions occur, the physics engine calls functions with specific names on any scripts attached to the objects involved. You can place any code you like in these functions to respond to the collision event. For example, you might play a crash sound effect when a car bumps into an obstacle.

Collider Functions:

- OnCollisionEnter
- OnCollisionStay
- OnTriggerEnter
- OnTriggerStay
- OnTriggerExit

For example, on the first physics update where the collision is detected, the *"OnCollisionEnter"* function is called.

During updates where contact is maintained, *"OnCollisionStay"* is called and finally, *"OnCollisionExit"* indicates that contact has been broken. Trigger colliders call the analogous *"OnTriggerEnter"*, *"OnTriggerStay"* and *"OnTriggerExit"* functions.

> *Tip: With normal, non-trigger collisions, there is an additional detail that at least one of the objects involved must have a non-kinematic Rigidbody (**"IsKinematic"** must be switched off). If both objects are kinematic Rigidbodies then **"OnCollisionEnter"** etc, will not be called. With trigger collisions, this restriction does not apply and so both kinematic and non-kinematic Rigidbodies will prompt a call to **"OnTriggerEnter"** when they enter a trigger collider.*

Firstly, let us start by adding a script component on the "**LowerEnd**" object.

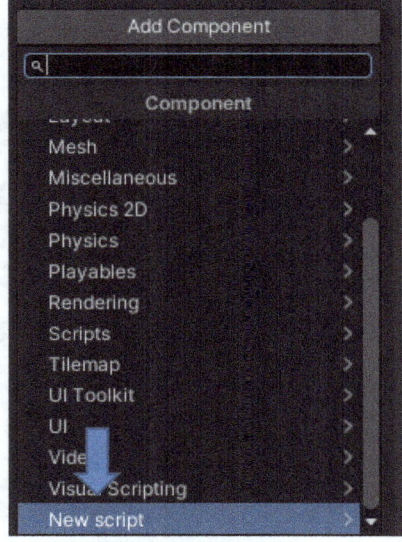

Figure 43 - Inserting a New Script

Secondly, Select the "**LowerEnd**" object and then **Add Component → New Script** *(Figure 43)*

Give it the name "**Teleporter**" and wait for Unity to add the Script on the object.

Currently it is an empty script so you need to click on it and then **"Edit"** *(Figure 44)* so that Visual Studio will start and open the script.

While working the Visual Studio, you need to keep both Visual Studio and Unity open as both programs coordinate. Every time you save a script in Visual Studio, the moment you click back to Unity, Unity will check if that script is in a functional condition and provide you with any errors that may exist in your code. This means that your code needs to be checked twice, once by the Visual Studio IDE / Intellisense for debugging and then again by Unity as many features are different from the standard C# coding.

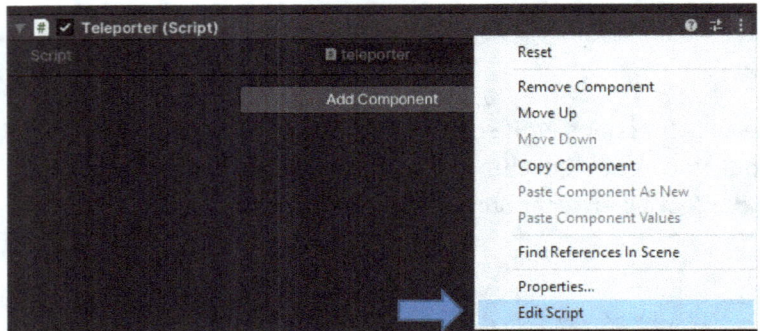

Figure 44 - Opening/Editing a Script for the first time

You will notice that same code is already pre-written which is there by default as that piece of code is the standard starting point of any script in Unity.

Write the bottom code that is in bold and click **"Save"** or alternatively visit the link and copy it.

Keep in mind that these are CaSeSeNsitIvE and proper capitalization of key words is essential.

Teleporter Script - https://tinyurl.com/2xcrkruv

```
using System.Collections;
using System.Collections.Generic;
using UnityEngine;

public class Teleporter : MonoBehaviour
{
    // Start is called before the first frame update
    void Start()
    {
    }
    // Update is called once per frame
    void Update()
    {
    }
    public Transform LocationToGo; // Creating the variable LocationToGo
    public Transform ObjectToMove;// Creating the variable ObjectToMove
    void OnTriggerEnter(Collider other) // Creating the OnTriggerEnter method
    {
        ObjectToMove.transform.position = LocationToGo.transform.position;
      // Moves the object from one location to another
    }
}
```

> *Tip: Everything that is followed after the // means that it is a comment, and it is there as help for the programmer. You should add comments on your code as well to help you when you are revising your code in the future. Comments do not have any effect on our code so feel free to add as many as you like.*

Firstly, let us have a good look at our code and see what it does.

The first parts are already pre-written for you as those are there by default, and we will not dwell into those parts for the time being until much later at the Input via C# and Void Start / Update section of this book.

The text that is followed by the // denotes a comment and are not required for the code to run but it is always good practice to add comments in your code so that if another person reads your code to be able to understand it easier.

The lines:

```
    public Transform LocationToGo;
    public Transform ObjectToMove;
    void OnTriggerEnter(Collider other)
    {
        ObjectToMove.transform.position = LocationToGo.transform.position;
    }
```

are the ones that we will currently focus on.

The first two lines:

```
public Transform LocationToGo;
public Transform ObjectToMove;
```

will create two variables that are set as "**Public**".

The "**Public**" commands here are stating that the variables not only are public (visible) to the rest of the program but also, they are public to Unity as well! Anything that is set to Public will appear as a variable of that data type in the Object that contains the current Script. For example, in *Figure 45* you will notice that your script will require two "**Transforms**" as input (parameters) in order for it to work. If the variable

declarations were not set as "**Public**" but as "**Private**" then we would not be able to provide that information , parameter to the script from Unity directly.

This will only happen **after you save** your script so that Unity can run it.

Figure 45 - First glimpse of a Public variable in Unity

Notice that:

1. The Public Variables "**LocationToGo**" and "**ObjectToMove**" appeared in the "**Teleported**" Script component and conveniently Unity even added the spaces before each capitalized letter.
2. The available space that is currently set as "**None (Transform)**" *(Figure 45)* specifies the data type that is expected. In this case it is a "**Transform**" Data type which was also denoted in our code.

"**Transform**" Data types contain information about object's "**Transform**" in the same way as our "**Inspector**" Tab.

> Tip: It is a very common mistake is to declare the object as "transform" instead of "Transform" with a "t" instead of a "T".

The next part of our code is the actual function that will run once a Trigger has been activated.

```
void OnTriggerEnter(Collider other)
    {
        ObjectToMove.transform.position = LocationToGo.transform.position;
    }
```

The procedure **"OnTriggerEnter"** will run when an object has touched the Collider on the current object that is set as a **Trigger**. In the same way that this function works, all the other mentioned previously also work depending on what you wish the script to do.

```
ObjectToMove.transform.position = LocationToGo.transform.position;
```

This command will take the transform of the **"LocationToGo"** Object and set to be the new transform (location/coordinates) of the object **"ObjectToMove"**.

This means that the object that would be set in the **"ObjectToMove"** will instantly go (teleport) to the location of the **"LocationToGo"** object.

In our Pinball game, we have already prepared for this as the location that we wish to move the ball is the location of the **"StartingPosition"** GameObject and the object that we need to move is obviously the ball.

All we have to do is just set the objects by dragging and dropping them into the correct variable slots.

Figure 46 - Final setup of the Teleporter Script using two Transforms as parameters

Summary:

The Object "*LowerEnd*" contains a script and a Collider that is set as a Trigger. Once an object (any object) touches that Collider Trigger the script **"Teleporter"** will run the function **"OnTriggerEnter"** which will take the object that is set in the **"ObjectToMove"** on the script and move it instantly to the object that is set as **"LocationToGo"**. Since the **"LocationToGo"** object is blank the **"ObjectToMove"** will move there without any problems

Run the Game by using the Play button and notice what happens.

As an exercise and to better understand Transform Scripting Functions, try the following:

1. Insert a Cube object and add a collider Trigger and a standard collider.
2. Add a script on that Cube Object and use the **"OnTriggerExit"** and the **"OnTriggerEnter"** functions on the same script each with a different functionality of your choice (such as **"transform.position"**)
3. Modify the code so that more than one object will instantly teleport.

Visual Scripting – PlayMaker – Finite State Machines

In this chapter you will learn about :

- Finite State Machines and their usage
- Creating a Variable with an FSM
- Renaming an FSM
- Adding Trigger Events with an FSM
- Joining FSMs

For this chapter, no prior knowledge of programming is required.

Hutong PlayMaker logo

PlayMaker is a Unity asset that was developed by Hutong Games[14]. It was founded by game industry veterans who worked on Thief: The Dark Project, Flight Unlimited III, the Zoo Tycoon series, World of Zoc for the Wii, and countless prototypes, ultimately leading to the development of the asset which is a powerful visual scripting tool for Unity.

Visual Scripting is like normal coding but instead of writing the code we use shapes that correspond to the commands that we want to use. This is of course using more power from the CPU so it is less efficient than using actual code.

> *Tip: Visual Scripting is always more CPU intensive than actual scripting code. We always prefer to write scripts rather than using Visual Scripting in large projects unless we are having difficulty with the complexity of the code.*

What is a Finite State Machine (FSM) ?

A Finite State Machine (FSM) in game development is a computational model used to represent and manage the behaviour of game objects, characters, or systems by dividing their behaviour into a finite number of states. Each state represents a specific set of conditions, actions, or behaviours that the object or character can exhibit at a given time. Transitions between states are triggered by certain events, conditions, or inputs, which can be either external (e.g., player input) or internal (e.g., a timer or a specific game condition).

PlayMaker uses FSMs to do the difficult things simple. An **FSM or a Finite State Machine is an abstract machine** that can be in exactly one of a finite number of states at any given time. The FSM can change from one state to another in response to some inputs; the change from one state to another is called

---

14 Hutong PlayMaker Logo and content used with approval from Hutong

a transition. An FSM is defined by a list of its states, its initial state, and the inputs that trigger each transition.

For example, in the PinBall game that we are using as a learning tool for this book, in the previous chapter we demonstrated how to write functions using C# that will instantly move an object from one location to another if that object comes in contact with a Trigger Collider.

This of course, has a very steep learning curve and can be alienating new game developers that are not so familiar with coding, and this is where the Visual Scripting comes in to help.

The main components of an FSM that typically works in game development:

States: In an FSM, you define a finite set of states, each of which represents a distinct behaviour or mode of operation for the game object or character. For example, in a simple game character FSM, you might have states like "Idle," "Walking," "Running," "Attacking," and "Dead."

Transitions: Transitions describe the conditions or events that cause the FSM to switch from one state to another. These transitions are defined by specifying triggers, which are essentially criteria that must be met for the transition to occur. For instance, a character might transition from the "Walking" state to the "Running" state when the player presses a sprint button.

Actions: Each state can have associated actions or behaviours that define what the game object or character does while in that state. These actions can include animations, physics behaviours, sound effects, and more. For example, the "Running" state might involve playing a running animation and increasing the character's movement speed.

Update Cycle: In the game's update loop, the FSM checks the current state and evaluates whether any transition conditions are met. If a condition is satisfied, the FSM switches to the appropriate state, and the associated actions for that state are executed. This process continues in each frame, allowing the game object or character to respond dynamically to changing circumstances.

Finite State Machines are useful in game development because they provide a structured and modular way to manage complex behaviours and interactions between game elements. They make it easier to maintain and extend the behaviour of game objects, as you can add or modify states and transitions without drastically affecting the rest of the codebase. Additionally, FSMs can help designers and developers create more predictable and controlled gameplay experiences.

The PlayMaker FSM

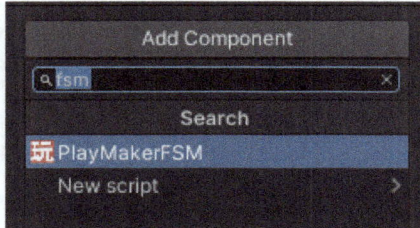

Figure 47 - Adding a PlayMakerFSM

The PlayMaker FSM needs to be added on the object for the FSM to work, and this can be done like any other component that we added so far.

Select the "**LowerEnd**" object (if you did the C# Script showed previously then Deactivate it for this example) and click "**Add Component**". This time, select Add **"PlayMaker FSM"** (*Figure 47*)

! Note: If you do not have the option to **"Add PlayMakerFSM"** then you most likely need to install the PlayMaker asset by going into the Unity Asset Store and downloading/purchasing the Asset for your account. Keep in mind that PlayMaker requires to be purchased.

Once you add the component on the object then click on **"Edit"** to view the FSM.

Figure 48 - Editing the FSM for the first time

This will open the **"PlayMaker"** Tab (you can move it to your desired location for easy access)

The PlayMaker Tab provides with with the following options :

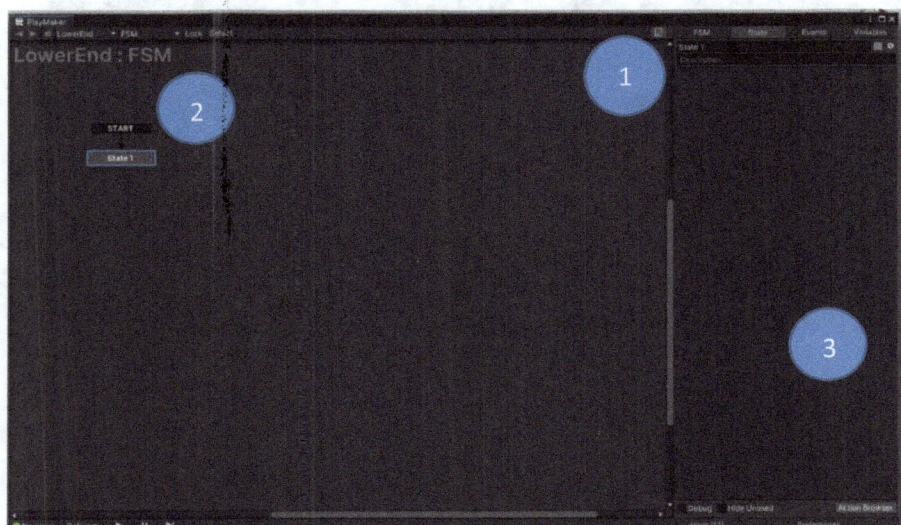

Figure 49 - PlayMaker Layout

1. Action Browser
2. Starting State
3. Variables

Note the three important parts that we should be aware.

Firstly, the **"Action Browser"** which allows us to select the commands that we wish to do.

Secondly the **"START"** position of the FSM which will allow us to extend your FSM into more states and build our current logic

and lastly the Variables which we can add our own Variables. Keep in mind that we can set a Variable to be as **"Global"** which means that the variable, even though it is declared on this specific FSM, it will be visible to everyone.

Note: **"Global"** Variables are covered in the **"Intermediate"** module.

Figure 50 - Renaming an FSM

Let us continue and make the Teleporting FSM. We start by properly naming it (always), so we change the name of the FSM to "**Teleporting**" *(Figure 50)*

Changing the name of the FSM is very useful as not only it will separate it from later ones, but it will also show the name of the FSM on the top left of the FSM for easier debugging later on.

Click on the **"State 1"** – State and change its name to "**Waiting Object**" *(Figure 51)*

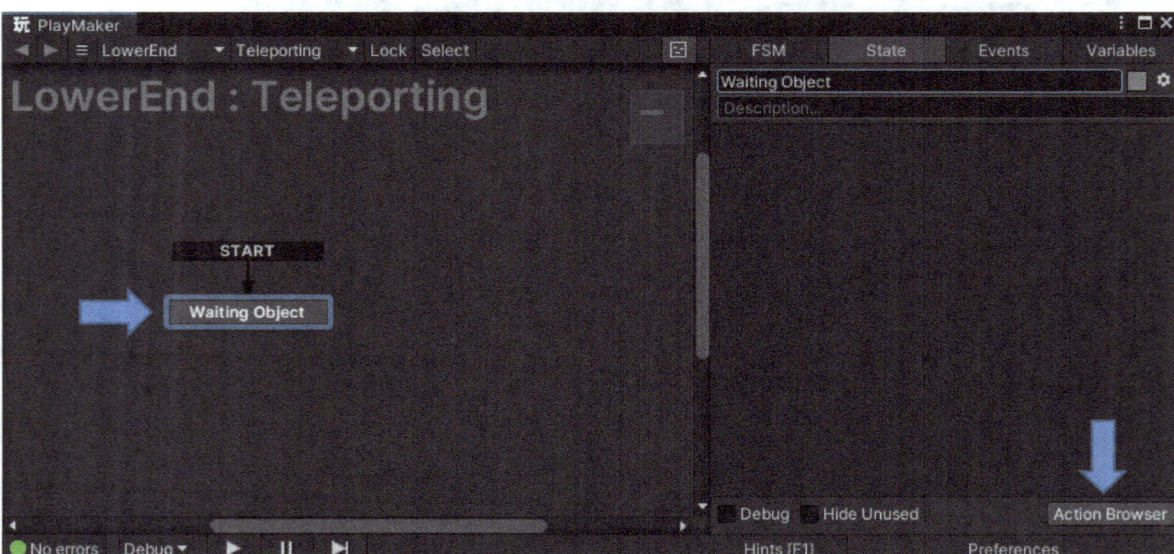

Figure 51 - Renaming a State on an FSM

Then continue and click on the **"Action Browser"** (bottom right of *Figure 51*)

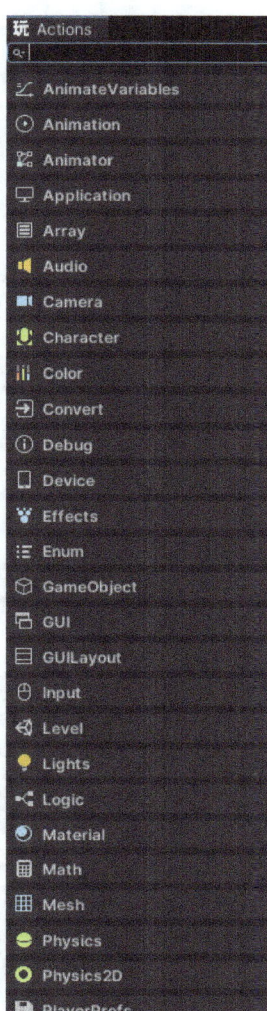

The **"Action Browser"** *(Figure 52)* has numerous commands that we can use to do everything from the simplest to the most difficult and complex FSMs. It is not by accident that many complex games are currently being developed without the need of writing a single line of code. Since our current objective is to move an object after a Collider Trigger gets activated, we should search and use the **"Trigger Event"** command found in the **"Physics"** Tab of the **"Action Browser"**.

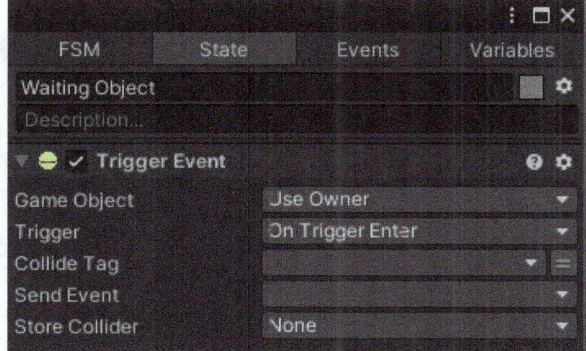

Click and add the **"Trigger event state / action"** *(Figure 53)*. This will change the State to a **"Trigger Event"** State and it will act as a Trigger in the same way your C# script did.

Figure 53 - Trigger Event on FSM

*Tip: Try to experiment with the **"Action Browser"** and see what other actions are included with the PlayMaker asset. The Input , Camera, Logic and GameObject actions are the most commonly used.*

Figure 52 - Action Browser

Figure 54 - Adding Another State on an FSM

Before we continue, we need to add another State which we will name **"Moved to Location"**. This new state is needed since once an object supposedly touches the Collider Trigger then the FSM should move to another State. Every time there is a change in the current situation of an FSM, then ideally it should change State so we will know what needs to be done next.

To add a new state, simply Right Click on the empty space in the FSM and select **"Add State"** *(Figure 54)*

Proceed to have another look on the **"Action Trigger Event"** of the FSM to get a better understanding of how it should work and to also understand the next part which includes Transitions.

The PlayMaker FSM uses quite often for the Objects the **"Use Owner"** option *(Figure 53)*. What this means is that the object that will activate the current Trigger will be the current object, but we are also allowed to change that option to **"Specify Game Object"** which will allow for another object to actually activate this trigger. This means that an FSM can be bound to one object, but it can take input from other objects as well unless the object or the FSM is deactivated.

The Trigger option allows for **"OnTriggerEnter"**, **"OnTriggerExit"** and **"OnTriggerStay"** just like the C# coding functions while we can also use **Tags** *(Figure 55)* to further separate objects that we wish to enable this event. In Unity, Tags are a way to label and categorize GameObjects in your game scene. They are simple text labels that you can assign to GameObjects to help you identify and organize them more easily. Tags are often used for various purposes, such as identifying player characters, enemies, collectibles, or other objects with specific roles in your game.

For example, you might tag the player character with the "**Player**" tag, enemies with the "**Enemy**" tag, and collectible items with the **"Collectible"** tag. This allows you to quickly reference and interact with specific types of GameObjects in your scripts and make your game logic more efficient and organized.

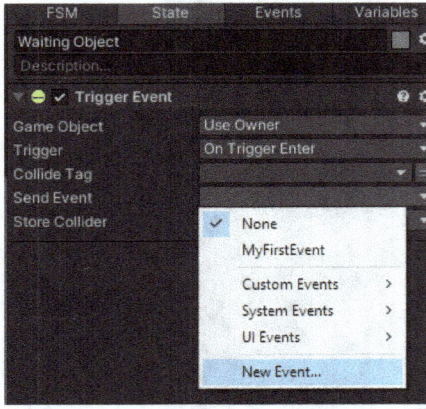

We will learn more about tags in the *"Intermediate"* module.

The next part is the **"Send Event"** which is the bread and butter of the FSM's and Visual Scripting. An Event (in this case the Trigger) will be sent and it will activate a Transition. A Transition is the connection between one state and another so in our case it will be the flag that will move our FSM from the Waiting Object State to the new state that we created earlier, the state Moved to Location.

Figure 55 - Adding a New Event on FSM

There are multiple pre-made events but in this case lets create our own event. Click on the Send Event and select **"New Event"**. Name the new event as *"MyFirstEvent"* *(Figure 55)*

> Tip: Remember that you are working on the *"Waiting Object State"*.

Once you create the **"New Event"** , the FSM will give you an error *(Figure 56)* that obviously this new

Figure 57 - A FSM Requires a Transition to it once it is created

event that you just created is not being used. To fix it, Right click on the "**Waiting Object State**" and select the **"Add Transition"** *(Figure 57)* If everything was done correctly then the "**MyFirstEvent**" event that you just created should appear on the top. Later on, as you will start to work on your FSMs you will see that the **"FINISHED"** along with other **"Custom"** or **"System Events"** are simpler to use for a FSM however the more complex the FSM is, the more the need to create your own.

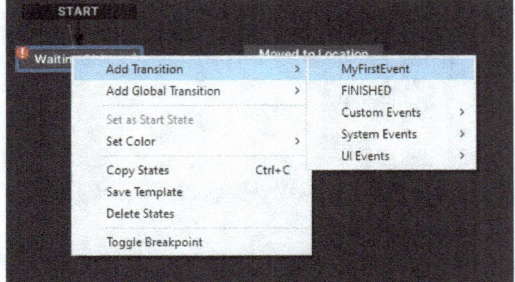

Figure 56 - Adding a Transition to an FSM

Finally, once the Event appears below the State then click on the event **"MyFirstEvent"** and drag the cursor to the New stated **"MovedLocation"** until the arrow magnets on it *(Figure 58).*

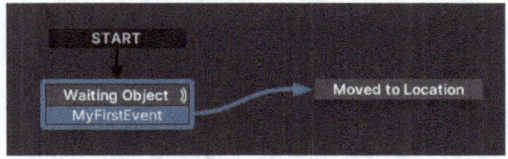

Figure 58 - Final Outcome of the first Transition

This can be done with various events where a single Trigger Collider can call multiple Events and routing to multiple different states in parallel.

More than one Action can also be run at the same time, but PlayMaker takes priority from top to bottom on how to handle each action. This means that the order on how the actions will be executed depends on the order that they appear on the State.

So far, our FSM will wait until there is a Collider Trigger event on the object and then it will go from **"Waiting Object"** state to the **"Moved to Location"**. We still need to provide the actions on what needs

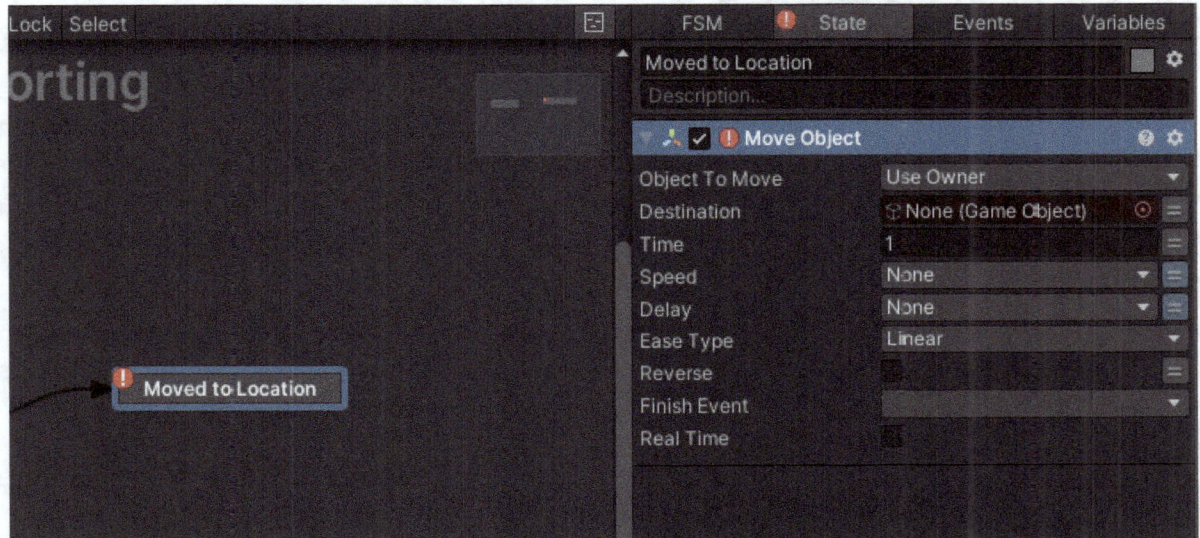

Figure 59 - The Move Object Action using an FSM

to be done once the Collider Trigger activates.

Select the **"Moved to Location"** State and using our **"Action Browser"** add the **"Move Object"** Action *(Figure 59)*

The State on *Figure 59* is given a red exclamation mark as there is a problem with the current action on it. The "**Move Object**" action needs a Destination and lucky for us we are prepared, and we have already an object that holds the destination. That object is the "**Starting Position**" that we created at the first stages of our Pinball game. Click on that object and **drag/drop** it into the "**Destination**" of the FSM (*Figure 60*). Alternatively, you can click on the circle symbol in the "**Destination**" and select it from there.

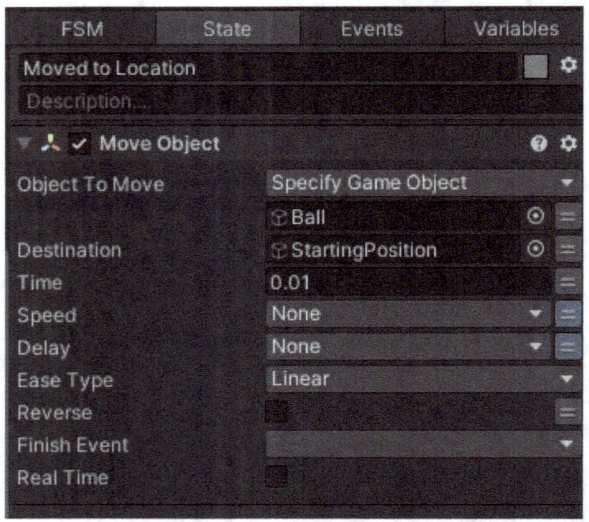

Figure 60 - Dragging and Dropping Objects on FSM States

We are almost done with the **Teleporting** FSM, but another small change is needed as the current FSM will move the "**LowerEnd**" and not the "**Ball**" as it is set as "**Use Owner**" in the "**Object to Move**". We need to change it to "**Specify Game Object**" and then drag/drop the Ball object. *(Figure 60)*

To make the transition faster (we can use various time frames) we set it to a low time such as 0.01. It is best to avoid using a plain 0 as it will disable it rather than instantly moving it. Moving an object requires a set time. Even though the FSM will currently work, it is best if something is going to be repeated to have the state calling a FINISHED event and then returning to the state that we originally arrived (looped).

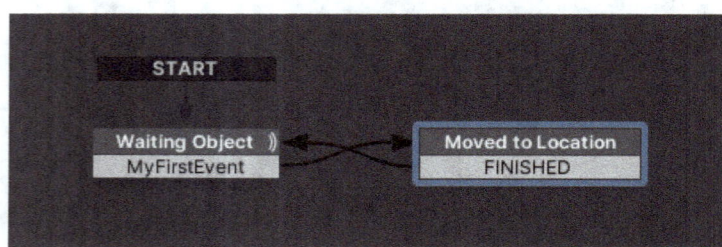

This can easily be done by simply dragging it back to the starting state and in our case the "**Waiting Object State**".

Simply Click "**Play**" and watch the FSM go to work!

Figure 61 - Final outcome of a Teleporting Script using Finite State Machines

Using Visual Scripting we transformed this C# code showed on *Figure 62* into the simple FSM showed on *Figure 61*.

Teleporter Script - https://tinyurl.com/2xcrkruv

```csharp
using System.Collections;
using System.Collections.Generic;
using UnityEngine;

public class Teleporter : MonoBehaviour
{
    // Start is called before the first frame update
    void Start()
    {

    }

    // Update is called once per frame
    void Update()
    {

    }
    public Transform LocationToGo; // Creating a Transform variable LocationToGo
    public Transform ObjectToMove; // Creating a Transform variable ObjecttoMove
    void OnTriggerEnter(Collider other)  // Once triggered to change one with other
    {
        ObjectToMove.transform.position = LocationToGo.transform.position;
    }
}
```

Figure 62 - Teleporter Script in C#

As an exercise and to better understand the FSMs, try the following on a new Project:

1. Create one FSM that will call two events once a Trigger gets activated and go to two different States.
2. Further expand part 1 where one of the secondary states also has a Trigger event and will go to another state.
3. Add a Variable in that FSM that will keep track of how many times that FSM has been called into action.

We will dwell into the Finite State Machines and PlayMaker a bit more in the **Advanced** and **Expert** Modules in the next book of this series.

Prefabs

In this chapter you will learn about :

- Creating Prefabs and their usage
- Instantiating logic and Instantiating Prefabs

For this chapter, minor knowledge of programming is preferred.

Learners should be familiar with :

- FOR (count controlled loops)

In C#, a **FOR** loop is a control structure used for iterating (repeating) through a block of code a specific number of times. It is typically used when you know beforehand how many times you want to repeat a set of statements.

Here's the basic structure of a FOR loop:

```
for (initialization; condition; iteration)
{
        // Code to be executed repeatedly
}
```

Initialization: This is where you initialize a loop control variable (usually an integer) and set its initial value.

Condition: This is the test condition that is checked before each iteration. If the condition is true, the loop continues; if it is false, the loop terminates.

Iteration: This is where you specify how the loop control variable is updated in each iteration.

Here's a simple example of a FOR loop in C# that counts from 1 to 5 and prints the numbers:

```
for (int i = 1; i <= 5; i++)
{
        Debug.Log(i);
}
```

In this example:

Initialization: int i = 1 initializes a variable i to 1.

Condition: i <= 5 is the test condition. As long as i is less than or equal to 5, the loop will continue.

Iteration: i++ increments the value of i by 1 in each iteration.

The loop will print the numbers from 1 to 5, and then it will terminate when i becomes 6, and the condition is no longer true.

So far, we have a primitive sphere using a RigidBody component that allows it to roll down on a surface and after a few moments of mid-air it touches a collider trigger that is using a script (or an FSM) to return to its original position.

Having a single object performing a task is normal in Game Development but many times we need to load numerous objects that are of the same type and have the same scripts. It is natural to assume that if we wish to use an object (i.e an enemy warrior that we need to spawn) that we modified numerous times there should be a way to save it as a **"template"**. This "template" form of an object is called a **"Prefab"**.

When you want to reuse a GameObject configured in a particular way – like a non-player character (NPC), prop or piece of scenery – in multiple places in your Scene, or across multiple Scenes in your Project, you should convert it to a Prefab. This is better than simply copying and pasting the GameObject, because the Prefab system allows you to automatically keep all the copies in sync.

Any edits that you make to a Prefab Asset are automatically reflected in the instances of that Prefab, allowing you to easily make broad changes across your whole Project without having to repeatedly make the same edit to every copy of the Asset.

Figure 63 - Creating a Prefab by Drag and Drop

To create a Prefab of a GameObject, simply make the modifications/add components to the GameObject that you want and then drag/drop the object into the Assets Tab in the Projects (*Figure 63*). This will make object in the Hierarchy a solid blue colour while it will show the object in the Assets Tab. This will make the prefab clone recognisable so you will know that changing that specific object will apply those changes to every single instance of that Prefab to everything inside that specific scene.

You can alternatively "break" a prefab by Right Clicking on it and then selecting the **Prefab→ Unpack** (Completely) option which will return the object to its previous form. It is worth noting that the original prefab still remains intact and without any changes while our newest one can be edited and adjusted according to the game requirements and needs.

Besides the obvious benefits of working with Prefabs where you can save a huge number of redundant tasks, prefabs are also very useful as they are easier to spawn throughout the scene.

Imagine the scenario where you have a game where the player will need to break multiple objects in order to win. It will be unwise to have all those objects load at the beginning of the game as doing so will take a huge amount of time and resources just to even start the game. Optimization is a must when working with games and it all boils down to how the game is programmed and what gets loaded in memory and when. Ideally, we want to load something into memory (create it) right before it is viewed by the player and also to destroy an object that is no longer being used to conserve resources.

The process of creating an object "on-the-go" and not by pre-setting it up is called Instantiation and it is basically creating clones of the Prefab at the scene at a location that we wish. This can be done right before a player sees a location or for example to spawn objects in the Scene.

Instantiating Prefabs – C#

The C# command to Instantiate a prefab is the Instantiate command.

```
Instantiate(myPrefab, new Vector3(0, 0, 0), Quaternion.identity);
```

This command above will Instantiate myPrefab at position (0, 0, 0) and zero rotation.

Let us use this in our Pinball game so that instead of the ball moving back to the location we will have it create an instance of that ball at that location. This means that the ball will not just move but it will create a clone of it at the starting position which means that we also need to destroy the object (so it is removed from memory) that triggered the collider Trigger on the **"LowerGround"** object. This may seem more complicated in comparison with just moving the ball, but it will allow us later on to create multiple instances of that ball and not just one.

Firstly, lets disable our **"Teleporting"** script from the previous chapter and create a new script on the **"LowerEnd"** object.

Name this new script as **"Cloner"** and double click to edit it. Include the following code or copy it from the link provided.

Cloner Script - https://tinyurl.com/eu88dmbb

```csharp
public class Cloner : MonoBehaviour
{
    void Start()
    {
    }
    void Update()
    {
    }

    public GameObject myPrefab;
    public Transform Location;

    void OnTriggerEnter(Collider other)
    {
        Instantiate(myPrefab, Location.transform.position, Quaternion.identity);
        Destroy(other.gameObject);
    }

}
```

Figure 64 - Cloner Script Example

Let us look the code into further detail:

```csharp
public GameObject myPrefab;
```

The command above declares the variable myPrefab as a **public** GameObject. This means that Unity will expect from the user to drag/drop a GameObject (*Figure 65*) in this available spot and that the object is "available"/"visible" to everyone. In our case, we will drag/drop the Ball object BUT it is important to note that the Ball object should be the prefab and NOT the GameObject that is already on the scene as that one is not the prefab itself but the clone of that said prefab.

```
public Transform Location;
```

The command above will receive a GameObject but the variable will only contain its current transform.

```
Instantiate(myPrefab,Location.transform.position,Quaternion.identity);
```

The command above will create a clone of myPrefab at the current transform of the Location GameObject variable with the zero rotation.

```
Destroy(other.gameObject);
```

The command above will destroy the GameObject that has touched the current Collider Trigger.

> ! *Tip: We will experiment and work with the **"Destroy"** function a lot more in the **"Intermediate"** module of this book.*

 Note that the "**other**" is the parameter in the function.

```
void OnTriggerEnter(Collider other)
```

"**other**" in the function represents the game object that the current object (script) has collided with or is interacting with. It is commonly used to access information about the other object involved in the collision, such as its properties, components, or to perform actions based on the interaction.

"**this**" is a reference to the current instance of an object or script. You can use "**this**" to refer to the object the script is attached to. It is often used to access components and properties of the current object.

We can use "**other**" and "**this**" but if we simply use "**other**" to destroy it will only remove the Collider Trigger or if we only use "**this**" the current script and not the object itself. To reference to the actual GameObject so you can destroy it then you need to use "**other.gameObject**" command.

Using the above script, you will notice that the ball gets destroyed once it touches the "**LowerEnd**" GameObject and the "**OnTriggerEnter**" function activates while at the same time it will destroy the current primitive sphere that has activated the function. To make things more interesting, lets create a loop in the "**OnTriggerEnter**" function that will create more than one instantiation.

Modify the code so that a simple FOR loop repeats a few times. For the example here the code is using a FOR loop that will iterate 3 times and create 3 instantiations of the Ball prefab that is placed in the myPrefab variable position.

```
void OnTriggerEnter(Collider other)
{
    for (int i = 1; i <= 3; i++)// Iterate 3 times
    {// Instantiate the object named MyPrefab to that location
        Instantiate(myPrefab, Location.transform.position, Quaternion.identity);
    }
    Destroy(other.gameObject); // Destroy an object

}
```

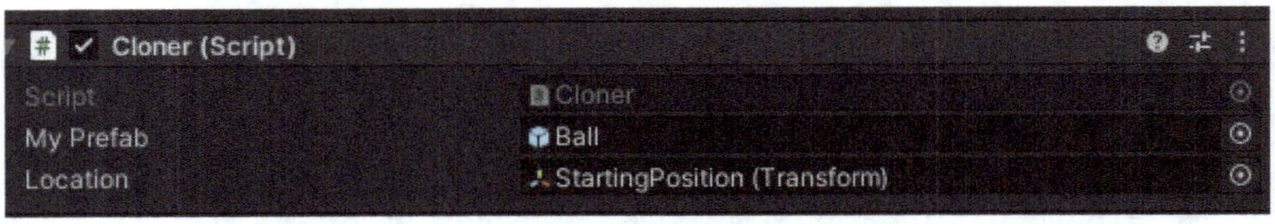

Figure 65 - Assigning Objects/Prefabs to the Instantiate procedure via script.

> ❗ *Tip: Avoid using Destroy(other) and use Destroy(other.gameObject) as the first will delete the collider Trigger and not the actual object)*

When you run the above script, you will see that the Prefab Ball is indeed cloning and that the objects are getting destroyed as they touch the "**LowerEnd**". You may need to increase the size of the "**LowerEnd**" as you will notice that since the prefabs are instantly being created at the same position, they are bouncing/crashing into each other's colliders. Since this creates a force, the objects could just fly away from each other as physics are being applied to them. We can negate this by either applying a delay during the instantiation or simply creating a different spawn point for each prefab by changing the Location.transform.position to a Vector3 value and playing with that value according to how we wish to instantiate the prefabs.

Let us adjust the "**LowerEnd**" object that includes the scripts to have a Transform scale of 100,0.1,100 as this will make sure that none of the cloned Prefab spheres do not just fall into infinite space.

> ❗ *Note: In later modules, **Instantiation** is used to create projectiles where each projectile could be instantiated once a button is called or clicked.*

As an exercise and to better understand creating Prefabs and Instantiate, try the following code or copy/paste the code from the link provided.

MoveAndSpawn Script - https://tinyurl.com/tvjjtydz

```csharp
public GameObject block;
public GameObject myPrefab;
public Transform Location;
private int y = 0;   //integer named Y with value 0. All x,y,z to represent coordinates
private int x =-5;   //integer named Y with value -5
private int z = -1; //integer named Y with value -1
private bool stop = false; // A Boolean type
void OnTriggerEnter(Collider other)
    {
        if (stop == false)   // Using a Boolean value to force the script to stop
        {
            for (int i = 1; i <= 3; i++) // Repeating 3 times
            {
             Instantiate(myPrefab, Location.transform.position, Quaternion.identity);
            }
             Instantiate(block, new Vector3(x, y, z), Quaternion.identity);
                                                        // Instantiating

            x=x+1;   // Adding 1 on X each time
            if (x == 5)   // Checking if X is 5
            {
                x = -5; // Setting x to -5
                y=y+1; // Adding 1 on Y each time
                if (y == 10) // Checking if Y is 10
                {
                    stop = true;   // Setting the boolean value Stop to True
                }
            }
        }
    Destroy(other.gameObject); // Destroying the object that touched the trigger.
    }
```

Figure 66 - Move and Spawn Script exercise

1. What does the code actually do?
2. What will altering the values of Y, X and Z do?
3. Create a new project , insert a Cube and create a prefab of a cube. Insert the following code in the script and see how it works.
4. Try to use two different objects.

Instantiating Prefabs – VS – PlayMaker

> In this chapter you will learn about :
>
> - Instantiating Prefabs using FSMs
> - Creating and Destroying Objects using FSMs
>
>
> For this chapter, no prior knowledge of programming is required.

The way to Instantiate Prefabs (or any other object for that matter) in PlayMaker is by simply using the **"Create Object"** Action.

Creating the FSM on *Figure 67* is quite simple, but it requires the additional parameter in the **"Trigger Event"** to be set. Additionally, it is wise to keep the Trigger information for later reference, so the Action **"Get Trigger Info"** is also useful to include but not mandatory.

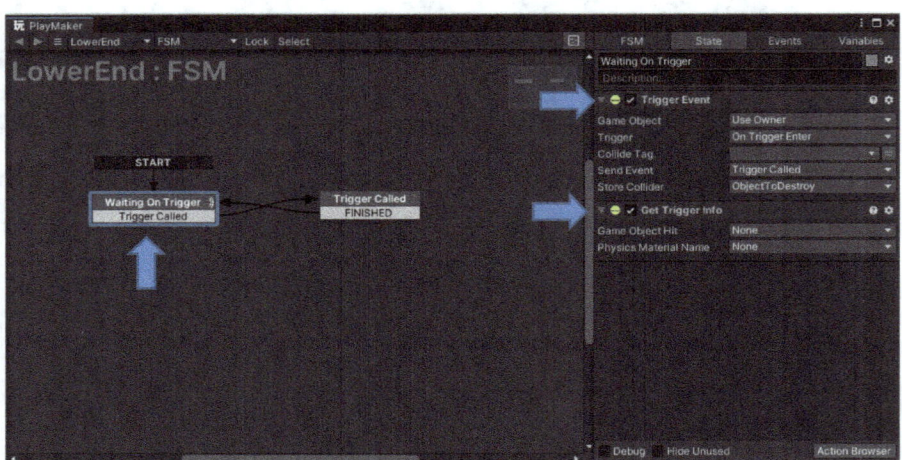
Figure 67 - Using the Create Object Action in PlayMaker

Link the FSM to create a loop. The **"Create Object"** is added twice as we require two Prefabs in this example to spawn for every Collider Event that is being called. If a game requires for example to spawn an NPC (Non-Player Character) or multiple projectiles with each single Event then the FSM will need to include as many Create Objects as needed.

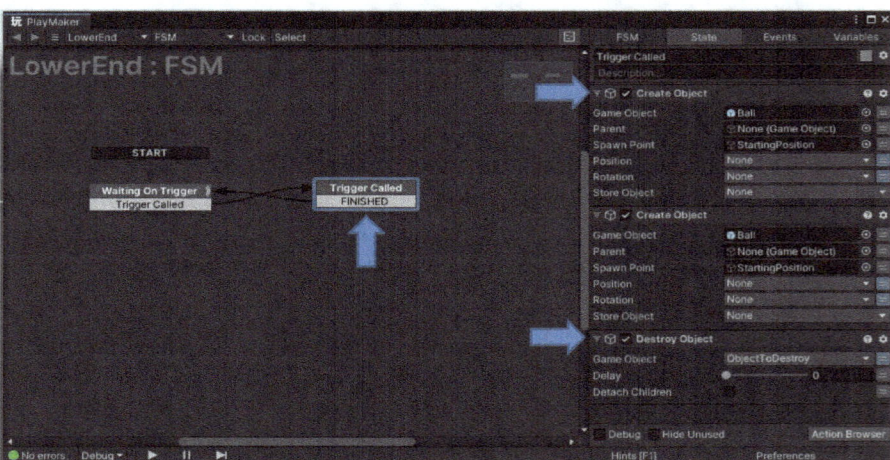
Figure 68 - Adding the Create and Destroy Object Actions

The **"Destroy Object"** Action needs to reference to the previous object which actually called the Trigger (the object that triggered the **"LowerEnd"** GameObject). Since that object is NOT a static object and most likely it is a new object that was just created, the name of the GameObject is probably not yet set by the Game Developer (with scripting we handle with this with the parameter **"this"** or **"other".** This is where the **"Store Collider"** and the **"Get Collider Info"** of the previous **"Action Trigger Event"** is useful. We simply save the information in a variable that we will create.

To do that we click on the **"Store Collider"** on the **"Trigger Event"** action, and we select **"New Variable"**.

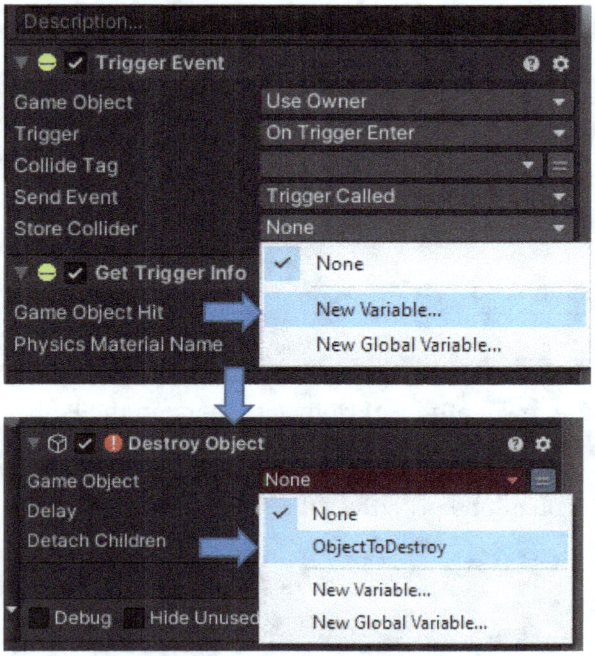

Figure 69 - Using Get Trigger Info and Destroy together

Name the Variable **"ObjectToDestroy"** and set it *(Figure 69 top)*.

Then at the Trigger called state, on the "**Destroy Object**", select the **ObjectToDestroy** variable *(Figure 69 bottom)*.

With this setup the FSM will do the following:

1. Wait Until there is a Trigger Event where an object will Collide with the Collider Trigger that is set on our current object with the FSM.

2. Once the Trigger has been called, the FSM will send an Event (meaning "Go to next State") but at the same time it will store in the variable the information of that object that initialized the trigger.

3. The FSM will move to the next State called **"Trigger Called"** and there it will create two objects/prefabs at the spawn Point of **"StartingPosition"** (our empty object that is just a placeholder for a Transform position)

4. It will Destroy the object that was saved in the variable "**ObjectToDestroy**" that was saved from the previous state.

5. Once all actions of the Trigger Called state have been completed then the FSM will move to the **"FINISHED"** event and will return back to the "**Waiting On Trigger**" state

As you can see, the Visual scripting part is a lot simpler to use and it saves a lot of time and debugging. On the hand however it is quite restrictive as each Action is predefined and any customizations are quite limited or require an extensive and complex FSM to handle them.

As an exercise and to better understand the FSM's, try the following:

1. Create one FSM that will call two events once a Trigger gets activated and go to two different States with each state creating a different Prefab object at different locations.

2. Further expand task 1 where one of the secondary states also has a Trigger event and will go to another state that will destroy a stationary object.

Animations

In this chapter you will learn about :

- Creating Anchor Points and their usage.
- Using and creating Parent and Child objects logic and how to create the relationship.
- Creating simple Animation Clips and Animations.
- Using the Animation Tab and its functionalities.
- Recording Mode and Timelines.
- Using the Key Frames.

For this chapter, no prior knowledge of programming is required.

Now that we have a better understanding of some of the few features of Unity lets re-vamp the Pinball game from scratch.

Do a similar version of the scene showed on *Figure 70* using Cube primitives (be creative in your setup)

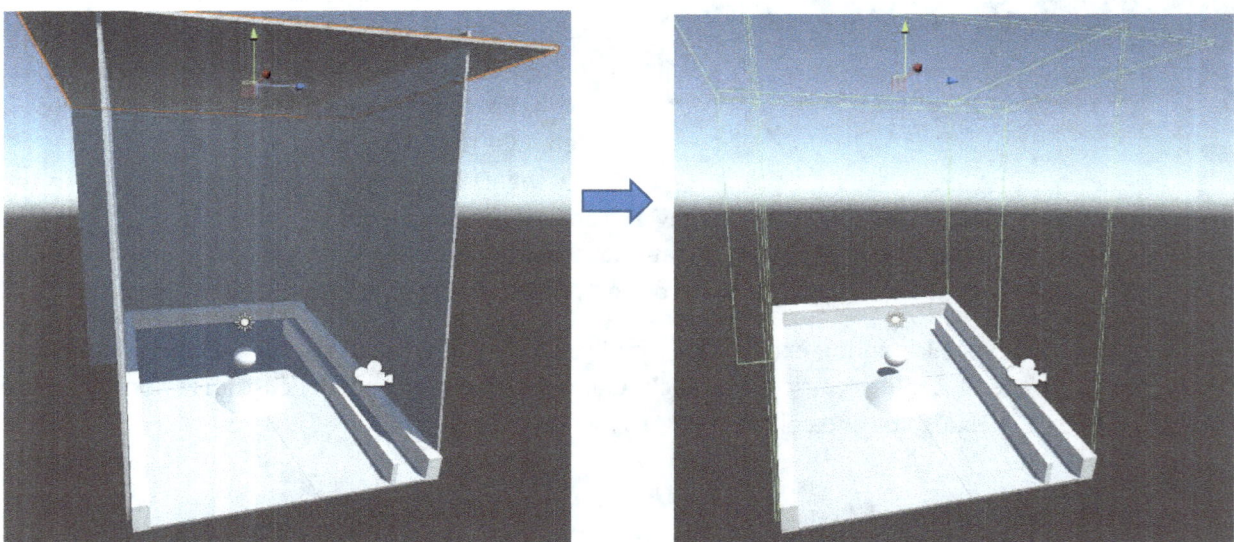

Figure 70 - Sample setup of Pinball

Figure 71 - Pinball Game Setup for learning animations

and once you have it ready *(Left of Figure 70)* then remove the Mesh Renderer Component from the surrounding Cube Primitives *(Right of Figure 70)*. This will leave their colliders and they will act as an invisible wall to keep spawning objects inside *(Figure 71)*

Adjust the camera accordingly so we will be seeing only the part in which we are interested.

Our final output should be something like the example on *Figure 71*. Do not worry if it is not exactly the same scene and try to be creative in your scene setup. The aim at the moment is to "trap" the spheres inside our Scene

59

so we can finally start putting all the pieces together and let our imagination to the rest of the work. To do that animations and inputs are needed.

Unity has several ways to do animations depending on the complexity of the animation and the speed which we want those animations to be. Some animations that are mostly for humanoids are done using Unity's build-in system called **"Mecanim"** which provides an easy workflow when dealing with player characters.

Since this example game does not have any humanoid characters at the moment it is best to use the simple Animation Clip recording system. This system uses <u>Key Frames</u> where a Key frame is a specific point in time within an animation that defines the values or properties of an object or component at that moment. Keyframes are used to create animations by specifying how an object should change or move over time and records the developer's actions based on the Frame Per Second (FPS) that he will set on the current animation clip. This means that we can instantly create an animation on any given object if we know how that animation should be and if that object's transform allows it.

For example, in this Pinball game, the aim is to have the lower parts of the board to move when we press a key on the keyboard so to push back the incoming flow of balls. We can simulate this by switching to the Scene view while in Game view (whilst Play is still on) where we can control parts of the objects. It becomes apparent though that there is an issue with rotating a few objects as they will always rotate on their centre.

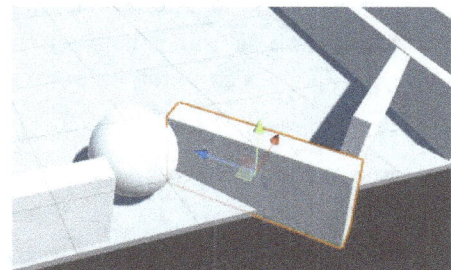

To solve this problem we will use an **"anchor"** or **"hinge"** so we can rotate objects on a different centre rather than their own.

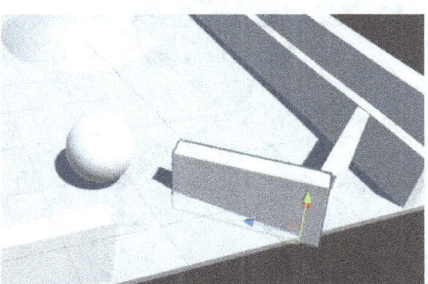

Figure 72 - Example of a misplaced anchor point rotating on centre

Figure 73 - Example of a correct anchor point rotating on corner

Parent Objects and Anchor Points

A Parent object is an object that contains other objects within it. Moving the parent object will automatically move all the objects with it and this opens up many opportunities, beyond simply moving multiple objects at the same time, and can be useful in more complex applications.

> **Parent Object:** This is the game object that other objects are connected to. It acts as the container or organizer for one or more child objects. When you move, rotate, or scale a parent object, its children will also be affected by the same transformation.
>
> **Child Object:** These are game objects that are attached to a parent object. Child objects inherit the transformation (position, rotation, scale) of their parent. If you move the parent, the children move with it relative to their local position. Child objects are organized under a parent in the Unity hierarchy, making it easy to manage and manipulate related objects.

Firstly, if we place a number of objects under another Parent Object and we disable or destroy that specific Parent object then the child objects within the parent object will also be deactivated or destroyed as well unless we unparent the child object that we wish to keep. This is very useful as we can instantly destroy multiple objects just by having them all in the same parent rather than individually destroying each object at a time.

Secondly, we can also use parent objects as anchor points. An anchor point will basically keep an object rotating from that specific point like a door is hinged on a door frame. In this example, the door frame is the parent, and the door is the object. If the door was not attached on the door frame, then rotating the door will just have the door rotate at its centre (like a revolving door) whilst if the door is hinged it will rotate on the side of the door that it is attached. Similarly, the parent object will do exactly just that. If we place an empty parent object at the location that we wish the other object to rotate, we then simply make that object a child of the parent and the problem is solved.

Do that that we simply drag/drop the child object into the parent object. This will add the object and create a tree-type structure on the Hierarchy Tab and then we adjust both according to how we want them to move.

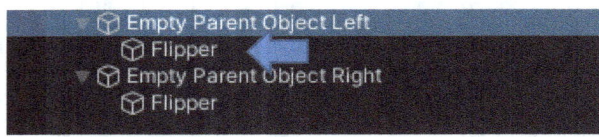

Figure 74 - Parenting an Object to another

In the example on *Figure 74*, **"Flipper"** GameObject is a child of **"Empty Parent Object Left"** GameObject as the parent is always on top when it comes to hierarchy. Keep in mind that a child can also be a parent of another object that will be within the same structure, but a child can only belong to one parent object.

This procedure is important to do before we work any kind of animation that we wish to apply to the objects as it greatly affects how those objects will behave on their Transform.

> *Tip: Keep in mind that any animation applied on child objects will fall apart if those objects are later on unparented.*

Animation Clips

In the example Pinball game, the Flippers (left and right) objects should animate (move) when a key is pressed. Before the input is created/adjusted first it is needed to build the animation clip that will play once a key has been pressed.

Firstly, some understanding what and is animation clip an animation clip is required.

An animation in Unity is a component that contains animation data, which is one of the core elements of the animation system. By attaching an **"Animation Clip"** on the Animation Component, these animation data can be applied to the node where the Animation Component is located. In our case the **"Flipper"** GameObjects but since it is required that the **"Flipper"** GameObject to move based on the Parent anchor point, then the animation should be applied on the **"Empty Parent Object"** (Left or Right) instead on the actual GameObject (in this example the **"Flipper"** GameObject)

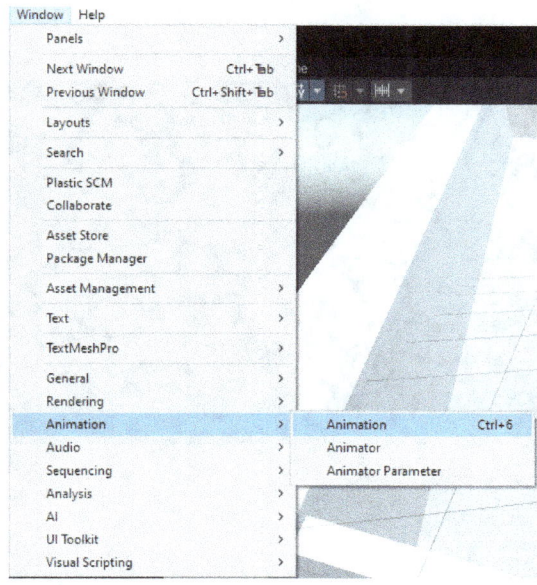

Figure 75 - Viewing/Enabling the Animation Tab

To add this Component, we first need to view the Animation Tab which can be found by pressing the key combination Ctrl + 6 or by selecting:

Windows → Animations → Animation (*Figure 75*)

Do not confuse **Animation** with **Animator** as that one is the more complex and of course a much more powerful tool to use.

Once the Animation Tab appears then drag/drop it to your preferred location on your screen layout. Place it at a location where it will not block your Scene View as it is also needed to create our animation.

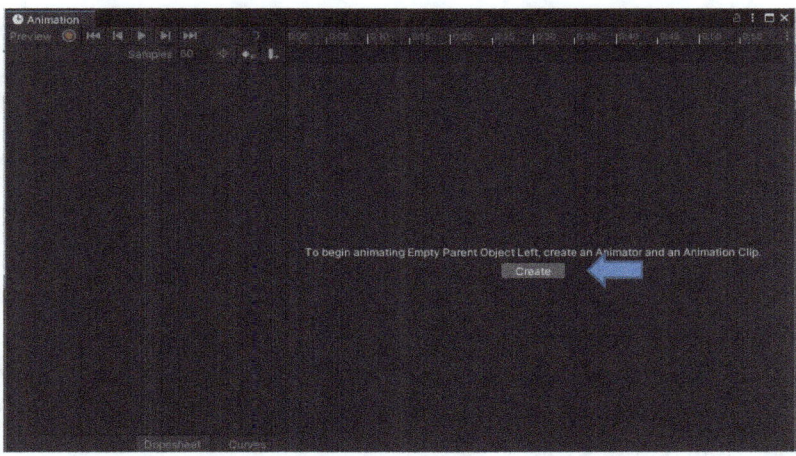

Figure 76 - The Animation Tab

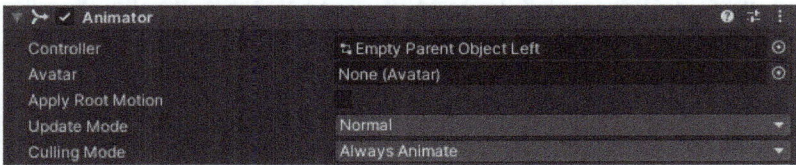

Figure 77 - The Animator Component

With the **Animation** Tab opened and the **"Empty Parent Object"** selected, click on the **CREATE** button to create an Animator and an Animation Clip. This animator is automatically created for us, and we will learn to customize it in late modules.

Unity will ask you to save the animation so you can re-use it later if you need it. Name this animation **"MyFirstAnimation"** or any name of your choice and click "**OK**" to save it.

Notice that now the object has the Animator Component with the GameObject name set as **"Controller"** (*Figure 77*)

Tip: In Unity, a controller typically refers to a script or component that manages the behaviour and interaction of game objects or characters. Controllers are often used to handle input, movement, animation, and other aspects of gameplay. They serve as the brain behind how objects or characters respond to player input and game events. For example, a character controller might handle how a player character moves, jumps, and interacts with the game world. Controllers are a fundamental part of scripting and programming in Unity.

The Animation Tab

Figure 78 - The Animation Tab Layout

1. Animation Clip Name
2. Add Key Frame
3. Add Event (Not in this module)
4. Timeline

Frames

There are currently two types of frames, namely Key frames and simple frames (in-betweens).

As stated in the previous section , a Key frame is a specific point in time within an animation that defines the values or properties of an object or component at that moment. Key frames are used to create animations by specifying how an object should change or move over time and records the developer's actions based on the Frame Per Second (FPS) that he will set on the current animation clip. Put simply , a Key Frame is a frame that marks the start or end point of a transition in an animation.

Frames in between the key frames are called "in-betweens" where these frames represent the incremental changes in position, rotation, or appearance needed to make the animation flow seamlessly from one keyframe to another. In-between frames are automatically calculated by interpolation, ensuring that the animation looks smooth and natural.

To create an animation, we first need to add our first Key frame which will set the initial starting position , rotation etc and then do the animation that it is required. At the end we will add another Key frame, and this will "lock" the animation so that it will start from Key Frame 1 and move until the animation is at Key Frame 2. If we wish the animation to continue, then we simply move to Key Frame 3 and so forth.

Record Modes and Timeline

Once you have saved the new Animation clip Asset, you are ready to begin adding keyframes to the clip.

There are two distinct methods you can use to animate Objects in the Animation window:

Record Mode and Preview Mode.

Record Mode:

Figure 79 - Recording Mode in Animation

(Also referred to as "auto-key" mode)

In record mode (*Figure 79*), Unity automatically creates keyframes at the playback head when you move, rotate, or otherwise modify any animatable property on your animated GameObject. Press the button with the red circle to enable record mode. The Animation window timeline is tinted red when in record mode.

Preview Mode:

Figure 80 - Preview Mode in Animation

In preview mode (*Figure 80*), modifying your animated Object *does not* automatically create keyframes. You must manually create keyframes (see next page) each time you modify your GameObject to a desired new state (for example, moving or rotating it). Press the Preview button to enable preview mode. The Animation window timeline is tinted blue when in preview mode.

> *Note: In record mode, the Preview button is also active, because you are previewing the existing animation and recording new keyframes at the same time.*

Recording keyframes

To begin recording keyframes for the selected GameObject, click on the Animation Record button.

This enters the Animation into Record Mode, where changes to the GameObject are recorded into the Animation Clip.

Once in Record mode you can create key frames by setting the white Playback head to the desired time in the Animation timeline, and then modify your GameObject to the state you want it to be at that point in time.

The changes you make to the GameObject are recorded as keyframes at the current time shown by the white line (the playback head) in the Animation Window.

Any change to an animatable property (such as its position or rotation) will cause a keyframe for that property to appear in the Animation window.

Clicking or dragging in the timeline bar moves the playback head and shows the state of the animation at the playback head's current time.

In the example project, we want to make the **"Flipper"** object to move suddenly up to push the balls with force and then return slightly slower back to its original position. Keeping track of the original position is important since this will give a sense of flow and continuity in the animation so there will not be any missing frames. For this reason, we must copy the original position before we start (*Figure 81*) . Once we have the position saved in our clipboard, we can continue with the animation creation.

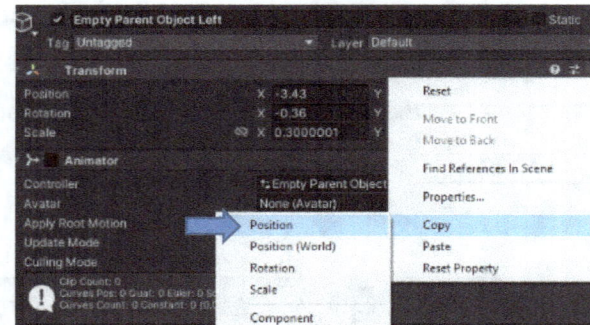

Figure 81 - *Copying a GameObject's Position*

Click on the **Record** button (while on the parent object) and insert a Key Frame at the 0-time frame. The

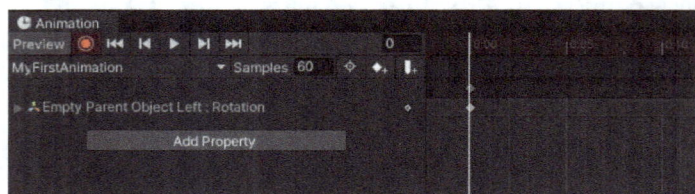

Figure 82 - *Inserting a Key Frame*

animation will start from here. You will also notice that a diamond symbol has appeared where the Key Frame was created (*Figure 82*)

Use the Scroll function on your mouse to zoom (enlarge) out the Timeline and add additional seconds to the animation if needed. For this example, we will be adding a rotation to the **"Flipper"** for the first 0.5 (0.30) seconds and then have it return back to its original position at 1.5 (1.30) seconds.

Notice the following information that Unity is providing to us while we are creating the animation:

Firstly, the Rotation in the Inspector is highlighted Red. This is to show us that the animation is recording the Rotation and that the other Transforms are unaffected at this point by the animation.

Secondly the Key Frames also point to the Rotation as they are on the same row as the Rotation in the TimeLine.

Clicking on the Record button again will stop the recording and we can view the animation using the **Preview** button.

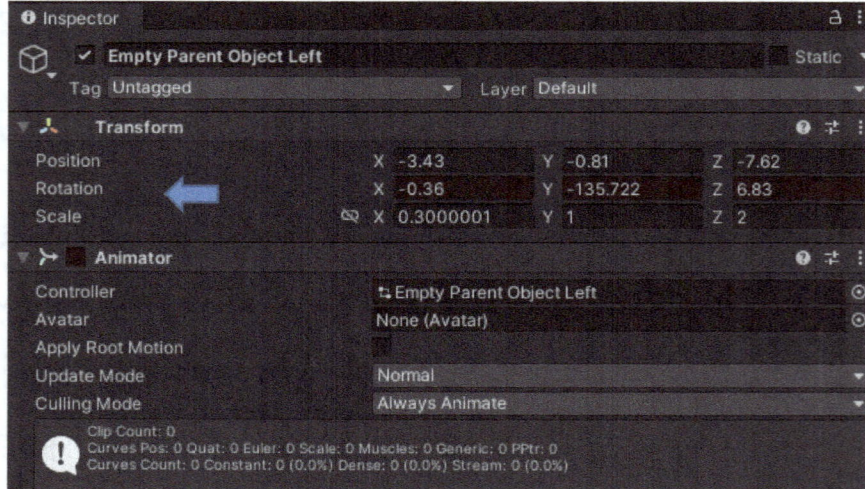

Figure 83 - *Information while Recording an animation*

65

If you are not pleased with the animation, you can delete the Key Frames and continue from that position or you can easily redo the animation from scratch.

Repeat the exact same procedure on the other Flipper but remember to create a new animation on that parent object as well.

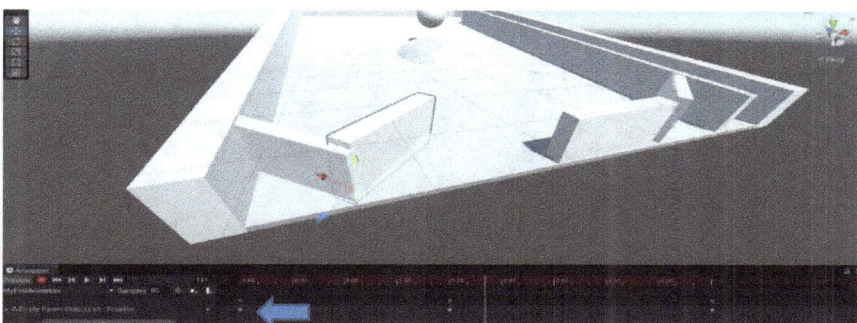

Figure 84 - Returning a GameObject to its original position using animations

With the two new animations ready we need one last setting to change before we can see the animation in actual game time, and that is to set it to be being used by the player (next section) , as currently the animation will just constantly be playing in a loop on our scene regardless of the User input.

As an exercise and to better understand the animations, try the following:

1. Create one new sphere object and have it flying around the scene while the game is playing.
2. Further expand part 1 by adding a 2nd object of your choice which will "annoy" the balls in the scene (for example a cube pushing the balls upwards or a sphere moving up/down the ground
3. Create at least 4 key frames and have the object return to its original position so it looks like it is infinitely moving.
4. Create a parent / child relationship with at least 3 objects (Parent – Child/Child).

User Input

In this chapter you will learn about :

- Using the Input Manager setting and the Input System
- Inserting Key Codes
- Using Start and Update functions and their difference.
- Playing a Legacy animation using a script and Wrap modes.
- Getting a Component from an Object and how to use it.
- Running a script once a Key Code has been pressed.

For this chapter, minor knowledge of programming is preferred.

Learners should be familiar with coding of:

- IF statements (Selection)

In Unity and C#, an **if** statement is a fundamental control structure used for making decisions in your code. It allows you to execute a block of code if a specified condition is true.

Here's a simple explanation:

If the condition is true, the code inside the if block will be executed.

If the condition is false, the code inside the if block will be skipped.

Here's an example:

```
int number = 10;

if (number > 5)

{

        Debug.Log ("The number is greater than 5.");

}
```

In this example:

We have a variable number set to 10.

The if statement checks if number is greater than 5, which is true in this case.

Because the condition is true, the code inside the if block is executed, and "The number is greater than 5." will be showed to the console.

Tip: To compare if two values are equal we use the double == and not a single =

A modern game requires from a player some sort of interaction with what he is seeing otherwise it is not a game but rather a "visual experience" like a movie. The whole idea of a game is that the player will be challenged to synchronise the input that he is providing to the game to achieve a certain task and that user input is most of the times in the form of keystrokes on the keyboard or a joystick/gamepad and/or the mouse.

Unity provides two ways to receive user input:

- Input Manager
- Input System

The Input Manager window allows you to define input axes and their associated actions for your Project. To access it, from Unity's main menu, go to

Edit → Project Settings, then select Input Manager from the navigation on the right.

The Input Manager (*Figure 85*) uses the following types of controls:

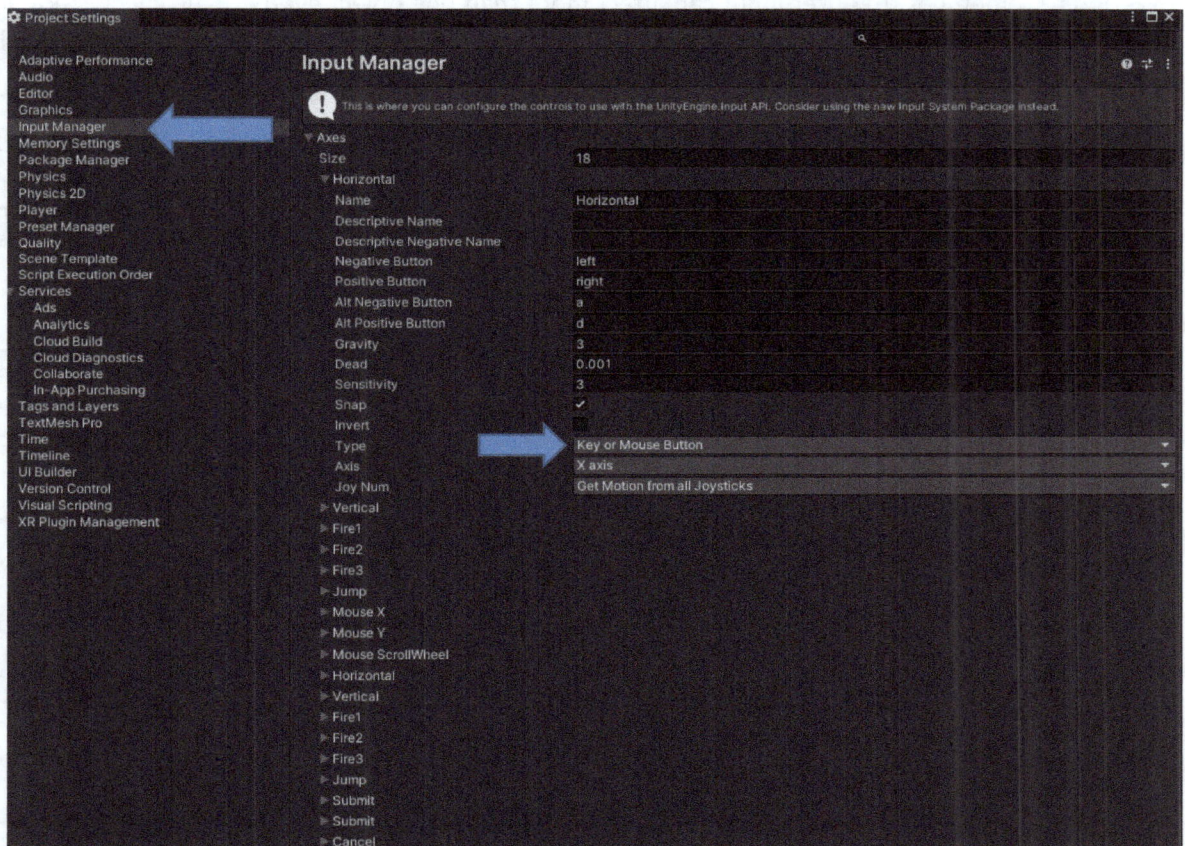

Figure 85 - The Input Manager

- **Key** refers to any key on a physical keyboard, such as W, Shift, or the Space bar.
- **Button** refers to any button on a physical controller (for example, gamepads), such as the X button on an Xbox One controller.
- **A virtual axis** (plural: axes) is mapped to a control, such as a button or a key. When the user activates the control, the axis receives a value in the range of -1 to 1 and we can use this on our scripts.

The Input System package implements a system to use any kind of Input Device to control your Unity content. It is intended to be a more powerful, flexible, and configurable replacement for Unity's classic Input Manager, but it requires a separate installation from the Asset Store, and it uses .NET 4 framework.

For this module we will be working with the Input Manager and the scripting will be referencing to the **KeyCodes** found at the end of this book (*Appendix 1*). It is important that the Input Manager is configured correctly, or your scripts will not be working as intended so any changes that are done on the Input Manager need to reflect the scripts in question unless the scripts are setup in a way that allows changes on the user Input.

Input via C# and Void Start / Update

In our example, we want the animation to play only when a player chooses to press a Key. Currently as it stands, it will loop constantly regardless of any input the user provides.

It is good to remember that user input can affect more than one object even if that object is not visible to the user at the time. Only objects that belong to different scenes that are not currently loaded will not be affected. Everything else, if it has a script that waits for user input, it will act accordingly.

Since user input should and can be done at any point of the game and not when a situation only happens the code that will handle the action needs to be placed and used accordingly and we also need to setup the script so that we will only write the code it once but can re-use it on the 2nd flipper object (and as many other GameObjects we want).

Let us have another look at some parts of the C# scripts that we omitted in the previous chapters.

```csharp
using System.Collections;
using System.Collections.Generic;
using UnityEngine;

public class clicked : MonoBehaviour
{
    // Start is called before the first frame update
    void Start()
    {
    }

    // Update is called once per frame
    void Update()
    {
    }
}
```

The Void Start() and the Void Update() methods are parts of code that will run differently from normal C# code as the **Void Start will run just once** during the game start while the **Void Update() will run every single frame** of the game.

In Unity, both void Start() and void Update() are special methods that you can use in your scripts to control the behaviour of game objects. However, they serve different purposes and are called at different times during the playtime of a GameObject:

void Start():

- This method is called once, at the beginning, when the script's associated game object is first initialized or when the game object becomes active in the scene.
- It is commonly used for setting up initial values, references, or configurations for your game object.
- You might use it to perform one-time setup tasks, like initializing variables or obtaining references to other objects or components.

Example:

```
void Start()

{
        // Initialize variables or obtain references here
}
```

void Update():

This method is called every frame, typically 60 times per second (or as often as your game runs). It is used for continuous, frame-by-frame updates and interactions.

You would put code in Update() if you want something to happen repeatedly or continuously, like player input processing, character movement, or ongoing game logic.

Example:

```
void Update()

{
        // Code that runs every frame, e.g., checking for player input
}
```

Start() is used for one-time setup tasks when the object is initialized, while Update() is for continuous, frame-by-frame updates while the game is running.

It is very common to confuse the functionality of these two and it is important to understand that these run with each frame and not every second. This means that these cannot be timed as they will run faster or slower depending on the CPU/GPU that will run the specific game. If you wish to use timing functionalities in Unity such as a delay of a few seconds, we will cover those in the next module **(Intermediate Module)**.

Since everything in the void Update() runs constantly it is the perfect location for us to use code that will be waiting input from the user at any time however we need to be extra careful with everything that we include in the Void Update() as if excessive amounts of useless code will run constantly then it will slow our game process and functionality. It is always good to use proper programming techniques here and break everything into modules/procedures/functions and use IF statements that will omit/skip unnecessary pieces of code.

In order to play an animation using a script we need to make the following adjustments which will be explained further into this chapter:

1. Set the Animation not to loop.
2. Add an "Animation Component"
3. Set the Animation as "Legacy"
4. Get the Component that contains the animation and set it into an Animation variable.

Until now, the animation that we created was an animation that would constantly play without any user input. To make the animation wait until the User initiates the action to play some adjustments in the scripts are needed but also on the animation settings.

Firstly, we need to stop the Animation from constantly playing and to remove the unnecessary Animator component and replace it with an Animation component.

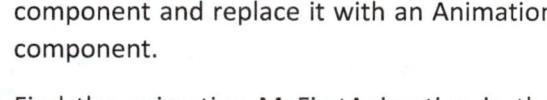

Figure 86 - Changing the Wrap Mode

Find the animation MyFirstAnimation in the Projects tab and click on it (single click) to show the animation properties in the Inspector tab. The **"Wrap"** mode is how the animation will loop. Wrap mode is how an animation will act once it has finished and if it should repeat and it should be set as **"Default"** *(Figure 86)*.

Then click on the **"Empty Parent Object"** and remove (or disable) the **"Animator Component"**. Replace it with an **"Animation component"** and set the animation on the list to be our **"MyFirstAnimation"** by either drag/drop or by clicking on the available animations.

Then add a **"New script"** component and name it **"Clicked"**.

Your object Inspector should be similar with *Figure 87*. Uncheck the **"Play Automatically"** tick from the box.

We now need to set the animation as **"Legacy"** as this is the old system that Unity handled animations before the introduction of Mecanim but we are still able to use it for its simplicity and quick functionality.

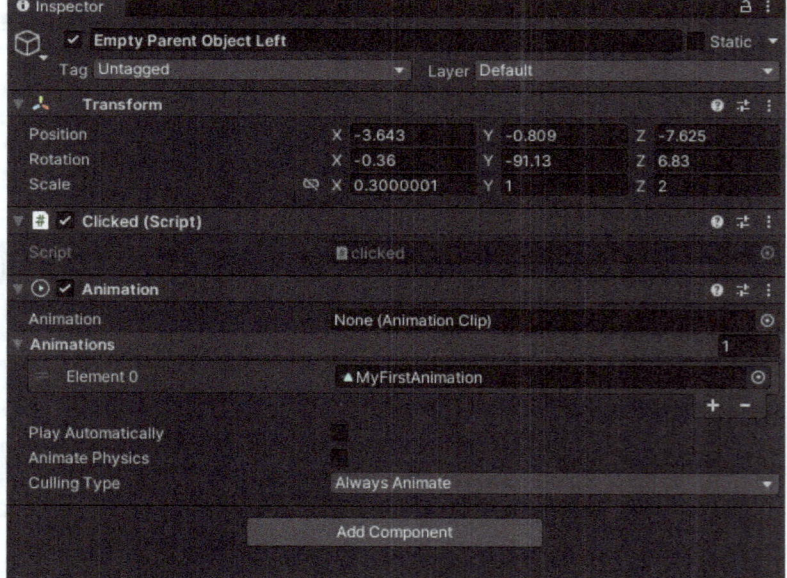

Figure 87 - Example of a GameObject with Animation and a Script

To set an animation as **"Legacy"** we need to change the Inspector from the traditional **"Normal"** view to **"Debug"** as the option is hidden in the Debug menu.

Select the animation from the **"Projects"** Tab like we did earlier to set the "**Wrap Mode"** but this time Right click on the **"Inspector"** Tab and choose **"Debug"**.

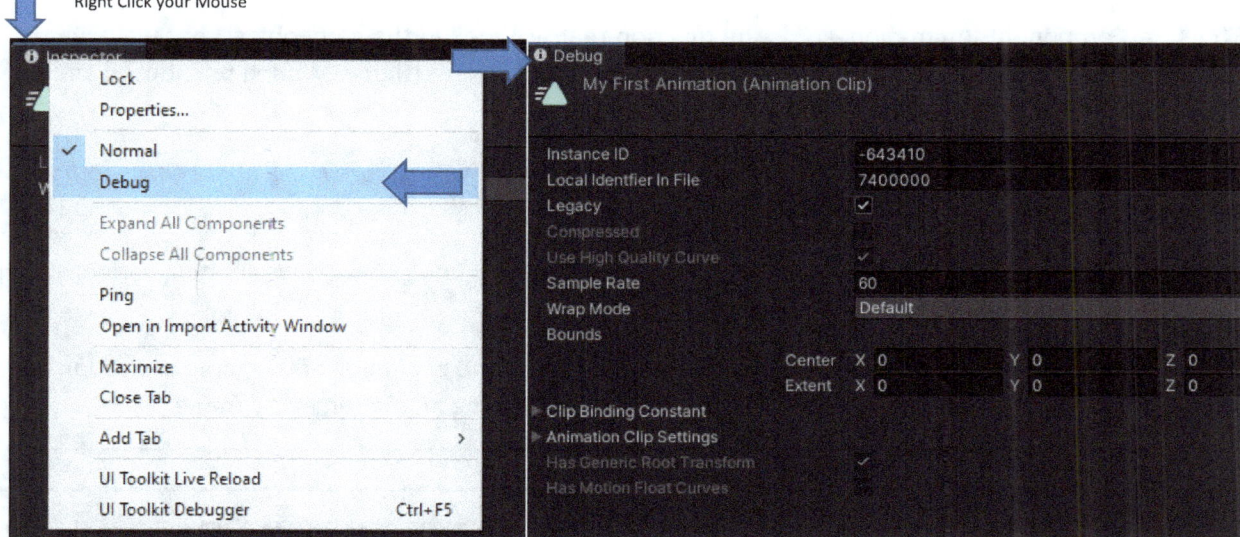

Figure 88 - Setting an Animation to Legacy

Selecting **"Debug"** will reveal a few more options and one of them is **"Legacy"** *(Figure 88)*

Once we are done, set the Inspector back to **"Normal"**.

Finally, we can script the code that will allow us to use the current animation as we see fit.

Clicked Script - https://tinyurl.com/2r72nemj

```
public class Clicked : MonoBehaviour
{
    // Start is called before the first frame update
    private Animation anim; // Declaring private a variable anim to be a Animation
    void Start()
    {
        anim = gameObject.GetComponent<Animation>();
    // Setting anim to the Game Objects animation component
    }

    // Update is called once per frame
    void Update()
    {
        if (Input.GetKeyDown(KeyCode.Space)) // Checking if a key is pressed
        {
            anim.Play("MyFirstAnimation"); // Playing the animation
        }
    }
}
```

We instantly notice a few new functions:

```
gameObject.GetComponent<Animation>();
```

The "gameObject" part points to the current object which in this case is the "**Parent Empty Parent Object"** Left (or right) object in our game.

The ".GetComponent<Animation>();" is the function that will look in the gameobject that we have this function attached and it will search if it has an Animation component (that we added previously) and will place that animation component in the animation variable anim.

> ! *Tip: For now, we need to use the **GetComponent** method but we will explore more about that method in the next module (Intermediate).*

Notice that this could not be done automatically as we need to define and set an Animation variable that the animation data will go before we use it.

This is done in the Start() as this needs to be done only once at the beginning of the game as the variable will hold the information and it is not needed to constantly get the animation every frame.

```
Input.GetKeyDown(KeyCode.Space)
```

The KeyCodes can be found at the end of this book at *Appendix 1*. The "**Input.GetKeyDown"** command returns a Boolean value of True once the KeyCode that is passed in as a parameter (in this case the Space button) will clicked.

It is worth noting that we have GetKeyDown but also a GetKeyUp for when a player releases a button.

```
anim.Play("MyFirstAnimation");
```

This script is now hard-wired so that it will play the **"MyFirstAnimation"** once the Space button is clicked on the keyboard. To reuse this script, we need to change the **"MyFirstAnimation"** to text/string variable with a public scope that the developer can set for each script that he will reuse. This can be done by changing the line to :

```
anim.Play(animationName);
```

and including the public string variable animationName above the Update()

```
public string animationName;
```

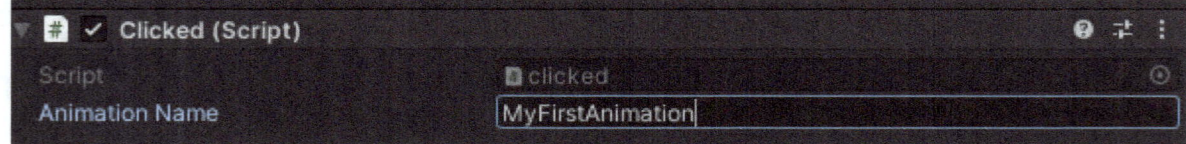

This will allow the game developer to change the names accordingly by entering the animation name at the Inspector or use the script for another animation by simply changing the name of the animation to be played.

Use any way you prefer.

We can now test our code and animation and see that pressing the Key – *Space Bar* which will run the **"Clicked"** script and make the "**Flipper**" do the rotation animation and hit the incoming flow of rolling spheres.

As an exercise and to better understand the animations, try the following:

1. Create a script that will instantiate a Cube prefab once the button K has been pressed.
2. Modify the script from part 1 so that Cube will rotate once the button R has been pressed.
3. Create a script that will instantiate ten spheres with Rigidbodies once a button has been pressed and if the player decides to press the button again it should spawn twice as much as previously.

Input using FSM – PlayMaker

In this chapter you will learn about :

- Receiving input using FSMs
- Playing Animations using FSMs

For this chapter, no prior knowledge of programming is required.

It is a lot easier to play an animation using PlayMaker and visual scripting. First add an FSM script on the parent object. Remember that this parent object should have the Animation component with the animation in it. If it is not setup like that and you have an Animator component, then you need to replace it with an Animation (*Figure 89*).

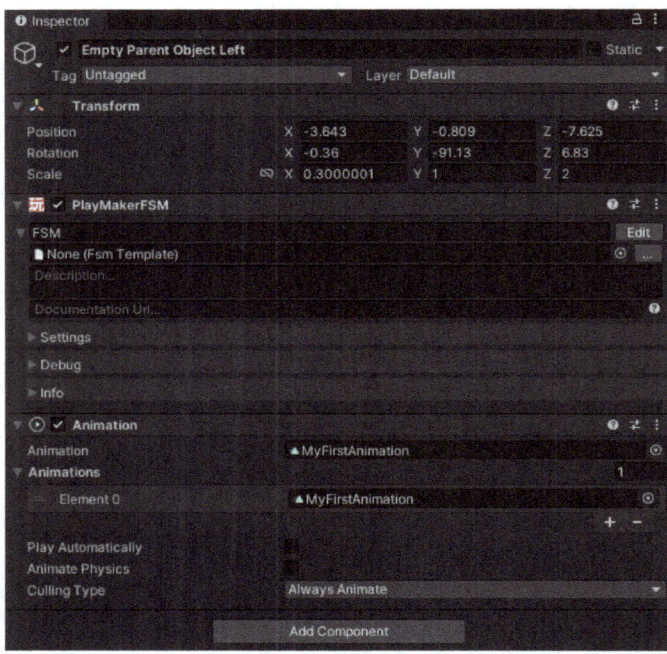

Click the **"Edit"** button on the FSM to open the FSM window Tab and insert a 2nd State.

The logic of the FSM will be that we will constantly checking a Boolean value (True or False) that checks if a button is being pressed down and once that button has been pressed down the FSM will change that Boolean value variable to True. Since this is done every frame, we do not need to worry about setting it back to False.

The **"Get Key"** Action checks every frame if the key **"Space"** has been pressed and once it does it will set the **"SpaceClicked"** Variable to True. Alternatively, it will constantly set the variable to **False**.

Figure 89 - Playing Animations using FSM

On *Figure 90,* the **"Bool Test"** Action checks if the Action **"Get Key"** has made any changes to the **"SpaceClicked"** variable. Once that variable has been changed to True, it will send the transition to the **"Clicked State"**.

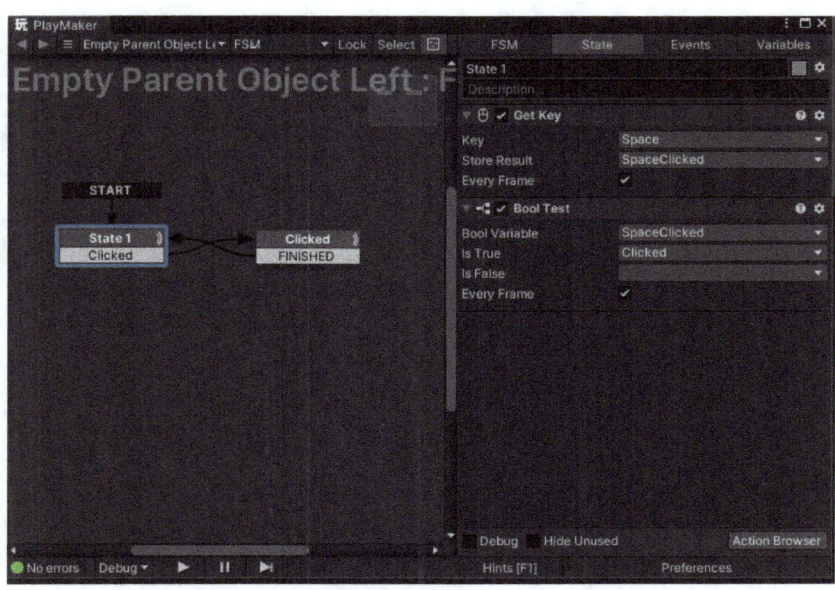

Figure 90 - Setting for Boolean Testing on FSM

Figure 91 - Setting Animation Name on FSM

Notice that we can have it checking for False too, but it is not needed in this case.

The **"Clicked State"** needs to play the animation, so a **"Play Animation"** action is needed.

If you place the **"Play Animation"** Action and it requires a **"Play Animation Component"**, simply click **Yes**.

Set the **"Finish Event"** to **"Finished"** so it will return back to the previous state. You do not need to set the Loop Event since we are doing it by simply returning to the original state.

The **"Anim Name"** should be auto filled or inserted using the **"…"** found next to the empty space (*Figure 91*). If the animation is not visible there it probably means you need to return to the object and check if the Animation component is set correctly as the animation should be visible in the FSM action.

Test your User Input animation clip and see the functionality. Do the same for the other flipper by simply Copy/Pasting the FSM on it.

As an exercise and to better understand the User Inputs, try the following:

1. Create a new project and add a ground and a Capsule. Do an animation on the Capsule so that clicking *Space* will make the Capsule "jump"
2. Further expand task 1 by having the Capsule on a tilted ground and every time that you click Space the Capsule will not only jump but it will instantiate a ball that will roll on the Capsule.
3. Further expand task 2 by having the Capsule be destroyed if it gets touched by any of the balls that roll towards it.

Introduction to Materials

In this chapter you will learn about :

- Creating simple Materials
- Applying Materials to Objects

For this chapter, no prior knowledge of programming is required.

So far, all of the primitives that are being used in our Game Development have been a solid colour of white. To improve our game experience then we obviously need to use more than one colour and hence use materials.

In Unity, materials are assets that define how the surface of 3D objects should be rendered. They specify the visual properties of an object, such as its colour, texture, shininess, and transparency.

Note: Materials in Unity are like the "paint" you apply to 3D objects in your game to make them look a certain way.

Materials control how an object appears in terms of its colour, texture, reflection, and more. You can use materials to give objects the appearance of wood, metal, plastic, or any other surface you want, and you can change these properties dynamically in your game to create different visual effects.

Materials are an essential part of Unity's rendering system, allowing you to make your game's graphics look realistic and visually appealing. These are the standard material properties for materials which define various surface properties of 3D objects, including:

- **Albedo**: The base colour or texture that represents the object's surface color when illuminated by pure white light.
- **Metallic**: Determines how much the object reflects like a metal (1.0) or like a non-metal (0.0).
- **Smoothness** (or Roughness): Controls how smooth or rough the surface appears. Higher values make it smoother, while lower values make it rougher.
- **Normal Map**: A texture that simulates small surface details and lighting variations without adding actual geometry.
- **Height Map** (Displacement): Modifies the object's geometry to add surface details.
- **Emission**: Makes the object appear to emit light.

Creating Materials

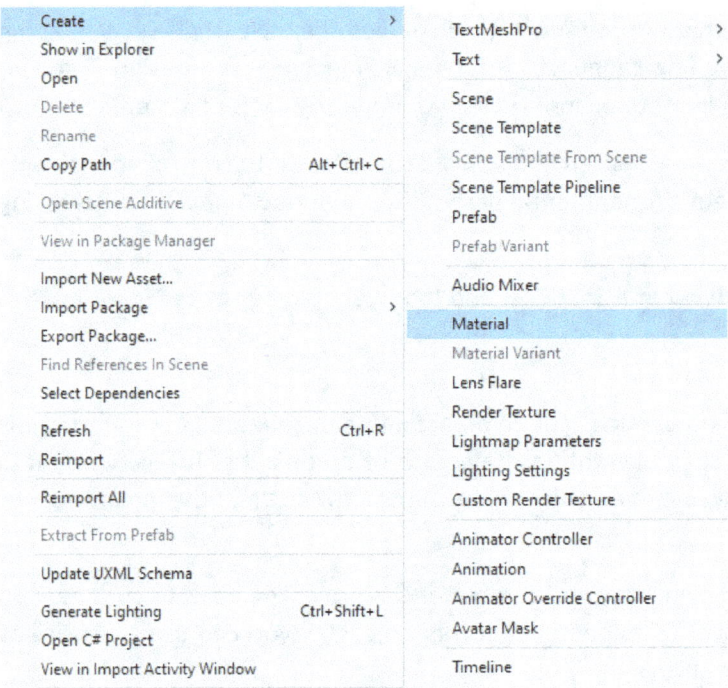

Figure 92 - Creating a Material

Materials vary from very simple where they are just a single colour (for example the colour Red) or to very complex where they can represent a whole variety of colours and textures (for example the armour of a tank)

In this module we will start with the simple colours but feel free to experiment with the materials as you can be as creative as you want with them.

To use a material, we first need to create it (*Figure 92*). Simply Right Click on the Project Tab and select:

Create → Material

This will create a new material and you must provide it an appropriate name. For our example , use the name **"Floor"** as we will be creating the material for the floor/base of the Pinball game.

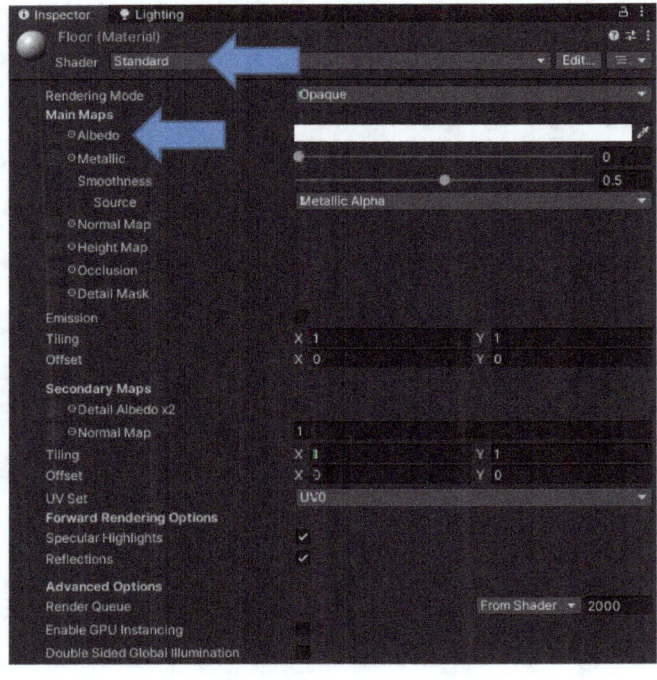

Figure 93 - Working with Materials

Clicking on the material asset will open on the Inspector Tab the properties of the material where you will instantly notice that we have a quite a few options. For now , we will only work with the "**Albedo**" and the "**Shader**" set to Standard (*Figure 93*)

Shaders

In the context of computer graphics and game development, a "**shader**" is a program or script that is used to control how the visual appearance of 3D objects is rendered or displayed on a screen. Shaders are essential for creating realistic and visually appealing graphics in video games and other computer-generated imagery.

Shaders define how light interacts with the surfaces of 3D objects, determining characteristics like colour, texture, reflection, transparency, and more. They can be used to achieve various visual effects, from simulating realistic lighting and shadows to creating artistic stylizations.

Shaders are typically written in specialized shader programming languages like HLSL (High-Level Shading Language) for DirectX or GLSL (OpenGL Shading Language) for OpenGL, and they are designed to run efficiently on the GPU (Graphics Processing Unit) to ensure real-time rendering performance.

In Unity and other game engines, shaders can be created and applied to materials to control how objects in the game world are displayed, making them a fundamental part of the rendering pipeline for achieving high-quality graphics.

For the current model we only need to know what a Shader is and that it should be set to **"Standard"**.

Albedo

In Unity, "**Albedo**" refers to the measure of how much light an object diffusely reflects. More simply, it is the basic colour or base colour of an object, representing the colour of an object's surface when it is illuminated by pure white light. The albedo value of an object determines how much of the incoming light is absorbed and how much is reflected.

In Unity's Standard Shader, the Albedo represents the main colour or texture of the object's surface. You can set the Albedo colour to achieve the desired appearance for an object, or you can use a texture as the albedo to add more complex surface details.

For example, if you have a red apple, the albedo colour for the apple's surface would be red. If you were creating a material for the apple in Unity, you'd set the albedo colour to red to represent this basic surface colour. In our example, the Floor should be set to green so we will change that colour to brown. Simply click on the Albedo and change the colour to the colour green (or any colour you prefer)

Albedo is a critical factor in shading and rendering as when light interacts with an object's surface, the albedo value determines how much of that light is reflected and what colour it appears to be. It serves as a foundation for more advanced shading calculations and is often used in combination with other material properties like metallic, smoothness, and normal maps to create realistic and visually appealing 3D objects.

Using Materials

As mentioned in the previous sections at the start, clicking on a GameObject will reveal the components of that GameObject, one of which is the material of that GameObject. Notice that the default Material is white and greyed out so you cannot change it. To modify a material on a primitive simply drag/drop the material that you just created from the **"Project"** tab on the material on the **"Scene View"** (not on the **"Inspector"** Tab) like on *Figure 94.*

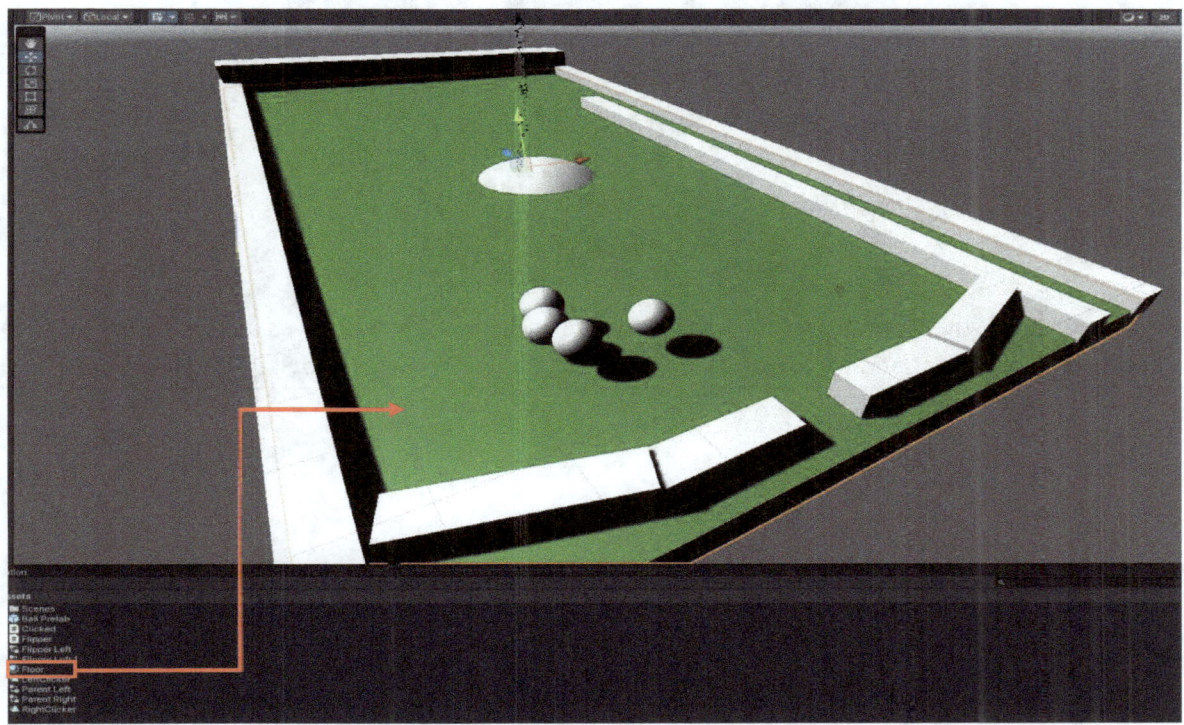

Figure 94 - Applying Materials on a GameObject

Alternatively, try experimenting with the Metallic and Smoothness options to get a different type of material besides just colours (*Figure 95*) where you can adjust the shininess of a GameObject according

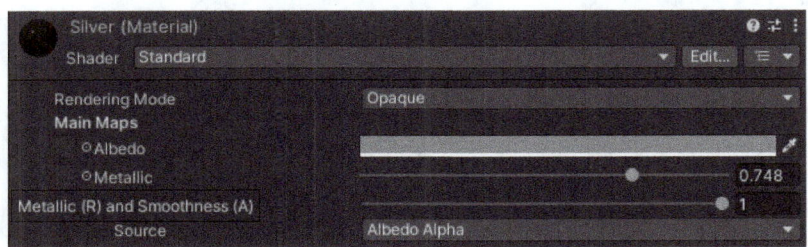

Figure 95 - Metallic and Smoothness on Materials

to how the light shines on that GameObject. You should always keep in mind that colours and lights are always co-related and that you will see different colours depending on the amount of light that you have on each scene. For example, you will see darker and less metallic "shiny" colours when there is no light and vice versa. Lights are covered in the "**Intermediate module".**

As an exercise and to better understand the Materials, try the following:

1. Add a different Material to all of the GameObjects and Prefabs on your Pinball project.

2. Create a New Project and try to build a House exterior using only Primitives and Standard Materials.
3. Create a New Project and try to build a Cannon using only Primitives and Standard Materials.

Intermediate Module

This chapter assumes that you are familiar with everything taught above but **does not require that you have the created the projects done in previous sections**. You will need to start from a new project.

In this section, we will dive into a more detailed approach to the functions and procedures that we can use in scripts to make our game run smoother, faster and smarter along with a further understanding of Components.

Required/previous learning objectives:

- Knowing how to use the Unity User Interface
- Rigidbodies and Cameras
- Finite State Machines
- Creating simple Trigger Scripts in C#
- Using Colliders and Triggers
- Creating Prefabs
- Accepting User Input using scripts
- Instantiating GameObjects
- Creating simple Animations and activating them via script
- Applying Materials to GameObjects

Learners in this module will be:

- Learning about Lights
- Enabling/Disabling Components
- Getting Components from Objects
- Activating Game Objects, Destroying and Checking States
- Differentiating between Delta Times and Frames
- Invoking Game Objects and Forces (Projectiles)
- Using Tags
- Using and creating Static Variables
- Creating Simple Menus and Canvases

*Note: This Module will be using references and examples used from **Unity 2022.2.1f1 and Hub 3.0.1** so it is highly suggested that you download the following versions as latest or earliest versions might differ from the examples that will follow.*

Introduction to Lights

In this chapter you will learn about :

- Creating the main types of Lights (Directional/Point/Spot/Area)
- Enabling and Disabling Components on Objects
- Using and creating Public and Private Variables
- Generating Lights

For this chapter, minor knowledge of programming is required.

Lights are one of my most crucial elements in a game. A dark and gloomy environment makes up for a good horror game while a bright and colourful environment is good for an action-adventure game. In both of these examples, what matters most is the lights and how the present the environment that you have created.

Lights are also the key factor for shadows which is one of the most GPU and CPU draining problems of any game as global illumination with direct and indirect lights and shadows will add realism into a game but at the same time it will require a lot of processing power.

For now, we will do a quick introduction to Lights and Lighting, but we will explore more about them in the Advanced Module of the following book of this series.

Lighting Modes

In Unity, when it comes to lighting, there are three primary lighting modes (*Figure 96*):

- Baked
- Mixed
- Realtime

Each mode has different characteristics and use cases:

Baked Lighting:

Precomputed: Baked lighting refers to precomputed or static lighting. It is calculated and stored before the game runs, typically during the design phase.

Efficiency: Baked lighting is computationally efficient because the lighting information is precalculated and doesn't change at runtime.

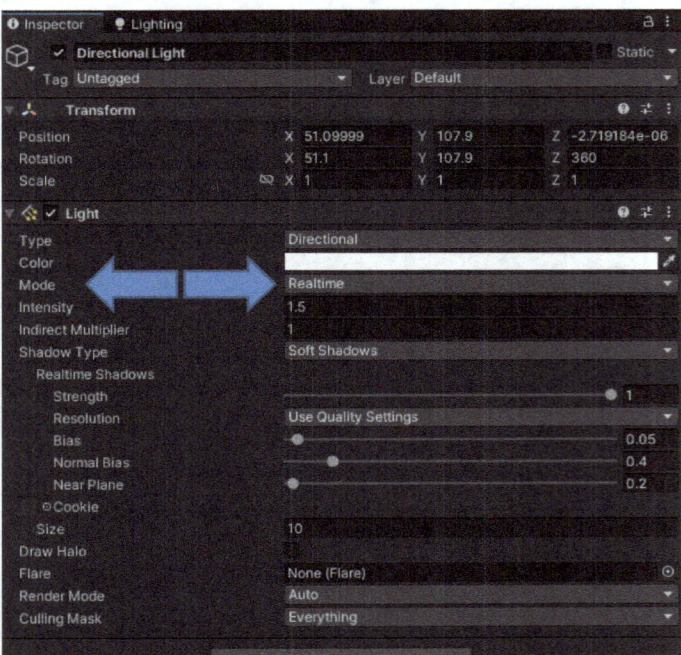

Figure 96 - Modifying the light Mode

Use scenarios: Baked lighting is ideal for static objects or scenes where the lighting doesn't change, like architectural visualization, interior design, or scenes with limited dynamic objects.

Mixed Lighting:

Combines Baked and Realtime: Mixed lighting combines elements of both baked and realtime lighting. It is suitable for scenarios where you have a mix of static and dynamic objects in the scene.

Static and Realtime Shadows: Static objects use baked lighting, and dynamic objects can receive and cast Realtime shadows.

Use scenarios: Mixed lighting is often used in games where you want some objects to receive the benefits of precomputed lighting (baked) while still having dynamic, movable objects that can cast and receive Realtime shadows.

Realtime Lighting:

Dynamic and Realtime: Realtime lighting is calculated and updated in real-time during gameplay.

Flexibility: It allows for dynamic changes in lighting, such as moving lights, day-night cycles, and dynamic interactions with objects.

Performance Considerations: Realtime lighting can be more computationally intensive and may impact performance, especially in complex scenes.

Use scenarios: Realtime lighting is suitable for games and simulations where lighting conditions change frequently and dynamically, like action games, open-world games, and VR experiences.

Unity provides a combination of these lighting modes to allow developers to choose the best approach for their specific project requirements. The choice between baked, mixed, or Realtime lighting depends on the nature of the scene and the desired level of visual fidelity and performance.

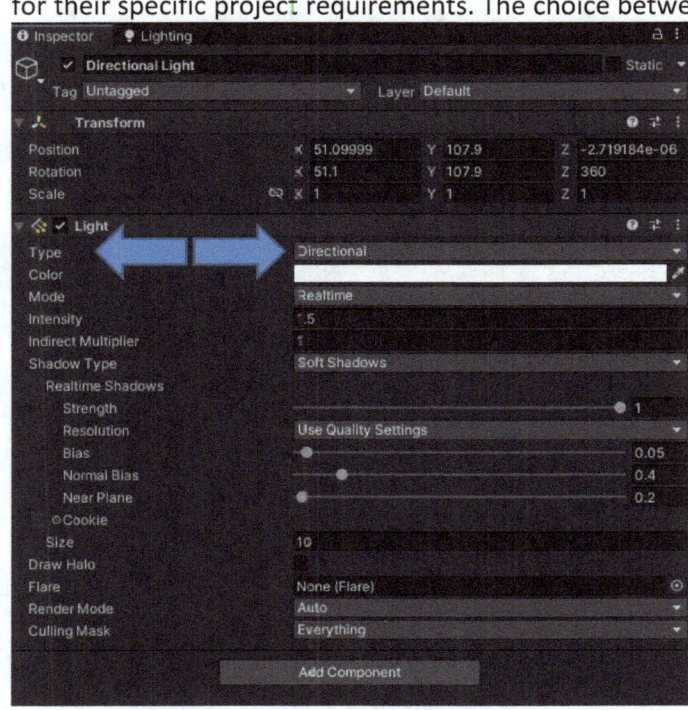

Figure 97 - Modifying the light Type

Light Types

In Unity, when it comes to lighting, there are four primary light types (*Figure 97*):

- Directional light
- Point light
- Spotlight
- Area light

Each with its own special features and demands.

Directional lights are lights that are supposedly infinitely far away and are emitting light in a certain direction. Moving them around the Scene Tab will have an effect on the entire scene as they are "infinitely" far away but rotating them will change the way they are casting shadows. A good real-life example of that is the sun or the moon.

a. Each time we start a new scene, Unity will add by default a directional light. This is why you see shadows on the first scene.

b. Since Directional lights when rotated will give different angles or provide with realistic shadows, they have amazing results when used with scripts where you can rotate them and simulate a realistic environment like morning turning into night and so on, however, these lights require quite a lot of processing power when calculated in real time so it should be used with caution and considering the processing overhead implications.

c. For best results you should only have one directional light in your scene.

Point Lights emit light on all directions on an equal radius like a circle. These are typically used as small lights like light bulbs or everyday interior light. These lights do not require processing time if they are set as **"baked"** since this type of mode is a static lighting. This will give the effect of a light, but it will be a fixed light point so any changes made to it afterwards will not have any effect even if the light is later disabled.

SpotLights emit light using a cone shaped version of the Point Light. They work similarly as flashlights work in real life and these lights can also be baked or Realtime.

Area Lights emit light in rectangles or discs with a certain range where the light will fade. These are good for projecting light from a whole area and not just a certain point or range.

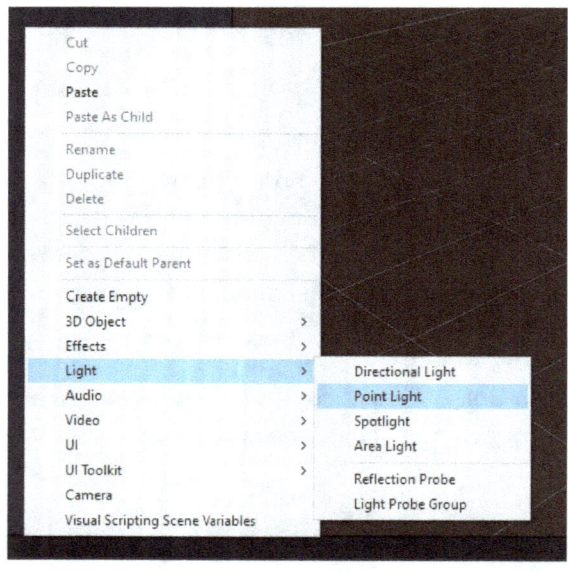

Overall, lights are very important for our scene and realism of our environment but can be very stressful on the CPU so they should be used lightly. In the advanced module we will cover a few ways to increase the performance of the lights and use Occlusion Culling along with tweaking the lights and lightmapping to our preference. For now, let's add a few lights and see how they affect our environment/scene.

To add a light, simply **Right Click** on the **"Hierarchy"** Tab and select the light you want out of the four available types. Then you can change the mode according to the needs/requirements of the scene.

Figure 98 - Adding a light

Enabling and Disabling Components on Objects

Firstly, for this example it is required that we produce a project similar with *Figure 99*.

Start by creating a new project and create a hollow box facing the camera. Recreate the scene using Cubes and adjusting their scales.

Figure 99 - Working with lights – Example

Currently, delete the Directional Light and add a **"Point Light"**. To add a light **Right Click** on the **"Hierarchy"** Tab and select **"Light"** followed by **"Point Light"**. Place the **"Point Light"** in the centre of the box that you have created.

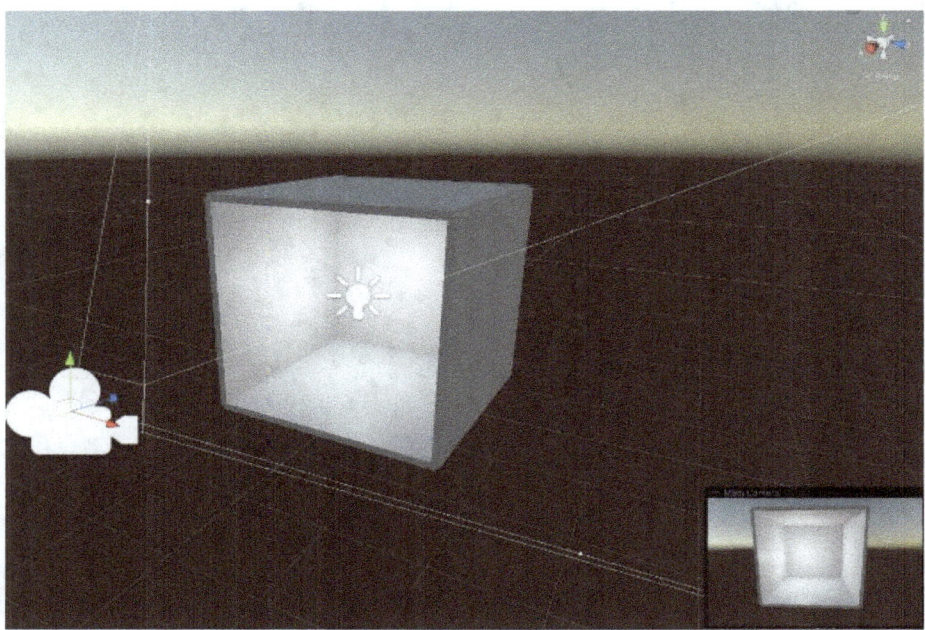

Figure 100 - Working with lights - Finished Example

Your project now should now look like *Figure 100*:

The aim of this example is to turn the **"Point Light"** On and Off every time that the player will press on a Key. It is always better to disable/enable the component of an object rather than the object itself.

This is extremely important as turning the entire objects On/Off

(Activating/Deactivating) requires the CPU to reload them each time whilst turning On/Off only a component of that object (even if that object only has one component) is faster and provides less stress on the processing of the game.

To better understand this, imagine that you want to add a feature to your hero in the game. It will be very unproductive to have to re-create each time a new player object with that feature rather than having the player will all the features at the beginning and simply just turning them on/off accordingly. This saves valuable processing time and makes the game run faster and smoother.

On the Point Light object create the following script.

> Tip: This can be applied to almost all GameObjects that contain components.

Name the script as "**EnableComponents**" and insert the following code or copy the code from the link.

EnableComponents Script - https://tinyurl.com/yt5kwj64

```csharp
using UnityEngine;
using System.Collections;

public class EnableComponents : MonoBehaviour
{
    private Light myLight; // Creating a Light variable named myLight

    void Start()
    {
        myLight = GetComponent<Light>();     //Getting the Light component information
and storing it in my variable
    }

    void Update()
    {
        if (Input.GetKeyUp(KeyCode.Space))     //Checking for keypress
        {
            myLight.enabled = !myLight.enabled;      //Disabling the light if enabled
and enabling the light if disabled
        }
    }
}
```

Run your game and you will see that pressing the **"Space"** key will turn the Light On and Off *(Figure 101)*

Figure 101 - Enabling / Disabling Components via script

Again, this is significantly different from activating the entire object On and Off as this is only changing a single component that is attached to the current GameObject.

Let us study now that code and see how it works.

In simple terms, Unity does not know (even though we are on that object) what light we want to turn on/off so we have to first create a variable that will hold that Light (and it is information/data) and then to turn it on/off.

```
private Light myLight;
```

So far, most variables that we worked with were set as **Public** where in this example we are using a variable set as **Private**.

Public variables are often used for values that you want to expose in the Unity Inspector, allowing you to tweak their values without modifying the script's code. This is useful for making your scripts more customizable and configurable without having to edit the code but also <u>scripts from other objects can access these variables</u> as well connecting and passing information between two or more scripts whilst **Private** are often used for internal variables and data that should not be directly accessib e or modifiable from outside the script. They are encapsulated and <u>can help maintain data integrity and protect sensitive information</u>.

Since the **"myLight"** here is a variable of type Light, there is no reason to set is as Public as we have already the script on the current object but if we wished to change it to a light from another Gameobject then we will need to set is as Public and drag/drop the light into our variable.

Change the variable from Private to Public and see the difference in the Unity "**Inspector**" *(Figure 102)*.

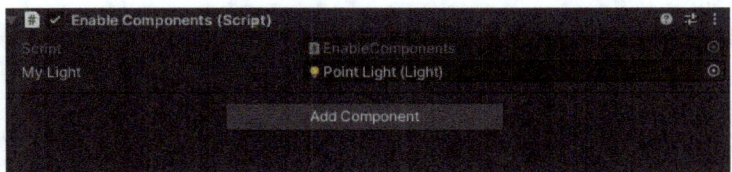

Figure 102 - Private and Public Variable differences in the Unity Editor

Setting the **"myLight"** variable as public has made the variable to be able to accept a different light besides the one that we are currently using. This is useful in cases that we want to control multiple components from multiple objects from a single script but in this case where we just want to turn the light On/Off while the script is on the same object then there is no reason to have it as Public.

```
void Start ()
{
    myLight = GetComponent<Light>();
}
```

As we know from the previous module, the method Void Start and everything inside the brackets of that method will run at the beginning of the game only once.

So far, we have created a **"myLight"** variable of type Light but that value is currently b ank as we have not assigned a value to it. We need to assign the light that we have placed into our game as that is the light that we want to change in our script. To do that we need to first get the light component of our current object and assign it to the Light variable that we created (namely **"myLight"**).

> *Warning 1: If you assign different data types to different components you will get errors.*
>
> *Warning 2: The GetComponent will only get the 1st component that it will find of that data type. So if for example you have 2 light components on a single object, the above code will only return the 1st component that it will find on that object.*

So, the **"myLight"** variable now is being assigned (gets the values) of the Light Component in our current object.

This works similarly with other Types as well like:

1. Transform
2. Light
3. AudioSource
4. Animation
5. Rigidbody

For example, a script that will allow you to move the light around (or any object that you place in that variable) will be something like the following script **"MovingLight"**

MovingLight Script - https://tinyurl.com/2teafudr

```csharp
using System.Collections;
using System.Collections.Generic;
using UnityEngine;

public class MovingLight : MonoBehaviour
{
    private Transform myTransform;
    public GameObject myobject;

    void Start()
    {
        myTransform = myobject.GetComponent<Transform>();  // Getting the Transform component
    }

    void Update()
    {
        if (Input.GetKeyUp(KeyCode.S))            //Waiting for a key to be pressed
        {
            myobject.transform.Translate(0, 0.1f, 0);  //Changing the transform by 0.1 on the Y axis
        }
        else if (Input.GetKeyUp(KeyCode.W))
        {
            myobject.transform.Translate(0, -0.1f, 0);
        }
    }
}
```

Again, this works by getting the component of that object (in the above examples the Light and Transform) and changing them according to our needs.

```
myLight.enabled = !myLight.enabled;
```

Finally, to enable or disable a component we use the <variable>.enable or ! <variable>.enable commands.

The ! in front of the equal (=) sign means NOT and it will disable the component.

If we wish to Enable a component and keep it enabled, then we use **"True"** or **"False"**. For example, to Disable permanently we will use:

```
myLight.enabled = False;
```

and to enable permanently we will use :

```
myLight.enabled = True;
```

Simple Generation / Baking Lights

Once a light has been created and configured, Unity will show us a representation of how that light will

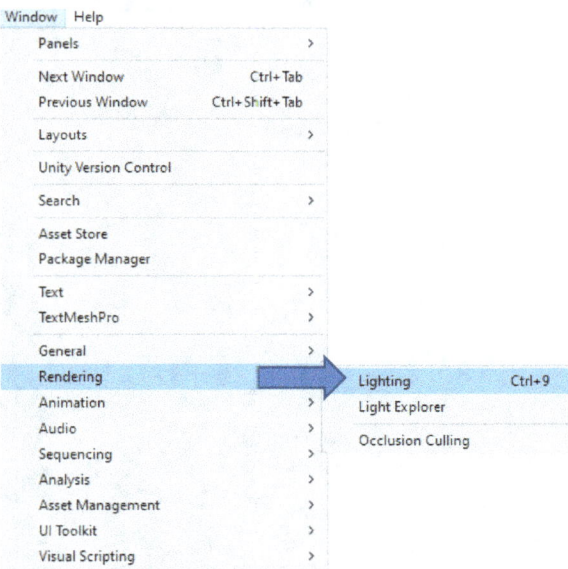

affect the current scene. This representation however is just a visual estimation of the light and not how the light will actually be in the finished scene or game.

Regardless of what type of light type the scene is using, we still need to generate the lights for each scene and environment so we can have the optimized and visually higher quality scene.

To generate the lights for each scene we need to view the **"Lightning"** Tab. This can be done by selecting Window → Rendering → Lighting like on *Figure 103*.

The **"Lightning"** Tab provides options for configuring how the lights in the scene, environment will act while also allowing adjustments to the Baked and Realtime Lightmaps.

Figure 103 - Viewing the Lighting Tab

 Tip: A Lightmap is a texture that saves information on how the lights and shadows in a scene will act.

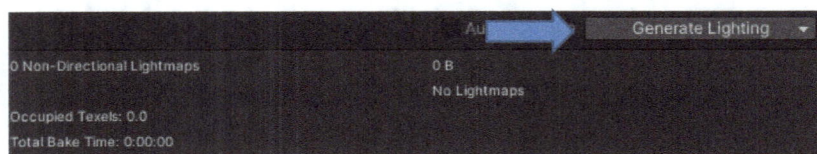

Figure 104 - Generating Lighting

Once we can view the **"Lightning"** Tab on the "**Scene"** Option, simply click on the **"Generate Lighting"** button (*Figure 104*) so that Unity will start creating the optimized version of the scene lights. Do not use the **"Generate Lighting"** button lightly as depending on the number of lights and the type of lights that the scene this will take a significant amount of processing time.

As an exercise and to better understand the Activating components section, try the following:

1. Create a new project and add 3 new Spotlights, then create a script that will turn each light On/Off every time a players click the buttons 1,2 or 3. You can find the Key Guide at the end of this book.
2. Add a Realtime light in Task 1 and generate the lighting.
3. Create a new project and add ground and a ball. Have the ball move (change its transform) left, right, front, or backwards by using keys of your choice.
4. Add walls on the ground on Task 3 and set up your game so that when a ball touches a wall it will turn on a light.

Activating/Deactivating Game Objects

In this chapter you will learn about :

- Activating and Deactivating Game objects using a script.

For this chapter, minor knowledge of programming is required.

Activating a Game Object is different from disabling a component. As previously covered, a Game Object can have many components and we may wish to disable/enable just one of those components whilst activating or disabling an entire object is different since it will turn off the entire object with all of its components instantly.

Keep in mind that disabling a component is different from destroying it since destroying an object will remove it entirely from the memory whilst disabling it will still keep it in memory, but it will not be active until we wish to activate it back. This means that if you do not need an object being referenced in memory then you should not deactivate it but rather destroy it.

The following script will activate/deactivate an object. Using the false or true parameters in the **SetActive** procedure, it will make the change on that said object.

ActiveObjects Script - https://tinyurl.com/yjfvk58t

```
using UnityEngine;
using System.Collections;

public class ActiveObjects : MonoBehaviour
{
    void Start ()
    {
        gameObject.SetActive(false); //Deactivating an object.
    }
}
```

The code below will deactivate an object.

```
gameObject.SetActive(false); //Deactivating an object.
```

The code below will activate an object.

```
gameObject.SetActive(true); //Activating an object.
```

There are a few things that you should keep in mind when Activating or Deactivating an object with a script. First and most important is that if you deactivate an object then the object components (which also includes scripts) will be deactivated as well. It is a common mistake to deactivate a script and then having a **"SetActive(true)"** to turn it back on, which is impossible, as the script is actually no longer working. For this reason, we avoid having the "**SetActive(true)**" on the same object but rather we use another object to turn that object back to active.

Secondly, we should not treat "**SetActive**" as destroying an object for the reasons explained above.

Destroying a Game Object

In this chapter you will learn about :

- Destroying Game objects using a script with and without a delay.
- Using "this" and its functionality.
- Destroying Game Components.

For this chapter, minor knowledge of programming is required.

Destroying an object will remove that object from memory and runtime. Any kind of object that is no longer needed should always be removed from memory as that is crucial for our game optimization. The more objects we have loaded into the scene (visible or not) the slower our game will be.

We have first seen Destroy when we are instantiating objects and learning how to create a new object using its Prefab.

```
Destroy(other.gameObject);   //Destroying an object
```

the above code was destroying the object that touched the Collision collider.

An additional integer parameter can be used where it will delay X number of seconds before the object is destroyed. In the example below, the object will receive the command to be destroyed and it will wait 3 seconds before the object is actually destroyed.

```
Destroy(gameObject , 3);   //Using an additional integer parameter to delay destroy
```

We can also use the pre-set parameter "**this**" where it will destroy the script component, but it will leave the object intact. This is different from disabling the component as a disabled component can be enabled back while a destroyed component or object cannot be re-enabled.

```
Destroy(this);   //Destroy the Script
```

This can also work with the **GetComponent** that we learned earlier. For example, the command below will remove the RigidBody from the current object.

```
Destroy(GetComponent<Rigidbody>());   //Destroy a component of type RigidBody
```

As an exercise and to better understand how to Destroy objects, try the following:

1. Create a script that will instantiate an object on a button press and then destroy the same object after a five second delay.
2. Add a few primitive objects and create a script so that each object that the object comes in contact with will be destroyed after a five second delay and then the sphere itself after 10 seconds.

Game Object State, Delta Time and Frames

In this chapter you will learn about :

- Creating a Debug Log to help you debug your scripts.
- Viewing the Console for output.
- Knowing the difference between a Delta Time and a Frame.

For this chapter, knowledge of previous programming chapters is required.

Many times, during our testing phase we will run into problems and having a way to resolve those problems is always welcomed. The easiest way to solve a problem is by receiving information about where everything is and what everything is doing, so we can pinpoint our mistake and fix it. To do that we should have a way to check what each object is doing while the game is playing and what is object status is. To do that we will use the **"Debug.Log"** command.

GameObject State and Debug.Log

The **"Debug.Log"** will output information about the object that we will include on the corsole in Unity when we click the Play button so we can test our game.

CheckState Script - https://tinyurl.com/yjfvk58t

```
using UnityEngine;
using System.Collections;

public class CheckState : MonoBehaviour
{
    public GameObject myObject;

    void Start ()
    {
        Debug.Log("Active Self:" + myObject.activeSelf); //Showing myObject information about
being Active in Hierachy on the console.
        Debug.Log("Active in Hierarchy" + myObject.activeInHierarchy); //Showing myObject
information about being Active on the console.
    }
}
```

The above script will show on the Console if the GameObject **"myObject"** is Active and if it is visible in the **"Hierarchy"** Tab (*Figure 105*).

There are lots of other outputs that you can produce to help you, like for example showing you the value of a current variable or Transform etc.

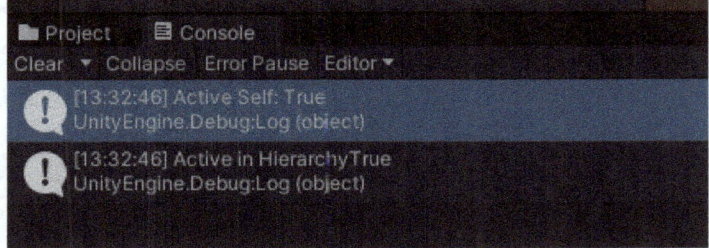

Figure 105 - Showing information on the Console using Debug.Log

Delta Times vs Frames

The term **"Delta"** means the time difference between two values and in game development, the Delta-Time Class is basically the difference between each frame/update.

This is very useful when we want to smooth out our movement and also for consistency of gameplay. If a game runs in a fast pc, the framerate will affect how fast the game is actually running, and running over the delta time can ensure that the gameplay is consistent among all devices. Important to be explained or any other kind of incremental/decremental values of objects that need a smooth change in their values.

If you recall from the **"Introductory"** module of this book, Unity handles everything through the **"Update"** procedure in each script and hence per frames. Since some frames may take longer to do than others, this **"Update"** call will always have a different value of time of completion. If we are trying to increment a value with each Update call, then some scripts will finish sooner than others and this will create an inconsistency when we are trying to match or show a smoother value of the objects.

To explain this in further detail, imagine having two objects with their own scripts where **"object A"** only has and **"Update"** procedure that moves an object forward while the 2nd **"object B"** has an **"Update"** procedure that with thousands of lines of code. In this example, **"object B"** Update procedure call will take longer to complete each time in comparison with **"object A"** and this means that "**object B**" will move slower than **"object A"** regardless if their values are the same. This is clearly done because the time between each frame is not constant.

To smooth out the values and to balance this we use Delta Times where if we modify the values using Delta Time then those objects will see an increase in the valued changed in order to match where they were supposed to be or to smooth out the value if they are slower or faster.

The overall effect of this will be to have smoother movements on objects when running multiple scripts, especially with objects that require multiple calls to the Update procedure. This is because the script values run based on time rather than frames per second on those said values.

UsingDeltaTime Script - https://tinyurl.com/5t4xybrb

```
using UnityEngine;
using System.Collections;

public class UsingDeltaTime : MonoBehaviour
{
    public float speed = 8.0f;

    void Update ()
    {
        if(Input.GetKey(KeyCode.RightArrow)) //Checking for Key press
        {
        transform.position = transform.position + new Vector3(speed * Time.deltaTime,
0.0f, 0.0f);  //adding on the transform position a new location using deltaTime
        }
    }
}
```

The code on the **"UsingDeltaTime"** script for example will move the current object much smoother than the previous way which was incrementing the transform by 1 each time.

To further demonstrate the difference of Delta Time consider the alteration of the **"UsingDeltaTime"** script with the **"AlterUsingDeltaTime"** script where we will get a smoother increase in the float variable **"countdown"** instead of the typical integer addition of 1-2-3-4 and so on that we would have if we used an incrementation of one on the **"Update"**

AlterUsingDeltaTime Script - https://tinyurl.com/4f2r6wyk

```csharp
using UnityEngine;
using System.Collections;

public class UsingDeltaTime : MonoBehaviour
{
    public float countdown = 3.0f;
    void Start()
    {

    }

    void Update()
    {
        countdown = countdown + Time.deltaTime; // Adding a float variable with a DeltaTime
    }
}
```

As an exercise and to better understand Delta Times and Debug Logs, try the following:

1. Create a new project and add a ball (sphere) and a ground (cube). Create a script that with each keypress it will instantiate a few boxes at a location while also with a different button configuration it will move the ball around. When the ball touches the boxes then the script should output a message on the console (hint: Use Debug.Log) and the boxes should be destroyed and removed from memory.
2. Read and use the code below. Make modifications to it so that with each destroyed box the values will increase (like having throttle) so that the box will be moving faster or slower.

```csharp
using UnityEngine;
using System.Collections;

public class TransformFunctions : MonoBehaviour
{
    public float moveSpeed = 10f;
    public float turnSpeed = 50f;


    void Update ()
    {
        if(Input.GetKey(KeyCode.UpArrow))
            transform.Translate(Vector3.forward * moveSpeed * Time.deltaTime);

        if(Input.GetKey(KeyCode.DownArrow))
            transform.Translate(-Vector3.forward * moveSpeed * Time.deltaTime);

        if(Input.GetKey(KeyCode.LeftArrow))
            transform.Rotate(Vector3.up, -turnSpeed * Time.deltaTime);

        if(Input.GetKey(KeyCode.RightArrow))
            transform.Rotate(Vector3.up, turnSpeed * Time.deltaTime);
    }
}
```

Tip: The {} are not needed if the IF statement is a single line.

Invoking Game Objects and Forces (Projectiles)

In this chapter you will learn about :

- Invoking procedures/methods
- Creating your own Void procedure (method)
- Differentiating between a Delta Time and a Frame
- Differentiating between **"Quaternion.identity"** and **"transform.rotation"**
- Launching projectiles from an object using a vector force

For this chapter, knowledge of previous programming chapters is required.

Invoking a GameObject in simple terms is similar with the delay on the Destroy procedure that we learned but this time you can apply that logic to everything.

```
1.  public GameObject projectile;
2.  public float launchVelocity = 100f;
3.  // Launches a projectile in 5 seconds
4.  void Start()
5.  {
6.        Invoke("LaunchProjectile", 5.0f);
7.  }
8.
9.  void LaunchProjectile()
10. {
11.        // Do Something
12. }
13.
14. void Update()
15. {
16.      // Launches a projectile with every Left Mouse Button
17.      if (Input.GetButtonDown("Fire1"))
18.       {
19.         LaunchProjectile();
20.       }
21. }
```

*Line numbers are for reference only.

Studying the above code will give us a better understanding of how the **"Invoke"** command works and the reasoning behind using it. .

Firstly, you will notice that we have another method/procedure besides the two default ones (**"Update"** and **"Start"**). Unlike the procedure **"OnTriggerEnter"** that we learned in the Introductory Module, which is a fixed procedure that we need to know, the procedure here **"LaunchProjectile"** is made and named entirely by the game developer. We can create any piece of code we want and call it from within the **"Update"** or the **"Start"** by simply calling its name like we are doing on line 19.

```
LaunchProjectile();
```

This means that the script here will keep calling the **"Update"** procedure (lines 14 – 21) until the player clicks on the **"Fire1"** button, which will then run and include line 19.

Once the line 19 is executed, it will call everything inside the procedure **"LaunchProjectile"** (lines 10-12) <u>once instantly</u> and then return back to the **"Update"** procedure.

However, this is the standard way of calling a procedure and even though it is very useful, we also have the more flexibility for our uses since it is using the name of the procedure as input via a string variable and it also allows for a delay before calling the procedure with the name of that string.

```
Invoke("LaunchProjectile", 5.0f);
```

Notice now line 6, where at the **"Start"** we Invoke the same procedure with an extra parameter of 5.0f (decimals). Notice also that the procedure here is not simply called but it is contained in "<name of procedure>". This is a big difference and a very common mistake while programming.

Tip: Invoking a procedure should be with "<name of procedure>" while calling it simply use the <name of procedure>

When the script is executed, and it runs line 6 at start, it will wait 5 seconds before running that line of code but keep in mind that it will not halt the entire code! It will run that line, continue working on the rest and in parallel (simultaneously) once the 5 seconds are up, then it will run that procedure. It is very important that when we use Invoke, if possible, in the Update or Start and to try to avoid using more than one. **As an alternative we can also use Coroutines which provide better performance but those are covered in the Advanced Module of the following book of this series.**

Continuing with the study of the script we have made some additions to it .

```
1.  public GameObject projectile;
2.  public float launchVelocity = 100f;
3.  // Launches a projectile in 5 seconds
4.  void Start()
5.  {
6.        Invoke("LaunchProjectile", 5.0f);
7.  }
8.
9.  void LaunchProjectile()
10. {
11.  GameObject ball = Instantiate(projectile, transform.position,transform.rotation);
12.
13. ball.GetComponent<Rigidbody>().AddRelativeForce(new    Vector3(Random.Range(-50.0f,
    50.0f),   launchVelocity   +   Random.Range(-50.0f,   50.0f),   Random.Range(-50.0f,
    50.0f)));
14.
15. }
16.
17. void Update()
18. {
19.       // Launches a projectile with every Left Mouse Button
20.       if (Input.GetButtonDown("Fire1"))
21.       {
22.        LaunchProjectile();
23.       }
24. }
```

We have added lines 11 and 13. Let us see what those do in detail.

```
GameObject ball = Instantiate(projectile,transform.position,transform.rotation);
```

Line 11 (above) will instantiate an object called **"projectile"** but notice that this version of **"Instantiate"** is different from the one that we learned in the **Introductory** module.

```
Instantiate(myPrefab, Location.transform.position, Quaternion.identity);
```

The **"Quaternion.identity"** has been replaced with **"transform.rotation"**.

"Quaternion.identity" in simple terms it means that there will be no rotation of that object and it will be perfectly aligned on its axes at the time of the spawn. The **"transform.rotation"** however allows us to modify those values and change the rotation of the object. This is quite important for the next step where we will add a force on that object so it will move towards the location that we are forcing it to go instead of just dropping as our objects have been doing thus far.

```
ball.GetComponent<Rigidbody>().AddRelativeForce(new Vector3(Random.Range(-50.0f, 50.0f),
launchVelocity + Random.Range(-50.0f, 50.0f), Random.Range(-50.0f, 50.0f)));
```

In the example above, on line 13 we are pushing using a force on the Rigidbody (to apply a force a Rigid body is required) according to a fixed value that we declared as **"launchVelocity"** and also a random value between -50 and 50 so it will add a variation.

To see how that works let us create a new project and do our own simple shooter where balls will be appearing, and our player will be shooting at them to destroy them.

Firstly, let us start by creating a ground and arrange our camera to be at a good visible position. For the **"Player"** add a capsule and for a gun add a cylinder. Adjust the scales accordingly to make it similar with the example on *Figure 106* and name the objects accordingly.

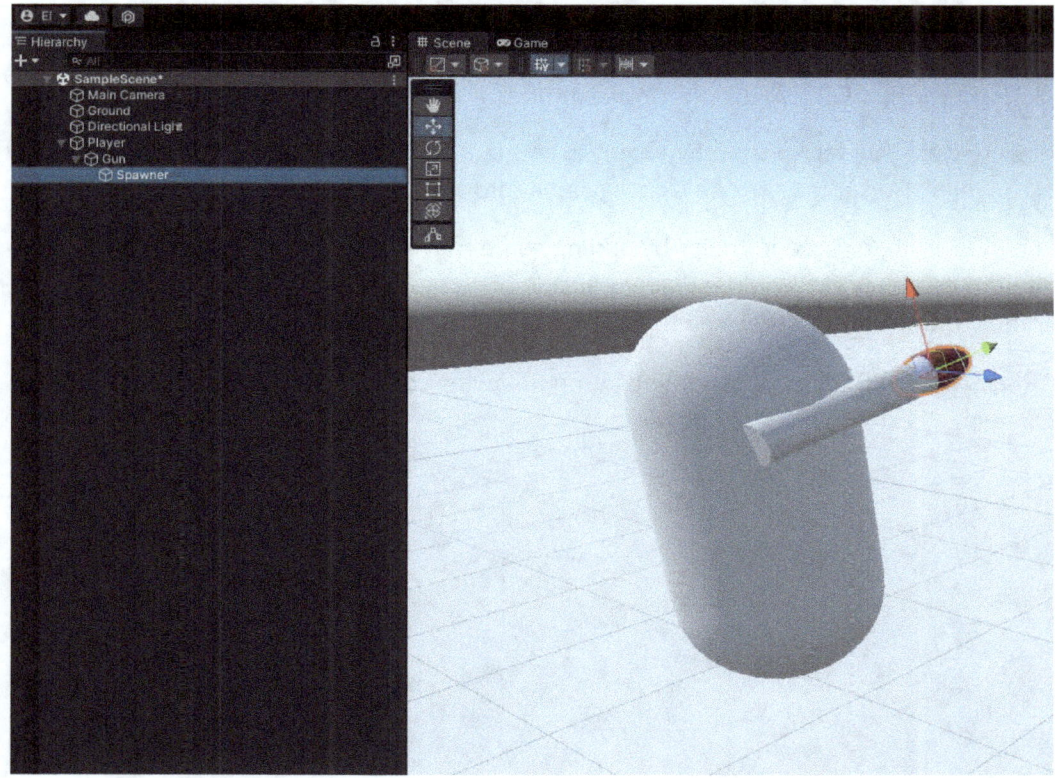

Figure 106 - Starting a shooter game

Tip: Make sure that you parent the Gun on the Player GameObject like on Figure 106

Notice and create on *Figure 106* the **"spawner"** location which should be at the tip of the gun.

Since the Spawner object is only going to be used for its transform, we do not require anything else so delete all the other components of that object.

Adjust the camera to an appropriate third-person shooter style view as shown on *Figure 107*.

Figure 107 - Adjusting the camera for our shooter

Now finally create a **"bullet"** prefab by simply creating a sphere, adding a RigidBody on it and set the scales to 0.1 while also set it as Prefab by dragging it into the **"Project"** Tab.

Now we need to bring our scene to life by adding some movement to the **"player"** Capsule. To do that we will need to create a script on the Player Capsule object which will rotate Left and Right. Do not add any other movement now but feel free to experiment with your game later.

Use the **"PlayerControlBad"** script and type in the following code or copy from link.

PlayerControlBad Script - https://tinyurl.com/mw7rnnnk

```
using UnityEngine;

public class PlayerControlBad : MonoBehaviour
{
    public GameObject projectile;      //Creating a GameObject for our projectile
    public float launchVelocity = 500f; //Creating necessary variables for Player
    public float moveSpeed = 10f;
    public float turnSpeed = 50f;

    void Start()
    {

    }

    void LaunchProjectile()
    {
        GameObject ball = Instantiate(projectile, transform.position,
transform.rotation);    //Instantiating the gameobject
        ball.GetComponent<Rigidbody>().AddRelativeForce(new Vector3(Random.Range(-50.0f,
50.0f), launchVelocity + Random.Range(-50.0f, 50.0f), Random.Range(-50.0f, 50.0f)));
//Applying velocity
    }
    void Update()
    {
        if (Input.GetKey(KeyCode.LeftArrow))       //Checking for Key press
        {
            transform.Rotate(Vector3.up, -turnSpeed * Time.deltaTime);  // Turning when
key is pressed Left
        }
        if (Input.GetKey(KeyCode.RightArrow))     //Checking for Key press
        {
            transform.Rotate(Vector3.up, turnSpeed * Time.deltaTime);// Turning when key
is pressed Left
        }
        if (Input.GetButtonDown("Fire1"))          //Checking for Mouse press
        {
            Invoke("LaunchProjectile", 0.1f);     //Invoking the Launch Projectile method
        }
    }

}
```

Run the game and use the **"Left"** and **"Right"** Arrow Keys to aim while pressing the **"Left Mouse Button"** to shoot. You will instantly notice that there is a problem as the projectiles are being shot from the Capsule and not from the spawner.

There are two ways to fix this issue with the first being that we can get the location of the spawner object every time and then instantiating an object with a force, but with this method will needlessly require keeping track of the spawner at all times.

The simpler and easier solution is the second method which is to move the parts of the code into a second script and have that script on the spawner!

First, we click on the spawner object and create a script, lets name it **"Shooter"**.

Secondly, we move everything that has to do with shooting into that script.

This will result in two scripts. One named **"PlayerControl"** that will be attached on the capsule of our **"Player"**, and another script named **"Shooter"** that will be attached on the **"Spawner"**.

PlayerControl Script - https://tinyurl.com/4x884x8t

```csharp
public class PlayerControl : MonoBehaviour
{
    public float moveSpeed = 10f;
    public float turnSpeed = 50f;
    void Start()
    {

    }
    void Update()
    {
        if (Input.GetKey(KeyCode.LeftArrow)) //Checking for Key press
        {
            transform.Rotate(Vector3.up, -turnSpeed * Time.deltaTime); // Turning when
key is pressed Left
        }
        if (Input.GetKey(KeyCode.RightArrow)) //Checking for Key press
        {
            transform.Rotate(Vector3.up, turnSpeed * Time.deltaTime); // Turning when
key is pressed Right
        }
    }

}
```

Shooter Script - https://tinyurl.com/3zepm3ab

```csharp
public class Shooter : MonoBehaviour
{
    public GameObject projectile;
    public float launchVelocity = 500f;
    void Start()
    {

    }
    void LaunchProjectile()
    {
        GameObject ball = Instantiate(projectile, transform.position,
transform.rotation);
        ball.GetComponent<Rigidbody>().AddRelativeForce(new Vector3(Random.Range(-50.0f,
50.0f), launchVelocity + Random.Range(-50.0f, 50.0f), Random.Range(-50.0f, 50.0f)));
    }
    void Update()
    {
            if (Input.GetButtonDown("Fire1"))                        //Checking
for Mouse press
        {
            Invoke("LaunchProjectile", 0.1f);                        //Invoking the Launch
Projectile method
        }
    }
}
```

Reminder: the objects must be parented on each other, or this will have no effect on the rotation of the objects.

Playing the game now will allow us to rotate our **"Player"** and fire projectiles (*Figure 108*) .

Figure 108 - Functional scripts firing projectiles.

But now another problem appears as we need to destroy the projectiles that are starting to pile up. To do that we should use **"Destroy"** on each of those GameObject.

Simply add the code:

```
Destroy(ball, 4);
```

In the **"Shooter"** script right after the object gets instantiated or the force is applied. This will destroy the ball in 4 seconds.

We should continue with this example game by adding a few Spheres to shoot at. This will require a Sphere object to use as a prefab which should have a RigidBody as well for this example.

 Alternatively, you can create animations of the boxes flying or using spheres or anything else you want (be creative)

Setup the **"Scene"** to be similar with the one on *Figure 109.*

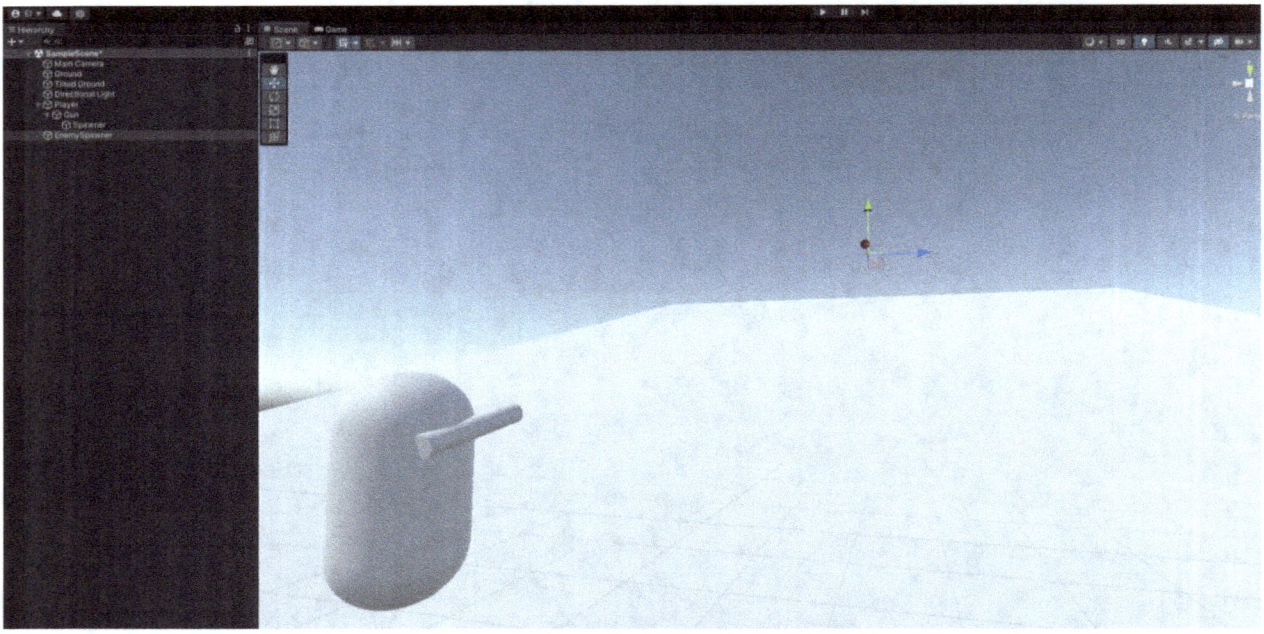

Figure 109 - Shooting at other GameObjects

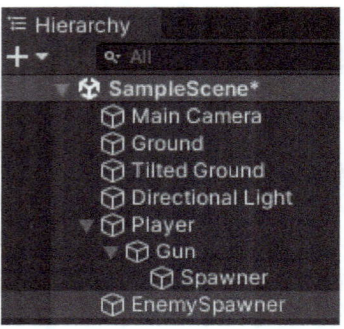

*Figure 110 - Creating a Spawner
Script for Objects*

Once you have created that sphere prefab, we will need to create a script that will handle the spawning of the objects and we also need to add a tilted ground so that the spheres will be rolling towards our player.

Your scene should be similar with the objects created on *Figure 110*

Now we need to create the **"SphereSpawner"** script which will used to spawn the spheres. This script can be added anywhere but for this example we will add it on the **"Ground"** object.

SphereSpawner Script - https://tinyurl.com/4k89tdcd

```
public class SphereSpawner : MonoBehaviour
{
    public GameObject SphereObject;   //Creating a GameObject named SphereObject
    public Transform Location;        //Creating a Transform variable named Location

    void Start()
    {
        GameObject sphere = Instantiate(SphereObject, Location.transform.position,
transform.rotation); //Instantiating a SphereObject at Location Transform
        //Adding a force towards between the values -350 and 350 for x,y and z
        sphere.GetComponent<Rigidbody>().AddRelativeForce(new Vector3(Random.Range(-
350.0f, 350.0f), Random.Range(-350.0f, 350.0f), Random.Range(-350.0f, 350.0f)));

        Destroy(sphere, 60);   //Destroying the Sphere in 60sec
    }
}
```

The script **"SphereSpawner"** will create a sphere prefab at the location provided (spawner object) and it will destroy it after 60 seconds. Make sure that it works before proceeding to the next steps.

It is important to note that we will be revisiting and revising a lot of our current scripts to make a richer gameplay.

For starters, a single ball rolling down does not really count as a game. We need to be more creative and increase the difficulty as the game progress and also, we need to have an effect where the bullets will not just push the spheres backwards but also destroy them entirely.

To do that, we will use the **"OnTriggerEnter"** that we learned in the **Introductory Module**, but we will also need to know how to use **"Tags"** in the next chapter.

As an exercise and to better understand Invoke, Delta Times, Forces, Frames, try the following:

1. Create a new project with a new scene and add a ball (sphere) and two cubes. Place the two cubes one below the other with quite some height between them. Place the Sphere on the lower Cube and create a script so that with the press of a button the cube will apply a force on that sphere and make it go upwards.
2. Modify the above program so that with each key press the force becomes greater until the sphere hits the other cube which is above the first one.

Tags

In this chapter you will learn about :

- Creating and using Tags.
- How to access Tags via a script.

For this chapter, knowledge of previous programming chapters is required.

Tags are Unity's way of differentiating between game objects. Game objects can only have one Tag and according to what the assigned Tags are then different parts of our code will be used for each object according to what Tag it has.

If for example, if in the scenario that the player touches a specific location then a door should open but we do not want the same thing to happen if an enemy touches the door. If we use a **"OnTriggerEnter"** procedure, then our game will not be able to tell who actually triggered the procedure (enemy or player) but with the help of Tags we can differentiate between each object.

Tags are easy to create, and we can create as many as we want but only one Tag can be assigned to each game object. If we want to do more tailor-made coding for a specific scenario, then keep in mind that we can create and use a Tag for a parent object, but the child object can use a different Tag. We will cover more on how to use and find multiple tags in the ***Advanced Module of the following book of this series.***

First, we need to create a Tag so we can use it on our **"Bullets"** Prefab so we can differentiate it from the rest of the game objects.

Locate the Tag option of the prefab on the **"Project"** Tab and then click on the **"Tag"** (*Figure 111*)

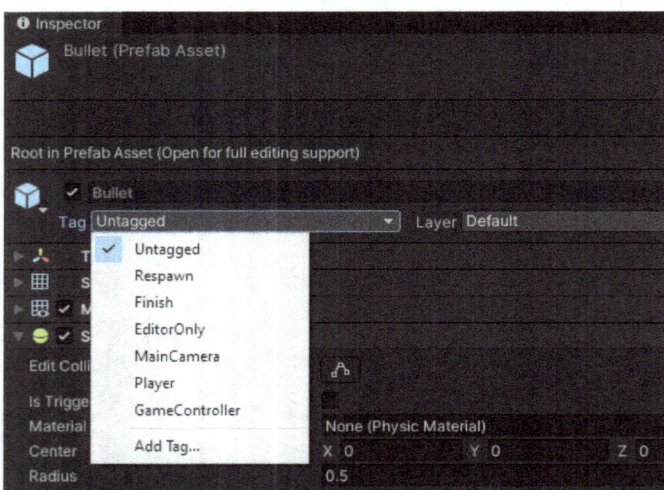

Figure 111 – The Available Tags

You will notice that some Tags are already created for you.

- UnTagged
- Respawn
- MainCamera
- Player
- GameController

These are some of the standard default Tags that you will see when you first wish to create a Tag. You can use these if you wish or you can create new ones that are entirely custom to your needs. The names are irrelevant but meaningful names are always preferred when creating Tags and variables.

Create a **Tag** for the **"Bullets"** by clicking on the **"Add Tag…"** (*Figure 111*)

In the **"Inspector"** Tab you will now see the **"Tags"** and **"Layers"** menus. For now, we will only work with **"Tags"** so click on the **"+"** symbol and add a **"New Tag"** (*Figure 112*). For this example. name the Tag **"Bullet"** and click on the **"Save"** button.

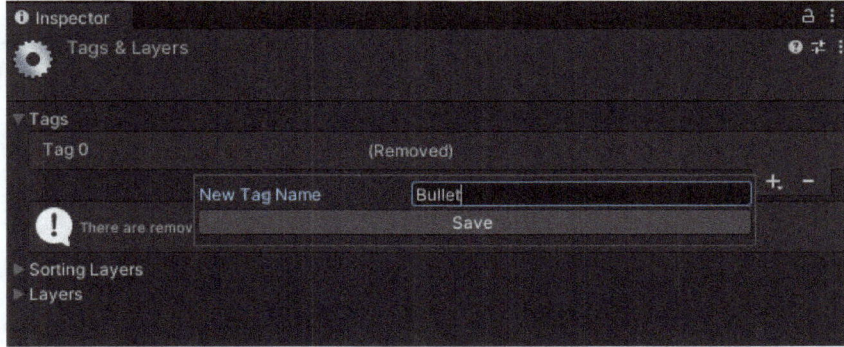

Figure 112 – Creating and adding a New Tag

Now when you return back to the prefab and click on **"Tags"**, you will see the new Tag at the bottom of the Menu. Simply click on it to select it (*Figure 113*)

Keep in mind that **Tags** are CaSeSeNsiTivE so you should always use the same format and avoid using spaces as that we create problems for us during the coding phase.

Now that we have added our Tag, let us put it to good use.

In our game, we want the bullets that are being fired by our gun to destroy the balls that are rolling over towards our hero capsule.

The following piece of code is how we check a GameObject's tag before we do an action.

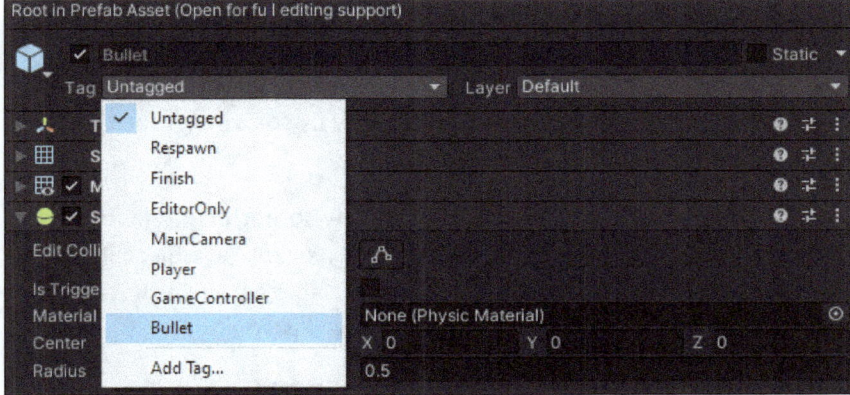

Figure 113 - Assigning a Tag to a Game Object

```
void OnTriggerEnter(Collider other)
{
    if (other.gameObject.tag == "Bullet")
    {
        Destroy(other);
        Destroy(gameObject);
    }
}
```

You will notice that we are using a **"OnTriggerEnter"** so a collider must be created and set as a Trigger (covered in the **Introductory** Module) on the Enemy Sphere prefab along with a script that will handle the action (the one above)

The above script will run as soon as a collider touches the enemy sphere. Since the ground is also a collider, then the IF statement is required as without it the sphere will automatically be destroyed as soon as the trigger is called. On the other hand, if we applied this script on the **"Bullets"** prefab instead of the **"Sphere"** then the bullets will be destroyed once the collider touches anything, which again is not what we want as we want the bullets to persist (stay alive).

With the **IF** statement :

```
if (other.gameObject.tag == "Bullet")
```

Tip : the "other" is the game object that is touching the collider. Make sure you use == and not = as one is a comparison and the other an assignment.

the Sphere object will check what **"Tag"** is on the object that is touching it is Trigger Collider. If that Tag is a **"Bullet"**, then it will run and destroy both the current object (**"gameObject"**) and the object that it came into contact (**"other"**) with.

Add the script on the enemy **"Sphere"** Prefab and see how it works.

You will now notice that the bullets, once hit our sphere will be instantly destroying that object while also the bullet gets destroyed too.

Here we can also add sounds, explosions or even replace the current prefab with another where the enemy will die or do an animation. That part is up to your imagination and creativity.

We will continue and expand our code by making the game a bit more interesting. Since now we have learned how to destroy an enemy with a projectile, lets increase the difficulty by spawning more enemies each time you will destroy another.

This is done simply by creating a counter (like a score) each time you destroy something. All we have to do is create a counter variable in our script and increment it each time we destroy an object, however there would be a problem where it will automatically destroy the counter variable as well as it itself once the object is destroyed (since the script is attached on the object that we are destroying).

This means that we will need a way to either pass values from one script to another that is on another object , or to have variables that can be accessible by the entire project and not just a single object. To do that, we will need to learn about Global Project variables on the next chapter.

As an exercise and to better understand Tags, try the following:

1. Create three Tags named "Blue", "Red" and "Yellow". Add a Ground and three spheres , each of these set with one of the Tags you just created.
2. Create a script on the Ground so that with a single Key press of a button it will first remove the sphere with the Blue Tag. With the same button again to remove the Red and finally if pressed a third time to remove the Yellow Tag sphere

Global Project variables - Statics

In this chapter you will learn about :

- Creating Global Variables.
- Showing the contents of a Global variable.
- Passing parameters to the Global variable from a different script.

For this chapter, knowledge of previous programming chapters is required.

As explained in previous chapters, a **"Global"** project variable is a variable that can be accessed by all of the scripts in the entire project/game.

These variables should be treated very carefully and have unique names that will never appear on other scripts as having two variables with the same name will create an error. Avoid having a Global project variable with the name **"score"** and instead use something like **"GlobalScore"** or **"ProjectScore"** or **"g_Score"**.

Firstly, create an empty object and then add a script on it. Name the script **"GlobalValueHolder"**.

The "global" part comes from the command **"Static"**. Everything that you see as **"Static"** in our code means that the variable, procedure, etc can be access outside the current script. Variables are quite easy to do and understand but the procedures require a little bit of more digging into to understand them better.

Let us start with the variable first! Create the **"GlobalValueHolder"** below or copy it from the link.

GlobalValueHolder Script - https://tinyurl.com/4c7cxj8s

```
using System.Collections;
using System.Collections.Generic;
using UnityEngine;

public class GlobalValueHolder : MonoBehaviour
{
    public static int GlobalScore;  // Creating a Global integer variable called
GlobalScore
    public int ShowScore;           //Creating an integer variable
    void Start()
    {

    }
    void Update()
    {
        ShowScore = GlobalScore;     // Assigning the value of GlobalScore variable
into ShowScore
    }
}
```

First notice that the variable **"GlobalScore"** here is the one that is global, and it can be seen by every script in our game but even if it is set as **"public"**, you will notice that it is not visible in Unity Inspector like all the other public variables and it acts like it is a private one. In order for us to show the value of a static variable, we should create a variable of the same data type, for example an integer and then keep assigning that value in the Update method like the example here is doing.

To access it now and modify that variable, all we have to do (from another script) is to simply call the name of the script that the static variable is contained (in this GlobalValueHolder) and using the period (.) to write the variable that we want to use.

For example, that variable can be accessed and incremented (add 1) by every script in Unity simply by writing:

```
GlobalValueHolder.GlobalScore = GlobalValueHolder.GlobalScore + 1;
```

Let us add that line in our **"Hit"** Script so each time we destroy a sphere we increment our score.

For methods, procedures and function calls from another script, this logic is not so easy to implement as everything in Unity is **"MonoBehaviour"**. All scripts that work with Unity are **"MonoBehaviour"** as that is the masterclass that all gameobjects inherit their method and thus it is impossible to call a **"static"** method without changing the entire class as it will require to run the entire class where the variables are defined.

In simple terms, you need to pass the parameters, objects, Locations, etc to a static method, procedure etc if you are planning on calling it from another script as those variables that you have declared in that script will be unknown to the method given that it will run instantly rather than running the entire class.

For example, your script **"Hit"** will need to change to something like the script below but keep in mind that since the following script is calling a procedure/method from another script then we also need to create or modify the other script as well before testing it. For this example, the script that will contain the method that we want to access will be the **"SphereSpawner"** script that we created earlier in the "Invoking GameObjects" chapter of this book with the addition of the **"Generator"** method which is showed on the next page.

Hit Script - https://tinyurl.com/5e2d2bbz

```
using System.Collections;
using System.Collections.Generic;
using UnityEngine;

public class hit : MonoBehaviour      // Name of Class and : MonoBehavior. All Unity
default scripts are MonoBehavior
{
    private GameObject SphereObject; //Creating a GameObject named SphereObject
    private Transform Location;       //Creating a Transform named Location

    void OnTriggerEnter(Collider other)
    {
        if (other.gameObject.tag == "Bullet")   //Checking a gameObject's Tag
        {
            SphereObject = gameObject; // Assigning the object that has that Tag to
the variable SphereObject
```

```
        Location = SphereSpawner.GlobalLocation;      //Getting the value of the
Global variable GlobalLocation from the script SphereSpawner
        Destroy(other);      //Destroying the object that triggered the collider
        Destroy(gameObject);//Destroying the game object
        GlobalValueHolder.GlobalScore = GlobalValueHolder.GlobalScore + 1;
//Incrementing the global counter GlobalLocation by 1
        for (int i = 1; i <= GlobalValueHolder.GlobalScore; i++)          //
Creating a Loop that will iterate GlobalScore times
        {
            SphereSpawner.Generator(SphereObject, Location);
//Calling the Generator method in the SphereSpawner script
        }
    }
}

}
```

The **"SphereSpawner"** script that we have created earlier creates a Sphere at the start of the game, and we have passed that object as prefab and the location as a transform of an object. Now we need to call that procedure again but since we are in a different script, we need to re-obtain those objects during our game runtime. To do that we create two variables of the same data type (the names here as exactly the same but that is irrelevant) as private data types.

Then we assign those variables to values using the following code

```
SphereObject = gameObject;

Location = SphereSpawner.GlobalLocation;
```

and pass those variables to the Global procedure which is located in the **"SphereSpawner"** script with the name **"Generator"**.

```
SphereSpawner.Generator(SphereObject, Location);
```

This means that when we run our script, we will be sending all the information, that the static procedure that we are calling, requires in order to run.

In our **"SphereSpawner"** script now we need to create the **"Generator"** procedure which should also be a **"static"** for everything to work as skipping the **"static"** part will not allow any other scripts to access that method.

SphereSpawner Script with the Generator global (static) method - https://tinyurl.com/2d9dnc7r

```
using System.Collections;
using System.Collections.Generic;
using UnityEngine;

public class SphereSpawner : MonoBehaviour
{
    public GameObject SphereObject;   //Creating a GameObject named SphereObject
    public Transform Location;        //Creating a Transform variable named Location

    void Start()
    {
        GameObject sphere = Instantiate(SphereObject, Location.transform.position,
transform.rotation); //Instantiating a SphereObject at Location Transform
        //Adding a force towards between the values -350 and 350 for x,y and z
        sphere.GetComponent<Rigidbody>().AddRelativeForce(new Vector3(Random.Range(-
350.0f, 350.0f), Random.Range(-350.0f, 350.0f), Random.Range(-350.0f, 350.0f)));

        Destroy(sphere, 60);   //Destroying the Sphere in 60sec
    }
    public static void Generator(GameObject SphereObject, Transform Location)
//Global Method with 2 parameters of type GameObject and Transform
    {
        GameObject sphere = Instantiate(SphereObject, Location.transform.position,
Location.transform.rotation);   //Instantiating a GameObject

        sphere.GetComponent<Rigidbody>().AddRelativeForce(new Vector3(Random.Range(-
350.0f, 350.0f), Random.Range(-350.0f, 350.0f), Random.Range(-350.0f, 350.0f)));
//Adding a Force

        Destroy(sphere, 60);   //Destroying the object
    }

}
```

Notice that the procedure this time contains two parameters that point to their data types.

```
public static void Generator(GameObject SphereObject, Transform Location)
```

where the **"SphereObject"** is defined as a **"GameObject"** and the **"Location"** variable as a **"Transform"**.

Remember that the data type goes first followed by the name of the variable when passing parameters.

The rest are exactly the same as our previous calls to create and instantiate an object.

Finally, running the game now will spawn additional spheres each time you hit one and this is done by using a static method which is contained in another script (*Figure 114*)

Figure 114 - Calling a Static Method from another script

As an exercise and to better understand Static Variables and methods, try the following:

1. Continuing from our current project, modify it so that every time that a sphere goes behind the player it will reduce his score and spawn a box.
2. Create a new project where the player will be in control of a cannon that will shoot cannonballs and break boxes. Each time a box is destroyed create two additional boxes that are half of that size at the same location. Have a maximum of 10 cannonballs.

Assets and objects can be obtained here:

Projectile_Demo from Unity - Files - https://tinyurl.com/58wp8hyh

Canvas / Creating Simple Menus

In this chapter you will learn:

- Creating a Canvas and what it is.
- Creating a simple Menu and adding simple buttons.
- Calling a method/procedure on the button click.

For this chapter, knowledge of previous programming chapters is required.

A user interface (UI) element or screen that allows players to access various features and options outside the core gameplay is called a Menu. Menus are a way of navigation, interaction, and control within a game both during and before.

Here are some of the most standard Menu types in games :

Main Menu: The main menu is usually the first screen that players see when they launch a game. It provides options for starting a new game, loading a saved game, adjusting settings (e.g., graphics, audio, and controls), and often contains links to other menus like "Options," "Quit," or "Continue."

Options Menu: This menu allows players to customize game settings to their preferences. It typically includes options for graphics quality, sound settings, controls, language, and other game-specific configurations.

Pause Menu: When a player pauses the game (usually by pressing the pause button or key), the pause menu appears. It provides options to resume the game, save progress, adjust settings, and sometimes quit the game.

Inventory Menu: In many games, players have an inventory where they can view and manage items, equipment, and resources they've collected during gameplay. The inventory menu allows players to organize, use, and sometimes trade or craft items.

Save/Load Menu: Players can use the save/load menu to manage their saved game files. They can save their progress, load previous saves, and sometimes delete or manage their saved data.

Settings Menu: The settings menu within the main menu often contains options to adjust the game's general settings, such as audio, video, controls, and accessibility.

Menus in games are essential as they provide the first instance of the game, the settings, play, exit and other different options that players may want to choose before starting or during the game.

All of these can be accessed in various ways depending on the game that you are creating. For example, a simple Menu can be done just to provide a Start and End of your Game. Another example could be the player reaching a certain point where options need to appear, that is also done via a Menu.

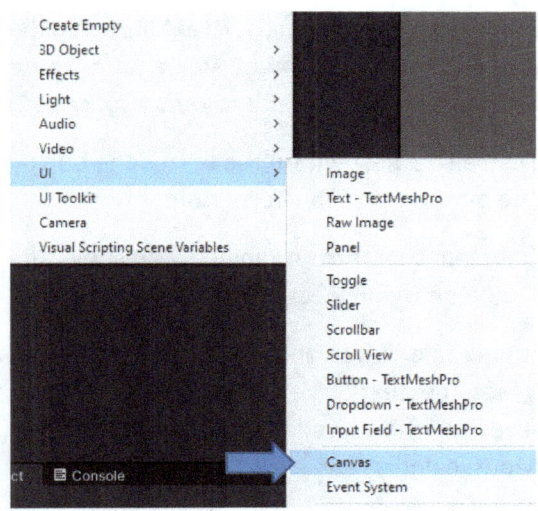

Figure 115 - Inserting a Canvas UI element

In Unity, there are quite a lot of ways to do a Menu but the most common one is via a Canvas.

Right Click on the **"Inspector"** Tab and choose **"UI"** → **"Canvas"** (*Figure 115*)

A Canvas is what contains objects that are of UI type. This means that once we have a Canvas, we can add the rest of the objects that we require, like Images, Texts or Buttons.

If Unity at this point requests that you download or enable **TextMeshPro**, allow the option and wait until **TextMeshPro** is installed.

TextMeshPro is an additional package of Unity that further expands the things that you can do with texts. We will be look into **TextMeshPro** in further detail in the **Advanced** Module in the next book of this series, but for now, allow Unity to install everything required.

Once you have a Canvas object, create a child of that object of type **"Button"** which will also automatically

Figure 116 - Example of a Button and Text Canvas

create a **"Text"** object and an **"EventSystem"**.

Double Click on the **"Button"** so that Unity will automatically rotate and transfer you to the **"Button"** object (*Figure 116*)

Notice that the **"Button"** object appears to be huge in relation to scale with the rest of the project objects. This is normal and it is done so that games with higher resolution will still show the current menu. Everything else with a lower resolution (like our current project) will automatically resize the canvas to the size needed/required. This is crucial if for example you are making a phone app game, where each phone has different resolution and screen size, then the game will still adjust according to the screen size and resolution of the machine that it is running it. The canvas will automatically scale, and it will save you for the most part of the problems of resizing your menus.

Clicking on the **"Text(TMP)"** object will show the following on the **"Inspector"** Tab.

This component <u>deals with how the text will appear on the button</u> and it is important to understand that it has nothing to do with the actual button which is the **"Button"** Object.

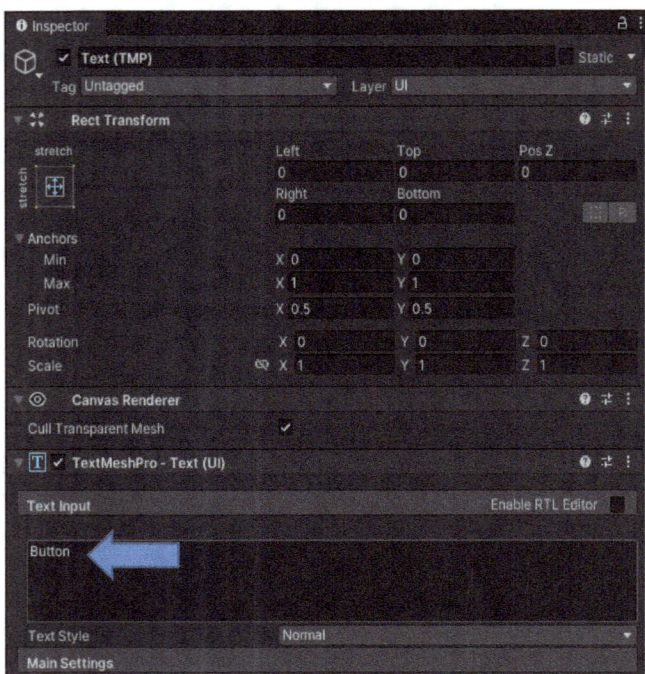

Figure 117 - Inserting Text into the Button of Canvas

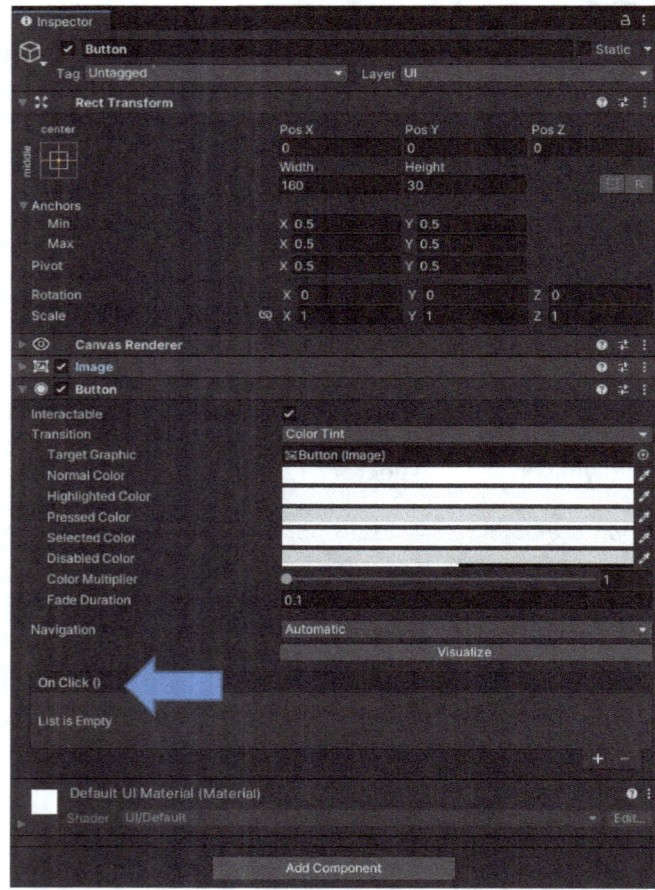

Figure 118 - On Click() of a Canvas Button

The text can change from the **"Text Input"** in the **"TextMeshPro"** component while also there you can adjust Font Size and colours (*Figure 117*)

You can also adjust where the text of the button will be on the Rect Transform Component.

Clicking on the **Button** object will show the following on the Inspector tab.

Here we can edit how the actual button will look like (not the text). We can use other images instead of the standard that TextMeshPro provides, colours, etc.

The most important part however is the **"On Click()"** procedure that we see at the bottom (*Figure 118*).

Currently, **"On Click()"** is empty. If we need this button to do something when we click it, we need a script which will have a **"public"** method.

The **"On Click()"** will let us run any method we have created and some predefined ones on any object simply by selected/drag-drop the object that we wish to run.

If for example, we want the following:

1.   Starting the game and show the Menu.
2.   Clicking **"Start Game"** on our Menu will start the game.
3.   Disable the Menu from the player view.

To do that we need to create all of these three processes.

The 1st is quite simple as all we have to do is to create a Menu using a Canvas and let the game start. The Menu will appear automatically on our Player camera.

The 2nd, we will need to use a script which will start our game. This could be anything like instantiating the first enemy or moving our hero where the enemies are. In our Shotting Game, the game starts automatically so we want to stop that and force the player to click on our

Menu **"Start Game"** button before they can start.

To do that, we simply deactivate the **"Player"** object and the initial spawn object of the first sphere which is inside our script.

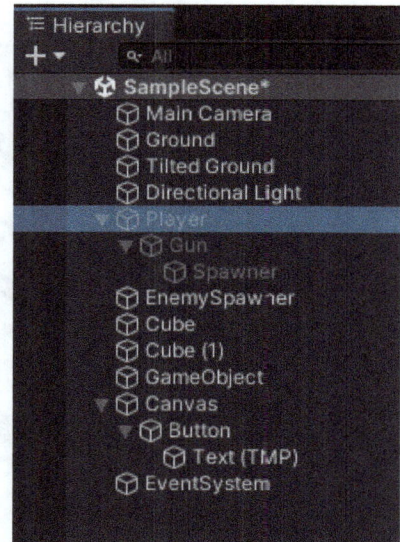

Deactivating the player object is quite simple as we untick the **"Player"** Object (*Figure 119*)

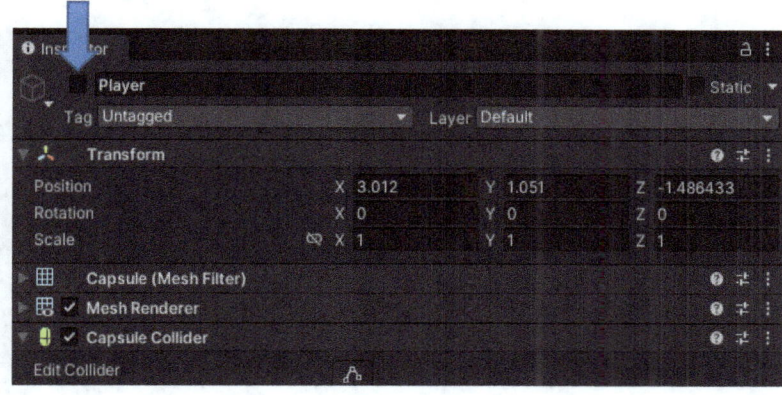

Figure 119 - Disabling a game Object in the Inspector Tab

Deactivating the initial spawn of the first sphere however is trickier as that should be done through the script that we have created named **"SphereSpawner"**.

We now need to modify that script so that instantiating (spawning) that first sphere is done in a **public** procedure so we can later call that procedure when the player clicks on our **"Button"**.

To do that we need to edit the **"SphereSpawner"** script to be like the updated **"SphereSpawner"** showed in the script below or use the link. Pay attention that the procedure **"ClickedStart()"** that we created is set as public.

SphereSpawner Script - https://tinyurl.com/m5tf98c7

```
using System.Collections;
using System.Collections.Generic;
using UnityEngine;

public class SphereSpawner : MonoBehaviour
{
    public GameObject SphereObject;//Creating a GameObject variable with name
SphereObject
    public Transform Location;   //Creating a Transform variable with the name
Location
    public static Transform GlobalLocation;//Creating a Global Transform variable
with the name GlobalLocation

    public void ClickedStart()      //Creating a method called Clicked Start
    {
        GameObject sphere = Instantiate(SphereObject, Location.transform.position,
transform.rotation);  //Instantiating a Gameobject
        sphere.GetComponent<Rigidbody>().AddRelativeForce(new Vector3(Random.Range(-
350.0f, 350.0f), Random.Range(-350.0f, 350.0f), Random.Range(-350.0f, 350.0f))); //
Adding a force
        Destroy(sphere, 60); //Destroying the object
```

```
        GlobalLocation = Location; // Setting Location values to GlobalLocation
variable
    }

    void Start()
    {
    }
    void Update()
    {
    }
    public static void generator(GameObject SphereObject, Transform Location)  //
Creating a global method called generator
    {
        GameObject sphere = Instantiate(SphereObject, Location.transform.position,
Location.transform.rotation); //Instantiating a Gameobject
        sphere.GetComponent<Rigidbody>().AddRelativeForce(new Vector3(Random.Range(-
350.0f, 350.0f), Random.Range(-350.0f, 350.0f), Random.Range(-350.0f, 350.0f)));//
Adding a force
        Destroy(sphere, 60);//Destroying the object
    }
}
```

Having moved the instantiation from the **"Start"** method to the **"ClickedStart"** method that we created will do nothing at Start and it will wait until another method calls the **"ClickedStart"** method.

Now that we have created our public method that we want to call, we need to use it within our button.

On Click()

Click on the **"+"** symbol under the **"On Click()"** on our **"Button"**

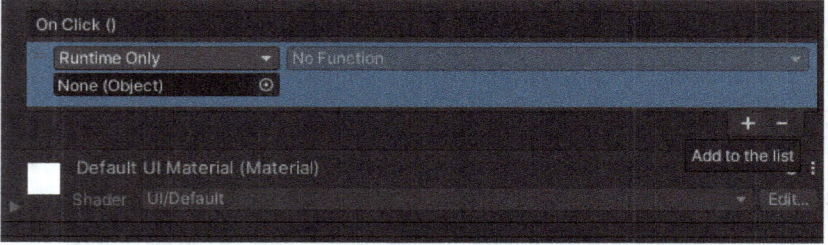

Figure 120 - Inserting Scripts in the On Click() method

Drag and drop the object that contains the script that you wish to run in the None(Object) component field (*Figure 120*) . In our example, drag and drop the object **"Ground"** since that is the one that contains the script that we wish to run.

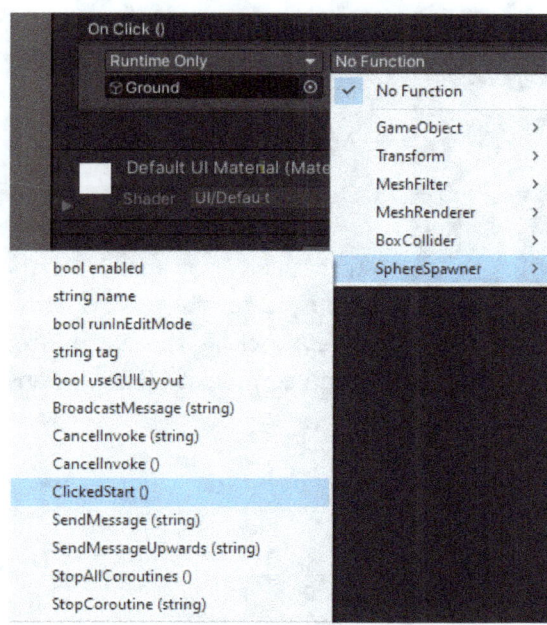

Figure 121 – Options of the On_Click() component with our method ClickStart()

Click on the "No Function" and you can view the predefined methods that you can use for that specific object.

Since ours is not predefined and it is something that we created in the **"SphereSpawner"**, select the **"SphereSpawner"** and find the procedure that you created. In our example, the **"ClickedStart()"** method from within the **"SphereSpawner"** script (*Figure 121*).

Notice that there are quite a few others that you have not created. Those are predefined and it is normal to have them although it will be good practice to have a look at them and see what they do as they are quite useful and will save us from a lot of coding later on in our game development experience if we know what they do. Also notice that besides the **"SphereSpawner"** we also see a **"GameObject"** Option which also offers many functionalities that could be useful in our games, but we will not cover in this book for simplicity reasons as those are quite extensive.

Figure 122 - Inserting a method we created in the On Click() of a Canvas

Finally, it should look like *Figure 122* without any errors.

You should also familiarize yourselves with *Figure 122* as you should be able to read it as *"During Runtime, if I click on this button, then the Clicked Start method in the Sphere Spawner script will run"*.

We also need to make the **"Player"** object to become **"Active"**. We can do it via script if we wish but Unity has included this easy task as one of the predefined ones. Simply add (using the **"+"**) an **"On Click()"** event and then drag and drop the **"Player"** object. Then select **"Set Active"** and either leave the box blank for deactivation or put the tick to have the object become active.

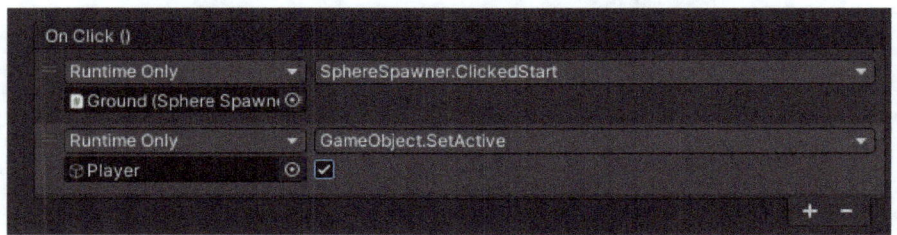

Figure 123 - Setting a GameObject Active or Not using On Click()

The *Figure 123* will enable the **"Player"** object. Similarly, you can deactivate objects which is the 3rd step as we now wish to Deactivate the Menu as we wish to play our game.

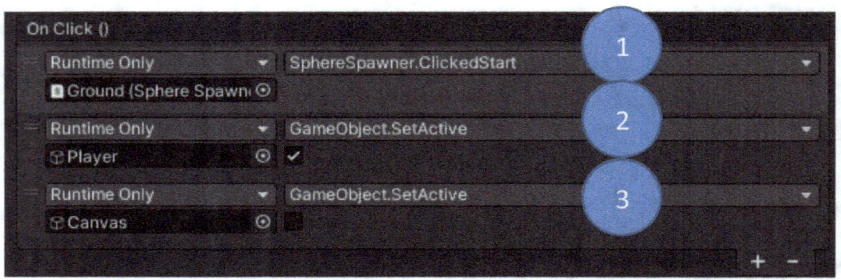

Figure 124 - Using On Click for multiple GameObjects

The Figure 124 will:

1. Instantiate a sphere.

2. Activate our Player object.

3. Deactivate our current Menu.

Alternatively, you can have the Menu appearing every time someone clicks the ESC button by simply enabling the Canvas Menu via script and you can continue to add complexity (like options, difficulty, etc) on your menus.

As an exercise and to better understand Canvas, Buttons and Menus, try the following:

1. Continuing from our current project, add a Easy and Hard Menu button where the Easy will spawn 1 sphere as it is now and the Hard button will start with 5
2.   Create a Menu for the Cannonball project that you have created in the previous section. Include a Easy, Hard and Help button.

Congratulations on finishing **"Introductory and Intermediate"** modules of "**Game Development in Unity**"! Your journey through these pages has unlocked the power to create dynamic and immersive game worlds whilst you also have ventured into the fascinating realm of game development, and now you stand equipped with knowledge that will help you bring your gaming ideas to life.

Throughout this book, you've delved into creating GameObjects, the building blocks of interactive experiences. These virtual entities are the characters, props, and elements that breathe life into the digital landscapes you craft.

You've harnessed the magic of scripting, where lines of code transform your ideas into functional gameplay mechanics. From player movement to Rigidbodies, you've learned how to breathe life into your games through the power of coding.

Just as in the game development process, you've mastered the art of menus and UI interfaces. Much like the main menu of a game, you've navigated through chapters and sections, uncovering knowledge, and gaining the skills needed to craft engaging user interfaces and player experiences.

You've applied simple yet powerful techniques, mastering lighting and shading to create immersive visuals, leveraging the power of materials and textures, and mastering the concepts of albedo and lightmapping to craft environments that captivate players and draw them into your virtual worlds.

As we conclude this chapter in your game development education and learning experience, remember that your educational journey has just begun. Your passion for creating, scripting, using menus, implementing Finite State Machines, and employing a variety of simple techniques will continue to evolve, helping you realize your dreams in the world of game development.

With each book you complete, you take another step toward becoming a game developer. Keep turning the pages of knowledge, developing on your ideas, and embracing the challenges and triumphs of game development where the adventure is one filled with boundless creativity, and you are now equipped to embark on your unique quest.

Well done and may your future in game development be as exciting and rewarding as the book you've just completed!

To further enhance your experience, use the next book of this series which contains the **"Advanced & Expert"** modules where you will learn about a more detailed look on the Materials, using Terrains, creating your own characters, rigging bodies, doing a simple multi-player game and more!

ΔΗΜΙΟΥΡΓΙΑ ΠΑΙΧΝΙΔΙΩΝ
(GAME DEVELOPMENT)
ΜΕ UNITY

Ξεκινώντας με Δημιουργία Παιχνιδιών (Game Development)

Σε έναν κόσμο που ευδοκιμεί στην καινοτομία και τη δημιουργικότητα, λίγα βασίλεια έχουν τη δύναμη να μας μεταφέρουν σε νέες διαστάσεις όπως ο κόσμος του Game Development. Καθώς ξεκινάτε αυτό το εκπαιδευτικό ταξίδι μαζί μας, φανταστείτε τον εαυτό σας να μπαίνει στο βασίλειο όπου η φαντασία δεν γνωρίζει όρια, όπου οι κόσμοι κατασκευάζονται από τον αιθέρα των ιδεών και όπου η τέχνη, η τεχνολογία και το πάθος συγκλίνουν για να δημιουργήσουν εμπειρίες που μπορούν να είναι καθηλωτικές, μαγευτικές και απλά αξέχαστες.

Φανταστείτε ένα αμυδρά φωτισμένο δωμάτιο, την απαλή λάμψη των πολλαπλών οθονών υπολογιστών που φωτίζουν τα πρόσωπα των αφοσιωμένων προγραμματιστών, τα μάτια τους να αντανακλούν τα χορευτικά pixel στις οθόνες τους. Ο αέρας είναι γεμάτος προσμονή, το click-clack των πληκτρολογίων και τον περιστασιακό ενθουσιασμό. Αυτός είναι ο κόσμος του Game Development, ένας κόσμος όπου τα όνειρα παίρνουν μορφή με τη μορφή διαδραστικών εμπειριών, όπου ομάδες καλλιτεχνών, σχεδιαστών, προγραμματιστών και ειδικών ήχου να εργάζονται ακούραστα για να δημιουργήσουν εικονικές πραγματικότητες που αιχμαλωτίζουν και εμπνέουν.

Για να εκτιμήσουμε πραγματικά την τέχνη και την επιστήμη του Game Development, είναι σημαντικό να κάνουμε ένα βήμα πίσω στο χρόνο. Η ιστορία του Game Development είναι ένα συναρπαστικό ταξίδι που χαρακτηρίζεται από την εξέλιξη της τεχνολογίας και της δημιουργικότητας. Από τα στοιχειώδη, βασισμένα σε κείμενο παιχνίδια της δεκαετίας του 1950 έως τις εκπληκτικά ρεαλιστικές περιπέτειες ανοιχτού κόσμου του σήμερα, τα παιχνίδια έχουν προχωρήσει πολύ.

Στις πρώτες χρονιές, τα παιχνίδια ήταν ως επί το πλείστον απλές προγράμματα βασισμένα σε κείμενο, όπου οι παίκτες έπρεπε να χρησιμοποιήσουν τη φαντασία τους για να συμπληρώσουν τα οπτικά κενά. Καθώς η τεχνολογία προχωρούσε, το ίδιο έκανε και ο οπτικός πλούτος των παιχνιδιών. Στα τέλη του 20ου αιώνα εμφανίστηκαν εμβληματικοί τίτλοι όπως το Pong και το Pac-Man, ενώ ο 21ος αιώνας μας έφερε μνημειώδεις κυκλοφορίες όπως το World of Warcraft, το Minecraft και τον απεριόριστο ανοιχτό κόσμο του Grand Theft Auto V.

Game Development, όπως κάθε δημιουργική προσπάθεια, έρχεται με το σύνολο των αναγκών και των απαιτήσεών της. Απαιτεί ένα ισχυρό μείγμα καλλιτεχνικού οράματος, τεχνικής ανδρείας και ακλόνητης δέσμευσης για την παροχή μιας ευχάριστης εμπειρίας. Οι game developer πρέπει να κατανοήσουν όχι μόνο τις αποχρώσεις της αφήγησης, του σχεδιασμού χαρακτήρων και της οικοδόμησης κόσμου, αλλά και τις περιπλοκές των γλωσσών προγραμματισμού, της απόδοσης γραφικών και της φυσικής παιχνιδιών.

Οι απαιτήσεις του σύγχρονου Game Development Συχνά απαιτούν συνεργασία μεταξύ διαφορετικών ομάδων με εξειδικευμένες δεξιότητες. Καλλιτέχνες και σχεδιαστές δημιουργούν τα οπτικά και αφηγηματικά στοιχεία, ενώ οι προγραμματιστές εφαρμόζουν τους μηχανισμούς που ζωντανεύουν αυτά τα στοιχεία. Οι μηχανικοί ήχου και οι συνθέτες προσθέτουν ένα ακουστικό επίπεδο στην εμπειρία και οι δοκιμαστές διασφάλισης ποιότητας διασφαλίζουν την ομαλή λειτουργία του παιχνιδιού. Στο εκπαιδευτικό μας ταξίδι θα ρίξουμε μια ματιά σε όλα αυτά και θα μάθουμε τη σημασία καθεμιάς από αυτές τις δεξιότητες.

Η απόδοση αποτελεί ακρογωνιαίο λίθο του Game Development. Σε έναν κόσμο όπου τα παιχνίδια παίζονται σε πολλαπλές πλατφόρμες, από high-end gaming Personal Computers (PC) μέχρι τα smartphones, η βελτιστοποίηση της απόδοσης είναι ζωτικής σημασίας. Οι παίκτες απαιτούν ομαλές εμπειρίες με ψηλά frame rates και λίγο lag.

Framerate, συχνά μετράται σε frames per second (FPS), είναι μια κρίσιμη μέτρηση. Higher FPS σημαίνει ομαλότερο και πιο καθηλωτικό παιχνίδι. Η επίτευξη σταθερά υψηλών FPS απαιτεί βαθιά κατανόηση περιορισμών του εξοπλισμού μας αλλά και των τεχνικών βελτιστοποίησης των προγραμμάτων μας.

Σε αυτό το βιβλίο, καθώς εμβαθύνουμε στον κόσμο του Game development, Θα διερευνήσουμε αυτές τις θεμελιώδεις έννοιες και πολλά άλλα. Θα ταξιδέψουμε μέσα από τις περιπλοκές του σχεδιασμού παιχνιδιών, την τέχνη της αφήγησης στα παιχνίδια, τη μαγεία των γραφικών και των κινούμενων σχεδίων και τις τεχνικές προκλήσεις που αντιμετωπίζουν οι προγραμματιστές. Μαζί, θα αποκαλύψουμε τα μυστικά της δημιουργίας αξέχαστων εμπειριών παιχνιδιού που αιχμαλωτίζουν τους παίκτες και τους μεταφέρουμε σε κόσμους που περιορίζονται μόνο από τη φαντασία. Δέστε λοιπόν τις ζώνες ασφαλείας σας και ετοιμαστείτε να ξεκινήσετε μια συναρπαστική περιπέτεια στην καρδιά του Game Development!

Τί είναι η Unity?

Η Unity είναι μια πλατφόρμα για τη δημιουργία παιχνιδιών και άλλων εξειδικευμένων προγραμμάτων σε όλα τα λειτουργικά συστήματα (OS) όπως Windows, Android και iOS. Αυτή η πλατφόρμα περιλαμβάνει όλα όσα χρειαζόμαστε, ώστε να μπορέσουμε να μετατρέψουμε τη φαντασία μας σε πραγματικότητα παιχνιδιού.

Αυτό το βιβλίο επικεντρώνεται στην επισήμανση των πρώτων βημάτων στη σφαίρα της ανάπτυξης παιχνιδιών, εισάγοντας τα βασικά στοιχεία και δείχνοντας πόσο εύκολο είναι να μάθετε ένα ισχυρό εργαλείο όπως το Unity.

Σε αυτή την ενότητα θα μάθουμε:

- Δημιουργία βασικών Primitives και η θεωρία πίσω από αυτά
- Εξοικείωση με την πλατφόρμα Unity
- Ρύθμιση GameObjects για εργασία με Physics / Rigidbodies
- Χρησιμοποιώντας Cameras (basic)
- Δημιουργία Triggers και Colliders
- Teleporting (μετακίνηση των Objects με Script)
- Χρησιμοποιώντας Visual Scripting, Finite State Machines και C# Script
- Κατασκευή Prefabs
- Instantiating Prefabs
- Δημιουργία και τροποποίηση Animation Clips/Recording
- Απλή χρήση και αλλαγή των Materials

Εάν είστε ήδη εξοικειωμένοι με τα παραπάνω, τότε θα πρέπει να ελέγξετε την επόμενη ενότητα αυτού του βιβλίου που ονομάζεται **"Intermediate",** η οποία διερευνά πιο προηγμένα εργαλεία που είναι βασικά για τη δημιουργία ενός επαγγελματικού παιχνιδιού.

Σημείωση: Αυτό το βιβλίο θα χρησιμοποιεί αναφορές και παραδείγματα από την **Unity 2022.2.1f1 και το Hub 3.0.1,** επομένως συνιστάται ιδιαίτερα να κάνετε λήψη αυτών των εκδόσεων, καθώς οι νεότερες ή παλαιότερες εκδόσεις ενδέχεται να διαφέρουν από τα παραδείγματα που ακολουθούν.

Ρύθμιση του Περιβάλλοντος Ανάπτυξης (Development Environment) και του Hub

Η Unity συμβαδίζει με έναν εκτοξευτή που ονομάζεται **Hub**. Το Hub είναι ένα εργαλείο που επιτρέπει σε έναν προγραμματιστή παιχνιδιών να έχει πολλαπλές εγκαταστάσεις της Unity (διαφορετικές εκδόσεις) καθώς και να παρακολουθεί όλα τα project του (παιχνίδια). Είναι ένα απλό, αλλά πολύ χρήσιμο εργαλείο αφού μας βοηθά και να ενημερώνουμε την Unity. Το Hub διατηρεί επίσης τα project μας οργανωμένα και δείχνει τι έχει προστεθεί ή καταργηθεί από τις πιο πρόσφατες εκδόσεις. Αυτό είναι πολύ σημαντικό, καθώς πολλά από τα εργαλεία που είχαν χρησιμοποιηθεί στο παρελθόν ενδέχεται να έχουν ενημερωθεί με νεότερες και καλύτερες εκδόσεις, ενώ άλλα μπορεί να έχουν καταργηθεί και να θεωρηθούν ξεπερασμένα.

Το πρώτο πράγμα που πρέπει να κάνετε για να εγκαταστήσετε το Hub είναι να επισκεφθείτε τον ιστότοπο της Unity στη διεύθυνση:

https://unity.com/download

και κάντε κλικ στον σύνδεσμο που αντιστοιχεί στο λειτουργικό σας σύστημα (Windows / Mac / Linux)

Αυτό το βιβλίο χρησιμοποιεί το λειτουργικό σύστημα Microsoft Windows (OS), αλλά μπορεί επίσης να εφαρμοστεί με μικρές διάφορες σε άλλα λειτουργικά συστήματα, καθώς οι αλλαγές είναι αρκετά ελάχιστες.

Κατά τη λήψη και την εγκατάσταση του Hub, θα σας ζητηθεί να δημιουργήσετε ένα λογαριασμό.

Αυτός ο λογαριασμός δεν είναι μόνο δωρεάν αλλά είναι και πολύ χρήσιμος, καθώς ο ίδιος λογαριασμός μπορεί αργότερα να χρησιμοποιηθεί στο Asset Store όπου ένας προγραμματιστής παιχνιδιών μπορεί να αγοράσει **assets** (όπως το PlayMaker) που θα κάνουν τον προγραμματισμό πιο εύκολο.

Μόλις εγγραφείτε και συνδεθείτε, θα εμφανιστεί το ακόλουθο παράθυρο *(Εικόνα 1)* :

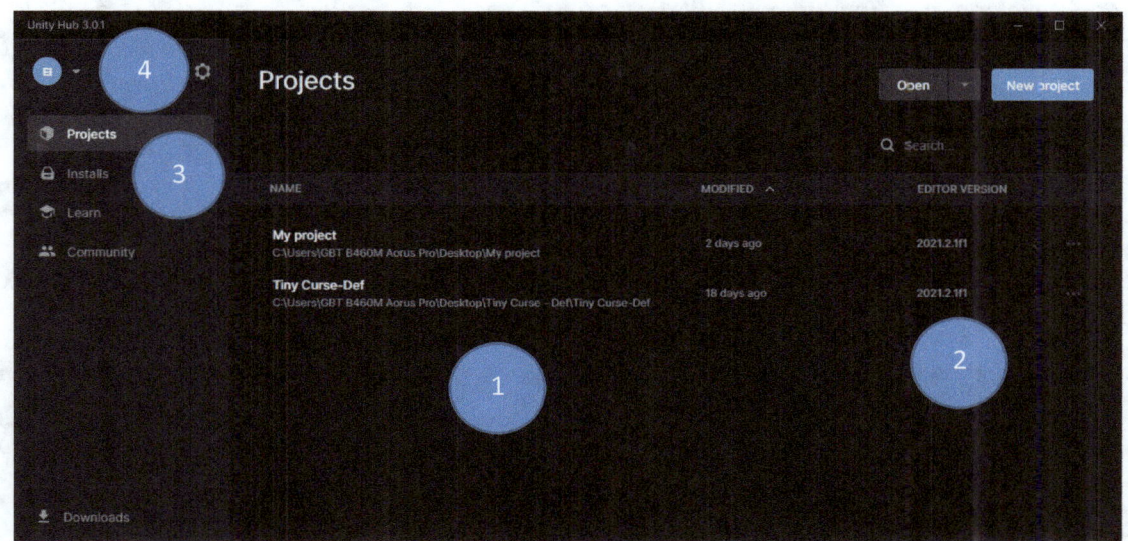

Εικόνα 1 – Unity Hub

Η *Εικόνα* 1 μας δείχνει:

1. Projects - Τα τρέχοντα project με τα οποία εργαζόμαστε.
2. Editor Version - Την Editor (Unity) έκδοση για το συγκεκριμένο project.
3. Installs - Οι τρέχουσες εγκαταστάσεις Unity (εκδόσεις) που έχουμε διαθέσιμες έχουν στο σύστημά μας.
4. Account - Ο λογαριασμός μας και η έκδοση του λογαριασμού που έχουμε.

Μέχρι στιγμής, δεν έχουμε εγκαταστήσει ακόμα την Unity. Πρέπει ακόμα να κάνουμε κλικ στο "**Installs**" και στη συνέχεια να κάνουμε κλικ στο "**Install Editor**" *(Εικόνα 2)*. Μόλις το κάνουμε αυτό, θα πρέπει να περιμένουμε μέχρι να εγκατασταθεί πλήρως η Unity.

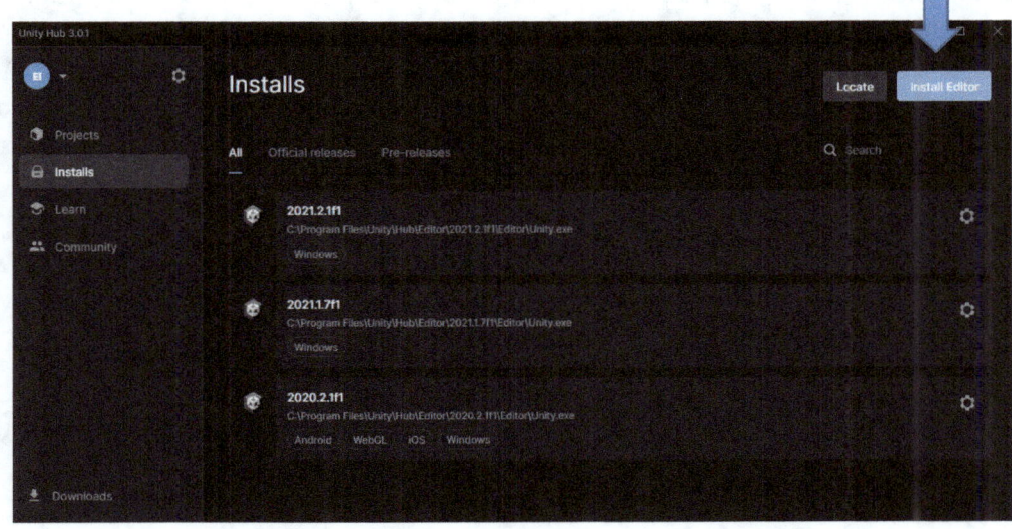

Εικόνα 2 – Εγκατάσταση του Editor

! Σημείωση: Η Unity θα εγκαταστήσει επίσης από προεπιλογή την τελευταία έκδοση του Visual Studio Integrated Development Environment (IDE) μαζί με την C#, καθώς αυτή είναι η γλώσσα προγραμματισμού που χρησιμοποιεί μαζί με τυχόν εξαρτήσεις που μπορεί να χρειαστεί. Εάν έχετε ήδη το Visual Studio, η εγκατάσταση είτε θα ενημερώσει αυτήν την έκδοση είτε θα εγκαταστήσει μια νέα έκδοση, ανάλογα με την έκδοση που έχετε.

Με την Unity επιτέλους εγκατεστημένη, η καρτέλα **"Projects"** θα σας επιτρέψει τώρα να κάνετε κλικ στο **"New Project"** και μπορείτε να ξεκινήσετε την δημιουργία του πρώτου σας παιχνιδιού.

Για να διευκολύνουμε τη μαθησιακή μας εμπειρία, θα χρησιμοποιήσουμε το **Core Unity 3D**. Κάντε **κλικ** στο **"3D Core",** ονομάστε το project σας και, τέλος, κάντε κλικ στο **"Create New Project"** *(Εικόνα 3)*

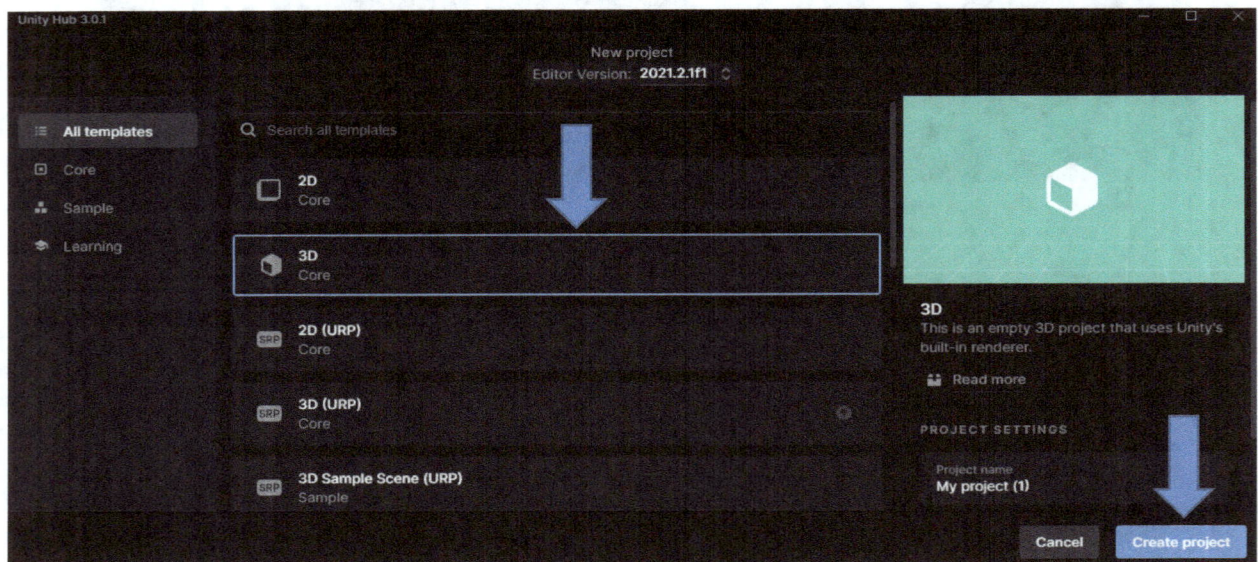

Εικόνα 3 – Ξεκινώντας ένα 3D Core project

Λάβετε υπόψη ότι και τα τρία **3D**, 3D (URP) - Universal Render Pipeline και 3D **(HDRP) - High-Definition Render Pipeline**, μπορούν να χρησιμοποιηθούν για αυτά τα παραδείγματα και τους μαθησιακούς στόχους, με το URP και το **HDRP** να περιλαμβάνουν υφές υψηλής ευκρίνειας και καλύτερη μηχανή απόδοσης, επομένως απαιτούν υπολογιστή υψηλής τεχνολογίας. Ωστόσο, αυτά θα κάνουν ελάχιστη διαφορά στους μαθησιακούς στόχους αυτού του βιβλίου. Μόλις εξοικειωθείτε με τις αρχές και τους μαθησιακούς στόχους της **"Introductory"** ενότητας μαζί με το **"Intermediate",** τότε μπορείτε να αρχίσετε να χρησιμοποιείτε το URP και το HDRP.

Πρώτα βήματα με την Unity

Μαθησιακοί Στόχοι :

- Εκμάθηση του Unity Editor και των κύριων καρτελών του.
- Προσαρμογή των Layouts και πώς να επιστρέψετε στο Default Layout
- Προσθήκη και τροποποίηση Primitives
- Πλοήγηση σε ένα scene και τοποθέτηση objects σε αυτό το scene
- Μαθαίνοντας για το Transform component και αλλάζοντας το Scale, Rotation και Position ενός object
- Saving και loading scene και ένα project

Για το κεφάλαιο αυτό δεν απαιτείται προηγούμενη γνώση προγραμματισμού.

Εισαγωγή στα πρώτα βήματα με Unity

Το Unity Editor είναι ένα ισχυρό και φιλικό προς το χρήστη περιβάλλον ανάπτυξης που μας παρέχει έναν οπτικό καμβά για να ζωντανέψουμε τις ιδέες μας. Είτε είμαστε έμπειρος προγραμματιστής είτε εντελώς αρχάριος, η διαισθητική εμφάνιση της Unity την καθιστά προσβάσιμη σε όλους.

Το Editor layout

Αυτό είναι το Unity Editor που είναι διαιρεμένο σε 4 κομμάτια του default layout (Εικόνα 4).

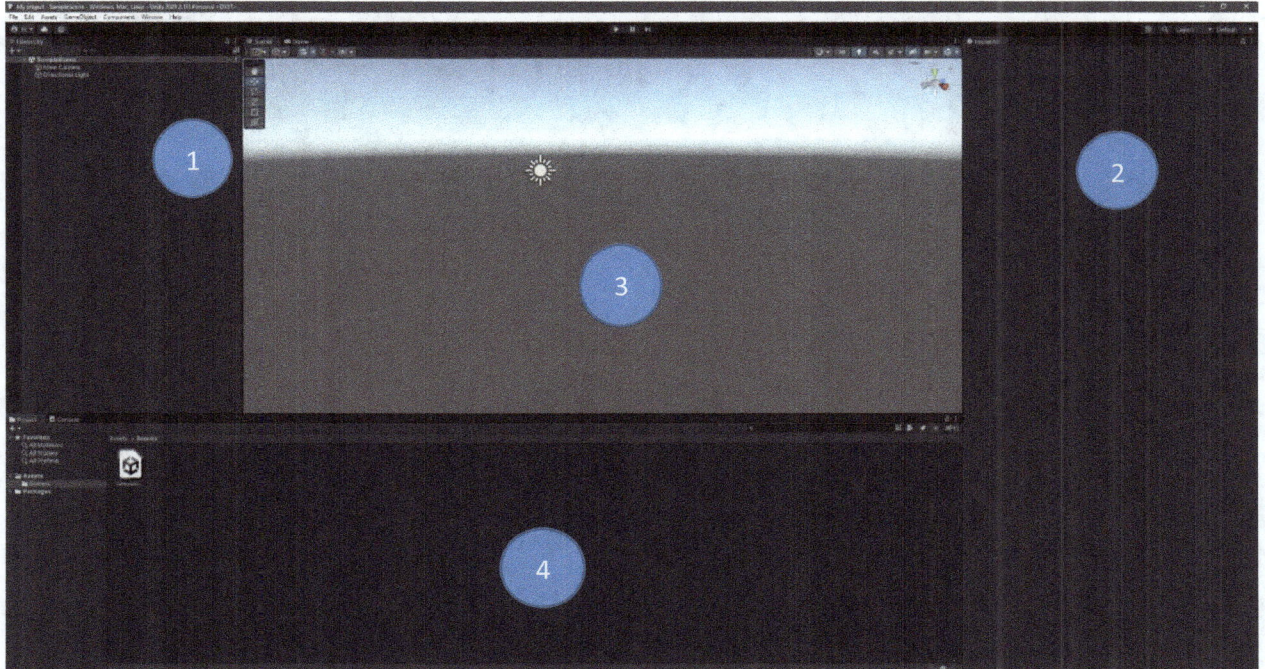

Εικόνα 4 – Το Unity Editor Layout

Αυτό το layout περιλαμβάνει τις ακόλουθες καρτέλες (tabs):

1. Hierarchy
2. Inspector
3. Scene/Game
4. Project/Console

Αυτές οι τέσσερις καρτέλες (tabs) είναι πολύ σημαντικές και θα αναφέρονται σε όλο αυτό το βιβλίο αρκετά συχνά. Εξοικειωθείτε με αυτές τις τέσσερις καρτέλες.

Η Unity μας επιτρέπει να μετακινήσουμε και να προσαρμόσουμε αυτές τις καρτέλες μαζί με πολλές άλλες που θα προσθέσουμε αργότερα. Η Unity επιτρέπει αυτή την προσαρμογή του περιβάλλοντος για να διευκολύνει μια αποτελεσματική διαδικασία μάθησης και εργασίας. Δεδομένης της ξεχωριστής φύσης κάθε project, που επηρεάζεται από τη ρύθμιση κάθε προγραμματιστή παιχνιδιών, όπως ο αριθμός των οθονών, η ανάλυση και οι προσωπικές προτιμήσεις προβολής, αυτή η προσαρμοστικότητα που μας προσφέρει με ευκολία είναι πολύ χρήσιμη.

Ως άσκηση και για να κατανοήσετε καλύτερα τον Unity Editor, δοκιμάστε τα εξής:

1. Κάντε κλικ και κρατήστε πατημένο το κουμπί του ποντικιού στην καρτέλα **"Inspector"**. Κρατώντας πατημένο το κουμπί του ποντικιού, μετακινήστε την καρτέλα **" Inspector "** σε άλλη θέση και δείτε πώς προσαρμόζεται αυτόματα γύρω από το συγκεκριμένο παράθυρο.
2. Κάντε κλικ και κρατήστε πατημένο το κουμπί του ποντικιού και σε άλλες καρτέλες. Αναδιατάξτε τις καρτέλες για να εξερευνήσετε διαφορετικές πιθανές επιλογές που είναι πιο βολικές και προσωπικές για τις προτιμήσεις σας.

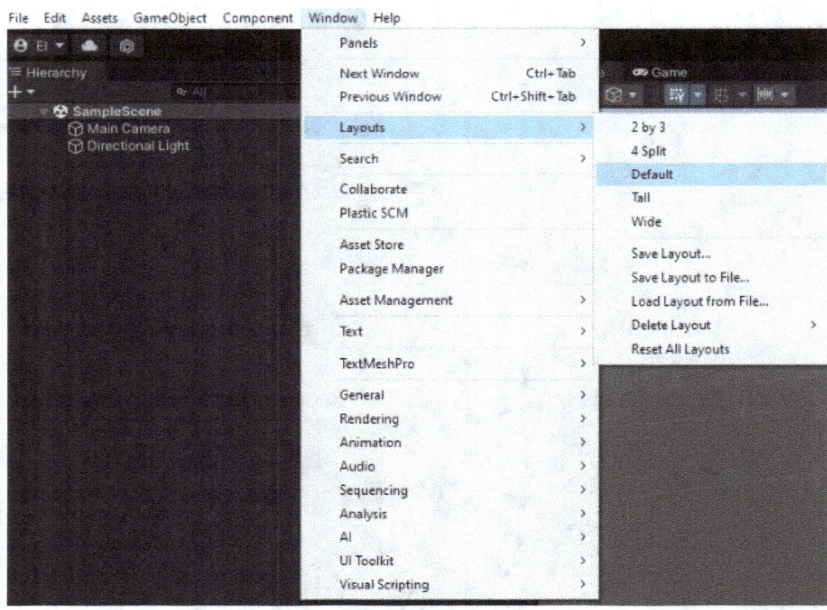

Εικόνα 5 – Ρύθμιση του Layout σε Default

Μην ανησυχείτε για το πώς θα είναι η διάταξη (layout). Θα το προσαρμόσουμε/διορθώσουμε αυτό στο επόμενο βήμα.

Είναι αρκετά συνηθισμένο να αναμειγνύετε, να κλείνετε ή να εισάγετε τυχαία νέες καρτέλες.

Για να το διορθώσετε αυτό και να επιστρέψετε στο Editors default, κάντε κλικ στην καρτέλα με το όνομα **"Window"** στην κορυφή και στη συνέχεια **"Layout"** ακολουθούμενη από **"Default"** (Εικόνα 5).

Window→ Layouts → Default

Αυτό θα επαναφέρει τον Editor της Unity στην αρχική του διάταξη στην οποία έχουμε συνηθίσει.

Μπορούμε πάντα να προσαρμόσουμε την Unity στις δικές σας προτιμήσεις και σύμφωνα με τις ανάγκες σας και σε όλο αυτό το βιβλίο, ενώ εργάζεστε με παραδείγματα, θα βρεθείτε να επιστρέφετε και να χρησιμοποιείτε αυτό το βήμα αρκετά.

Προσθέτοντας Primitives

Στο Game development, primitives είναι τα βασικά γεωμετρικά σχήματα που χρησιμοποιούνται συχνά ως δομικά στοιχεία για τη δημιουργία πιο σύνθετων αντικειμένων και περιβαλλόντων μέσα σε ένα παιχνίδι. Primitives είναι απλά και αποτελεσματικά αποδιδόμενα σχήματα που χρησιμεύουν ως σύμβολα κράτησης θέσης ή σημεία εκκίνησης για τη σχεδίαση πιο λεπτομερών μοντέλων 3D. Είναι συνήθως διαθέσιμα στις περισσότερες μηχανές παιχνιδιών, συμπεριλαμβανομένων των Unity, Unreal Engine και άλλων.

Το Unity μπορεί να λειτουργήσει με 3D μοντέλα οποιουδήποτε σχήματος, τα οποία μπορούν να δημιουργηθούν με λογισμικό μοντελοποίησης όπως το Blender. Ωστόσο, υπάρχει επίσης ένας αριθμός primitive τύπων αντικειμένων που μπορούν να δημιουργηθούν απευθείας μέσα στην Unity, δηλαδή:

- Cube
- Sphere
- Capsule and Cylinder
- Plane
- Quad

Αυτά τα αντικείμενα είναι χρήσιμα από μόνα τους (ένα plane χρησιμοποιείται συνήθως ως επίπεδη επιφάνεια εδάφους, για παράδειγμα), αλλά προσφέρουν επίσης έναν γρήγορο τρόπο δημιουργίας συμβόλων κράτησης θέσης και πρωτοτύπων για δοκιμαστικούς σκοπούς.

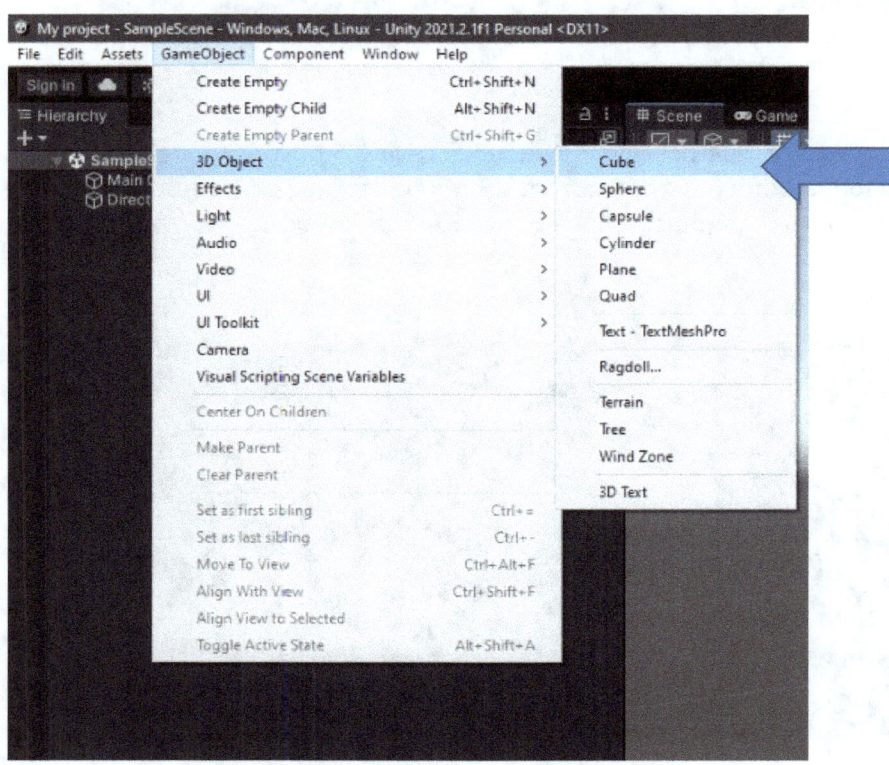

Οποιοδήποτε από τα primitive μπορεί να προστεθεί στη scene χρησιμοποιώντας το **GameObject → 3D Object** *(Εικόνα 6)* μενού.

Κάθε primitive έχει τα δικά του χαρακτηριστικά και χρήσεις.

Εικόνα 6 – Δημιουργία ενός Primitive

132

Cube/Κύβος

Πρόκειται για έναν απλό κύβο (Εικόνα 7) με πλευρές μήκους μίας μονάδας, με γκρίζα υφή έτσι ώστε μια εικόνα/texture να επαναλαμβάνεται σε κάθε μία από τις έξι πλευρές/όψεις. Όπως είναι τώρα, ένας κύβος δεν είναι πραγματικά ένα αρκετά κοινό αντικείμενο στα περισσότερα παιχνίδια, αλλά όταν τροποποιείται, είναι πολύ χρήσιμο για τοίχους, κουτιά, σκαλοπάτια και άλλα παρόμοια αντικείμενα. Είναι επίσης ένα εύχρηστο αντικείμενο κράτησης θέσης για χρήση από προγραμματιστές κατά τη διάρκεια του Game Development, όταν ένα Object δεν είναι ακόμη διαθέσιμο. Για παράδειγμα, ένα Object αεροπλάνου μπορεί να μοντελοποιηθεί χονδροειδώς χρησιμοποιώντας ένα επίμηκες κουτί των σωστών διαστάσεων. Αν και αυτό δεν είναι κατάλληλο για το τελικό παιχνίδι, μπορεί να χρησιμοποιηθεί ως απλό αντιπροσωπευτικό αντικείμενο για την αξιολόγηση του script του αεροπλάνου.

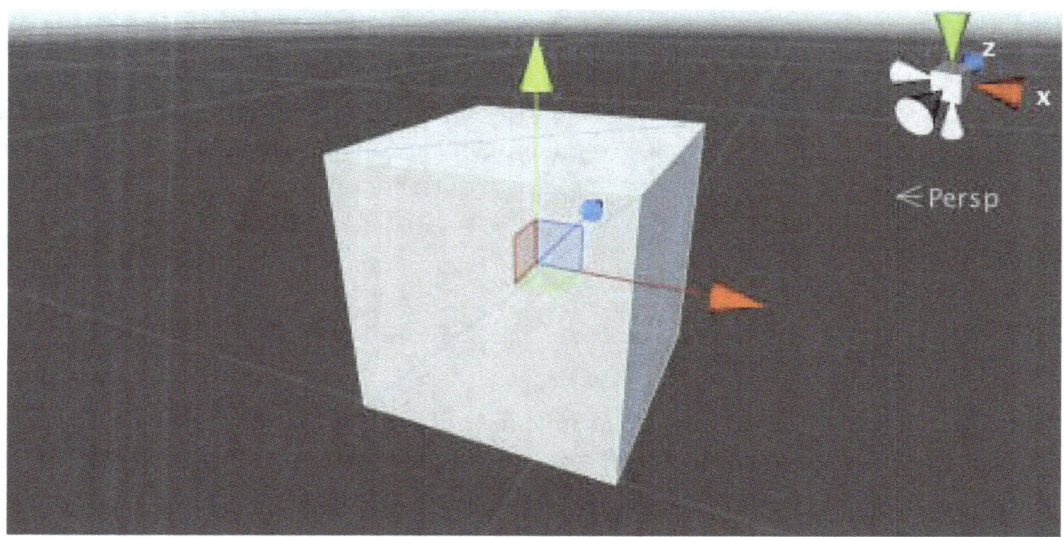

Εικόνα 7 - Το Primitive Κύβος

Sphere/Σφαίρα

Πρόκειται για μια σφαίρα (Εικόνα 8) διαμέτρου μιας μονάδας (ακτίνα 0,5 μονάδων), με texture έτσι ώστε ολόκληρη η εικόνα να αναδιπλώνεται μία φορά με το πάνω και το κάτω μέρος "τσιμπημένο" στους πόλους. Οι σφαίρες είναι προφανώς χρήσιμες για την αναπαράσταση σφαιρών, πλανητών και βλημάτων.

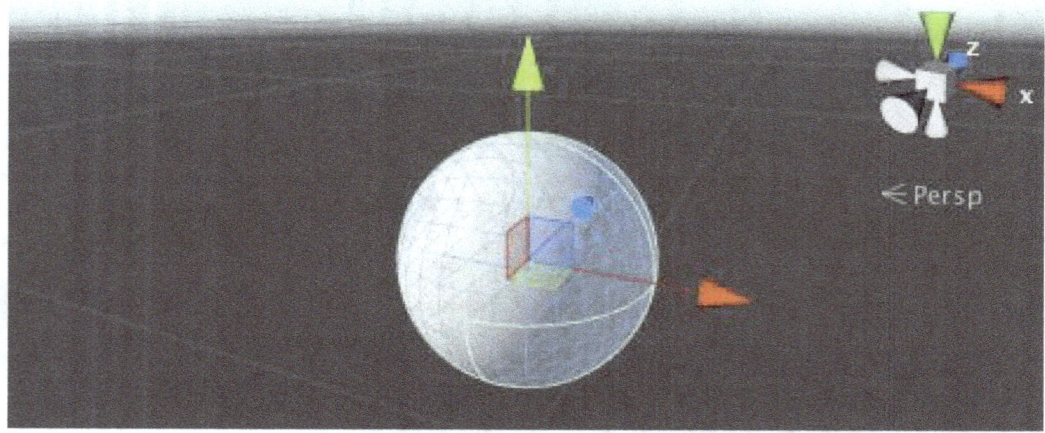

Εικόνα 8 – Το Primitive Σφαίρα

Capsule/Κάψουλα

Ένα Capsule (Εικόνα 9) είναι ένας κύλινδρος με ημισφαιρικά καλύμματα στα άκρα. Το Object έχει διάμετρο μία μονάδα και ύψος δύο μονάδες (το Object είναι μία μονάδα και τα δύο καπάκια είναι μισή μονάδα το καθένα). Είναι textured έτσι ώστε μια εικόνα να αναδιπλώνεται ακριβώς μία φορά, τσιμπημένη στην κορυφή κάθε ημισφαιρίου. Αν και δεν υπάρχουν πολλά αντικείμενα στον πραγματικό κόσμο με αυτό το σχήμα, η κάψουλα είναι ένα χρήσιμο σύμβολο κράτησης θέσης για primitive και χαρακτήρες/ήρωες. Συγκεκριμένα, η φυσική ενός στρογγυλεμένου αντικειμένου είναι μερικές φορές καλύτερη από εκείνη ενός κουτιού για ορισμένα project.

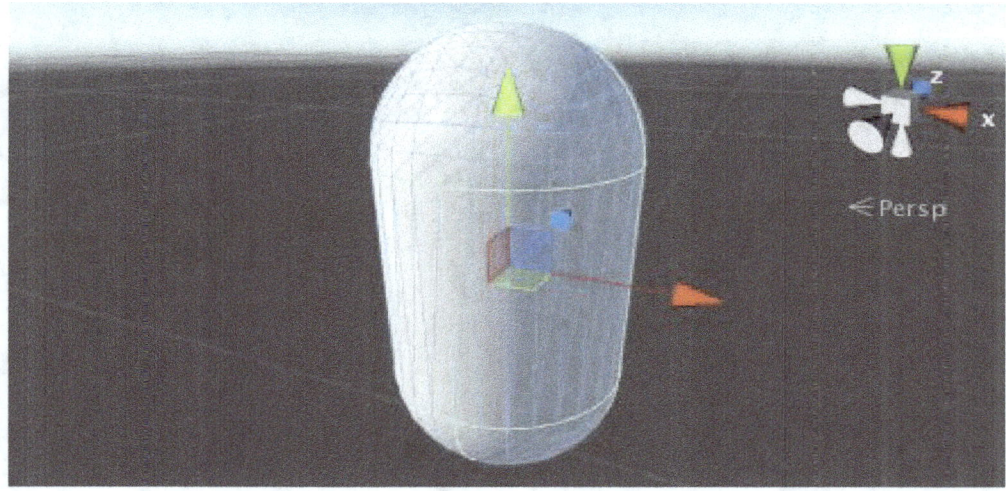

Εικόνα 9 – Το Primitive Κάψουλα

Cylinder/Κύλινδρος

Πρόκειται για έναν απλό κύλινδρο *(Εικόνα 10)* ο οποίος έχει ύψος δύο μονάδες και διάμετρο μία μονάδα, με texture έτσι ώστε η εικόνα να τυλίγεται μία φορά γύρω από το σχήμα του σωλήνα του σώματος αλλά και να εμφανίζεται ξεχωριστά στα δύο επίπεδα, κυκλικά άκρα. Οι κύλινδροι είναι πολύ βολικοί για τη δημιουργία στύλων, ράβδων και τροχών.

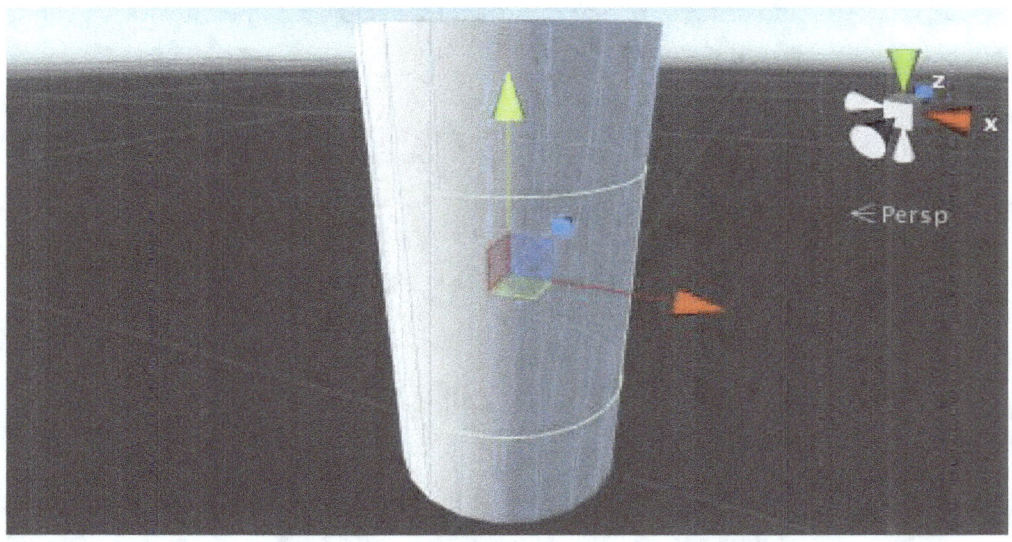

Εικόνα 10 – Το Primitive Κύλινδρος

Plane/Επίπεδο

Ένα plane (*Εικόνα 11*) είναι ένα επίπεδο τετράγωνο με ακμές μήκους δέκα μονάδων προσανατολισμένες στο επίπεδο XZ του τοπικού χώρου συντεταγμένων. Έχει texture έτσι ώστε ολόκληρη η εικόνα να εμφανίζεται ακριβώς μία φορά μέσα στο τετράγωνο. Ένα plane είναι χρήσιμο για τα περισσότερα είδη επίπεδων επιφανειών, όπως δάπεδα και τοίχους. Μια επιφάνεια είναι επίσης απαραίτητη μερικές φορές για την εμφάνιση εικόνων ή ταινιών σε GUI και ειδικά εφέ. Αν και ένα plane μπορεί να χρησιμοποιηθεί για τέτοια πράγματα, το απλούστερο τετράγωνο primitive είναι συχνά μια καλύτερη επιλογή στο project μας.

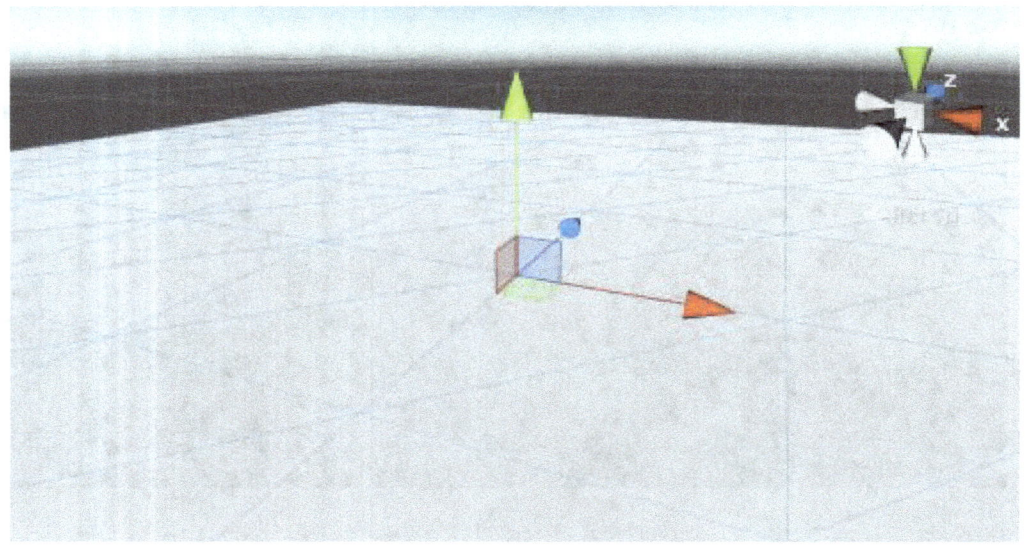

Εικόνα 11 – Το Primitive Επίπεδο

Quad/Τετράκυβος

Το Quad (*Εικόνα* 12) primitive μοιάζει με το plane, αλλά οι άκρες του έχουν μήκος μόνο μία μονάδα και η επιφάνεια είναι προσανατολισμένη στο επίπεδο XY του τοπικού χώρου συντεταγμένων. Επίσης, ένα Quad χωρίζεται σε δύο μόνο τρίγωνα, ενώ το plane περιέχει διακόσια, γεγονός που έχει ως αποτέλεσμα να γίνει το Quad πολύ χρήσιμο σε περιπτώσεις όπου ένα GameObject σκηνής πρέπει να χρησιμοποιηθεί απλώς ως οθόνη προβολής για μια εικόνα ή ταινία.

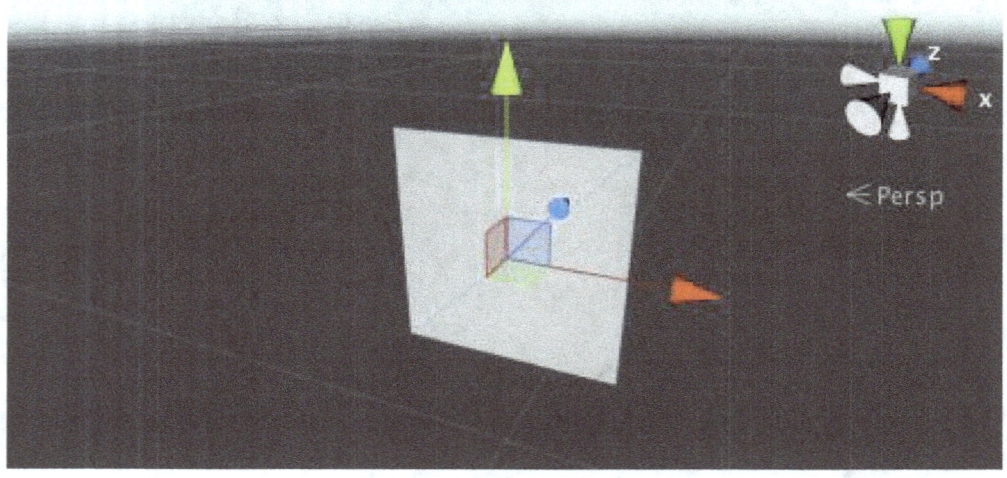

Εικόνα 12 – Το Primitive Τετράκυβος

135

> **Σημείωση:** Για τα παραδείγματα αυτού του βιβλίου, θα δουλευθούμε κυρίως με Cubes, Cylinders, Spheres και Capsules.

Προς το παρόν, πρέπει να προσθέσουμε ένα **"Cube"** primitive object στο scene.

Θυμηθείτε ότι οποιοδήποτε από τα primitive μπορεί να προστεθεί στη scene χρησιμοποιώντας το κατάλληλο όνομα primitive στο **GameObject → 3D Object** (*Εικόνα 6*) μενού.

Μόλις κάνετε κλικ σε αυτό, θα δείτε ότι το Cube έχει εμφανιστεί στη scene, αλλά και στην καρτέλα **"Hierarchy"** ως **"Cube"**.

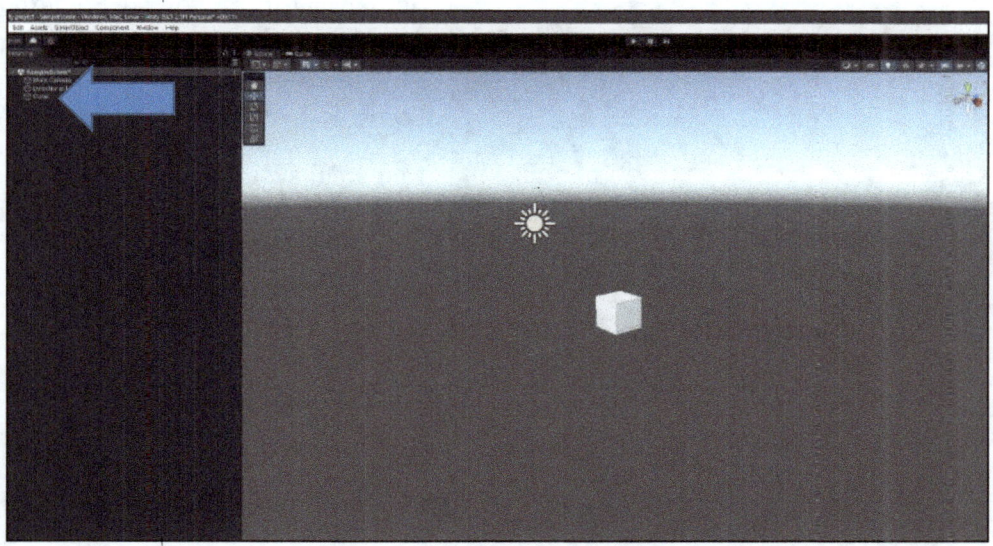

Εικόνα 13 – Αυτόματη εστίαση σε ένα Object

> **Σημείωση:** Εάν το Cube δεν είναι ορατό στη scene σας αφού τον έχετε προσθέσει τότε κάντε διπλό (2x) κλικ στο GameObject στην καρτέλα **"Hierarchy"**.

Κάνοντας διπλό κλικ σε ένα αντικείμενο στην **"Hierarchy"** θα εστιάσετε αυτόματα αυτό το GameObject στη scene σας (*Εικόνα 13*). Αυτός είναι ένας γρήγορος τρόπος εύρεσης ενός αντικειμένου και σε περίπτωση που χάσουμε ένα κατά λάθος.

Το να έχουμε ένα GameObject στη scene ενώ μαθαίνουμε την Unity είναι αναγκαίο. Χρειαζόμαστε ένα GameObject ώστε να μας δώσει την αίσθηση της απόστασης, της ταχύτητας και γενικά ως σημείο αναφοράς ενώ εργαζόμαστε και προσπαθούμε να μάθουμε πώς να προηγούμαστε και να χρησιμοποιούμε τα κύρια εργαλεία. Δηλαδή την καρτέλα "**Scene**".

Πλοήγηση στην Scene

Όπως και με άλλες πλατφόρμες δημιουργίας παιχνιδιών, η Unity έχει ένα πολύ διαισθητικό και φιλικό προς τους προγραμματιστές περιβάλλον. Ας προσπαθήσουμε να "πετάξουμε" και να περιηγηθούμε στην τρέχουσα scene που έχουμε με τον Cube. Ξεκινάμε κάνοντας **δεξί κλικ και κρατώντας πατημένο** το κουμπί του ποντικιού στη **Scene**. Αυτό θα αλλάξει το εικονίδιο του ποντικιού στο **σύμβολο "μάτι"**.

Αυτό μπορεί επίσης να επιτευχθεί κρατώντας πατημένο το **κουμπί Alt** στο πληκτρολόγιό μας.

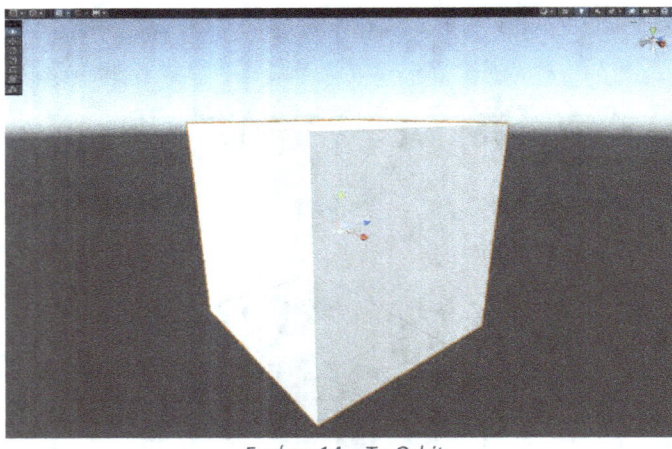

Εικόνα 14 – Το Orbit

Αυτό ονομάζεται "**Orbit**" και πατώντας το δεξί κουμπί του ποντικιού (RM) και μετακινώντας το ποντίκι θα παρατηρήσετε ότι θα περιστρέφεστε γύρω από έναν σταθερό άξονα και θα κινείστε γύρω από τη Scene.

Μια καλή ένδειξη για το πού αντιμετωπίζετε είναι το "**Scene Gismo**" **στην επάνω δεξιά γωνία** της οθόνης *(Εικόνα 14)* . Το Scene Gismo θα περιστραφεί και θα σας δείξει πού βλέπετε. Κάνοντας κλικ στον άξονα X, Y και Z στο Gismo θα περιστρέψετε αυτόματα στον αντίστοιχο άξονα στη Scene.

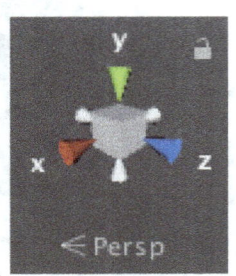

Εικόνα 15 – Το Scene Gizmo

Στο Unity, το "**Scene Gizmo**" *(Εικόνα 15)* αναφέρεται στο μικρό, διαδραστικό widget ή εργαλείο πλοήγησης που σας βοηθά να πλοηγηθείτε και να προσανατολιστείτε μέσα στο Unity Scene View. Το Scene Gizmo αποτελεί ουσιαστικό μέρος της διεπαφής του Unity Editor, βοηθώντας σας να κατανοήσετε και να χειριστείτε τον προσανατολισμό του κόσμου του παιχνιδιού σας και την προβολή της κάμερας.

Ακολουθεί μια ανάλυση των βασικών στοιχείων του:

1. **Axis Indicators:** Το Scene Gizmo αποτελείται συνήθως από τρεις δείκτες άξονα: X (κόκκινο), Y (πράσινο) και Z (μπλε). Αυτοί οι δείκτες αντιπροσωπεύουν τους τρεις κύριους άξονες του κόσμου, οι οποίοι χρησιμοποιούνται συνήθως για τοποθέτηση και προσανατολισμό σε 3D χώρο.
2. **Orientation Controls:** Μπορείτε να κάνετε κλικ σε διαφορετικά μέρη του **Scene Gizmo**, συνήθως γύρω από τις ενδείξεις άξονα, για να αλλάξετε τον προσανατολισμό της κάμεράς σας στην προβολή σκηνής. Για παράδειγμα, κάνοντας κλικ στο τμήμα "X" του Gizmo θα προσαρμόσετε την περιστροφή της κάμερας για να εστιάσετε στον άξονα X, ενώ κάνοντας κλικ στο τμήμα "Y" θα εστιάσετε στον άξονα Y.
3. **Camera Navigation:** Το **Scene Gizmo** περιλαμβάνει συχνά χειριστήρια για πλοήγηση κάμερας, επιτρέποντάς σας να κάνετε τροχιά, μετατόπιση και Zoom εντός της scene. Αυτά τα χειριστήρια είναι συνήθως τοποθετημένα κοντά στο Gizmo, καθιστώντας εύκολη την εναλλαγή μεταξύ διαφορετικών τρόπων πλοήγησης.
4. **Grid Display:** Το Gizmo μπορεί επίσης να περιλαμβάνει μια οθόνη πλέγματος που σας βοηθά να απεικονίσετε τη διάταξη και τη στοίχιση της scene σας. Το πλέγμα σάς βοηθά να τοποθετήσετε και να στοιχίσετε αντικείμενα με ακρίβεια στο χώρο 3D.

Το "**Scene Gizmo**" είναι ιδιαίτερα χρήσιμο όταν εργάζεστε με σκηνές 3D, επειδή παρέχει έναν γρήγορο και διαισθητικό τρόπο για να αλλάξετε την άποψή σας και να εστιάσετε σε συγκεκριμένες πτυχές του κόσμου του παιχνιδιού σας. Για παράδειγμα, μπορείτε να το χρησιμοποιήσετε για εναλλαγή μεταξύ μιας προβολής από πάνω προς τα κάτω (εστίαση στον άξονα Y) και μιας πλευρικής προβολής (εστίαση στον άξονα X ή Z) για καλύτερη τοποθέτηση και στοίχιση αντικειμένων.

Αξίζει να σημειωθεί ότι η εμφάνιση και η λειτουργικότητα του "**Scene Gizmo**" μπορεί να διαφέρει ελαφρώς ανάλογα με την έκδοση και τη διαμόρφωση του Unity Editor. Ωστόσο, ο πρωταρχικός σκοπός του παραμένει ο ίδιος: να σας βοηθήσει να πλοηγηθείτε και να προσανατολιστείτε μέσα στο 3D περιβάλλον της Unity scene, καθιστώντας τη διαδικασία σχεδιασμού και επεξεργασίας του κόσμου του παιχνιδιού σας πιο αποτελεσματική.

Επιπλέον, <u>ενώ κρατάτε πατημένο το δεξί κουμπί του ποντικιού</u>, μπορείτε να πατήσετε τα **κουμπιά W, A, S και D** για να μετακινηθείτε στη σκηνή.

Σημείωση: Εάν το cursor του ποντικιού βγει από το μενού του προγράμματος επεξεργασίας σκηνής, μπορείτε να συνεχίσετε να μετακινείστε και να περιστρέφεστε. Ενώ κρατάτε πατημένο το δεξί κουμπί του ποντικιού (RM), το Unity "κλειδώνει" το ViewPort, ώστε να μπορείτε να εξακολουθείτε να εργάζεστε χωρίς να αφήνετε συνεχώς το κουμπί RM.

Εκτός από τον τυπικό συνδυασμό κουμπιών παιχνιδιού των πλήκτρων W-A-S-D στο πληκτρολόγιό μας, μπορείτε επίσης να χρησιμοποιήσετε την κύλιση του ποντικιού για ταχύτερη μεγέθυνση-σμίκρυνση. Κρατώντας πατημένο το πλήκτρο Shift θα σας βοηθήσει να κινηθείτε ακόμα πιο γρήγορα!

Ως άσκηση και για να κατανοήσετε καλύτερα την πλοήγηση scene, δοκιμάστε τα εξής:

1.   Προσπαθήστε να περιστρέψετε γύρω από τον **"Cube"** που τοποθετήσατε νωρίτερα ή κάποιο άλλο αντικείμενο που θέλετε να προσθέσετε όπως στην *Εικόνα 16*. Κάντε το αυτό ενώ παρακολουθείτε το **Scene Gismo** για να έχετε μια καλύτερη αίσθηση της πλοήγησης.
2.   Προσθέστε ένα από κάθε primitive της επιλογής σας και περιηγηθείτε σε όλα τα αντικείμενα, ενώ παρακολουθείτε την τρέχουσα θέση σας στη scene.

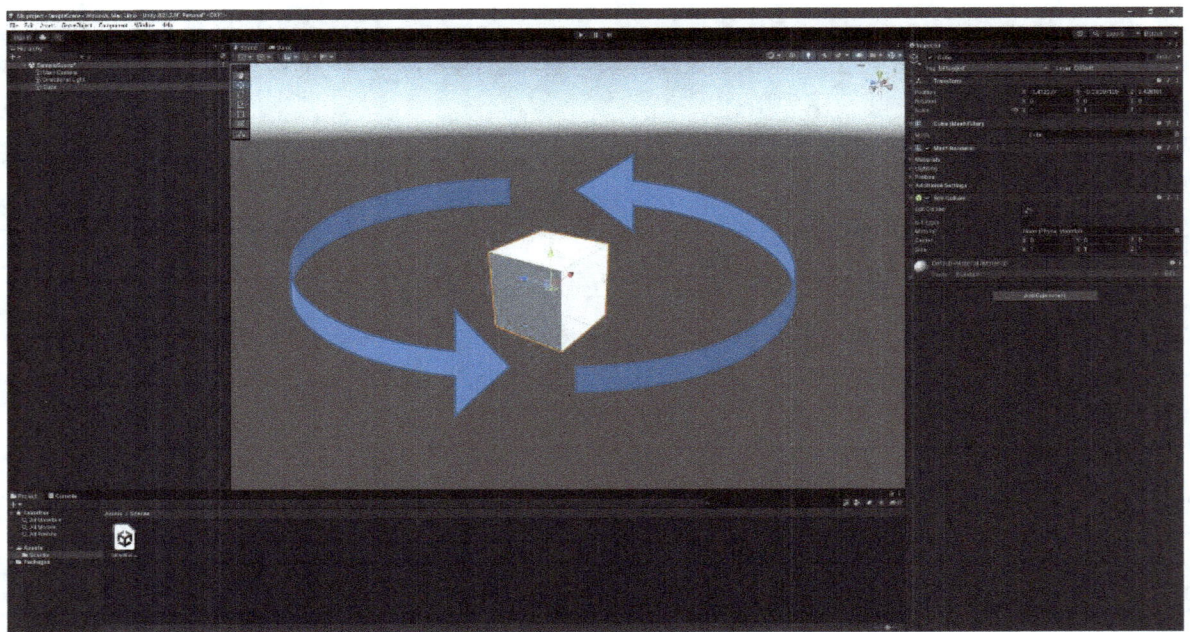

Εικόνα 16 - Exercise 1 , Περιστροφή από ένα object

Παρατηρήστε πόσο απλό είναι αλλά και πόσο εύκολο είναι να χάσετε τα ίχνη ενός GameObject.

Εάν έχετε χάσει το δρόμο σας ενώ εξασκείστε, απλά κάντε διπλό κλικ στον **"Cube"** στην **"Hierarchy"** και η Unity θα εστιάσει αυτόματα πίσω στο GameObject που προσπαθείτε να περιστρέψετε τώρα.

Χρησιμοποιώντας τα πλήκτρα Q και E (κρατώντας πατημένο το RM) παρατηρήστε ότι μπορείτε επίσης να μετακινηθείτε πάνω/κάτω, ενώ η χρήση του **"Hand Tool"** μπορεί να είναι πολύ χρήσιμη κάνοντας κλικ προς τα κάτω (όχι κυλώντας) το κουμπί του mouse Scroll.

> Σημείωση: Η δυνατότητα "περιπλάνησης" στη scene είναι ένα από τα πιο σημαντικά μέρη της χρήσης του Editor. Σας επιτρέπει να εντοπίζετε εύκολα λάθη στο παιχνίδι σας, αλλά επιτρέπει επίσης την ευκολότερη οικοδόμηση και συνέχεια του κόσμου που θα δημιουργήσετε για το παιχνίδι σας. Βεβαιωθείτε ότι αισθάνεστε άνετα χρησιμοποιώντας την πλοήγηση πριν συνεχίσετε στο επόμενο μέρος αυτού του βιβλίου.

Επιλογή και τοποθέτηση Objects

Μπορείτε να επιλέξετε ένα **GameObject** στην Scene κάνοντας κλικ σε αυτό ή από το παράθυρο Hierarchy. Μπορείτε επίσης να επιλέξετε περισσότερα από ένα **GameObject** ταυτόχρονα κρατώντας πατημένο το πλήκτρο Ctrl.

Κάντε κλικ στο **"Cube" GameObject** που δημιουργήσαμε νωρίτερα. Θα παρατηρήσετε ότι η καρτέλα **"Inspector"** αλλάζει και εμφανίζει τις τρέχουσες τιμές αυτού του αντικειμένου *(Εικόνα 17)*.

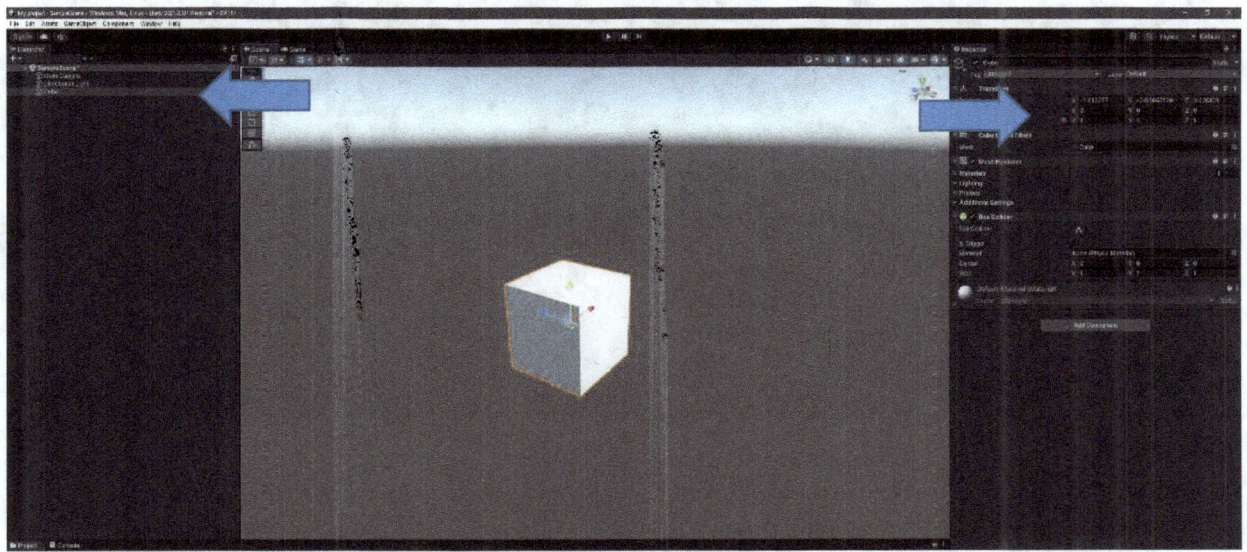

Εικόνα 17 – Η καρτέλα Inspector

Η καρτέλα (Tab) **"Inspector"** εμφανίζει όλα όσα χρησιμοποιεί το επιλεγμένο GameObject. Αυτό θα μπορούσε να είναι οτιδήποτε από scripts, textures, colliders, materials, και πολλά άλλα πράγματα. Αυτά ονομάζονται Components, και όλα αυτά τα components μπορεί να μετακινηθούν προς τα πάνω / κάτω, ώστε να μπορείτε να τα αναδιατάξετε σε αυτό που θεωρείτε πιο βολικό, καθώς η σειρά τους ΔΕΝ έχει σημασία ωστόσο πρέπει να έχουμε στα υπόψη μας ότι η σειρά των component που έχουμε στο Inspector πρέπει να είναι η ιδιά σειρά που θα θέλουμε μετά να τα βρούμε όταν κάνουμε scripts με τα components μας (στα επόμενα κεφάλαια αυτού του βιβλίου).

> **!** Στην ενότητα **"Introductory"** η σειρά των components των GameObjects δεν θα επηρεάσει τη μαθησιακή μας εμπειρία, ωστόσο σε μεταγενέστερες ενότητες η σειρά έχει σημασία.

Προς το παρόν, θα αγνοήσουμε τα άλλα στοιχεία του Cube GameObject και θα επικεντρωθούμε περισσότερο στο component **"Transform".** Το component "**Transform**" ενός GameObject είναι πάντα το ανώτερο component στην σειρά διάταξης και δεν μπορείτε να το μετακινήσετε ή να τοποθετήσετε άλλα component πιο πάνω από αυτό.

To Transform Component

Πρώτον, για να κατανοήσουμε το **"Transform"** component πρέπει πρώτα να καταλάβουμε πώς λειτουργούν οι συντεταγμένες των Transform στην Unity *(Εικόνα 18)*.

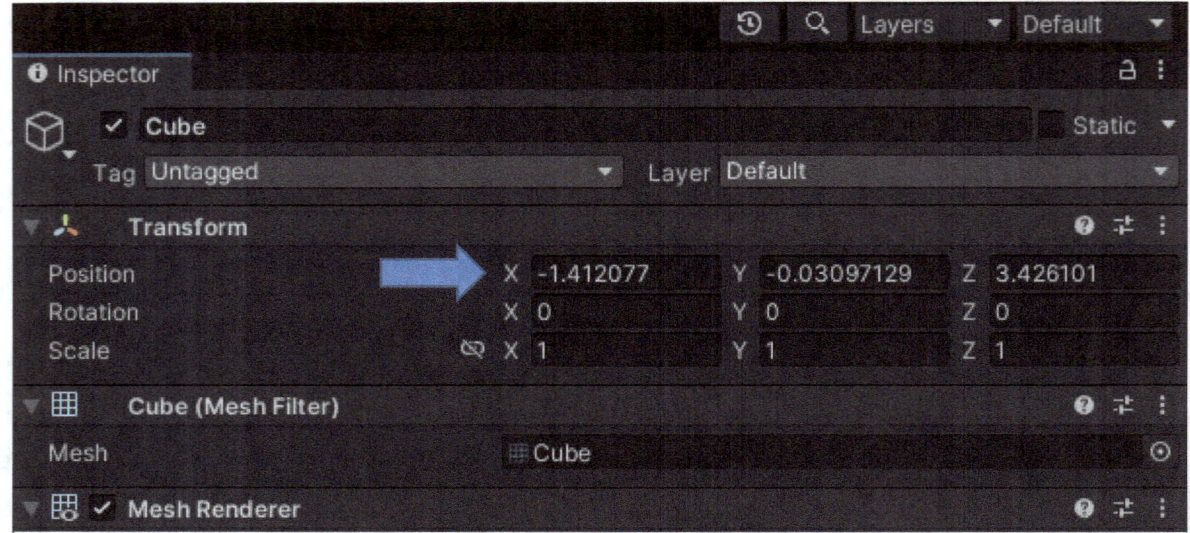

Εικόνα 18 – To Transform Component

Οι συντεταγμένες στην Unity, όπως και σε πολλές άλλες μηχανές παιχνιδιών 3D, λειτουργούν σε ένα τρισδιάστατο καρτεσιανό σύστημα συντεταγμένων. Αυτό το σύστημα χρησιμοποιείται για τον καθορισμό των θέσεων, των περιστροφών και των κλιμάκων των αντικειμένων σε 3D χώρο.

Τρεις διαστάσεις: Το σύστημα συντεταγμένων της Unity είναι τρισδιάστατο, αποτελούμενο από τους ακόλουθους άξονες:

X-Axis: Ο άξονας X αντιπροσωπεύει συνήθως οριζόντια κίνηση, με θετικές τιμές που εκτείνονται προς τα δεξιά και αρνητικές τιμές που εκτείνονται προς τα αριστερά.

Y-Axis: Ο άξονας Y αντιπροσωπεύει την κατακόρυφη κίνηση, με τις θετικές τιμές να κινούνται προς τα πάνω και τις αρνητικές τιμές να κινούνται προς τα κάτω.

Z-Axis: Ο άξονας Z αντιπροσωπεύει το βάθος ή την κίνηση προς τα εμπρός/πίσω, με τις θετικές τιμές να κινούνται προς τα εμπρός στην οθόνη και τις αρνητικές τιμές να κινούνται προς τα πίσω μακριά από την οθόνη.

Origin: Στην Unity, το σημείο όπου τέμνονται και οι τρεις άξονες είναι γνωστό ως αρχή (0, 0, 0). Αυτό το σημείο χρησιμεύει ως σημείο αναφοράς για την τοποθέτηση αντικειμένων σε μια scene.

Position: Η θέση ενός GameObject ορίζεται από ένα vector, το οποίο αποτελείται από τρεις τιμές (X, Y, Z). Αυτό το vector καθορίζει τη θέση του αντικειμένου σε χώρο 3D σε σχέση με την αρχή της scene. Για παράδειγμα, ένα vector θέσης (5, 2, -3) σημαίνει ότι το GameObject είναι 5 μονάδες προς τα δεξιά, 2 μονάδες προς τα πάνω και 3 μονάδες πίσω από την αρχή.

Local vs. World Space: Τα GameObject στην Unity μπορούν να έχουν τις θέσεις (Transfrom), τις περιστροφές (rotation) και τις κλίμακες (scale) τους καθορισμένες στον τοπικό χώρο ή στον παγκόσμιο χώρο. Ο τοπικός χώρος είναι σχετικός με τον προσανατολισμό του GameObject, ενώ ο παγκόσμιος χώρος σχετίζεται με τον παγκόσμιο προσανατολισμό της scene. Ο μετασχηματισμός(θέση, περιστροφή και κλίμακα) ενός Gameobject στον τοπικό χώρο το επηρεάζει σε σχέση με τον προσανατολισμό του parent αντικειμένου, ενώ ο μετασχηματισμός στον παγκόσμιο χώρο είναι απόλυτος.

Parent-Child Hierarchy: Η Unity επιτρέπει την οργάνωση αντικειμένων σε μια ιεραρχία γονέα-παιδιού (parent-child). Τα θυγατρικά (child) GameObjects κληρονομούν τους μετασχηματισμούς (θέση, περιστροφή και κλίμακα) του γονέα (parent) τους. Αυτή η ιεραρχία είναι χρήσιμη για τη δημιουργία σύνθετων αντικειμένων που αποτελούνται από πολλά μέρη. Η ιεραρχία Γονέα-Παιδιού εξηγείται παρακάτω σε αυτό το βιβλίο.

Camera Space: Το Unity χρησιμοποιεί μια κάμερα για την απόδοση σκηνών και η κάμερα ορίζει το δικό της σύστημα συντεταγμένων. Η θέση και ο προσανατολισμός της κάμερας επηρεάζουν τον τρόπο προβολής των αντικειμένων και μπορούν να χρησιμοποιηθούν για διάφορα εφέ κάμερας.

Η κατανόηση αυτών των αρχών είναι απαραίτητη για την τοποθέτηση και το χειρισμό αντικειμένων, τη δημιουργία ρεαλιστικής κίνησης και animation και το σχεδιασμό καθηλωτικών 3D περιβαλλόντων την Unity. Η Unity παρέχει εργαλεία και scripts για να δουλέψετε με συντεταγμένες, καθιστώντας σχετικά απλό να ζωντανέψετε τον κόσμο του παιχνιδιού μας σε τρεις διαστάσεις.

Τώρα που καταλαβαίνουμε πώς λειτουργούν αυτές οι συντεταγμένες, πρέπει να βεβαιωθούμε ότι το GameObject βρίσκεται στις συντεταγμένες 0, 0, 0. Αυτό είναι το κέντρο της τρέχουσας scene μας στον άξονα X, Y και Z.

Για να το κάνετε αυτό, κάντε κλικ στον Cube και στην καρτέλα **"Inspector",** ορίστε τις τιμές θέσης X, Y και Z σε 0. Αυτό θα επαναφέρει τον Cube στο κέντρο της σκηνής ή επαναφέροντας τις τιμές του.

Μόλις τοποθετήσετε το GameObject στο κέντρο της scene, κάντε διπλό κλικ πάνω του για αυτόματη εστίαση σε αυτό το αντικείμενο.

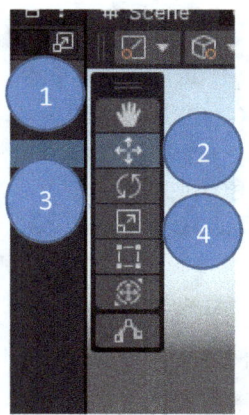

Μπορείτε να τροποποιήσετε τις συντεταγμένες από το component **"Transform"** χειροκίνητα (όπως μόλις κάνατε), αλλά μπορείτε επίσης να τις τροποποιήσετε χρησιμοποιώντας τα εργαλεία που παρέχονται στην καρτέλα **"Tools"** (ορατά στην επάνω αριστερή γωνία της προβολής scene σε αυτήν την έκδοση)

Το μενού "Tools" *(Εικόνα 19)* παρέχει πολλές από τις λειτουργίες που κάνει το component **"Transform"**

1. Hand Tool
2. Move Tool
3. Rotate Tool
4. Scale Tool

Εικόνα 19–Tools Μενού

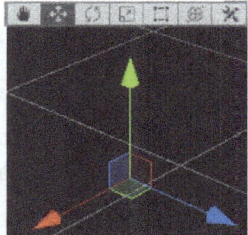
Μετακίνηση/Translate

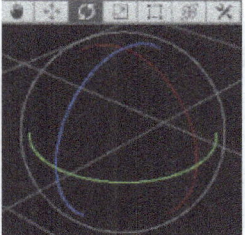
Περιστροφή/Rotate

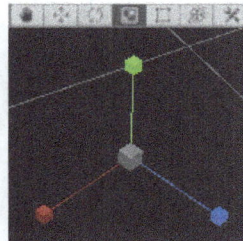
Μεγέθυνση/Scale

Εικόνα 20 – Τα κομμάτια του Tools μενού

Μπορείτε να αναγνωρίσετε το **"Hand Tool"** (πατώντας προς τα κάτω την κύλιση του ποντικιού) από το προηγούμενο κεφάλαιο αυτού του βιβλίου, ενώ τα εργαλεία μετακίνησης, περιστροφής και κλιμάκωσης μπορούν να βρεθούν και στο component **"Transform"**.

Κάθε εργαλείο έχει τη δική του αναγνωρίσιμη διεπαφή που επιδεικνύεται χρησιμοποιώντας γραμμές, βέλη ή πλαίσια για να μας βοηθήσει να κατανοήσουμε καλύτερα τη λειτουργικότητά του.

Translate είναι για τη μετακίνηση του GameObject σε μια συγκεκριμένη θέση, είτε σύροντας τα βέλη προς τη συγκεκριμένη θέση που θέλουμε να το τοποθετήσουμε είτε εισάγοντας την τιμή απευθείας στο Transform Component.

Rotation: Η περιστροφή στην Unity συνήθως αναπαρίσταται χρησιμοποιώντας γωνίες Euler. Οι γωνίες Euler περιγράφουν τον προσανατολισμό του αντικειμένου καθορίζοντας περιστροφές γύρω από κάθε έναν από τους τρεις άξονες (X, Y, Z). Αυτές οι περιστροφές μετρώνται σε μοίρες. Για παράδειγμα, μια περιστροφή (0, 90, 0) θα σήμαινε ότι το αντικείμενο περιστρέφεται κατά 90 μοίρες γύρω από τον άξονα Y.

Scale: Η κλίμακα καθορίζει το μέγεθος ενός αντικειμένου. Αντιπροσωπεύεται ως vector τριών τιμών (X, Y, Z), όπου (1, 1, 1) αντιπροσωπεύει το αρχικό μέγεθος του αντικειμένου. Η κλιμάκωση κατά διαφορετικές τιμές κατά μήκος κάθε άξονα μπορεί να τεντώσει ή να συνθλίψει το αντικείμενο προς διάφορες κατευθύνσεις.

Η κλίμακα μπορεί να φαίνεται αρκετά απλή, αλλά είναι μακράν το πιο σημαντικό μέρος του component **"Transform"** καθώς έχει να κάνει με Meshes.

Meshes

Ένα **Mesh** είναι μια συλλογή δεδομένων που περιγράφει ένα σχήμα ή με μια πιο απλή εξήγηση ένα Mesh είναι αυτό που κάνει ένα GameObject να δημιουργείται στην Unity ή οποιοδήποτε άλλο πρόγραμμα δημιουργίας 3D (όπως το Blender). Ο Cube μας, για παράδειγμα, είναι ένα Mesh Αυτό αποτελείται από 8 σημεία και αυτά τα 8 σημεία συνδέονται όλα. Τα σημεία, οι συνδέσεις (points) με τα άλλα σημεία και η επίπεδη επιφάνεια που περνά πάνω τους μαζί είναι αυτό που συνθέτει ένα Mesh.

Η κλίμακα είναι πολύ σημαντική για ένα Mesh καθώς η κλίμακα του Transform καθορίζει τη διαφορά μεταξύ του μεγέθους ενός Mesh στην εφαρμογή μοντελοποίησης και το μέγεθός του mesh στην Unity. Το μέγεθος του mesh στην Unity (και ως εκ τούτου το Transform scale) είναι πολύ σημαντικό, ειδικά κατά τη διάρκεια της προσομοίωσης φυσικής. Από προεπιλογή, η μηχανή φυσικής υποθέτει ότι μία μονάδα στο παγκόσμιο διάστημα αντιστοιχεί σε ένα μέτρο. Εάν ένα αντικείμενο είναι πολύ μεγάλο, μπορεί να φαίνεται ότι πέφτει σε "αργή κίνηση". Η προσομοίωση είναι νομίζει ότι σωστή αφού ουσιαστικά, παρακολουθείτε ένα πολύ μεγάλο αντικείμενο να πέφτει σε μεγάλη απόσταση.

Υπάρχουν τρεις παράγοντες που μπορούν να επηρεάσουν το scale του GameObject σας:

- Το μέγεθος του Mesh στην εφαρμογή μοντελοποίησης 3D.
- Το Mesh Scale Factor ρύθμιση στις ρυθμίσεις εισαγωγής του GameObject.
- Οι τιμές των Scale στο Transform Component.

> ! Σημείωση : Στην ιδανική περίπτωση, δεν πρέπει να προσαρμόσετε το Scale του object στο Transform Component. Η καλύτερη επιλογή είναι να δημιουργήσετε τα μοντέλα σας σε πραγματική κλίμακα, ώστε να μην χρειαστεί να αλλάξετε το δικό σας Transform's scale Ωστόσο, για τα παραδείγματα που θα δημιουργήσουμε στην **Introductory** ενότητα, μην ανησυχείτε για αυτόν τον παράγοντα προς το παρόν.

Scenes - Saving και Loading

Πριν προχωρήσουμε, θα πρέπει πρώτα να αποθηκεύσουμε τη σκηνή για μελλοντική αναφορά ή για συνέχιση μετά από ένα σύντομο διάλειμμα από Game Developing.

Το Unity αποθηκεύει τις scenes και τα project ξεχωριστά. Ένα project είναι το πραγματικό πλήρες παιχνίδι που περιλαμβάνει πολλές scenes, ενώ η αποθήκευση μιας scene θα αποθηκεύσει μόνο την τρέχουσα scene στο φάκελο του project σας.

Scenes μπορεί να επαναχρησιμοποιηθούν και σε αλλά Projects αλλά ο κύριος λόγος που τα Scenes μπορεί να αποθηκευτεί ξεχωριστά είναι επειδή κάθε scene μπορεί να περιέχει διαφορετικά assets και objects που χρειάζονται μόνο για το συγκεκριμένο scene. Αυτό είναι πολύ σημαντικό όταν πρόκειται για χρόνους φόρτωσης και απαιτήσεις μνήμης. Τεχνικά, ένα ολόκληρο παιχνίδι μπορεί να δημιουργηθεί σε μία μόνο scene (για παράδειγμα παιχνίδια όπως το Grand Theft Auto), ωστόσο το παιχνίδι θα πρέπει να

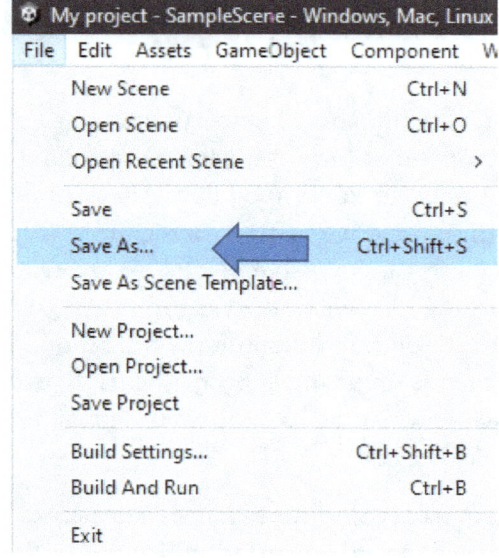

φορτώνει τα πάντα στη συγκεκριμένη scene κάθε φορά, γεγονός που αυξάνει το χρόνο φόρτωσης και απαιτούνται πολλές βελτιστοποιήσεις, ώστε το παιχνίδι να φορτώνει γρήγορα.

Για το λόγο αυτό, είναι ευκολότερο αν κάθε scene αντιμετωπίζεται ως "επίπεδο" για κάθε παιχνίδι. Ο διαχωρισμός των scene όχι μόνο διευκολύνει την εργασία μας, αλλά βοηθά επίσης στην ταχύτερη επεξεργασία και εντοπισμό σφαλμάτων.

Για να αποθηκεύσετε μια scene ή ένα project, απλώς κάντε κλικ στο κουμπί **"File"** (Εικόνα 21) και επιλέξτε ανάλογα με αυτό που θέλετε να κάνετε. Στην περίπτωση αυτή, το **"Save"** ή **"Save As..."**.

Εικόνα 21 - Saving και Loading

Με το **"Save As..."** Θα σας ζητηθεί να εισαγάγετε ένα όνομα για μια scene ή ένα project και πού θέλετε να το αποθηκεύσετε. Είναι ανάγκη, **εάν αποθηκεύετε μια scene, τότε αυτή η scene να τοποθετηθεί στον τρέχοντα φάκελο του project σας.**

Θυμηθείτε ότι, ένα Project είναι το πλήρες παιχνίδι που περιέχει τα πάντα, ενώ μια scene θα εισάγει ή θα αποθηκεύει μόνο (ανάλογα με το αν ανοίγετε ή αποθηκεύετε) την τρέχουσα σκηνή στο τρέχον project σας.

Για μαθησιακούς σκοπούς, προσπαθήστε να αποθηκεύετε όσο το δυνατόν συχνότερα χρησιμοποιώντας διαφορετικό όνομα, ώστε να μπορείτε να επιστρέψετε σε προηγούμενη εκδοχή, εάν χρειάζεται.

Ως άσκηση και για την καλύτερη κατανόηση του Scene Navigation, δοκιμάστε τα εξής:

1. Εισαγωγή ενός Cube και χρησιμοποιώντας το Hand Tool, μετακινήστε το στις συντεταγμένες 10,20,10
2. Εισαγωγή ενός Sphere object και να το μεγεθύνετε τροποποιώντας την κλίμακά του. Αλλάξτε το έτσι ώστε να μοιάζει με δίσκο.
3. Save το πιο πάνω scene με την ονομασία Exercise-1 στο φάκελο του project σας.

Rigidbodies και Physics

Σε αυτό το κεφάλαιο θα μάθετε για :

- Προσθήκη ενός RigidBody και ποιες λειτουργίες προσθέτει στο δικό μας object
- Χρησιμοποιώντας Cameras και Clipping panes
- Προσθήκη και κατάργηση Audio Listeners

Για το κεφάλαιο αυτό δεν απαιτείται προηγούμενη γνώση προγραμματισμού.

Με τα εργαλεία που έχουμε μάθει μέχρι στιγμής, μπορούμε να αρχίσουμε να δημιουργούμε το πρώτο μας παιχνίδι που σε αυτή την περίπτωση θα είναι ένα απλό Pinball Game. Αυτό το απλό παιχνίδι θα μας βοηθήσει να μάθουμε πώς η Unity χειρίζεται τη Φυσική(Physics) και τις δυνάμεις της βαρύτητας. Φυσικά, το παιχνίδι δεν περιορίζεται μόνο στη χρήση και εφαρμογή της φυσικής, αλλά αυτό είναι το πρώτο βήμα προς ένα ολοκληρωμένο παιχνίδι.

Το Pinball [15] είναι ένα απλό παιχνίδι όπου μπορείτε να παίξετε με μια μπάλα που εκτοξεύεται από έναν

πλευρικό διάδρομο σε μια κεκλιμένη πλατφόρμα. Η μπάλα κυλά προς τα κάτω προς δύο τρίγωνα που κλωτσούν την μπάλα πίσω. Ο παίκτης χάνει ένα παιχνίδι μόλις η μπάλα περάσει από το άνοιγμα μεταξύ των δύο τριγώνων. Υπάρχουν πολλές εκδόσεις αυτού του παιχνιδιού με την πιο διάσημη έκδοση αυτή που συμπεριέλαβε η Microsoft στα Microsoft Windows XP με το όνομα "3D Pinball for Windows" (*Εικόνα 22*).

Υπάρχουν φυσικά εναλλακτικές λύσεις και μερικές πιο περίτεχνες από άλλες, αλλά η δική μας θα επικεντρωθεί κυρίως στην εκμάθηση και πώς να ρυθμίσετε ένα απλό scene, instantiating (creating) GameObjects ενώ παίζετε το παιχνίδι, animations και φυσικά player feedback.

Εικόνα 22 - 3D Pinball

Πρώτον, χρειαζόμαστε μια συμπαγή επιφάνεια όπου πρέπει να τοποθετηθούν οι μπάλες.

Για μεγάλη περιοχή θα πρέπει να χρησιμοποιήσουμε ένα Plane ή ένα Terrain αλλά δεδομένου ότι το Pinball μας θα χρησιμοποιεί μόνο μια μικρή περιοχή και είναι κυρίως για να μάθουμε πώς λειτουργεί το Unity, θα ξεκινήσουμε τροποποιώντας τον τρέχοντα **"Cube"** μας σε μια απλή πλατφόρμα κλίσης. Μπορούμε αργότερα να χρησιμοποιήσουμε αυτήν την πλατφόρμα για να κυλήσουμε τις μπάλες ως παιχνίδι μας, καθώς θα έχουμε περισσότερες από μια μπάλες να κυλούν προς τα κάτω.

---

[15] Image Copyright owned by Microsoft.com

Κάντε κλικ στον Cube στο **"Hierarchy"** Tab, στη συνέχεια, στο **"Transform"** Component εισαγάγετε τις ακόλουθες τιμές *(Εικόνα 23)*:

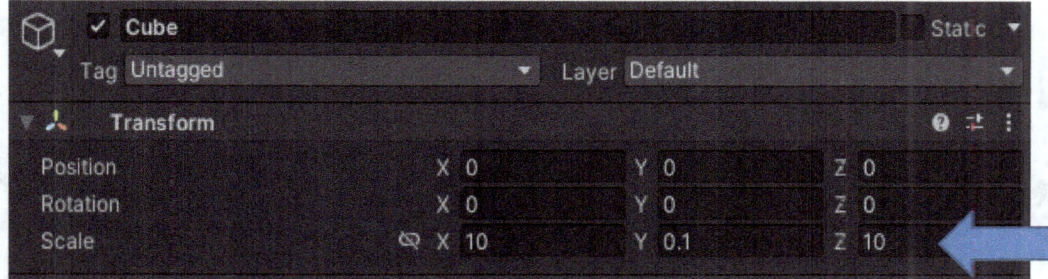

Εικόνα 23 – Διαφοροποίηση του Transform Component

Αυτό θα τροποποιήσει το **"Cube"** έτσι ώστε να μοιάζει με μια επίπεδη επιφάνεια με ύψος 0,1.

Τώρα, δεδομένου ότι ο **"Cube"** δεν είναι πλέον ένας πραγματικός κύβος, χρειάζεται ένα σωστό όνομα ώστε να μπορούμε να διαφοροποιήσουμε μεταξύ του **"Cube"** που αλλάξαμε, από πιθανώς νεότερους που μπορεί να προσθέσουμε στο μέλλον.

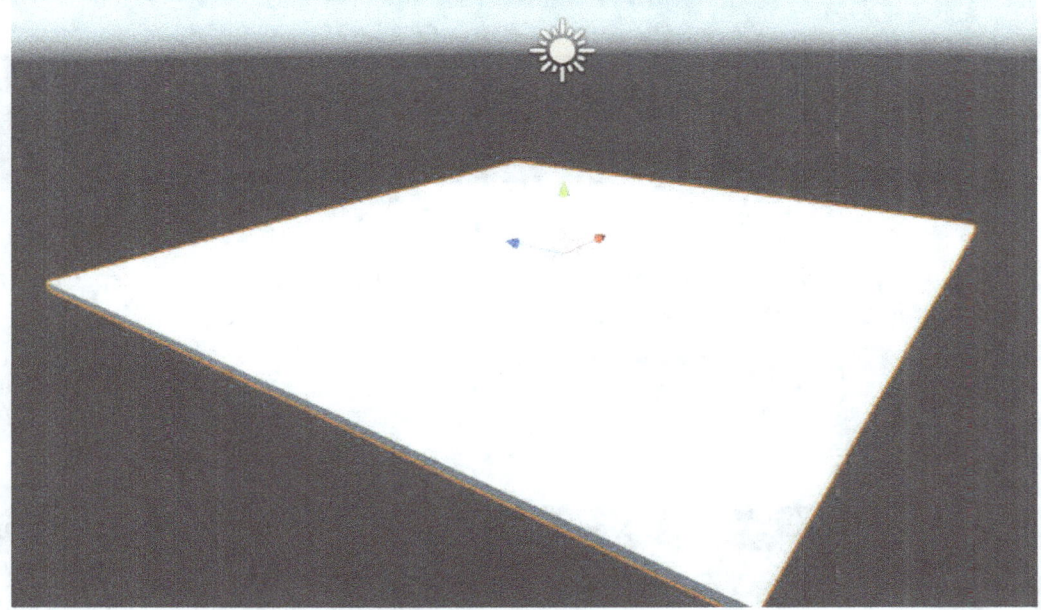

Εικόνα 24 – Εισαγωγή ενός Cube

Κάντε ξανά κλικ στην Tab **"Hierarchy"** στο **"Cube",** αλλά αυτή τη φορά κάντε δεξί κλικ και στο όνομα του κύβου. Αυτό θα ανοίξει το μενού **"Object Hierarchy"** όπου μπορούμε να επιλέξουμε **"Rename"** *(Εικόνα 25)*, ώστε να δώσουμε ένα νέο όνομα στο GameObject μας.

> **!** Σημείωση: Είναι σημαντικό να ονομάσουμε όλα τα GameObjects μας, ώστε να μπορούμε να τα ξεχωρίζουμε στο μέλλον.

Μετονομάστε αυτό τc object σε **"Ground"** *(Εικόνα 25)*.

Η σωστή ονομασία μπορεί να φαίνεται περιττή στην αρχή, αλλά μόλις αρχίσετε να προσθέτετε πολλά αντικείμενα, θα παρατηρήσετε ότι η σωστή ονομασία είναι πολύ χρήσιμη. Μπορείτε επίσης να αποκτήσετε πρόσβαση σε αντικείμενα μέσω scripts χρησιμοποιώντας τα ονόματά τους, επομένως αποφύγετε τη χρήση του Space όταν τα ονομάζετε.

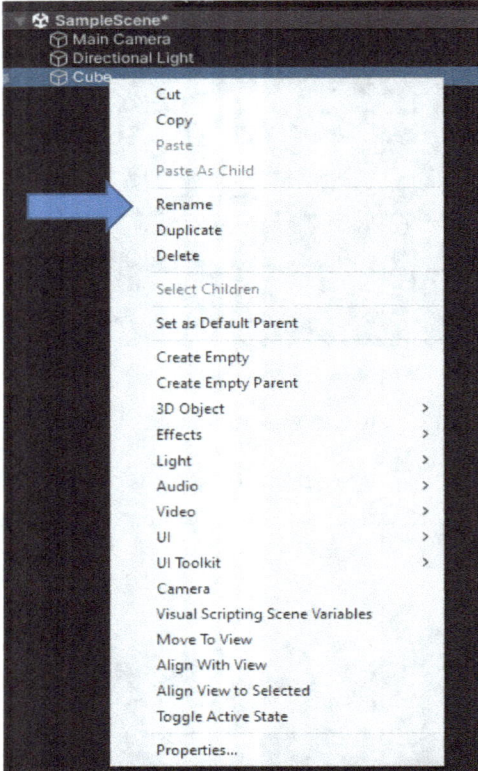

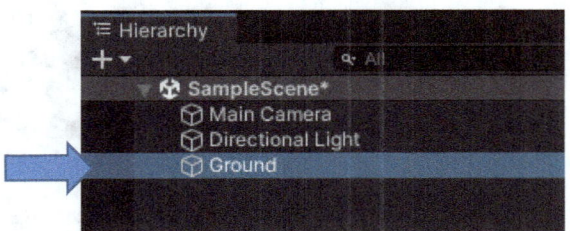

Εικόνα 25 – Μετονομασία ενος Object

Τώρα που έχουμε μια επίπεδη επιφάνεια, πρέπει να προσθέσουμε μια γωνία έτσι ώστε οι μπάλες να κυλήσουν προς τα κάτω μόλις είναι ενεργοποιημένες.

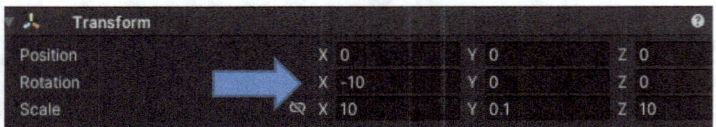

Εικόνα 26 – Αλλαγή του Rotation

Για να το κάνουμε αυτό, απλά τροποποιούμε το Transform σε γωνία -10 (ή περισσότερες μοίρες) στο Χ στην περιστροφή του αντικειμένου (*Εικόνα 26).*

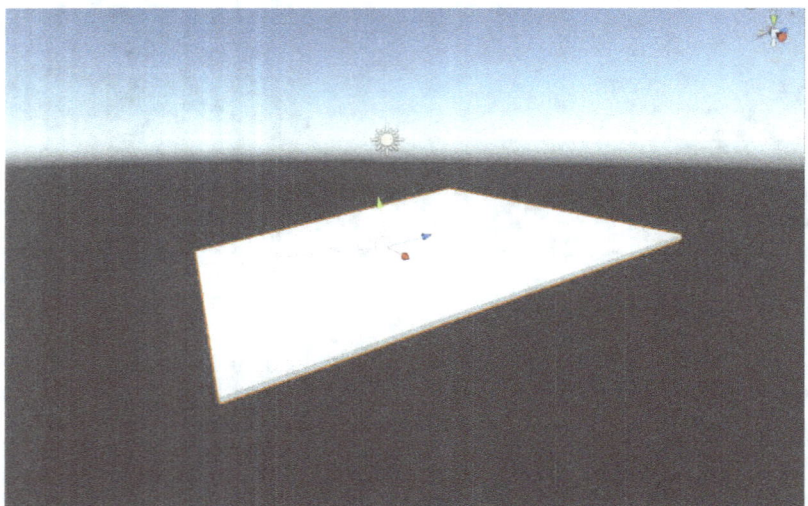

Εικόνα 27 – Tilting ενος Object

Αυτό θα δώσει τελικά μια επίπεδη επιφάνεια με κλίση *(Εικόνα 27).*

Τώρα πρέπει να ελέγξουμε αν η επιφάνεια μπορεί πραγματικά να "κυλήσει" μια μπάλα φλίπερ πάνω της, επομένως απαιτείται μια σφαίρα (φλίπερ) για δοκιμή.

Εισαγάγετε μια **"Sphere"** στη scene.

❗ Σημείωση : Όταν προσθέτετε ένα νέο Gameobject, προσέξτε να μην έχετε ήδη προεπιλεγμένα άλλα Gameobject, καθώς με αυτόν τον τρόπο θα προστεθούν ως θυγατρικά (Chilc) αυτού του GameObject. Οι σχέσεις γονέα-παιδιού (Parent-Child) σε GameObjects καλύπτονται σε επόμενα κεφάλαια αυτού του βιβλίου.

Τοποθετήστε την **"Sphere"** πάνω από την επιφάνεια και μετονομάστε την σε **"Ball"**. Η scene σας πρέπει να είναι παρόμοια με την *Εικόνα 28*.

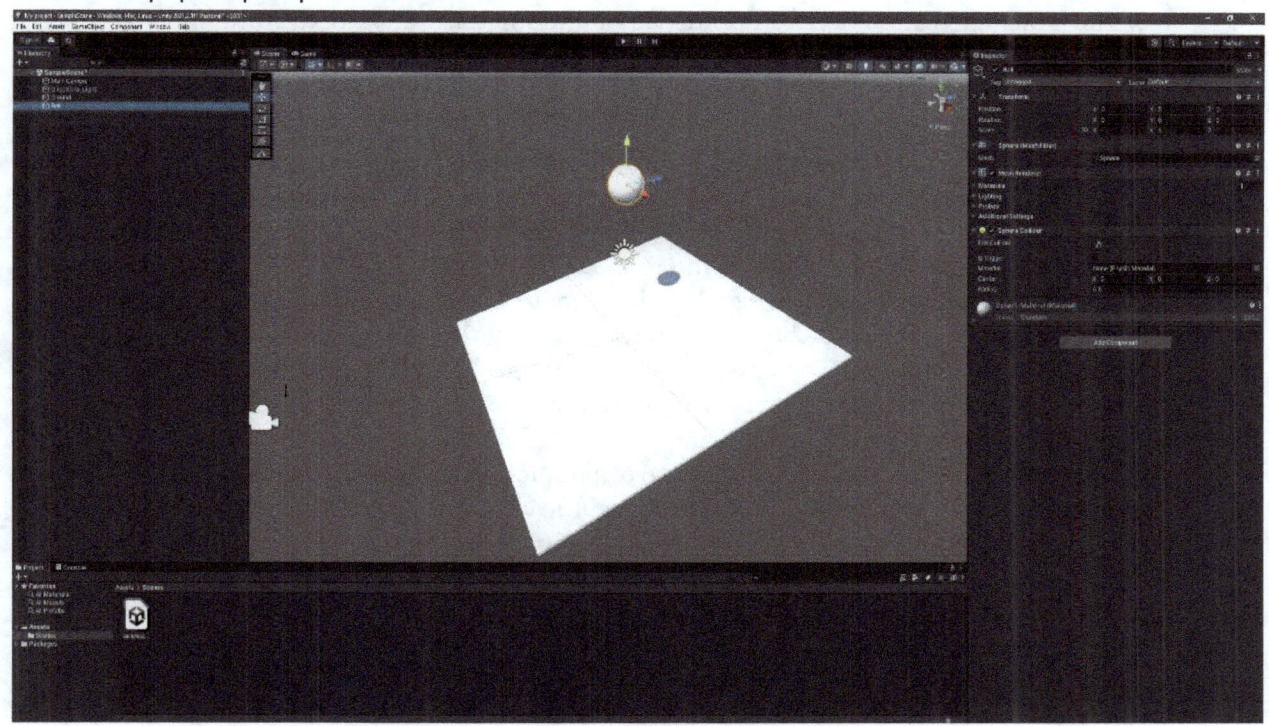

Εικόνα 28 – Παράδειγμα μιας πάνω σε επιφάνεια

Για αυτό το παράδειγμα, η μπάλα έχει οριστεί στις 0,5,0 συντεταγμένες, αλλά μη διστάσετε να προσαρμόσετε και να πειραματιστείτε όσο θέλετε.

Έτσι, αυτή τη στιγμή έχουμε μια μπάλα και μια κεκλιμένη επιφάνεια, οπότε αναμένουμε ότι μόλις τρέξει το παιχνίδι, η μπάλα θα πέσει και θα κυλήσει όπως στην πραγματική ζωή.

Αλλά πριν δούμε πώς θα είναι το παιχνίδι μας, πρέπει πρώτα να δούμε δύο σημαντικούς παράγοντες.

1. Την Camera (To Player Viewpoint)
2. Τα scene Lighting - Lights

❗ Σημείωση: Τα φώτα (Lights) καλύπτονται στην **Intermediate** ενότητα αυτού του βιβλίου, οπότε θα ασχοληθούμε μόνο με τις κάμερες σε αυτό το κεφάλαιο.

Κάμερες/Cameras

Στην Unity, η camera παίζει κρίσιμο ρόλο στον καθορισμό του τι βλέπει ο παίκτης στον κόσμο του παιχνιδιού. Προσομοιώνει την προοπτική του παίκτη ή του θεατή και καταγράφει την προβολή της σκηνής, αποδίδοντάς την στην οθόνη. Ακολουθούν ορισμένες βασικές λειτουργίες και ευθύνες μιας κάμερας στην Unity:

1. **Viewing the Scene:** Η κύρια λειτουργία της camera είναι να καθορίσει την οπτική γωνία από την οποία παρατηρείται ο κόσμος του παιχνιδιού. Καθορίζει τι είναι ορατό στον παίκτη και πώς παρουσιάζεται στην οθόνη. Οι cameras είναι υπεύθυνες για τη λήψη και την απόδοση της προβολής του παιχνιδιού, η οποία περιλαμβάνει όλα τα αντικείμενα και τα εφέ στη σκηνή εντός του οπτικού της πεδίου.

2. **Rendering:** Η κάμερα καταγράφει το περιεχόμενο της σκηνής και το αποδίδει στην οθόνη ή σε ένα buffer εκτός οθόνης. Η διαδικασία απόδοσης (rendering) περιλαμβάνει τον υπολογισμό του τρόπου εμφάνισης των αντικειμένων στη scene με βάση τη θέση, τον προσανατολισμό, τον φωτισμό, τα υλικά και τις ρυθμίσεις της κάμερας.

3. **Camera Settings:** Οι κάμερες στο Unity έχουν διάφορες ρυθμίσεις που μπορούν να προσαρμοστούν για να ελέγχουν τον τρόπο προβολής της scene. Αυτές οι ρυθμίσεις περιλαμβάνουν οπτικό πεδίο (FOV), κοντινά και μακρινά επίπεδα αποκοπής **Clipping Panes** (τα οποία καθορίζουν τι είναι ορατό εντός ενός συγκεκριμένου εύρους), αναλογία διαστάσεων (διαστάσεις οθόνης) και χρώμα φόντου.

4. **Multiple Cameras:** Το Unity σάς επιτρέπει να χρησιμοποιείτε πολλές κάμερες σε μια scene. Αυτό μπορεί να είναι χρήσιμο για τη δημιουργία παιχνιδιών για πολλούς παίκτες σε χωρισμένη οθόνη, την υλοποίηση διαφορετικών θυρών προβολής (π.χ. διαφορετική προβολή μιας σκηνής, όπως ένα cutscene στο παιχνίδι) ή το χειρισμό ειδικών εφέ, όπως η απόδοση αντανακλάσεων ή σκιών από διαφορετικές οπτικές γωνίες.

5. **Culling:** Η κάμερα εκτελεί culling frustum, πράγμα που σημαίνει ότι ελέγχει ποια αντικείμενα βρίσκονται εντός του οπτικού της πεδίου και πρέπει να αποδοθούν. Αυτή η βελτιστοποίηση εμποδίζει το Unity να αποδίδει αντικείμενα που δεν είναι ορατά στο πρόγραμμα αναπαραγωγής, βελτιώνοντας την απόδοση.

6. **Camera Effects:** Το Unity υποστηρίζει διάφορα εφέ κάμερας και λειτουργίες μετα-επεξεργασίας που μπορούν να βελτιώσουν την οπτική ποιότητα του παιχνιδιού σας. Αυτά τα αποτελέσματα περιλαμβάνουν: depth of field, motion blur, bloom, και πολλά άλλα.

7. **Audio Listener:** Από προεπιλογή, η κάμερα στο Unity είναι επίσης Audio Listener. Αυτό σημαίνει ότι καταγράφει ήχο από τη scene με βάση τη θέση και τον προσανατολισμό της συσκευής αναπαραγωγής, επιτρέποντάς σας να εφαρμόσετε εφέ ήχου 3D και χωρικό ήχο.

Camera Movement: Μπορείτε να μετακινήσετε και να προσθέσετε κίνηση στις κάμερες για να δημιουργήσετε δυναμικές και κινηματογραφικές προβολές. Αυτό χρησιμοποιείται συχνά σε παιχνίδια για να ακολουθήσετε τον χαρακτήρα του παίκτη, να κάνετε εναλλαγή μεταξύ σκηνών ή να δημιουργήσετε cutscenes.

Στις κάμερες της Unity, υπάρχουν δύο κύριοι τύποι επιπέδων που σχετίζονται με το frustum προβολής της κάμερας: το "κοντινό επίπεδο" και το "μακρινό επίπεδο". Αυτά τα επίπεδα καθορίζουν το εύρος των αποστάσεων εντός των οποίων τα αντικείμενα είναι ορατά στην κάμερα. Φανταστείτε αυτά τα επίπεδα ως τα όρια ενός παραθύρου μέσα από το οποίο η κάμερα βλέπει τον κόσμο του παιχνιδιού.

1. **Near Plane**: Φανταστείτε αυτό ως το πλησιέστερο σημείο στην κάμερα όπου μπορούν να φανούν αντικείμενα. Οτιδήποτε πιο κοντά στην κάμερα από αυτό το "κοντινό επίπεδο" δεν είναι ορατό και είναι κρυμμένο από την προβολή.

2. **Far Plane**: Σκεφτείτε αυτό ως το πιο απομακρυσμένο σημείο που μπορεί να δει η κάμερα. Αντικείμενα πέρα από αυτό το "μακρινό επίπεδο" είναι επίσης αόρατα και εξαφανίζονται από την όραση.

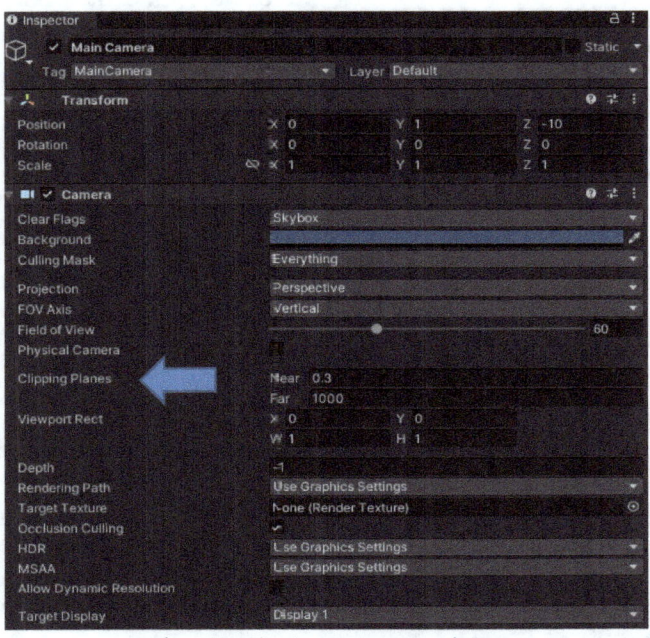

Εικόνα 29 - *Clipping Panes στις κάμερες*

Μαζί, τα κοντινά και μακρινά επίπεδα σχηματίζουν ένα είδος "κουτιού" ή "παραθύρου" μέσα στο οποίο τα αντικείμενα είναι ορατά στην κάμερα. Τα αντικείμενα μέσα σε αυτό το παράθυρο εμφανίζονται στην οθόνη και αυτά που βρίσκονται έξω αποκόπτονται και δεν εμφανίζονται στο πρόγραμμα αναπαραγωγής.

Η προσαρμογή αυτών των επιπέδων είναι σαν να αλλάζετε το μέγεθος αυτού του εν λόγω παραθύρου. Τα μικρότερα παράθυρα μπορούν να βοηθήσουν στη βελτιστοποίηση της απόδοσης, αλλά εάν οριστούν πολύ κοντά ή πολύ μακριά, σημαντικά αντικείμενα ενδέχεται να εξαφανιστούν ή να τρεμοπαίξουν. Πρόκειται για την εύρεση της σωστής ισορροπίας για να διασφαλίσετε ότι όλα όσα θέλετε να δείτε στο παιχνίδι σας είναι ορατά στην κάμερα.

Συνοπτικά, η κάμερα στο Unity λειτουργεί ως τα μάτια του παίκτη, καθορίζοντας τι είναι ορατό και πώς παρουσιάζεται στην οθόνη. Η κατανόηση και η διαμόρφωση των ρυθμίσεων της κάμερας είναι ζωτικής σημασίας για τη δημιουργία καθηλωτικών και οπτικά ελκυστικών εμπειριών παιχνιδιού.

Οι κάμερες αποτελούν θεμελιώδες συστατικό της ανάπτυξης παιχνιδιών Unity και είναι απαραίτητες για την πλαισίωση της δράσης, τον έλεγχο της προοπτικής του παίκτη και την παροχή μιας συναρπαστικής εμπειρίας παιχνιδιού.

> **!** Σημείωση: Εάν εργάζεστε σε ένα παιχνίδι μεγάλης κλίμακας, τότε είναι σημαντικό να γνωρίζετε τη χρήση των Clipping Panes (*Εικόνα 29*), καθώς οι κάμερες έχουν ένα όριο στο πόσο μακριά μπορούν να "δουν" από την τρέχουσα θέση τους. Το όριο ορίζεται από ένα επίπεδο που είναι κάθετο προς την κατεύθυνση της κάμερας προς τα εμπρός (Z). Αυτό είναι γνωστό ως μακρινό επίπεδο αποκοπής, καθώς τα αντικείμενα σε μεγαλύτερη απόσταση από την κάμερα "αποκόπτονται" (εξαιρούνται από την απόδοση/εμφάνιση στον παίκτη). Υπάρχει επίσης ένα αντίστοιχο επίπεδο κοντά στην κάμερα - το εύρος απόστασης προβολής είναι αυτό μεταξύ των δύο επιπέδων.

Μπορείτε να κάνετε εναλλαγή μεταξύ καμερών ή ακόμα και να μετακινήσετε τις κάμερες μέσω Scripts. Αυτό επιτρέπει τη δημιουργία cutscenes και δίνει μια πρόσθετη κινηματογραφική προβολή του παιχνιδιού. Θα συζητήσουμε περαιτέρω πώς να ενεργοποιήσετε αντικείμενα και κάμερες χρησιμοποιώντας σενάρια σε επόμενα μέρη αυτού του βιβλίου.

Οι κάμερες είναι ένα μεγάλο κεφάλαιο όταν πρόκειται για την Game Development και θα εστιάσουμε (λογοπαίγνιο) σε περισσότερες από τις δυνατότητές τους και τα components τους στο επόμενο κεφάλαιο.

Προς το παρόν, πρέπει απλώς να προσαρμόσουμε την προεπιλεγμένη κάμερα, έτσι ώστε να βλέπει τα τρέχοντα αντικείμενα **"Ground"** και "Ball".

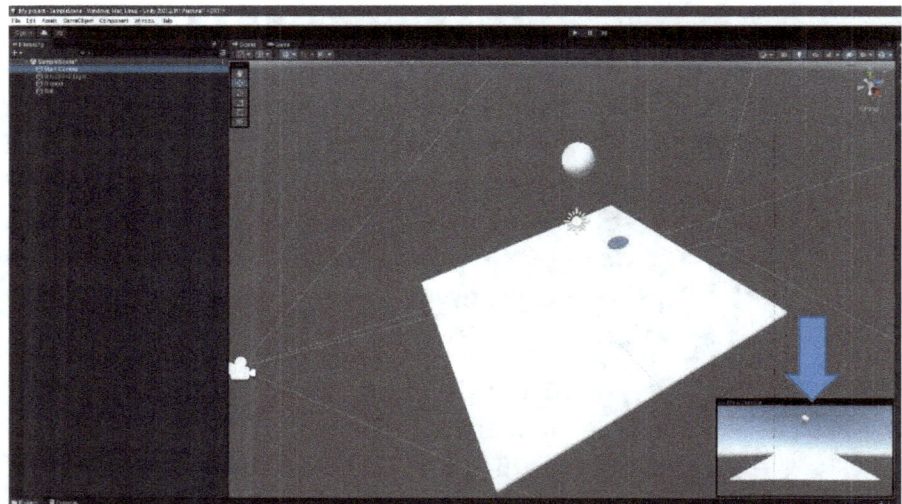

Εικόνα 30 – Μετακίνηση κάμερας

Κάνοντας κλικ στην **"Main Camera"** *(Εικόνα 30)* του Object στην καρτέλα **"Hierarchy"** μπορούμε να δούμε τί "βλέπει" αυτή η κάμερα.

Εάν η κάμερά σας βλέπει κάτι άλλο εκτός από την τρέχουσα προβολή, απλώς επαναφέρετε τις ακόλουθες τιμές *(Εικόνα 31)* στο στοιχείο **"Transform"** της **"Main Camera"**, ώστε να ταιριάζει με αυτήν στην Προβολή κάτω δεξιά στην Προβολή κάμερας.

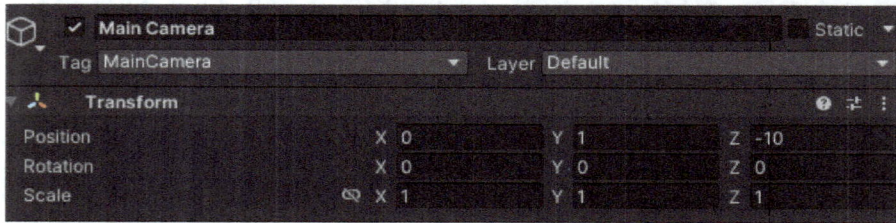

Εικόνα 31 – Παράδειγμα μιας θέσης κάμερας για το παράδειγμα μας

Δεδομένου ότι τώρα γνωρίζουμε τι θα βλέπει ο παίκτης όταν παίζει το παιχνίδι μας, ας το τρέξουμε για πρώτη φορά και να δούμε αν η μπάλα θα πέσει και θα κυλήσει

στο **"Ground" μας"**.

Για να παίξετε το παιχνίδι, απλά κάντε κλικ στο κουμπί **"Play"** *(Εικόνα 32).* Αυτό θα προσπαθήσει αμέσως να τρέξει το παιχνίδι και ταυτόχρονα θα σας μετακινήσει από την καρτέλα **"Scene View"** στην καρτέλα **"Game"** .

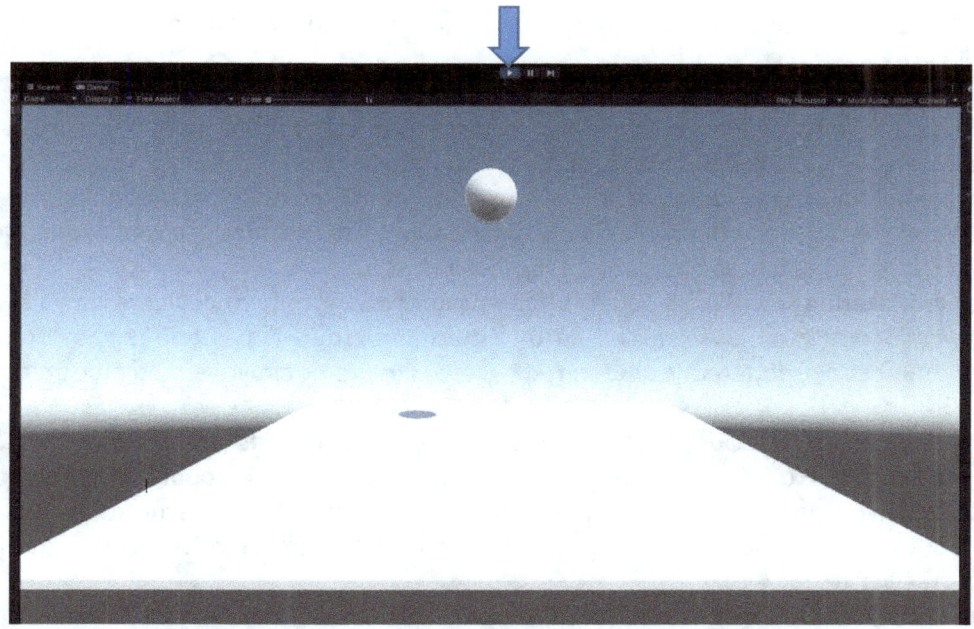

Εικόνα 32 – Πατώντας το κουμπί Play την πρώτη φορά

Θα παρατηρήσετε αμέσως ένα μεγάλο πρόβλημα, το οποίο είναι ότι <u>τίποτα δεν συμβαίνει στην οθόνη μας</u>.

Η μπάλα <u>δεν</u> πέφτει στο έδαφος και είναι παγωμένη στον αέρα όπου την τοποθετήσαμε. Αυτό συμβαίνει επειδή η Unity δεν καταλαβαίνει ότι ένα GameObject (στην περίπτωσή μας η Ball) θα πρέπει να επηρεάζεται από τη φυσική (βαρύτητα). Όλα τα αντικείμενα δημιουργούνται με τα κύρια βασικά component, αλλά δεδομένου ότι η φυσική απαιτεί επεξεργασία/processing, είναι φυσικό να θέλουμε να εφαρμόσουμε τη φυσική μόνο σε GameObjects που το απαιτούν. Εάν ένα GameObject δεν απαιτεί φυσική (όπως ένας τοίχος ή ένα στατικό αντικείμενο γενικά) δεν υπάρχει λόγος να αφιερώσετε χρόνο επεξεργασίας του υπολογιστή.

Η φυσική σε ένα περιβάλλον ανάπτυξης παιχνιδιών όπως thn Unity είναι μια προσομοίωση της πραγματικής φυσικής συμπεριφοράς που εφαρμόζεται σε αντικείμενα μέσα στον κόσμο του παιχνιδιού. Επιτρέπει στους προγραμματιστές παιχνιδιών να δημιουργήσουν ρεαλιστικές και διαδραστικές εμπειρίες μοντελοποιώντας τους νόμους της φυσικής, όπως η βαρύτητα, η σύγκρουση και οι δυνάμεις, σε ένα εικονικό περιβάλλον.

Πιο κάτω μια επισκόπηση του τρόπου με τον οποίο λειτουργεί η φυσική στο Unity και στα περισσότερα Game Developing Environments:

1. **Rigidbodies:** Στην Unity, το κύριο component που είναι υπεύθυνο για την προσομοίωση της φυσικής είναι το "**Rigidbody**". Ένα Rigidbody συνδέεται με ένα GameObject (π.χ. έναν χαρακτήρα, μια μπάλα ή οποιοδήποτε αντικείμενο που πρέπει να επηρεαστεί από τη φυσική) και καθορίζει τον τρόπο με τον οποίο το αντικείμενο ανταποκρίνεται σε φυσικές δυνάμεις και αλληλεπιδράσεις.
2. **Gravity:** Η Unity προσομοιώνει τη βαρύτητα εφαρμόζοντας μια σταθερή δύναμη προς τα κάτω σε αντικείμενα με RigidBody component. Μπορείτε να ελέγξετε τη δύναμη και την κατεύθυνση

της βαρύτητας, καθιστώντας δυνατή τη δημιουργία ποικίλων εφέ που σχετίζονται με τη βαρύτητα.

3. **Collision Detection:** Unity's Ο μηχανισμός φυσικής ανιχνεύει πότε τα αντικείμενα με colliders τέμνονται ή συγκρούονται. Ένα collider είναι ένα component που ορίζει το σχήμα ενός αντικειμένου για σκοπούς σύγκρουσης. Όταν προκύπτουν collisions, το Unity μπορεί να ενεργοποιήσει scripts/functions, όπως το OnCollisionEnter ή το OnCollisionExit, επιτρέποντάς σας να ανταποκριθείτε σε αυτές τις αλληλεπιδράσεις στις δέσμες ενεργειών σας. Θα μάθουμε για αυτές τις αλληλεπιδράσεις στο επόμενο κεφάλαιο.

4. **Physics Materials:** Τα υλικά φυσικής μπορούν να εφαρμοστούν σε colliders για να ελέγξουν πώς αλληλεπιδρούν τα αντικείμενα όταν συγκρούονται. Για παράδειγμα, μπορείτε να προσαρμόσετε παραμέτρους όπως η τριβή για να κάνετε τις επιφάνειες περισσότερο ή λιγότερο ολισθηρές.

5. **Forces:** Μπορείτε να εφαρμόσετε δυνάμεις σε Rigidbody objects για να τα κάνετε να κινούνται, να περιστρέφονται ή να ανταποκρίνονται σε εξωτερικές επιρροές. Οι κοινές δυνάμεις περιλαμβάνουν το AddForce για συνεχείς δυνάμεις (π.χ. ώθηση ενός αντικειμένου) και το AddTorque για την εφαρμογή δυνάμεων περιστροφής (π.χ. κάνοντας ένα αντικείμενο να περιστρέφεται).

6. **Joints:** Η ενότητα παρέχει διάφορους τύπους αρθρώσεων που σας επιτρέπουν να συνδέετε αντικείμενα με τρόπο βασισμένο στη φυσική. Παραδείγματα περιλαμβάνουν hinges για πόρτες, sliders για κινούμενες πλατφόρμες και spring hinges για τη δημιουργία ελαστικών συνδέσεων.

7. **Raycasting:** Raycasting είναι μια τεχνική που χρησιμοποιείται για να ρίξει μια εικονική ακτίνα από ένα σημείο προς μια κατεύθυνση και να ελέγξει για συγκρούσεις με αντικείμενα κατά μήκος της διαδρομής της ακτίνας. Χρησιμοποιείται συνήθως για πράγματα όπως η εκτόξευση βλημάτων ή ο προσδιορισμός της οπτικής επαφής.

8. **Triggers:** Η Unity σας επιτρέπει να επισημάνετε colliders ως Triggers. Όταν δύο collider Triggers τέμνονται, δημιουργούν events όπως τα OnTriggerEnter και OnTriggerExit, τα οποία χρησιμοποιούνται συχνά για την εφαρμογή λογικής παιχνιδιού, όπως η ανίχνευση πότε ένας παίκτης εισέρχεται σε μια συγκεκριμένη περιοχή. Θα μάθουμε για αυτές τις αλληλεπιδράσεις στο επόμενο κεφάλαιο.

9. **Constraints:** Οι περιορισμοί μπορούν να χρησιμοποιηθούν για να περιορίσουν την κίνηση αντικειμένων Rigidbody κατά μήκος συγκεκριμένων αξόνων ή να περιορίσουν την περιστροφή τους. Αυτό μπορεί να είναι χρήσιμο για τη δημιουργία φυσικά ακριβών προσομοιώσεων ή τον περιορισμό της συμπεριφοράς των αντικειμένων.

10. **Layer-Based Collision Filtering:** Το σύστημα επιπέδων του Unity σάς επιτρέπει να κατηγοριοποιείτε αντικείμενα σε διαφορετικά επίπεδα. Στη συνέχεια, μπορείτε να ελέγξετε ποια επίπεδα μπορούν να αλληλεπιδράσουν μεταξύ τους, παρέχοντας λεπτομερή έλεγχο στην ανίχνευση σύγκρουσης.

11. **Performance Optimization:** Η μηχανή φυσικής του Unity έχει σχεδιαστεί για να είναι αποτελεσματική, αλλά για πολύπλοκες σκηνές με πολλά αντικείμενα, ίσως χρειαστεί να βελτιστοποιήσετε τους υπολογισμούς φυσικής για να διατηρήσετε το ομαλό παιχνίδι.

Συνοπτικά, η φυσική στην Unity είναι ένα ισχυρό εργαλείο για τη δημιουργία ρεαλιστικών και διαδραστικών περιβαλλόντων παιχνιδιού. Βάζοντας τα Rigidbody components, colliders, forces, και constraints σε game objects, ένας προγραμματιστής μπορεί να προσομοιώσει ένα ευρύ φάσμα φυσικών αλληλεπιδράσεων, από απλή βαρύτητα και συγκρούσεις έως πολύπλοκα μηχανικά συστήματα. Αυτό προσθέτει βάθος και ρεαλισμό στα παιχνίδια και επιτρέπει τη δημιουργία συναρπαστικών και καθηλωτικών εμπειριών για τους παίκτες.

Ας εφαρμόσουμε κάποια φυσική στο **"Ball"** GameObject μας, ώστε να μπορούμε να παρατηρήσουμε πώς θα επηρεαστεί από τη μηχανή φυσικής.

Κάντε ξανά κλικ στο κουμπί **"Play"** *(Εικόνα 32)* για να σταματήσετε την καρτέλα **"Game"** (μην κάνετε κλικ στην παύση) και να επιστρέψετε στην καρτέλα **"Scene".**

Επιλέξτε το GameObject **"Ball"** και στην καρτέλα **"Inspector",** κάντε κλικ στο ' **Add Component"** (*Εικόνα*

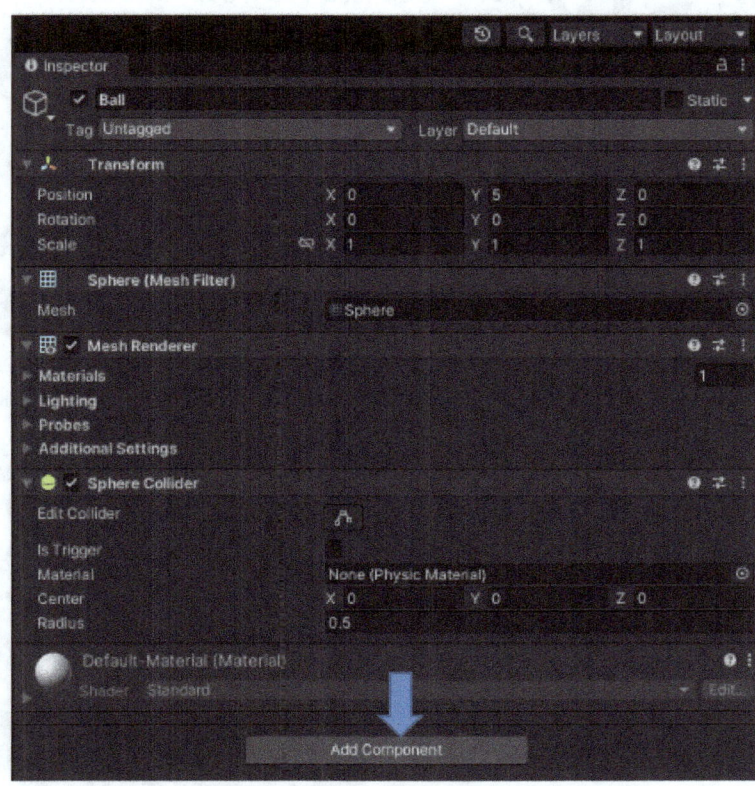

Εικόνα 33 – *Προσθήκη ενος Component*

33) . Πρέπει να προσθέσουμε ένα RigidBody στην μπάλα, ώστε να γνωρίζει ότι θέλουμε να εφαρμόσουμε Φυσική.

Ένα RigidBody θα ειδοποιήσει την Unity ότι το εν λόγω αντικείμενο πρέπει να ενεργήσει σύμφωνα με τις ρυθμίσεις Φυσικής της scene. Αυτά μπορούν να ρυθμιστούν με διάφορους τρόπους και όλα εξαρτώνται από την κλίμακα του εν λόγω αντικειμένου.

Για να προσθέσετε ένα Component, αφού κάνετε κλικ στο **"Add Component"** *(Εικόνα 33)* τότε πληκτρολογήστε το component που αναζητάτε *(Εικόνα 34).*

Στην περίπτωσή μας ψάχνουμε για το **"RigidBody Component",** οπότε απλά γράφουμε τα πρώτα γράμματα και η Unity θα το βρει για εμάς.

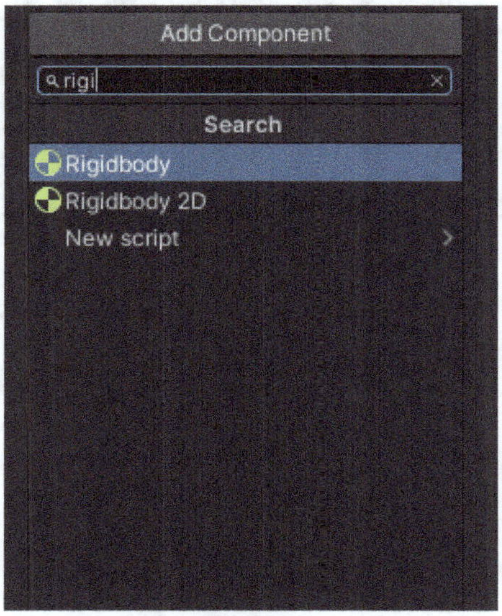

Κάνοντας κλικ/επιλένοντας το component θα προστεθεί στο GameObject. Παρατηρήστε τώρα ότι ένα νέο component έχει εμφανιστεί στο **"Ball"** ως **"RigidBody"** *(Εικόνα 35)* με μερικές νέες επιλογές.

Εκεί μπορείτε να παίξετε με τις ρυθμίσεις *(Εικόνα 35)* όπως το **"Angular Drag"** που επηρεάζει την περιστροφική κίνηση ενός αντικειμένου. Χρησιμοποιείται για την προσομοίωση της αντίστασης που συναντά ένα αντικείμενο όταν πιοσπαθεί να περιστραφεί προς μια συγκεκριμένη κατεύθυνση.

Όσο υψηλότερη είναι η τιμή γωνιακής περιστροφης, τόσο πιο γρήγορα θα μειωθεί η γωνιακή ταχύτητα του GameObject όταν δεν εφαρμόζονται εξωτερικές δυνάμεις ή ροπές που είναι παρόμοια με τη γωνιακή αλλά σε γραμμική μορφή.

Εικόνα 34 – *Αναζήτηση για ένα συγκεκριμένο Component*

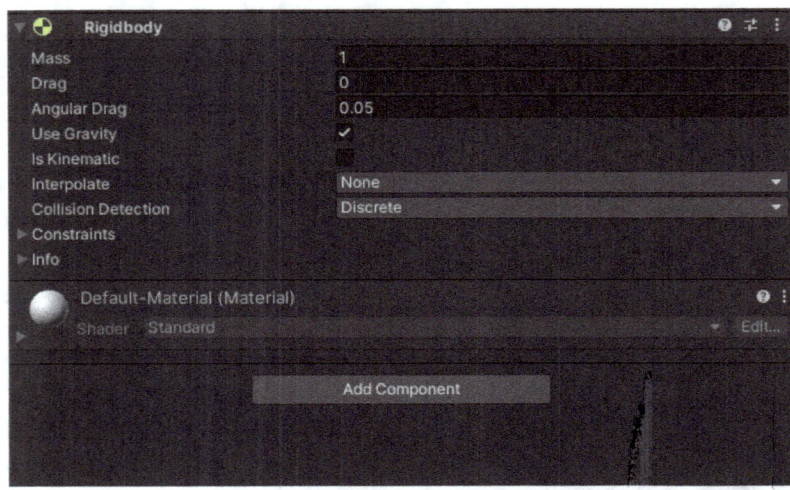

Εικόνα 35 – To RigidBody Component

Στο component **"RigidBody"** μπορείτε επίσης να τροποποιήσετε τη χρήση της βαρύτητας και ακόμη και να ρυθμίσετε τη μάζα του GameObject.

Θυμηθείτε ότι η βαρύτητα δίνει στα πάντα την ίδια ακριβώς επιτάχυνση, έτσι αντικείμενα με διαφορετικές μάζες θα εξακολουθούν να χτυπούν στο έδαφος την ίδια στιγμή αν πέσουν από το ίδιο ύψος, αφού στο Unity δεν υπάρχει αντίσταση αέρα εκτός αν έχει σχεδιαστεί με αυτόν τον τρόπο.

Ας προσπαθήσουμε να "παίξουμε" ξανά το παιχνίδι μας, αυτή τη φορά με το RigidBody στην μπάλα.

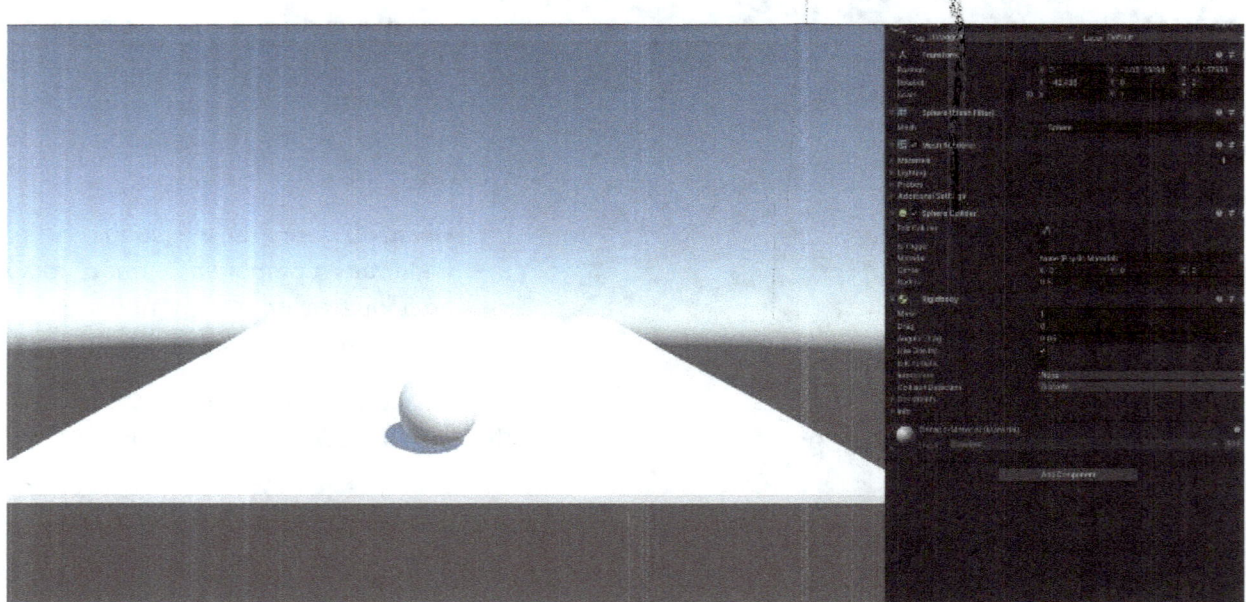

Εικόνα 36 – Η μπάλα μας να κυλά στην επιφάνεια με ένα RigidBody Component

Αυτή τη φορά η **"Ball"** πράγματι πέφτει (*Εικόνα 36*) και κυλάει προς τα κάτω, αφού η φυσική πράγματι εφαρμόζεται σε αυτήν και η μηχανή Unity Physics θα κυλήσει το GameObject.

Αποδέκτες και πήγες Ήχου - Audio Listeners και Audio Sources

Ένας σημαντικός παράγοντας είναι τα **Audio Listeners** που συνδέονται με τις κάμερες κα. εκείνες πάντα έχουν ένα. Ένα Audio listener είναι ένα component που προσθέτει "αυτιά" και θα παρέχει έξοδο ήχου στα ηχεία.

Η εργασία με τον ήχο μπορεί να είναι δύσκολη αν δεν είμαστε εξοικειωμένοι με τους ακόλουθους όρους:

---

1. Audio Attenuation: αναφέρεται στη μείωση της έντασης ή της έντασης του ήχου καθώς ταξιδεύει μέσα στο διάστημα. Είναι μια θεμελιώδης έννοια στον ήχο του παιχνιδιού και στην ακουστική του πραγματικού κόσμου. Στο πλαίσιο της ανάπτυξης παιχνιδιών, η εξασθένηση ήχου χρησιμοποιείται για να κάνει τους ήχους σε ένα εικονικό περιβάλλον να συμπεριφέρονται πιο ρεαλιστικά προσομοιώνοντας πώς γίνονται πιο ήσυχοι καθώς απομακρύνονται από την πηγή ή εμποδίζονται από εμπόδια.

2. 2D Audio: αναφέρεται στην παρουσίαση του ήχου σε ένα παιχνίδι ή μια εφαρμογή χωρίς να λαμβάνεται υπόψη το βάθος ή η χωρική τοποθέτηση. Σε ένα ηχοσύστημα 2D, οι ήχοι αναπαράγονται με τρόπο που δεν μεταφέρει την ψευδαίσθηση του τρισδιάστατου χώρου. Αντί αυτού, παρουσιάζονται συνήθως σαν να προέρχονται από ένα επίπεδο, όπως η οθόνη ή τα αυτιά του ακροατή, χωρίς να λαμβάνεται υπόψη η θέση τους στον εικονικό κόσμο.

Ένας άλλος σημαντικός παράγοντας που λειτουργεί χέρι-χέρι με Audio Listeners είναι τα Audio Sources που είναι το component που παράγει τον ήχο που το Audio Listener θα έχει ως είσοδο.

Αυτά μπορεί να είναι οτιδήποτε, από μουσική, ηχητικά εφέ, διάλογο και πολλά άλλα.

Μπορούμε να προσθέσουμε Audio sources σαν components στα GameObjects και στη συνέχεια αυτά τα GameObjects θα εκπέμπουν τον ήχο που θα καθορίσουμε, αλλά για την τρέχουσα μαθησιακή μας εμπειρία δεν θα σταθούμε σε αυτό ακόμα.

Προς το παρόν, εξοικειωθείτε με την ακόλουθη ορολογία σχετικά με τους ήχους:

Sound Emitters: Audio Sources είναι σαν ηχεία που εκπέμπουν ήχους στο παιχνίδι σας.

Attach to Game Objects: Τοποθετείτε Audio Sources σε αντικείμενα για να τα κάνετε να εκπέμπουν ήχο.

Control Volume and Pitch: Μπορείτε να ρυθμίσετε την ένταση και την ταχύτητα του ήχου.

3D Sound: Audio Sources υποστηρίζουν την τοποθέτηση ήχων σε χώρο 3D για μια ρεαλιστική εμπειρία ήχου.

Το να έχουμε περισσότερες από μία ηχητικές εισόδους είναι φυσιολογικό με την έννοια ότι μπορούμε να έχουμε πολλά πουλιά να κελαηδούν σε ένα δάσος, Αλλά κάνει μεγαλο προβληματικό συντονισμό ήχου όταν πρέπει να ακούσετε από μία έξοδο (ένα ηχείο) τον ήχο ενός πουλιού αλλά από δύο ταυτόχρονες διαφορετικές τοποθεσίες! Το Unity θα παρέχει μια προειδοποίηση ότι έχετε περισσότερους από έναν Audio Listener, αλλά θα σας επιτρέψει να συνεχίσετε.

Εάν χρησιμοποιείτε πολλές κάμερες, βεβαιωθείτε ότι <u>μόνο μία από αυτές διαθέτει Audio Listener</u> ενεργό τη συγκεκριμένη στιγμή. Μπορείτε να απενεργοποιήσετε ή να καταργήσετε εντελώς ένα component που δεν χρησιμοποιείτε κάνοντας απλό κλικ στο κουμπί component 3-Dot και κάνοντας κλικ "**Remove Component**" *(Εικόνα 37)* ή αφαιρώντας το Tick από το κουτάκι αυτού του component.

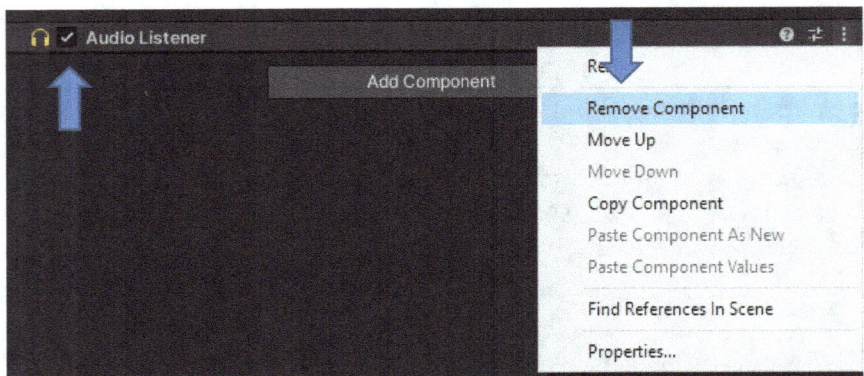

Εικόνα 37 – Αφαίρεση ενός Component

Ως άσκηση και για καλύτερη κατανόηση των RigidBody, Δοκιμάστε τα εξής:

1. *Εισαγάγετε μερικά ακόμη primitives όπως Spheres, Capsules και Cylinders και προσθέστε Rigidbodies σε αυτά. Δοκιμάστε από διαφορετικά ύψη και διαφορετικά αντικείμενα. Παίξτε και δοκιμάστε πώς τα primitives αντιδρούν.*
2. *Μετακινήστε την κάμερά σας σε διαφορετικές τοποθεσίες και δείτε από διαφορετικές γωνίες. Βεβαιωθείτε ότι έχετε διαγράψει την πρώτη κάμερα.*
3. *Αλλάξτε τα Clipping Panes της κάμεράς σας σε Near (– 1) και Far (10).*
4. *Προσθέστε και διαγράψετε ένα Audio Listener στην Camera.*
5. *Δημιουργήστε ένα project που θα έχει τουλάχιστον 4 αντικείμενα με ένα RigidBody που θα πέσει σε μια επιφάνεια με σχήμα Capsule.*

Το πρώτο Script – "Teleporting" ένα Object

Σε αυτό το κεφάλαιο θα μάθετε για:

- Δημιουργία Colliders και τους διαφορετικούς τύπους τους (Mesh/Compound/Primitive)
- Χρησιμοποιώντας Mesh Renderers
- Προσθέτοντας τα Trigger Colliders
- Δημιουργία και προσθήκη Scripts
- Γράφοντας ένα απλό Script και Collider Functions
- Χρησιμοποιώντας τα public Variables

Για αυτό το κεφάλαιο, προτιμάται λιγη γνώση προγραμματισμού.

Οι μαθητές/εκπαιδευόμενοι αναμένεται να έχουν κάποια εξοικείωση με:

- Variables
- Assignments

Στο τρέχον παιχνίδι Pinball μας μέχρι στιγμής, έχουμε προσθέσει ένα Sphere GameObject που ονομάζεται **"Ball"** σε μια κεκλιμένη επιφάνεια που ονομάζεται **"Ground"**. Η Sphere θα κυλήσει στην επιφάνεια και στη συνέχεια θα πέσει και θα εξαφανιστεί στο άπειρο καθώς θα πέσει για πάντα. Αυτό είναι φυσικά ένα πρόβλημα που πρέπει να αντιμετωπιστεί για αρκετούς λόγους, δεδομένου ότι στην Unity, η διατήρηση GameObject ενεργών ή η διατήρηση script σε GameObject για παρατεταμένες περιόδους μπορεί να οδηγήσει σε διάφορα προβλήματα και προκλήσεις.

Μερικά από τα συνηθισμένα προβλήματα που σχετίζονται με τη διατήρηση ενεργών GameObject στην Unity:

Memory Leaks: Μία από τις πιο σημαντικές ανησυχίες είναι η διαχείριση της μνήμης. Εάν διατηρήσετε αναφορές σε GameObject που δεν χρειάζονται πλέον, αλλά δεν αποδεσμεύσετε αυτές τις αναφορές κατάλληλα, μπορεί να οδηγήσει σε διαρροές μνήμης. Αυτές οι διαρροές καταναλώνουν σταδιακά μνήμη συστήματος και μπορεί τελικά να οδηγήσουν σε κακή απόδοση ή σφάλματα.

Performance Degradation: Η διατήρηση πάρα πολλών GameObject ενεργών σε μια σκηνή μπορεί να επηρεάσει την απόδοση. Η Unity πρέπει να διαχειρίζεται και να ενημερώνει την κατάσταση κάθε ενεργού GameObject, το οποίο απαιτεί πόρους CPU και GPU. Εάν υπάρχουν πάρα πολλά αντικείμενα, ειδικά με πολύπλοκα σενάρια και στοιχεία, μπορεί να οδηγήσει σε πτώση frame per second και μειωμένη απόδοση.

Garbage Collection Overhead: Unity χρησιμοποιεί garbage collection για αυτόματη απελευθέρωση μνήμης που καταλαμβάνεται από GameObject που δεν χρησιμοποιούνται πλέον. Ωστόσο, εάν δημιουργείτε και καταστρέφετε GameObject συχνά ή διατηρείτε αντικείμενα ενεργά χωρίς λόγο, αυτό μπορεί να οδηγήσει σε συχνά συμβάντα συλλογής απορριφθέντων script, προκαλώντας αιχμές απόδοσης και μειωμένους ρυθμούς frame per second κατά τη διάρκεια των κύκλων συλλογής.

Resource Consumption: Τα GameObject στο Unity μπορούν να καταναλώνουν διάφορους πόρους, όπως τα textures, meshes, audio clips, και shaders. Η διατήρηση περιττών αντικειμένων ως ενεργά μπορεί να οδηγήσει σε αυξημένη κατανάλωση πόρων, επηρεάζοντας τη συνολική αποτελεσματικότητα του παιχνιδιού σας.

Complex Debugging: Όταν τα GameObject διατηρούνται ζωντανά περισσότερο από ό, τι είναι απαραίτητο, μπορεί να κάνει τον εντοπισμό σφαλμάτων πιο δύσκολο. Τα αντικείμενα ενδέχεται να περιέχουν αναφορές σε παλιά δεδομένα ή να παρουσιάζουν απροσδόκητη συμπεριφορά, καθιστώντας δύσκολο τον εντοπισμό και την επίλυση προβλημάτων.

Maintainability: Η υπερβολικά περίπλοκη ή περίπλοκη διάρκεια ζωής των GameObject μπορεί να δυσκολέψει τη συντήρηση της βάσης κώδικα. Μπορεί να γίνει δύσκολο να εντοπίσετε ποια αντικείμενα πρέπει να καταστραφούν, ποια πρέπει να παραμείνουν και πώς αλληλεπιδρούν.

Scene Management: Η διατήρηση ζωντανών GameObject κατά την εναλλαγή μεταξύ scene μπορεί να οδηγήσει σε προβλήματα. Οι παλιές αναφορές σκηνών μπορούν να επηρεάσουν νέες scenes, προκαλώντας ενδεχομένως συγκρούσεις ή απροσδόκητη συμπεριφορά.

Για να μετριάσετε αυτά τα προβλήματα, είναι σημαντικό να ακολουθήσετε καλές πρακτικές κωδικοποίησης και να διατηρήσετε μια καλά δομημένη αρχιτεκτονική για τα project σας στην Unity. Δείτε πιο κάτω ορισμένες στρατηγικές για την αντιμετώπιση αυτών των ζητημάτων:

Use Object Pooling: Για GameObject που δημιουργούνται και καταστρέφονται συχνά, εξετάστε το ενδεχόμενο εφαρμογής ομαδοποίησης GameObject. Αυτή η τεχνική περιλαμβάνει την ανακύκλωση αντικειμένων αντί να τα δημιουργεί και να τα καταστρέφει επανειλημμένα, μειώνοντας την κατανομή μνήμης και τα γενικά έξοδα συλλογής απορριμμάτων.

Manage References Carefully: Να είστε επιμελείς σχετικά με την απελευθέρωση αναφορών σε αντικείμενα όταν δεν χρειάζονται πλέον. Χρησιμοποιήστε μεθόδους όπως **Destroy**() ή μηδενίστε αναφορές για να διασφαλίσετε ότι τα GameObject μπορούν να συλλεχθούν σωστά για τα σκουπίδια (Garbage Collection). Θα χρησιμοποιήσουμε κυρίως **το Destroy()** σε αυτό το βιβλίο και κεφάλαιο.

Implement Resource Management: Παρακολουθούμε την χρήσης πόρων και διαγραφουμε αχρησιμοποίητα components ή GameObject για να ελευθερώσετε μνήμη και πόρους.

Profile and Optimize: Δημιουργήστε τακτικά προφίλ στο παιχνίδι σας για να εντοπίσετε σημεία συμφόρησης απόδοσης που σχετίζονται με τη διαχείριση των GameObject. Βελτιστοποιήστε ανάλογα τον κώδικα και την αρχιτεκτονική σας.

Scene Management: Κατά την εναλλαγή των scene, βεβαιωθείτε ότι τα GameObject από την προηγούμενη scene έχουν καθαριστεί σωστά και αποφύγετε την να έχετε GameObject από προηγούμενα scene.

Αντιμετωπίζοντας αυτά τα ζητήματα και υιοθετώντας καλές πρακτικές coding, μπορείτε να διατηρήσετε αποτελεσματική διάρκεια ζωής των GameObject στα projects που κάνουμε με την Unity, οδηγώντας σε καλύτερη απόδοση, μειωμένη χρήση μνήμης και ομαλότερες εμπειρίες παιχνιδιού.

Συνήθως, όσο μεγαλύτερο είναι ένα παιχνίδι, τόσο περισσότερη μνήμη καταναλώνει. Αυτό σημαίνει ότι εάν τα αντικείμενα που δεν χρησιμοποιούμε πλέον δεν καταστραφούν, τότε το παιχνίδι τελικά θα εξαντληθεί η μνήμη ή η επεξεργαστική ισχύς και το παιχνίδι θα αρχίσει να αντιμετωπίζει προβλήματα όπως προβλήματα απόδοσης και σφάλματα.

> **!** Κατά κανόνα, στόχος μας είναι να διατηρήσουμε όσο το δυνατόν λιγότερα αντικείμενα σε λειτουργία, καταστρέφοντας ταυτόχρονα οτιδήποτε δεν χρησιμοποιείται πια. Είναι ακόμα καλύτερο να επαναχρησιμοποιήσετε ένα αντικείμενο παρά να δημιουργήσετε ξανά ένα άλλο εάν ένα αντικείμενο έχει εξαλειφθεί. Για παράδειγμα, αν στο παιχνίδι μας θέλαμε να δημιουργήσουμε περισσότερες μπάλες καθώς το παιχνίδι προχωρούσε, θα ήταν πολύ πιο αποτελεσματικό αν όταν μια μπάλα πέφτει πατω από το έδαφος μας εμείς απλά να την επαναδρομολογήσουμε (ή να την κανουμε Teleport) πίσω στην κορυφή.

Είναι αρκετά συνηθισμένο να μετακινείτε αμέσως ένα αντικείμενο στο παιχνίδι, όπως ο παίκτης ή ένα αντικείμενο, να τηλεμεταφέρετε (Teleport) ή να μετακινηθείτε σε μια νέα τοποθεσία ή να μετακινήσετε ένα task σε άλλη τοποθεσία.

Η βασική αρχή εδώ είναι να μετακινηθεί το αντικείμενο σε έναν συγκεκριμένο παγκόσμιο χώρο (συντεταγμένες) όταν συμβαίνει κάτι. Αυτό θα μπορούσε να είναι το αντικείμενο που αγγίζει κάτι ή φτάνει σε μια τοποθεσία. Η "σκανδάλη" (trigger) που θα ενεργοποιήσει αυτή την "ενέργεια" για τη μετακίνηση του αντικειμένου ονομάζεται **Collider** και είναι ένας από τους πιο βασικούς παράγοντες δημιουργίας ενός παιχνιδιού.

Colliders

Colliders στο game development είναι σαν την αίσθηση της αφής στον φυσικό κόσμο. Παρέχουν τα μέσα για τα αντικείμενα να αλληλεπιδρούν και να ανταποκρίνονται στο περιβάλλον τους, επιτρέποντας την προσομοίωση των collisions, triggers, και φυσικές αλληλεπιδράσεις στο εικονικό περιβάλλον. Ακριβώς όπως η αίσθηση της αφής μας επιτρέπει να αισθανόμαστε και να αντιδρούμε στον κόσμο, τα colliders παρέχουν στα GameObjects την δύναμη της αίσθησης και αντίδρασης στον ψηφιακό κόσμο στον οποίο κατοικούν. Ο απλούστερος (και λιγότερο απαιτητικός) colliders είναι τα primitive collider types που μάθαμε παραπάνω (Cube, Sphere, κτλ)

Compound colliders

Compound colliders χρησιμοποιούνται για να περιγράψουν μια κατάσταση όπου επισυνάπτετε πολλά απλά αλλά colliders στη ιεραρχία του GameObject, συχνά ως child GameObjects. Κάθε child GameObject έχει το δικό του collider με συγκεκριμένο σχήμα και θέση.

Σκεφτείτε το σκηνικό: Ας υποθέσουμε ότι έχετε ένα πολύπλοκο μοντέλο οχήματος στο παιχνίδι σας. Αντί να χρησιμοποιήσετε ένα μόνο Mesh Collider για ολόκληρο το όχημα, το οποίο μπορεί να είναι υπολογιστικά δύσκολο για τον επεξεργαστή σας, μπορείτε να δημιουργήσετε child GameObjects για διαφορετικά μέρη του οχήματος, το καθένα με το δικό του κατάλληλο collider (πχ, BoxCollider για το σώμα, WheelColliders για τροχούς κτλ). Με αυτόν τον τρόπο, επιτυγχάνετε μια πιο ακριβή αναπαράσταση σύγκρουσης, διατηρώντας παράλληλα την απόδοση υπό έλεγχο.

Συνοπτικά, ένα compound collider στο Unity είναι μια έννοια όπου πολλαπλές απλές colliders χρησιμοποιούνται μαζί, συχνά ως child GameObjects, για να δημιουργήσετε ένα complex collision shape για το GameObject. Αυτή η προσέγγιση παρέχει ισορροπία μεταξύ ακριβούς collision detection και αποτελεσματικής επεξεργασίας.

Mesh colliders

Αναφέραμε τα Meshes στο Transform Component κεφαλαιο αυτού του βιβλίου, αλλά δεν τα έχουμε δει πραγματικά σε δράση. Προς το παρόν, χρειάζεται μόνο να γνωρίζουμε ότι τα Mesh Colliders σε ορισμένες περιπτώσεις είναι καλύτερα από τα Compound colliders Ωστόσο, όσον αφορά την ακρίβεια, αυτά τα colliders απαιτούν πολύ **περισσότερη επεξεργασία από τον CPU** μας από τα **primitive types**, Χρησιμοποιήστε τα λοιπόν με φειδώ για να διατηρήσετε καλή απόδοση. Επίσης, ένα mesh collider δεν μπορεί να συγκρουστεί με άλλο mesh collider (δεν συμβαίνει τίποτα όταν έρχονται σε επαφή). Μπορείτε να το παρακάμψετε σε ορισμένες περιπτώσεις επισημαίνοντας τον mesh collider ως **Convex**. Αυτό δημιουργεί το collider shape με όνομα **"convex hull"** που είναι σαν το original mesh αλλά με τυχόν υποκοπές συμπληρωμένες. Το όφελος από αυτό είναι ότι ένα convex mesh collider μπορεί να συγκρουστεί με άλλα mesh colliders Έτσι, μπορείτε να χρησιμοποιήσετε αυτήν τη δυνατότητα όταν έχετε έναν κινούμενο χαρακτήρα με κατάλληλο σχήμα. Ωστόσο, ένας καλός κανόνας είναι να χρησιμοποιήσετε mesh colliders για scene γεωμετρία και προσέγγιση του σχήματος της μετακίνησης GameObjects χρησιμοποιώντας compound primitive colliders.

Για περαιτέρω κατανόηση των colliders, Πρέπει να αρχίσουμε να δουλεύουμε μαζί τους.

Λοιπόν, ας προσθέσουμε ένα άλλο Cube στο Pinball μας και ρυθμίστε το ώστε να έχει μέγεθος 10,0.1,10 με το Transform Position 0,-4,-5. Αυτό θα πρέπει να τοποθετήσει τη νέα επιφάνεια στο κάτω μέρος της προηγούμενης με μέρος της να εκτείνεται προς το τέλος. Εάν το δικό σας είναι διαφορετικό, τότε απλώς αναδιατάξτε το αντικείμενο μέχρι να είναι παρόμοιο με την *Εικόνα 38.*

Μετονομάστε αυτή την νέα επιφάνεια ως "**LowerEnd".**

Το **"Scene view"** μας θα πρέπει να είναι παρόμοιο με το παρακάτω παράδειγμα *(Εικόνα 38)*, πράγμα που σημαίνει ότι όταν η "**Ball**" κυλά προς τα κάτω στο "**Ground**" στη συνέχεια θα πέσει στην επιφάνεια "**LowerEnd**" που μόλις δημιουργήσαμε.

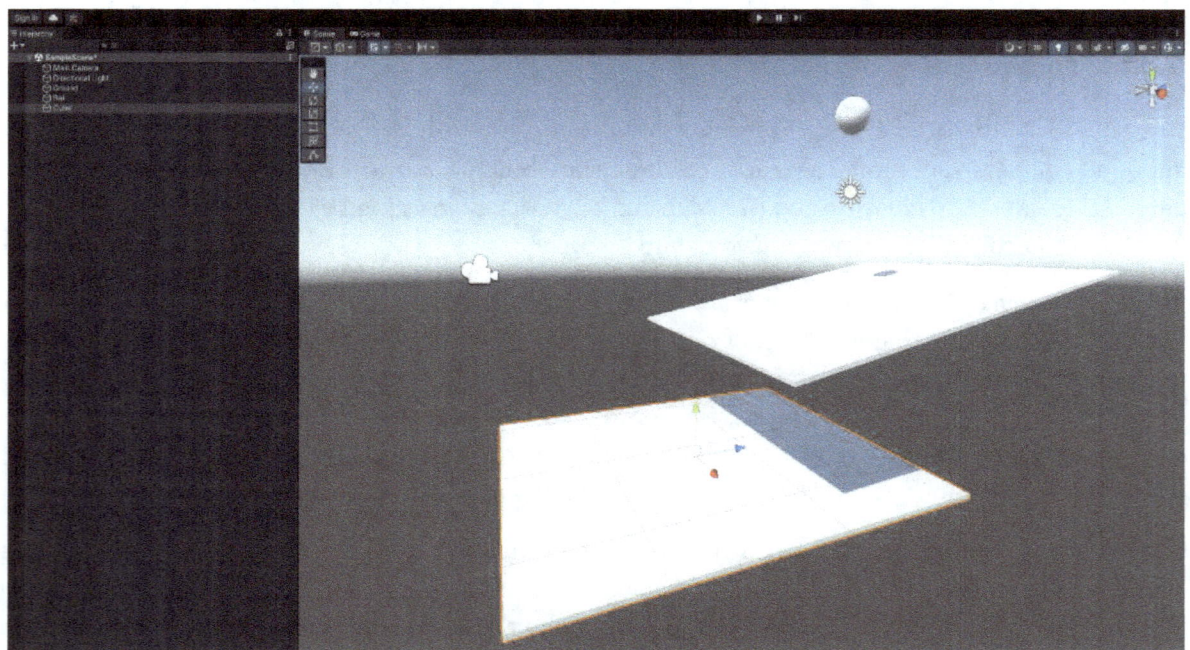

Εικόνα 38 – Παράδειγμα ενός Trigger

Ωστόσο, αυτή η νέα επιφάνεια που μόλις δημιουργήσαμε δεν πρόκειται να χρησιμοποιηθεί ως επιφάνεια αλλά σαν trigger. Αυτό σημαίνει ότι πρέπει να κάνουμε τις ακόλουθες αλλαγές σε αυτό.

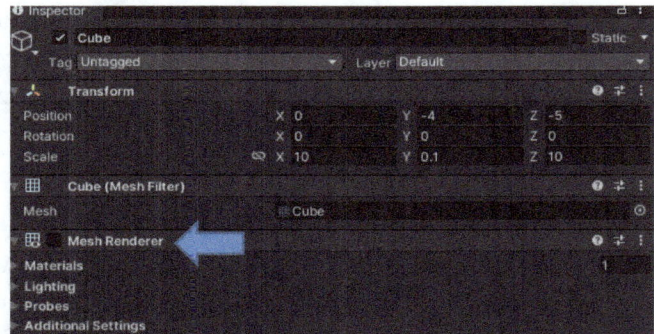

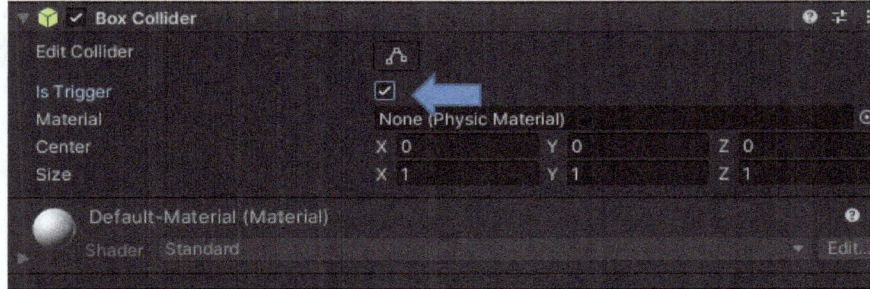

1. Πρέπει να αφαιρέσουμε το "**Mesh Renderer**" έτσι ώστε το object δεν θα είναι πλέον ορατό στον Player (και για εξοικονόμηση χρόνου απόδοσης)

2. Πρέπει να δηλώσουμε ότι το τρέχων object Collider θα χρησιμοποιηθεί ως trigger.

Βεβαιωθείτε ότι έχετε επιλεγεί στο αντικείμενο "**LowerEnd**" και, στη συνέχεια, **καταργήστε την επιλογή** του Mesh Renderer Component *(Εικόνα 39 πάνω μέρος)*

Αυτό θα το απενεργοποιήσει το component (μπορούμε εναλλακτικά να το αφαιρέσουμε εντελώς) και μόνο το Collider θα παραμείνει.

Εικόνα 39 – Μετατροπή ενός Collider object σαν Trigger και αφαίρεση του Renderer 1

Στη συνέχεια, πρέπει να ρυθμίσουμε το Collider να είναι Trigger κάνοντας κλικ στο κουμπί "**Is Trigger**" στο Box Collider του "**LowerEnd**" Game Object στο Inspector *(Εικόνα 39 κάτω μέρος)*.

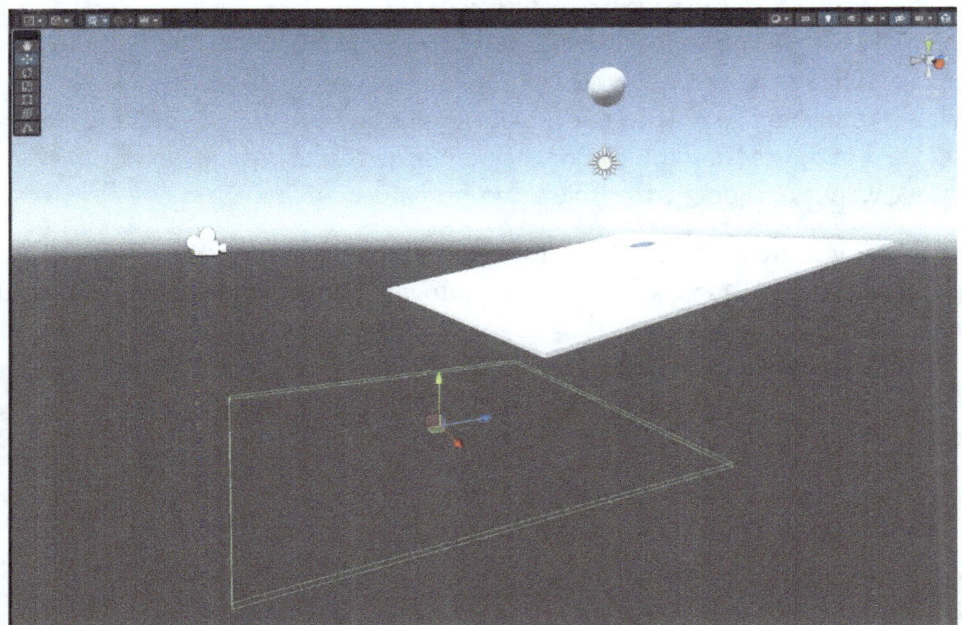

Εικόνα 40 – Μετατροπή ενός Collider σαν Trigger και αφαιρεση του Mesh Renderer 2

162

Το τελικό σας αποτέλεσμα θα πρέπει να είναι μια επίπεδη επιφάνεια με ορατό μόνο το πράσινο περίγραμμα του Collider *(Εικόνα 40)*.

Το πράσινο περίγραμμα υποδηλώνει ότι υπάρχει ένας **Collider** εκεί, αλλά δεδομένου ότι ο collider έχει οριστεί ως trigger, στην πραγματικότητα δεν θα σταματήσει ή θα αποκλείσει τυχόν εισερχόμενα GameObjects. Θα λειτουργήσει απλώς ως trigger για το script ή τη action μας που θέλουμε να κάνουμε μόλις κάτι αγγίξει τη συγκεκριμένη πράσινη περιοχή.

> **❗** Σημείωση: Στην Unity, ένα **trigger** είναι σαν ένας αόρατος αισθητήρας που μπορείτε να τοποθετήσετε σε αντικείμενα. Όταν κάτι εισέρχεται ή εξέρχεται από την περιοχή αυτού του αισθητήρα, μπορεί να ενεργοποιήσει συγκεκριμένες ενέργειες ή συμβάντα στο παιχνίδι σας. Είναι ένας τρόπος ανίχνευσης αλληλεπιδράσεων μεταξύ αντικειμένων χωρίς φυσικές συγκρούσεις, καθιστώντας το χρήσιμο για διάφορους μηχανισμούς παιχνιδιού.

Με απλά λόγια, φανταστείτε ένα trigger σαν ένα κρυφό κουμπί που ενεργοποιεί κάτι όταν το πατάτε ή το πλησιάζετε σε ένα παιχνίδι. Είναι επίσης ένας τρόπος για τα αντικείμενα να αισθάνονται το ένα την παρουσία του άλλου και να ανταποκρίνονται ανάλογα, όπως το άνοιγμα μιας πόρτας όταν πλησιάζει ένας χαρακτήρας ή το να σκοράρουν πόντους όταν ένας παίκτης συλλέγει ένα αντικείμενο. Εάν θέλετε επίσης να το κάνετε να λειτουργεί ως collider, τότε πρέπει να προσθέσετε ένα επιπλέον collider component που θα το κάνει αυτό.

Ένα Trigger είναι αυτό που τελικά θα "ξεκινήσει" μια ενέργεια ή ένα script. Στην περίπτωσή μας θέλουμε η μπάλα, μόλις αγγίξει τον collider **"LowerEnd"** να επιστρέψει αμέσως στην αρχική της θέση. Αυτό σημαίνει ότι χρειαζόμαστε μια θέση εκκίνησης (σε αυτό το παιχνίδι ο Collider Trigger) αλλά χρειαζόμαστε επίσης μια τελική θέση, σε αυτή την περίπτωση την αρχική θέση της μπάλας. Τα ονόματα που χρησιμοποιούνται εδώ (**"StartingPosition"**/**"LowerEnd"** είναι μόνο για αυτό το παράδειγμα. <u>Μπορείτε να χρησιμοποιήσετε οποιοδήποτε ονόματα προτιμάτε για να προσδιορίσετε τα αντικείμενά σας</u>)

Έτσι, έχουμε το Object που θα κανει Trigger το move script, Αλλά δεν ξέρουμε πού να τηλεμεταφέρουμε, καθώς η μπάλα προφανώς θα κινηθεί. Αυτό σημαίνει ότι θα χρειαστούμε επίσης ένα άλλο αντικείμενο που θα μας βοηθήσει και θα παρακολουθούμε την αρχική θέση της μπάλας. Εναλλακτικά, μπορούμε να συνδέσουμε το script έτσι ώστε να πηγαίνει σε μια συγκεκριμένη θέση κάθε φορά, αλλά αυτό δεν είναι τόσο αποτελεσματικό όσο η τρέχουσα μέθοδος, αφού με την τρέχουσα μέθοδο που θα μάθουμε θα μπορέσουμε επίσης να μετακινήσουμε το αντικείμενο εν κινήσει.

Αντιγράψτε το τρέχον αντικείμενο **"Ball"** κάνοντας δεξί κλικ στο GameObject στην καρτέλα **"Hierarchy"** και, στη συνέχεια, επιλέγοντας **"Duplicate"**. Αυτό θα δημιουργήσει ένα δεύτερο αντικείμενο μπάλας με τα ίδια χαρακτηριστικά και εξαρτήματα με το προηγούμενο. Δεδομένου ότι η 2η μπάλα θα χρησιμοποιηθεί μόνο ως σύμβολο κράτησης θέσης για μια τοποθεσία (Transform) , είναι επιτακτική ανάγκη να αφαιρέσουμε όλα τα στοιχεία που χρησιμοποιεί για εξοικονόμηση μνήμης.

> **❗** Σημείωση: Όσον λιγότερα components έχουμε σε ένα αντικείμενο τόσο πιο βελτιστοποιημένο θα είναι το παιχνίδι μας.

Remove all the components of the 2nd Ball and rename it to "**StartingPosition**" *(Εικόνα 41)*

Δημιουργώντας αυτό το "αόρατο" νέο αντικείμενο έχουμε πλέον δημιουργήσει ένα αντικείμενο που η μπάλα μπορεί να μετακινήσει () μόλις φτάσει στο Trigger "**LowerEnd**".

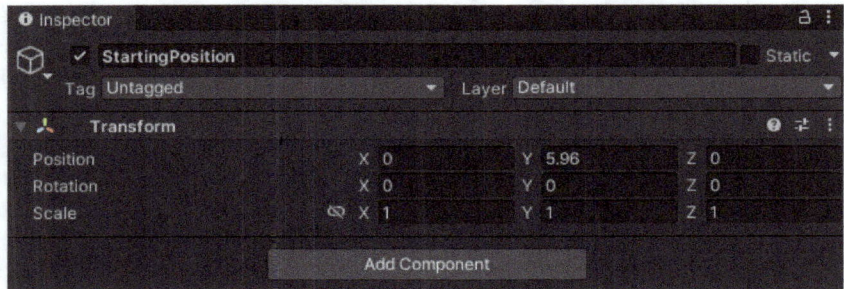

Εικόνα 41 – Παράδειγμα ενός Placeholder Object χωρίς components 1.

Δεδομένου ότι το **αντικείμενο "StartingPosition"** δεν έχει components και colliders, θα λειτουργήσει απλώς ως θέση κράτησης θέσης. Εάν αργότερα θέλουμε η μπάλα να τηλεμεταφερθεί/teleport σε άλλη τοποθεσία, τότε το μόνο που χρειάζεται να κάνουμε είναι απλώς να μετακινήσουμε

το αντικείμενο "**StartingPosition**" σε άλλη τοποθεσία και η Unity θα χειριστεί τα υπόλοιπα.

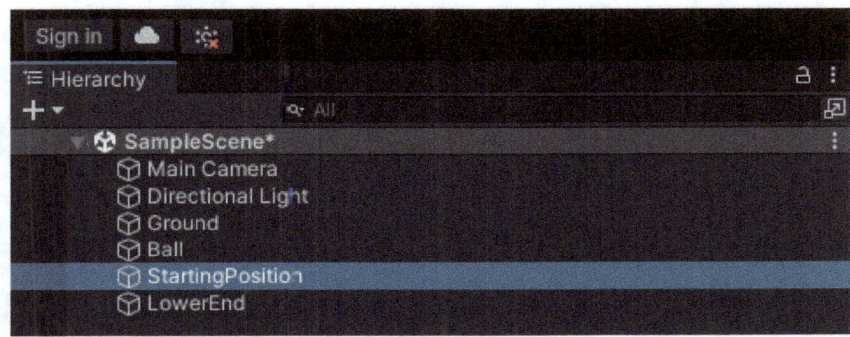

Εικόνα 42 – Παραδειγμα ενός Placeholder Object χωρίς components 2.

Για να γίνει αυτό, χρειαζόμαστε **scripting** και scripting στην Unity γίνεται με διάφορους τρόπους.

Θα μάθουμε πώς να χρησιμοποιούμε τον πιο βασικό και σημαντικό τρόπο, ο οποίος είναι μέσω κωδικοποίησης στη γλώσσα προγραμματισμού C# και με Visual Scripting που είναι

ευκολότερο για το νεότερο κοινό, αλλά θα εξακολουθεί να παρέχει τα ίδια αποτελέσματα.

Το Visual Scripting που χρησιμοποιεί αυτό το βιβλίο γίνεται μέσω του **PlayMaker**, το οποίο είναι ένα πρόσθετο εργαλείο που μπορείτε να κατεβάσετε και να χρησιμοποιήσετε από το Unity Asset Store. Υπάρχουν πολλά περισσότερα όπως το Unity Build-in Visual Scripting που μπορείτε να χρησιμοποιήσετε και να μάθετε με τον δικό σας ρυθμό.

Κωδικοποίηση / Scripting στην C# και Triggers

Όταν συμβαίνουν collisions, η μηχανή φυσικής καλεί functions με συγκεκριμένα ονόματα σε οποιαδήποτε scripts που είναι ενωμενα/προσαρτημένα στα εμπλεκόμενα GameObjects. Μπορείτε να τοποθετήσετε οποιονδήποτε κωδικό θέλετε σε αυτά τα functions για να ανταποκριθούν στο collision event. Για παράδειγμα, μπορείτε να αναπαραγάγετε ένα ηχητικό εφέ σύγκρουσης όταν ένα αυτοκίνητο προσκρούει σε ένα εμπόδιο.

Collider Functions:

- OnCollisionEnter
- OnCollisionStay
- OnTriggerEnter
- OnTriggerStay
- OnTriggerExit

Για παράδειγμα, στην πρώτη ενημέρωση φυσικής όπου ανιχνεύεται το collider, καλείται το function **OnCollisionEnter** .

Κατά τη διάρκεια ενημερώσεων όπου διατηρείται η επαφή, καλείται το **OnCollisionStay** και, τέλος, το **OnCollisionExit**   υποδεικνύει ότι η επαφή έχει διακοπεί. Trigger colliders καλούνε το ανάλογο **OnTriggerEnter**, **OnTriggerStay** και **OnTriggerExit** functions.

> Σημείωση : Με κανονική, non-trigger collisions, Υπάρχει μια πρόσθετη λεπτομέρεια ότι τουλάχιστον ένα από τα εμπλεκόμενα αντικείμενα πρέπει να έχει ένα non-kinematic Rigidbody (IsKinematic πρέπει να απενεργοποιηθεί). Εάν και τα δύο αντικείμενα είναι kinematic Rigidbodies τοτε το *OnCollisionEnter* etc, δεν θα κληθεί. Με τα trigger collisions, Αυτός ο περιορισμός δεν ισχύει και έτσι και τα δύο kinematic και non-kinematic Rigidbodies θα ανταποκριθούν στο *OnTriggerEnter* όταν χτυπήσει ένα trigger collider.

Αρχικά, ας ξεκινήσουμε προσθέτοντας ένα script component στο GameObject "**LowerEnd**".

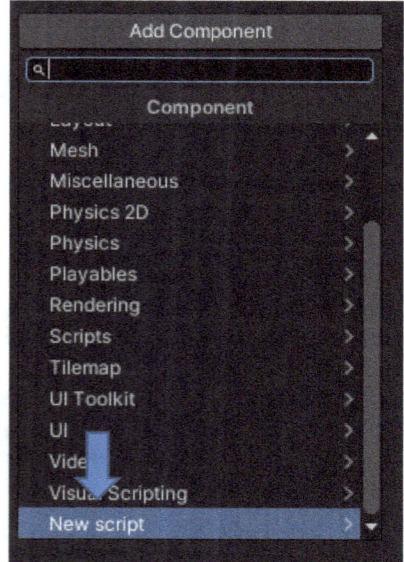

Δεύτερον, επιλέξτε το αντικείμενο "**LowerEnd**" και, στη συνέχεια, **"New Script"** component *(Εικόνα 43)*

Δώστε του το όνομα "**Teleporter**" και περιμένετε μέχρι το Unity να προσθέσει το Script στο αντικείμενο.

Προς το παρόν είναι ένα κενό script, οπότε πρέπει να κάνετε κλικ σε αυτό και στη συνέχεια **"Edit Script"**   *(Εικόνα 44)* έτσι ώστε το Visual Studio να ξεκινήσει και να ανοίξει το script.

Ενώ εργάζεστε στο Visual Studio, πρέπει να διατηρείτε ανοιχτό τόσο το Visual Studio όσο και την Unity καθώς συντονίζονται και τα δύο προγράμματα. Κάθε φορά που αποθηκεύετε ένα script στο Visual Studio, τη στιγμή που κάνετε κλικ πίσω στο Unity, το Unity θα ελέγχει εάν αυτό το script βρίσκεται σε λειτουργική κατάσταση και θα σας παρέχει τυχόν σφάλματα που ενδέχεται να υπάρχουν στον κώδικά σας. Αυτό σημαίνει ότι ο κώδικάς σας πρέπει να ελεγχθεί δύο φορές, μία φορά από το Visual Studio IDE / Intellisense για εντοπισμό

Εικόνα 43 – Εισαγωγή ενός νέου Script

σφαλμάτων και στη συνέχεια ξανά από την Unity, καθώς πολλές εντολές διαφέρουν από την τυπική κωδικοποίηση με C#.

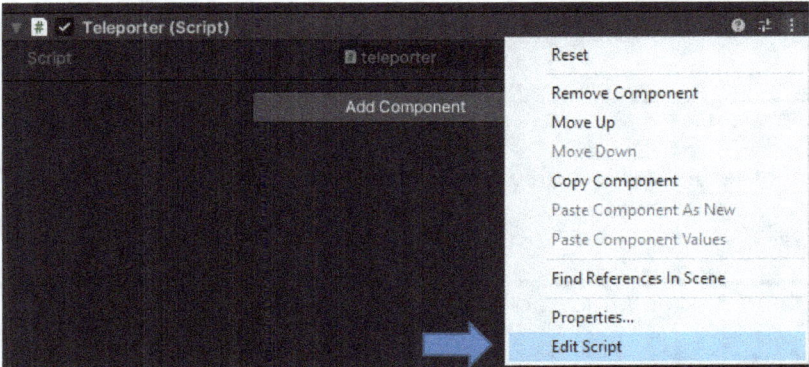

Εικόνα *44 - Editing ένα Script την πρώτη φορά*

Θα παρατηρήσετε ότι ο κάποιος κώδικας είναι ήδη προγραμμένος, ο οποίος υπάρχει από προεπιλογή, καθώς αυτό το κομμάτι κώδικα είναι το τυπικό σημείο εκκίνησης οποιουδήποτε script στην Unity.

Γράψτε τον κάτω κώδικα που είναι με έντονους χαρακτήρες και κάντε κλικ στο **"Save"** ή εναλλακτικά επισκεφθείτε τον

σύνδεσμο και αντιγράψτε τον.

Λάβετε υπόψη ότι αυτά είναι CaSeSeNsitIvE και η σωστή κεφαλαιοποίηση των εντολών είναι απαραίτητη.

[Teleporter](https://tinyurl.com/2xcrkruv) Script - https://tinyurl.com/2xcrkruv

```csharp
using System.Collections;
using System.Collections.Generic;
using UnityEngine;

public class Teleporter : MonoBehaviour
{
    // Start is called before the first frame update
    void Start()
    {
    }
    // Update is called once per frame
    void Update()
    {
    }
    public Transform LocationToGo; // Creating the variable LocationToGo
    public Transform ObjectToMove;// Creating the variable ObjectToMove
    void OnTriggerEnter(Collider other) // Creating the OnTriggerEnter method
    {
        ObjectToMove.transform.position = LocationToGo.transform.position;
        // Moves the object from one location to another
    }
}
```

> ❗ Σημείωση: Ότι ακολουθείται μετά το **//** σημαίνει ότι είναι ένα σχόλιο, και είναι εκεί ως βοήθεια για τον προγραμματιστή. Θα πρέπει επίσης να προσθέσετε σχόλια στον κώδικά σας για να σας βοηθήσουν όταν αναθεωρείτε τον κώδικά σας στο μέλλον. Τα σχόλια δεν έχουν καμία επίδραση στον κώδικά μας, οπότε μη διστάσετε να προσθέσετε όσα θέλετε.

Πρώτον, ας ρίξουμε μια καλή ματιά στον κώδικά μας και ας δούμε τι κάνει.

Τα πρώτα μέρη είναι ήδη προ-γραμμένα για εσάς, καθώς αυτά είναι εκεί από προεπιλογή, και δεν θα σταθούμε σε αυτά τα μέρη προς το παρόν μέχρι πολύ αργότερα στο Input via C# και Void Start / Update τμήμα αυτού του βιβλίου.

Οι γραμμές:

```csharp
public Transform LocationToGo;
public Transform ObjectToMove;
void OnTriggerEnter(Collider other)
{
    ObjectToMove.transform.position = LocationToGo.transform.position;
}
```

είναι αυτά στα οποία θα επικεντρωθούμε επί του παρόντος.

Οι δύο πρώτες γραμμές:

```csharp
public Transform LocationToGo;
public Transform ObjectToMove;
```

θα δημιουργήσει δύο μεταβλητές που ορίζονται ως **Public**.

Οι εντολές **Public** εδώ δηλώνουν ότι οι μεταβλητές όχι μόνο είναι δημόσιες (ορατές) στο υπόλοιπο πρόγραμμα, αλλά επίσης, είναι δημόσιες και στην Unity! Οτιδήποτε έχει οριστεί σε **"Public"** θα

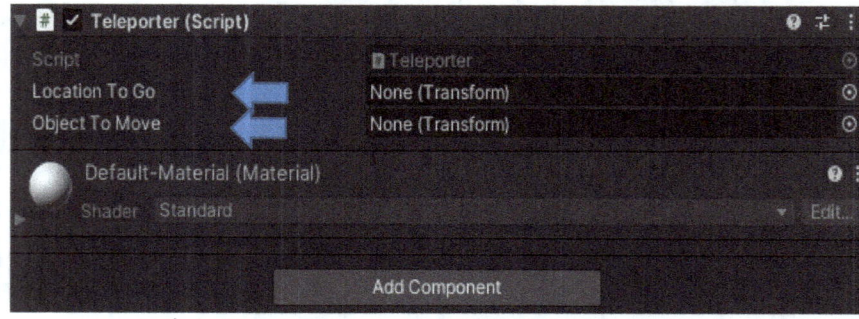

εμφανίζεται ως μεταβλητή αυτού του τύπου δεδομένων στο GameObject που περιέχει το script component. Για παράδειγμα, στην *Εικόνα 45* θα παρατηρήσετε ότι το script μας θα απαιτήσει δύο **"Transforms"** ως είσοδο (παραμέτρους) για να λειτουργήσει. Εάν οι

Εικόνα 45 – Πρώτη επαφη με τα Public μεταβλητες στην Unity

δηλώσεις μεταβλητών δεν είχαν οριστεί ως **"Public"** αλλά ως **"Private",** τότε δεν θα μπορούσαμε να παρέχουμε αυτές τις πληροφορίες , παράμετρος στο σενάριο απευθείας από το Unity.

Αυτό θα συμβεί μόνο <u>αφού αποθηκεύσετε το</u> script σας, ώστε η Unity να μπορεί να το εκτελέσει.

Παρατηρήστε ότι:

1.   Οι Public μεταβλητές **"LocationToGo"** και **"ObjectToMove"** εμφανίστηκαν στο component **"Teleported"** script και βολικά το Unity πρόσθεσε ακόμη και τα κενά πριν από κάθε κεφαλαίο γράμμα.
2.   Ο διαθέσιμος χώρος που έχει οριστεί ως **"None (Transform)"** (*Εικόνα 45*) καθορίζει τον τύπο δεδομένων που αναμένεται. Σε αυτήν την περίπτωση είναι ένας τύπος **Transform** που υποδηλώθηκε επίσης στον κώδικά μας.
3.   Transform τύποι δεδομένων περιέχουν πληροφορίες σχετικά με το μετασχηματισμό του αντικειμένου με τον ίδιο τρόπο όπως το δικό μας **"Inspector"** Tab.

Σημείωση: Είναι ένα πολύ συνηθισμένο λάθος είναι να δηλώσετε το GameObject ως "transform" αντί για "Transform" με "t" αντί για "T".

Το επόμενο μέρος του κώδικά μας είναι η πραγματική λειτουργία που θα εκτελεστεί μόλις ενεργοποιηθεί ένα Trigger.

```
void OnTriggerEnter(Collider other)
    {
        ObjectToMove.transform.position = LocationToGo.transform.position;
    }
```

Η διαδικασία "**OnTriggerEnter**" θα εκτελεστεί όταν ένα αντικείμενο αγγίξει τον Collider στο τρέχον αντικείμενο που έχει οριστεί ως Trigger. Με τον ίδιο τρόπο που λειτουργεί αυτή η λειτουργία, όλες οι άλλες που αναφέρθηκαν προηγουμένως λειτουργούν επίσης ανάλογα με το τι θέλετε να κάνει το script.

```
ObjectToMove.transform.position = LocationToGo.transform.position;
```

Αυτή η εντολή θα λάβει το Transform του **"LocationToGo"** Object και να το αναθεσει στο νέο transform (location/coordinates) του αντικειμένου **"ObjectToMove"**.

Αυτό σημαίνει ότι το αντικείμενο που θα οριστεί στο **"ObjectToMove**" θα μεταβεί αμέσως (τηλεμεταφορά) στη θέση του αντικειμένου **"LocationToGo".**

Στο παιχνίδι φλίπερ μας, έχουμε ήδη προετοιμαστεί για αυτό, καθώς η θέση που θέλουμε να μετακινήσουμε την μπάλα είναι η θέση του GameObject **"StartingPosition"** και το αντικείμενο που πρέπει να μετακινήσουμε είναι προφανώς η μπάλα.

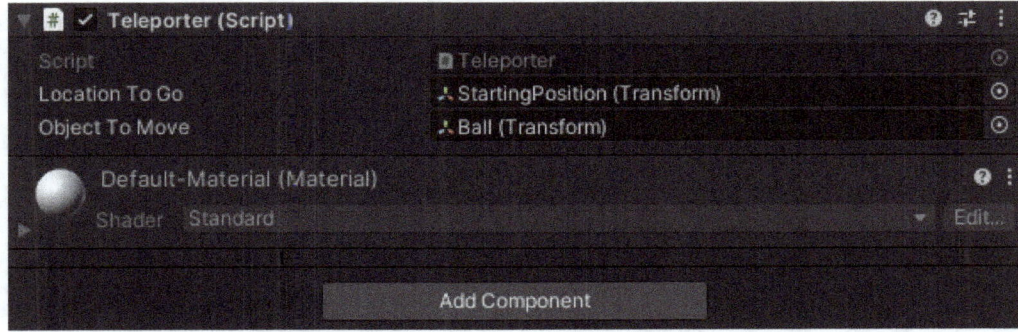

Το μόνο που έχουμε να κάνουμε είναι απλώς να ρυθμίσουμε τα GameObjects σύροντάς τα και αποθέτοντάς τα στις σωστές υποδοχές μεταβλητών.

Εικόνα 46 – Τελικό Teleporter Script με την χρήση δυο Transforms παραμέτρους

Περίληψη:

Το GameObject *"LowerEnd"* περιέχει ένα script και ένα collider που έχει οριστεί ως trigger. Μόλις ένα αντικείμενο (οποιοδήποτε αντικείμενο) αγγίξει αυτό το Collider Trigger το script **"Teleporter"** θα εκτελέσει τη λειτουργία **"OnTriggerEnter"** η οποία θα πάρει το GameObject που έχει οριστεί στο **"ObjectToMove"** στο σενάριο και θα το μετακινήσει αμέσως στο αντικείμενο που έχει οριστεί ως **"LocationToGo"**. Δεδομένου ότι το GameObject **"LocationToGo"** είναι κενό, το **"ObjectToMove"** θα μετακινηθεί εκεί χωρίς προβλήματα

Εκτελέστε το παιχνίδι χρησιμοποιώντας το κουμπί **"Play"** και παρατηρήστε τι συμβαίνει.

Ως άσκηση και για να κατανοήσετε καλύτερα τις λειτουργίες των script, δοκιμάστε τα εξής:

1. Εισαγάγετε ένα GameObject Cube primitive και προσθέστε ένα Trigger Collider και έναν τυπικό Collider.
2. Προσθέστε ένα script σε αυτό το αντικείμενο κύβου και χρησιμοποιήστε τις Functions OnTriggerExit και OnTriggerEnter στο ίδιο script με το καθενα με διαφορετική λειτουργικότητα της επιλογής σας (όπως transform.position)
3. Τροποποιήστε τον κώδικα έτσι ώστε περισσότερα από ένα αντικείμενα να τηλεμεταφέρονται αμέσως.

Visual Scripting – PlayMaker – Finite State Machines

Σε αυτό το κεφάλαιο θα μάθετε για :

- Finite State Machines και τη χρήση τους
- Δημιουργία ενός Variable/Μεταβλητή με FSM
- Μετονομασία ενός FSM
- Πρόσθεση ενος Trigger Event με ένα FSM
- Ένωση των FSMs

Για το κεφάλαιο αυτό δεν απαιτείται προηγούμενη γνώση προγραμματισμού.

Hutong PlayMaker logo

PlayMaker είναι ένα Unity asset που έχει δημιουργηθεί από την εταιρεία Hutong Games[16]. Ιδρύθηκε από βετεράνους της βιομηχανίας παιχνιδιών που εργάστηκαν σε Thief: The Dark Project, Flight Unlimited III, the Zoo Tycoon series, World of Zoo για το Wii, και αμέτρητα πρωτότυπα, οδηγώντας τελικά στην δημιουργία του asset που είναι ένα ισχυρό visual scripting tool για την Unity.

Το Visual Scripting είναι σαν κανονική κωδικοποίηση, αλλά αντί να γράψουμε τον κώδικα χρησιμοποιούμε σχήματα που αντιστοιχούν στις εντολές που θέλουμε να χρησιμοποιήσουμε. Αυτό φυσικά χρησιμοποιεί περισσότερη ισχύ από τον CPU, επομένως είναι λιγότερο αποτελεσματικό από τη χρήση πραγματικού κώδικα.

> **!** Σημείωση : Visual Scripting είναι πάντα πιο απαιτητικό προς το CPU από τον πραγματικό κώδικα script. Πάντα προτιμούμε να γράφουμε scripts αντί να χρησιμοποιούμε Visual Scripting σε μεγάλα project, εκτός εάν αντιμετωπίζουμε δυσκολίες με την πολυπλοκότητα του κώδικα.

Τι είναι ένα Finite State Machine (FSM) ?

Ένα Finite State Machine (FSM) στο game development είναι ένα υπολογιστικό μοντέλο που χρησιμοποιείται για την αναπαράσταση και τη διαχείριση της συμπεριφοράς αντικειμένων, χαρακτήρων ή συστημάτων παιχνιδιών διαιρώντας τη συμπεριφορά τους σε έναν πεπερασμένο αριθμό καταστάσεων τα λεγόμενα States. Κάθε state αντιπροσωπεύει ένα συγκεκριμένο σύνολο συνθηκών, ενεργειών ή συμπεριφορών που μπορεί να επιδείξει το GameObject ή ο χαρακτήρας σε μια δεδομένη στιγμή. Οι μεταβάσεις (transitions) μεταξύ των states ενεργοποιούνται από ορισμένα συμβάντα (triggers), συνθήκες ή εισόδους, οι οποίες μπορεί να είναι είτε εξωτερικές (π χ. είσοδος παίκτη) είτε εσωτερικές (π.χ. χρονόμετρο ή συγκεκριμένη συνθήκη παιχνιδιού).

Το PlayMaker χρησιμοποιεί FSM για να κάνει τα δύσκολα πράγματα απλά. Ένα **FSM** μπορεί να βρίσκεται ακριβώς σε μία από έναν πεπερασμένο αριθμό state ανά πάσα στιγμή. Το FSM μπορεί να αλλάξει από τη μία state στην άλλη ανταποκρινόμενη σε ορισμένες inputs και η αλλαγή από τη μία state στην άλλη ονομάζεται μετάβαση. Ένα FSM ορίζεται από μια λίστα των state του, της αρχικής του state και των εισόδων που ενεργοποιούν κάθε state.

Για παράδειγμα, στο PinBall παιχνίδι που χρησιμοποιούμε ως εργαλείο μάθησης για αυτό το βιβλίο, στο προηγούμενο κεφάλαιο δείξαμε πώς να γράφουμε functions χρησιμοποιώντας C# που θα μετακινήσει αμέσως ένα αντικείμενο από μια θέση σε μια άλλη, εάν αυτό το αντικείμενο έρθει σε επαφή με ένα Trigger Collider.

Αυτό φυσικά, έχει μια πολύ απότομη καμπύλη μάθησης και μπορεί να αποξενώσει νέους προγραμματιστές παιχνιδιών που δεν είναι τόσο εξοικειωμένοι με την κωδικοποίηση, και εδώ είναι που το Visual Scripting έρχεται για να βοηθήσει.

Τα βασικά components ενός FSM στο game development είναι:

States: *Σε ένα FSM, ορίζετε ένα πεπερασμένο σύνολο state, καθεμία από τις οποίες αντιπροσωπεύει μια ξεχωριστή συμπεριφορά ή τρόπο λειτουργίας για το GameObject ή το χαρακτήρα του παιχνιδιού. Για παράδειγμα, σε έναν απλό χαρακτήρα παιχνιδιού FSM, μπορεί να έχετε καταστάσεις όπως* "Idle," "Walking," "Running," "Attacking," *και* "Dead."

Transitions: *Οι μεταβάσεις περιγράφουν τις συνθήκες ή τα συμβάντα που προκαλούν τη μετάβαση του FSM από τη μία state στην άλλη. Αυτές οι μεταβάσεις ορίζονται με τον καθορισμό Trigger, τα οποία είναι ουσιαστικά κριτήρια που πρέπει να πληρούνται για να πραγματοποιηθεί η μετάβαση. Για παράδειγμα, ένας χαρακτήρας μπορεί να μεταβεί από την state* "Walking" *στην κατάσταση* "Running" *όταν ο παίκτης πατήσει ένα κουμπί.*

Actions: *Κάθε state μπορεί να έχει συσχετισμένες ενέργειες ή συμπεριφορές που καθορίζουν τι κάνει το αντικείμενο ή ο χαρακτήρας του παιχνιδιού ενώ βρίσκεται σε αυτήν την state. Αυτές οι ενέργειες μπορούν να περιλαμβάνουν animations, συμπεριφορές φυσικής, ηχητικά εφέ και πολλά άλλα. Για παράδειγμα, η κατάσταση* "Running" *μπορεί να περιλαμβάνει την αναπαραγωγή μιας animation που εκτελείται και την αύξηση της ταχύτητας κίνησης του χαρακτήρα.*

Update Cycle: *Στο Update() του παιχνιδιού, το FSM ελέγχει την τρέχουσα state και αξιολογεί εάν πληρούνται οι συνθήκες μετάβασης. Εάν ικανοποιείται μια συνθήκη, το FSM μεταβαίνει στην κατάλληλη state και εκτελούνται οι συσχετισμένες ενέργειες για αυτήν την state. Αυτή η διαδικασία συνεχίζεται σε κάθε frame, επιτρέποντας στο GameObject ή τον χαρακτήρα του παιχνιδιού να ανταποκρίνεται δυναμικά στις μεταβαλλόμενες συνθήκες.*

Οι FSM είναι χρήσιμες στο Game Development επειδή παρέχουν έναν δομημένο και αρθρωτό τρόπο διαχείρισης πολύπλοκων συμπεριφορών και αλληλεπιδράσεων μεταξύ των script του παιχνιδιού. Διευκολύνουν τη διατήρηση και την επέκταση της συμπεριφοράς των GameObject του παιχνιδιού, καθώς μπορείτε να προσθέσετε ή να τροποποιήσετε states και transitions χωρίς να επηρεάσετε δραστικά την υπόλοιπη βάση κώδικα. Επιπλέον, τα FSM μπορούν να βοηθήσουν τους σχεδιαστές και τους προγραμματιστές να δημιουργήσουν πιο προβλέψιμες και ελεγχόμενες εμπειρίες παιχνιδιού.

Το PlayMaker FSM

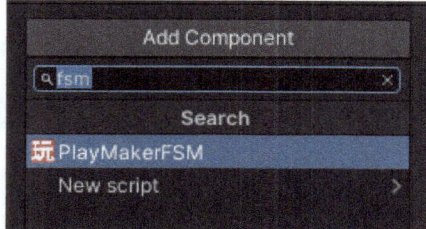

Εικόνα 47 – Προσθέση του PlayMakerFSM

Το PlayMaker FSM πρέπει να προστεθεί στο αντικείμενο για να λειτουργήσει το FSM και αυτό μπορεί να γίνει όπως κάθε άλλο component που προσθέσαμε μέχρι στιγμής.

Επιλέξτε το αντικείμενο **"LowerEnd"** (εάν κάνατε το script C# που εμφανίστηκε προηγουμένως, τότε απενεργοποιήστε το για αυτό το παράδειγμα) και κάντε κλικ στην επιλογή **"Add New Component"** . Αυτή τη φορά, επιλέξτε **"Add PlayMaker FSM"** (Εικόνα 47)

> **!** Σημείωση: Εάν δεν έχετε την επιλογή **"Add PlayMakerFSM",** τότε πιθανότατα πρέπει να εγκαταστήσετε το component PlayMaker μεταβαίνοντας στο Unity Asset Store και κατεβάζοντας/αγοράζοντας το Asset για τον λογαριασμό σας. Λάβετε υπόψη ότι το PlayMaker πρέπει να αγοραστεί.

Μόλις προσθέσετε το component στο GameObject, κάντε κλικ στο **"Edit"** για να δείτε το FSM.

Εικόνα 48 – Αλλαγή του FSM την πρώτη φορά

Αυτό θα ανοίξει την καρτέλα PlayMaker (μπορείτε να τη μετακινήσετε στην επιθυμητή θέση για εύκολη πρόσβαση)

Η καρτέλα PlayMaker παρέχει τις ακόλουθες επιλογές:

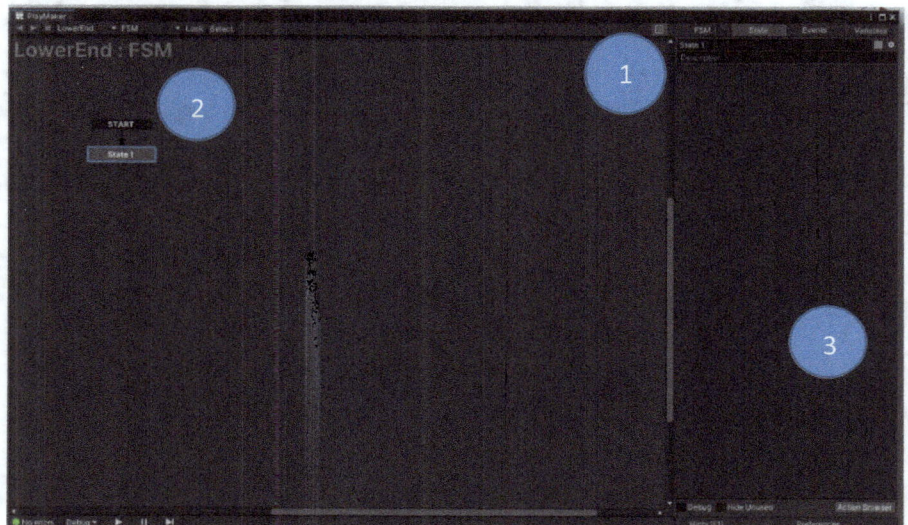

Εικόνα 49 - PlayMaker Layout

1. Action Browser
2. Starting State
3. Variables

Σημειώστε τα τρία σημαντικά μέρη που πρέπει να γνωρίζουμε.

Πρώτον, το **"Action Browser"** που μας επιτρέπει να επιλέξουμε τις εντολές που θέλουμε να κάνουμε.

Δεύτερον, η θέση "**START"** του **FSM,** η οποία θα μας επιτρέψει να επεκτείνουμε το FSM μας σε περισσότερες states και να οικοδομήσουμε την τρέχουσα λογική μας και, τρίτο, τις μεταβλητές που μπορούμε να προσθέσουμε. Λάβετε υπόψη ότι μπορούμε να ορίσουμε μια μεταβλητή να είναι ως **Global**, πράγμα που σημαίνει ότι η μεταβλητή, παρόλς που δηλώνεται σε αυτό το συγκεκριμένο FSM, θα είναι ορατή σε όλους.

Σημείωση: Global Variables καλύπτονται στην **"Intermediate"** ενότητα.

Εικόνα 50 – Μετονομασία του FSM

Ας συνεχίσουμε και ας κάνουμε το FSM τηλεμεταφοράς. Ξεκινάμε ονομάζοντάς το σωστά (πάντα), οπότε αλλάζουμε το όνομα του FSM σε ***"Teleporting"*** *(Εικόνα 50)*

Η αλλαγή του ονόματος του FSM είναι πολύ χρήσιμη, καθώς όχι μόνο θα το διαχωρίσει από τα μεταγενέστερα, αλλά θα εμφανίσει επίσης το όνομα του FSM στο επάνω αριστερό μέρος του FSM για ευκολότερο εντοπισμό σφαλμάτων αργότερα.

Κάντε κλικ στο State 1 – State και αλλάξτε το όνομά του σε ***"Waiting Object"*** *(Εικόνα 51)*

Στη συνέχεια, συνεχίστε και κάντε κλικ στο **"Action Browser"** *(κάτω δεξιά στην Εικόνα 51)*

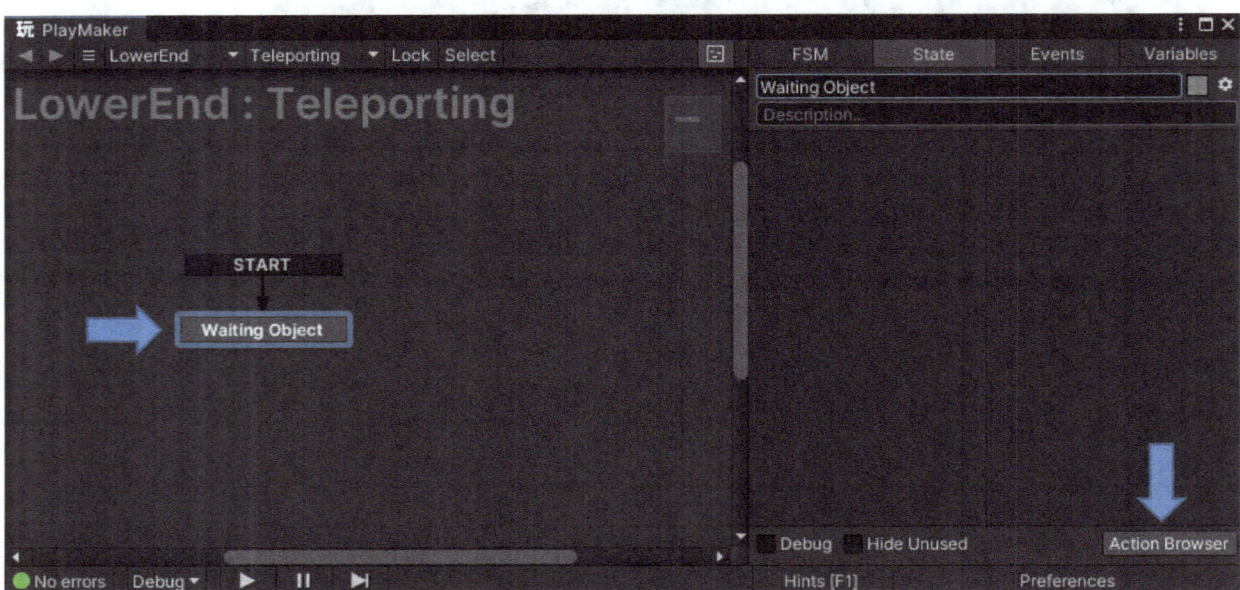

Εικόνα 51 – Μετονομασία State σε ένα FSM

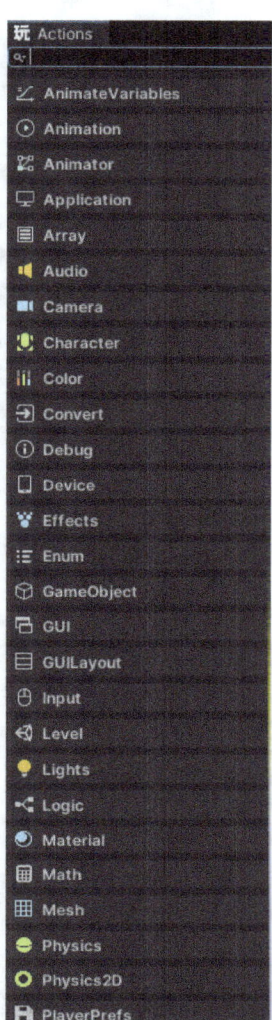

Εικόνα 52 - Action Browser

Το **"Action Browser"** *(Εικόνα 52)* έχει πολλές εντολές που μπορούμε να χρησιμοποιήσουμε για να κάνουμε τα πάντα, από τα πιο απλά έως τα πιο δύσκολα και πολύπλοκα FSM. Δεν είναι τυχαίο ότι πολλά πολύπλοκα παιχνίδια αναπτύσσονται επί του παρόντος χωρίς την ανάγκη σύνταξης ούτε μιας γραμμής κώδικα. Δεδομένου ότι ο τρέχων στόχος μας είναι να μετακινήσουμε ένα GameObject μετά την ενεργοποίηση ενός Collider Trigger, θα πρέπει να αναζητήσουμε και να χρησιμοποιήσουμε την εντολή Trigger Event που βρίσκεται στην καρτέλα **"Physics"** του **"Action Browser"**.

Κάντε κλικ και προσθέστε την **"Trigger event state / action"** *(Εικόνα 53)*. Αυτό θα αλλάξει την κατάσταση σε κατάσταση **"Trigger Event"** και θα λειτουργήσει ως έναυσμα με τον ίδιο τρόπο που έκανε το script C#.

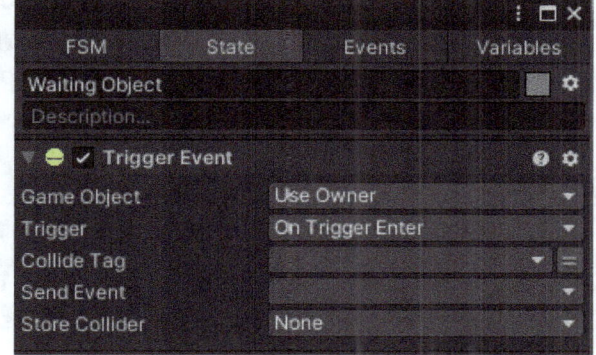

Εικόνα 53 - Trigger Event σε ένα FSM

Σημείωση: Προσπαθήστε να πειραματιστείτε με το **"Action Browser"** και δείτε ποιες άλλες ενέργειες περιλαμβάνονται στο component PlayMaker. Οι ενέργειες Input, Camera, Logic και GameObject είναι οι πιο συχνά χρησιμοποιούμενες.

Πριν συνεχίσουμε, πρέπει να προσθέσουμε ένα state το οποίο θα ονομάσουμε **"Move To Location"**. Αυτή η νέα state είναι απαραίτητη, δεδομένου ότι μόλις ένα GameObject υποτίθεται ότι αγγίζει τη Trigger του Collider, τότε το FSM θα πρέπει να μετακινηθεί σε άλλη state. Κάθε φορά που υπάρχει αλλαγή στην τρέχουσα state ενός FSM, τότε ιδανικά θα πρέπει να αλλάζει state, ώστε να γνωρίζουμε τι πρέπει να γίνει στη συνέχεια.

Για να προσθέσετε μια νέα state, απλά κάντε δεξί κλικ στον κενό χώρο στο FSM και επιλέξτε **"Add State"** *(Εικόνα 54)*

Προχωρήστε για να ρίξετε μια άλλη ματιά στο **"Action Trigger Event"** του FSM για να κατανοήσετε καλύτερα πώς πρέπει να λειτουργεί και να κατανοήσετε επίσης το επόμενο μέρος που περιλαμβάνει τις μεταβάσεις.

Εικόνα 54 – Πρόσθεση ενός State σε ένα FSM

174

Το FSM του PlayMaker χρησιμοποιεί αρκετά συχνά για τα GameObjects την επιλογή **"Use Owner"** *(Εικόνα 53)*. Αυτό σημαίνει ότι το αντικείμενο που θα ενεργοποιήσει το τρέχον Trigger θα είναι το τρέχον αντικείμενο, αλλά μας επιτρέπεται επίσης να αλλάξουμε αυτήν την επιλογή σε **"Specify Game Object"** που θα επιτρέψει σε ένα άλλο αντικείμενο να ενεργοποιήσει πραγματικά αυτό το trigger. Αυτό σημαίνει ότι ένα FSM μπορεί να συνδεθεί με ένα αντικείμενο, αλλά μπορεί να λάβει δεδομένα και από άλλα αντικείμενα, εκτός εάν το αντικείμενο ή το FSM είναι απενεργοποιημένο.

Η επιλογή Trigger επιτρέπει "**OnTriggerEnter**", "**OnTriggerExit**" και "**OnTriggerStay**" όπως και οι λειτουργίες κωδικοποίησης C# ενώ μπορούμε επίσης να χρησιμοποιήσουμε **ετικέτες (Tags)** (Εικόνα 55) για να διαχωρίσουμε περαιτέρω αντικείμενα που θέλουμε να ενεργοποιήσουμε αυτό το Event. Στην Unity, οι ετικέτες είναι ένας τρόπος επισήμανσης και κατηγοριοποίησης των GameObjects στη scene του παιχνιδιού σας. Είναι απλές ετικέτες κειμένου που μπορείτε να αντιστοιχίσετε στο GameObjects για να σας βοηθήσουν να τα αναγνωρίσετε και να τα οργανώσετε πιο εύκολα. Οι ετικέτες χρησιμοποιούνται συχνά για διάφορους σκοπούς, όπως η αναγνώριση χαρακτήρων παικτών, εχθρών, συλλεκτικών αντικειμένων ή άλλων αντικειμένων με συγκεκριμένους ρόλους στο παιχνίδι σας.

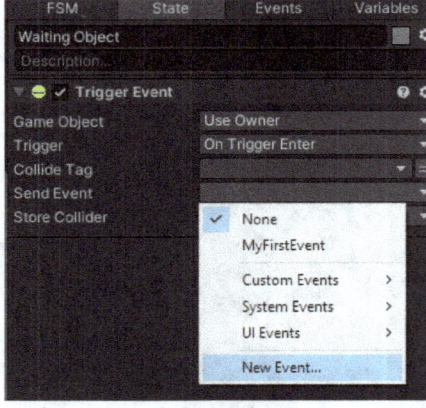

Για παράδειγμα, μπορείτε να προσθέσετε ετικέτα στον χαρακτήρα του παίκτη με την ετικέτα **"Player"**, στους εχθρούς με την ετικέτα "**Enemy**" και στα συλλεκτικά αντικείμενα με την ετικέτα "**Collectable**". Αυτό σας επιτρέπει να αναφέρετε γρήγορα και να αλληλεπιδράτε με συγκεκριμένους τύπους GameObjects στα scripts σας και να κάνετε τη λογική του παιχνιδιού σας πιο αποτελεσματική και οργανωμένη.

Εικόνα 55 – Πρόσθεση νέου Event σε FSM

Θα μάθουμε περισσότερα σχετικά με τις ετικέτες στην **Intermediate** ενότητα.

Το επόμενο μέρος είναι το "Send Event" που είναι το ψωμί των FSM και Visual Scripting. Ένα Event (σε αυτήν την περίπτωση το Trigger) θα σταλεί και θα ενεργοποιήσει μια μετάβαση. Μια μετάβαση είναι η σύνδεση μεταξύ μιας states και μιας άλλης, οπότε στην περίπτωσή μας θα είναι η σημαία που θα μετακινήσει το FSM μας από την state αντικειμένου αναμονής (Waiting State) στη νέα state που δημιουργήσαμε νωρίτερα, την state που μετακινήθηκε στην τοποθεσία. Υπάρχουν πολλά προκατασκευασμένα

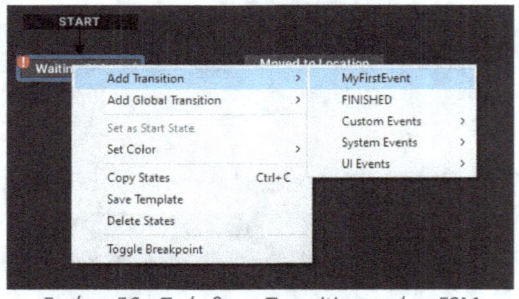

Εικόνα 56 - Πρόσθεση Transition σε ένα FSM

Events αλλά εμείς εδώ θα κάνουμε ένα δικό μας. Κάντε κλικ στην επιλογή **"Send Event"** και επιλέξτε **"New Event".** Ονομάστε το νέο Event ως *MyFirstEvent"* (Εικονα 56).

! | Σημείωση: Θυμηθείτε ότι εργαζόμαστε πάνω στο "**Waiting Object State**".

Μόλις δημιουργήσετε το "**New Event**" , το FSM θα σας δώσει ένα σφάλμα ότι προφανώς αυτό το νέο συμβάν που μόλις δημιουργήσατε δεν χρησιμοποιείται. Για να το διορθώσετε, κάντε δεξί κλικ στο

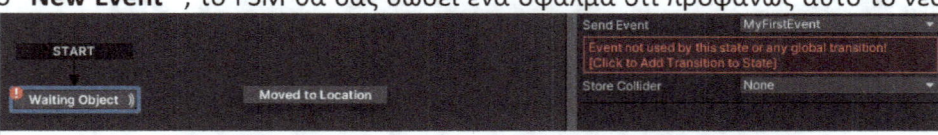

Εικόνα 57 – Ένα FSM απαιτεί ένα Transition μόλις δημιουργηθεί

"Waiting Object State" και επιλέξτε το **"State Transition".** If everything was done correctly then the "**MyFirstEvent**" event that you just created should appear on the top. Later on, as you will start to work on your FSMs you will see that the **"FINISHED"** along with other **"Custom"** or **"System Events"** are simpler to use for a FSM however the more complex the FSM is, the more the need to create your own.

Τέλος, μόλις εμφανιστεί το Event κάτω από το state, κάντε κλικ στο Event **"MyFirstEvent"** και σύρετε τον

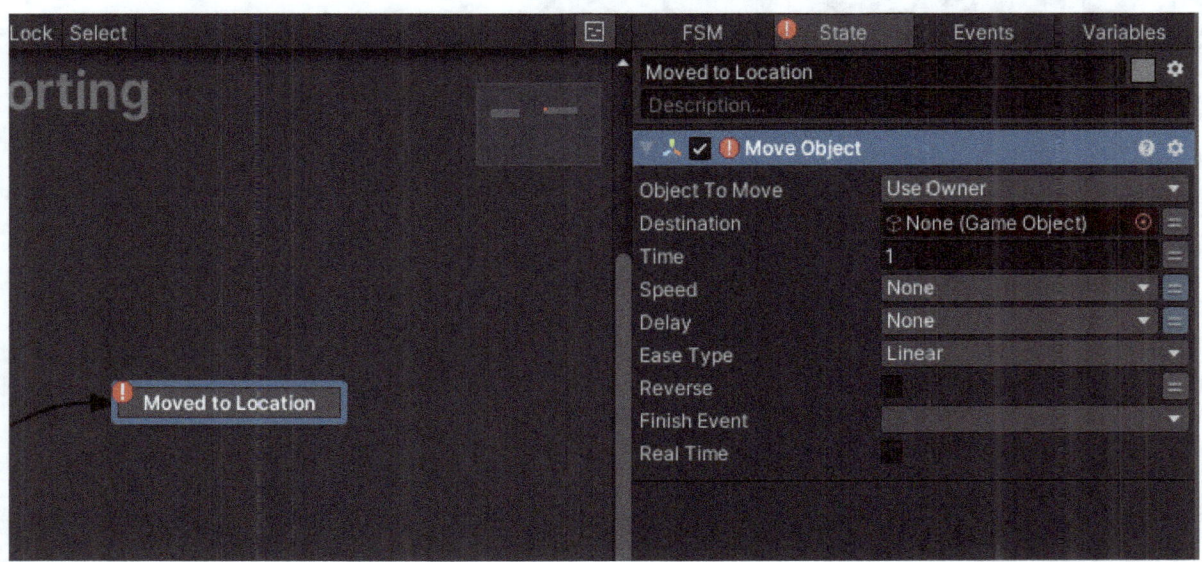

κέρσορα στο νέο state **"MovedLocation"** μέχρι να μαγνητιστεί το βέλος πάνω του(Εικόνα 58).

Αυτό μπορεί να γίνει με διάφορα συμβάντα όπου ένας μόνο επιταχυντής ενεργοποίησης μπορεί να καλέσει πολλαπλά συμβάντα και δρομολόγηση σε πολλές διαφορετικές καταστάσεις παράλληλα.

Εικόνα 58 – Τελικό αποτέλεσμα του πρώτου Transition

Περισσότερες από μία ενέργειες (actions) μπορούν επίσης να εκτελούνται ταυτόχρονα, αλλά το PlayMaker έχει προτεραιότητα από πάνω προς τα κάτω στον τρόπο χειρισμού κάθε ενέργειας. Αυτό σημαίνει ότι η εντολή για τον τρόπο εκτέλεσης των ενεργειών εξαρτάται από τη σειρά με την οποία εμφανίζονται στο state.

Μέχρι στιγμής, το FSM μας θα περιμένει μέχρι να υπάρξει ένα συμβάν ενεργοποίησης Collider Trigger στο αντικείμενο και στη συνέχεια θα μεταβεί από το state **"Waiting Object"** στο state **"Move To Location".** Πρέπει ακόμα να παρέχουμε τα Actions σχετικά με το τι πρέπει να γίνει μόλις ενεργοποιηθεί το Trigger Collider.

Επιλέξτε το state **"Move To Location"** και χρησιμοποιώντας τον "**Action Browser"** προσθέστε το Action **"Move Object"** (Εικόνα 59)

Το state στη Εικόνα 59 έχει ένα κόκκινο θαυμαστικό, καθώς υπάρχει πρόβλημα με το Action σε αυτό. Το Action **"Move Object"** χρειάζεται έναν προορισμό και ευτυχώς για εμάς είμαστε προετοιμασμένοι και έχουμε ήδη ένα GameObject που κρατά τον προορισμό. Αυτό το αντικείμενο είναι η **"Starting Location"** που δημιουργήσαμε στα πρώτα στάδια του παιχνιδιού Pinball. Κάντε κλικ σε αυτό το GameObject και

Εικόνα 59 – Το Move Object Action με την χρήση ενός FSM

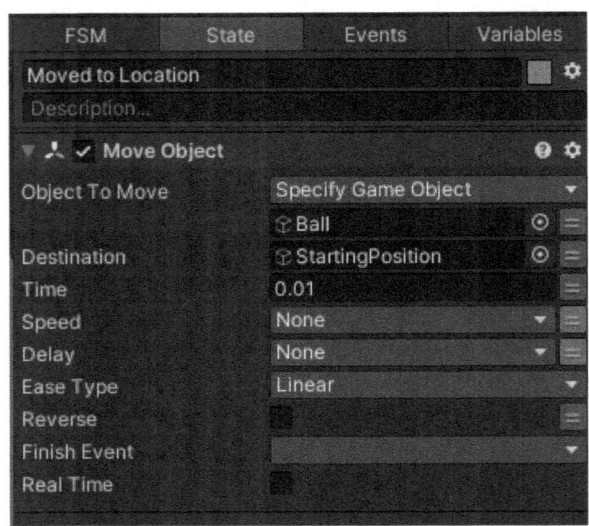

Εικόνα 60 – Το Move Object με το Destination

drag/drop το στο **"Destination"** του FSM (*Εικόνα 60*). Εναλλακτικά, μπορείτε να κάνετε κλικ στο σύμβολο κύκλου στο **"Destination"** και να το επιλέξετε από εκεί.

Έχουμε σχεδόν τελειώσει με το **Teleporting FSM** , αλλά χρειάζεται μια άλλη μικρή αλλαγή καθώς το τρέχον FSM θα μετακινήσει το **"LowerEnd"** και όχι το **"Ball"** καθώς έχει οριστεί ως **"Use Owner"** στο **"Object to Move"**. Πρέπει να το αλλάξουμε σε **"Specify Game Object"** και στη συνέχεια να Drag/Drop το GameObject Ball *(Εικόνα 60)*

Για να κάνουμε τη μετάβαση (transition) πιο γρήγορη (μπορούμε να χρησιμοποιήσουμε διάφορα χρονικά πλαίσια) την ορίζουμε σε χαμηλό χρόνο όπως 0,01. Είναι καλύτερο να αποφύγετε τη χρήση ενός απλού

0, καθώς θα το απενεργοποιήσει αντί να το μετακινήσει αμέσως. Η μετακίνηση ενός αντικειμένου απαιτεί καθορισμένο χρόνο. Παρόλο που το FSM θα λειτουργήσει επί του παρόντος, είναι καλύτερο αν κάτι πρόκειται να επαναληφθεί για να καλέσει το state ένα Event **"FINISHED"** και στη συνέχεια να επιστρέψει στην state που φτάσαμε αρχικά (looped).

Αυτό μπορεί εύκολα να γίνει απλά σύροντάς το πίσω στην αρχική κατάσταση και στην περίπτωσή μας στην **"Waiting Object"** state *(Εικόνα 61)*

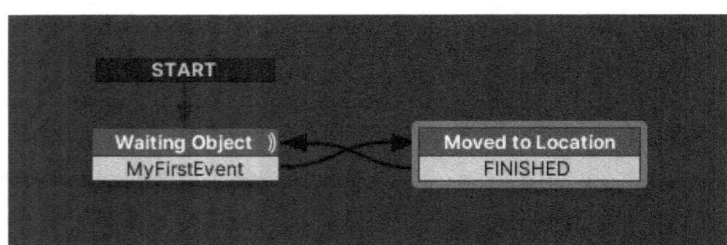

Απλά κάντε κλικ στο **"Play"** και παρακολουθήστε το FSM να πηγαίνει στη δουλειά!

Εικόνα 61 – Τελικό παράδειγμα FSM

Χρησιμοποιώντας Visual Scripting μετατρέψαμε αυτόν τον κώδικα C# που *φαίνεται στην Εικόνα 62* στο απλό FSM που φαίνεται στην *Εικόνα 61*.

Teleporter Script - https://tinyurl.com/2xcrkruv

```csharp
using System.Collections;
using System.Collections.Generic;
using UnityEngine;

public class Teleporter : MonoBehaviour
{
    // Start is called before the first frame update
    void Start()
    {

    }

    // Update is called once per frame
    void Update()
    {

    }
    public Transform LocationToGo; // Creating a Transform variable LocationToGo
    public Transform ObjectToMove; // Creating a Transform variable ObjecttoMove
    void OnTriggerEnter(Collider other)  // Once triggered to change one with other
    {
        ObjectToMove.transform.position = LocationToGo.transform.position;
    }
}
```

Εικόνα 62 - Teleporter Script σε C#

As an exercise and to better understand the FSMs, try the following on a new Project:

1. Δημιουργήστε ένα FSM που θα καλέσει δύο Actions μόλις ενεργοποιηθεί ένα Trigger και θα πάει σε δύο διαφορετικά States.
2. Περαιτέρω αναπτύξτε το μέρος 1 όπου μία από τις δευτερεύουσες states έχει επίσης ένα Action Trigger και θα μεταβεί σε άλλη state.
3. Προσθέστε μια μεταβλητή σε αυτό το FSM που θα παρακολουθεί πόσες φορές το FSM έχει κληθεί σε δράση.

 Σημείωση: Θα σταθούμε λίγο περισσότερο στο Finite State Machines και στο PlayMaker στο **Advanced** και **Expert** Ενότητες στο επόμενο βιβλίο αυτής της σειράς.

Prefabs

Σε αυτό το κεφάλαιο θα μάθετε για :

- Πώς να δημιουργούμε Prefabs και την χρήση τους
- Η λογική του Instantiatc και Instantiating Prefabs

Για αυτό το κεφάλαιο, προτιμάται μικρή γνώση προγραμματισμού.

Οι μαθητές/εκπαιδευόμενοι θα πρέπει να είναι εξοικειωμένοι με:

- FOR (count controlled loops)

Στην C#, ένα FOR loop είναι μια δομή ελέγχου που χρησιμοποιείται για επανάληψη μέσω ενός μπλοκ κώδικα έναν συγκεκριμένο αριθμό φορών. Συνήθως χρησιμοποιείται όταν γνωρίζετε εκ των προτέρων πόσες φορές θέλετε να επαναλάβετε ένα κομμάτι κώδικα.

Εδώ είναι η βασική δομή ενός FOR loop:

```
for (initialization; condition; iteration)
{
        // Code to be executed repeatedly
}
```

Initialization: Εδώ προετοιμάζετε μια μεταβλητή ελέγχου loop (συνήθως έναν ακέραιο) και ορίζετε την αρχική της τιμή.

Condition: Αυτή είναι η συνθήκη δοκιμής που ελέγχεται πριν από κάθε επανάληψη. Εάν η συνθήκη είναι αληθής, το loop συνεχίζεται. Εάν είναι ψευδής, το loop τερματίζεται.

Iteration: Εδώ καθορίζετε τον τρόπο ενημέρωσης της μεταβλητής ελέγχου του loop σε κάθε επανάληψη.

Ακολουθεί ένα απλό παράδειγμα FOR loop σε C# που μετράει από το 1 έως το 5 και εκτυπώνει τους αριθμούς:

```
for (int i = 1; i <= 5; i++)
{
        Debug.Log(i);
}
```

Σε αυτό το παράδειγμα:

Initialization: int i = 1 Προετοιμάζει μια μεταβλητή i σε 1.

Condition: i <= 5 είναι η συνθήκη δοκιμής. Όσο το i είναι μικρότερο ή ίσο με 5, το loop θα συνεχιστεί.

Iteration: i++ αυξάνει την τιμή του i κατά 1 σε κάθε επανάληψη.

Το FOR loop θα εκτυπώσει τους αριθμούς από το 1 έως το 5 και στη συνέχεια θα τερματιστεί όταν το i γίνει 6 και η συνθήκη δεν είναι πλέον αληθής.

Μέχρι στιγμής, έχουμε μια primitive Sphere που χρησιμοποιεί ένα component RigidBody που της επιτρέπει να κυλήσει προς τα κάτω σε μια επιφάνεια και μετά από λίγα λεπτά στον αέρα αγγίζει ένα Trigger Collider που χρησιμοποιεί ένα script (ή ένα FSM) για να επιστρέψει στην αρχική του θέση.

Έχοντας ένα μόνο GameObject που εκτελεί μια εργασία είναι φυσιολογικό στο Game Development, αλλά πολλές φορές πρέπει να φορτώσουμε πολλά GameObjects που είναι του ίδιου τύπου και έχουν τα ίδια scripts. Είναι φυσικό να υποθέσουμε ότι αν θέλουμε να χρησιμοποιήσουμε ένα GameObject (δηλαδή έναν εχθρό πολεμιστή που πρέπει να δημιουργήσουμε) που τροποποιήσαμε πολλές φορές, θα πρέπει να υπάρχει ένας τρόπος να το αποθηκεύσουμε ως "πρότυπο". Αυτή η μορφή **"προτύπου"** ενός αντικειμένου ονομάζεται **Prefab**.

Όταν θέλετε να επαναχρησιμοποιήσετε ένα GameObject που έχει ρυθμιστεί με συγκεκριμένο τρόπο – όπως έναν χαρακτήρα που δεν είναι παίκτης (NPC), ένα σκηνικό ή ένα σκηνικό – σε πολλά σημεία της σκηνής σας ή σε πολλές σκηνές στο έργο σας, θα πρέπει να το μετατρέψετε σε Prefab. Αυτό είναι καλύτερο από την απλή αντιγραφή και επικόλληση του GameObject, επειδή το Prefab σας επιτρέπει να διατηρείτε αυτόματα όλα τα αντίγραφα <u>συγχρονισμένα</u>.

Τυχόν αλλαγές που κάνετε σε έναν Prefab Asset αντικατοπτρίζονται αυτόματα στις παρουσίες αυτού του GameObject, επιτρέποντάς σας να κάνετε εύκολα ευρείες αλλαγές σε ολόκληρο το project σας χωρίς να χρειάζεται να κάνετε επανειλημμένα την ίδια επεξεργασία σε κάθε αντίγραφο του component/GameObject.

Για να δημιουργήσετε ένα Prefab ενός GameObject, απλά κάντε τις τροποποιήσεις/προσθέστε

component στο GameObject που θέλετε και στη συνέχεια Drag/Drop το αντικείμενο στην καρτέλα **"Assets"** στα **"Projects"** *(Εικόνα 63)*. Αυτό θα κάνει το GameObject στην "**Hierarchy**" καρτέλα ένα συμπαγές μπλε χρώμα, ενώ θα εμφανίσει το αντικείμενο στην καρτέλα **"Assets"**. Αυτό θα κάνει το Prefab αναγνωρίσιμο, ώστε να γνωρίζετε ότι η αλλαγή αυτού του συγκεκριμένου GameObject θα εφαρμόσει αυτές τις αλλαγές σε κάθε παρουσία αυτού του προκατασκευασμένου σε όλα μέσα στη συγκεκριμένη scene.

Εικόνα 63 – Δημιουργία ενός Prefab με Drag/Drop

Εναλλακτικά μπορείτε να "σπάσετε" ένα Prefab κάνοντας δεξί κλικ πάνω του και στη συνέχεια επιλέγοντας την **επιλογή Prefab→ Unpack** (Complete) η οποία θα επαναφέρει το GameObject στην προηγούμενη μορφή του. Αξίζει να σημειωθεί ότι το αρχικό Prefab παραμένει άθικτο και χωρίς αλλαγές ενώ το νεότερο μας μπορεί

να επεξεργαστεί και να προσαρμοστεί ανάλογα με τις απαιτήσεις και τις ανάγκες του παιχνιδιού.

Εκτός από τα προφανή οφέλη της εργασίας με Prefab όπου μπορείτε να αποθηκεύσετε έναν τεράστιο αριθμό περιττών εργασιών, τα Prefab είναι επίσης πολύ χρήσιμα καθώς είναι ευκολότερο να αναπαραχθούν σε όλη τη scene.

Φανταστείτε το σενάριο όπου έχετε ένα παιχνίδι όπου ο παίκτης θα πρέπει να σπάσει πολλά αντικείμενα για να κερδίσει. Δεν είναι σωστό να φορτώσετε όλα αυτά τα GameObject στην αρχή του παιχνιδιού, καθώς κάτι τέτοιο θα πάρει τεράστιο χρόνο και πόρους μόνο για να ξεκινήσει το παιχνίδι. Η βελτιστοποίηση είναι απαραίτητη όταν εργάζεστε με παιχνίδια και όλα καταλήγουν στο πώς προγραμματίζεται το παιχνίδι και τί φορτώνεται στη μνήμη και πότε. Στην ιδανική περίπτωση, θέλουμε να φορτώσουμε κάτι στη μνήμη (να το δημιουργήσουμε) ακριβώς πριν προβληθεί από τον παίκτη και επίσης να καταστρέψουμε ένα αντικείμενο που δεν χρησιμοποιείται πλέον για τη διατήρηση πόρων.

Η διαδικασία δημιουργίας ενός GameObject "on-the-go" και όχι με προ-ρύθμιση ονομάζεται **Instantiation** και ουσιαστικά δημιουργεί κλώνους του Prefab στη scene σε μια τοποθεσία που επιθυμούμε. Αυτό μπορεί να γίνει ακριβώς πριν ένας παίκτης δει μια τοποθεσία ή, για παράδειγμα, να δημιουργήσει GameObjects στη scene.

Instantiating Prefabs – C#

Η εντολή C# για την δημιουργία ενός Prefab είναι η εντολή Instantiate.

```
Instantiate(myPrefab, new Vector3(0, 0, 0), Quaternion.identity);
```

Αυτή η εντολή παραπάνω θα δημιουργήσει το myPrefab στη θέση (0, 0, 0) και μηδενική περιστροφή.

Ας το χρησιμοποιήσουμε αυτό στο παιχνίδι Pinball μας, έτσι ώστε αντί η μπάλα να κινείται πίσω στην τοποθεσία, να την έχουμε να δημιουργήσει μια παρουσία αυτής της μπάλας σε εκείνη τη θέση. Αυτό σημαίνει ότι η πρώτη μπάλα δεν θα μετακινηθεί πίσω στην αρχή αλλά θα δημιουργήσει έναν κλώνο της στην αρχική θέση, πράγμα που σημαίνει ότι πρέπει επίσης να καταστρέψουμε το GameObject της πρώτης μπάλας (ώστε να αφαιρεθεί από τη μνήμη) που ενεργοποίησε το Collider Trigger στο GameObject ***LowerGround".*** Αυτό μπορεί να φαίνεται πιο περίπλοκο σε σύγκριση με την απλή μετακίνηση της μπάλας, αλλά θα μας επιτρέψει αργότερα να δημιουργήσουμε πολλαπλές περιπτώσεις αυτής της μπάλας και όχι μόνο μόνο μία.

Πρώτον, ας απενεργοποιήσουμε το script τηλεμεταφοράς από το προηγούμενο κεφάλαιο και να δημιουργήσουμε ένα νέο script στο GameObject **"LowerEnd"**.

Ονομάστε αυτό το νέο script ως **"Cloner"** και κάντε διπλό κλικ για να το επεξεργαστείτε. Συμπεριλάβετε τον ακόλουθο κώδικα ή αντιγράψτε τον από τον παρεχόμενο σύνδεσμο.

Cloner Script - https://tinyurl.com/eu88dmbb

```csharp
public class Cloner : MonoBehaviour
{
    void Start()
    {
    }
    void Update()
    {
    }

    public GameObject myPrefab;
    public Transform Location;

    void OnTriggerEnter(Collider other)
    {
        Instantiate(myPrefab, Location.transform.position, Quaternion.identity);
        Destroy(other.gameObject);
    }
}
```

Εικόνα 64 – Παράδειγμα για ένα Cloner Script

Ας δούμε τον κώδικα από κοντά:

```
    public GameObject myPrefab;
```

Η παραπάνω εντολή δηλώνει τη μεταβλητή **myPrefab** ως **Public** GameObject. Αυτό σημαίνει ότι η Unity θα περιμένει από τον χρήστη να drag/drop ένα GameObject σε αυτό το διαθέσιμο σημείο και ότι το αντικείμενο είναι "διαθέσιμο"/"ορατό" σε όλους. Στην περίπτωσή μας, θα drag/drop το GameObject **"Ball"** ΑΛΛΑ είναι σημαντικό να σημειωθεί ότι το αντικείμενο Ball πρέπει να είναι το προκατασκευασμένο και ΟΧΙ το GameObject που βρίσκεται ήδη στη σκηνή, καθώς αυτό δεν είναι το ίδιο το προκάτ, αλλά ο κλώνος αυτού του εν λόγω Prefab.

```
public Transform Location;
```

Η παραπάνω εντολή θα λάβει ένα GameObject, αλλά η μεταβλητή θα περιέχει μόνο τον τρέχοντα Transform της.

```
Instantiate(myPrefab,Location.transform.position,Quaternion.identity);
```

Η παραπάνω εντολή θα δημιουργήσει έναν κλώνο του **myPrefab** στον τρέχοντα Transform της μεταβλητής **"Location"** GameObject με τη μηδενική περιστροφή.

```
Destroy(other.gameObject);
```

Η παραπάνω εντολή θα καταστρέψει το GameObject που έχει αγγίξει το τρέχον Collider Trigger.

> **!** Σημείωση: Θα δουλέψουμε και θα δούμε το Destroy function πολύ περισσότερο στην ενότητα **"Intermediate"** αυτού του βιβλίου.

Σημειώστε ότι το **"other"** είναι η παράμετρος στο function.

```
void OnTriggerEnter(Collider other)
```

"**other**" στο function αντιπροσωπεύει το GameObject με το οποίο έχει συγκρουστεί ή με το οποίο αλληλεπιδρά το τρέχον GameObject (που έχει το script). Χρησιμοποιείται συνήθως για την πρόσβαση σε πληροφορίες σχετικά με το άλλο GameObject που εμπλέκεται στη σύγκρουση, όπως τα components και τα scripts του.

"**this**" είναι μια αναφορά στην τρέχουσα παρουσία ενός GameObject ή script. Μπορείτε να χρησιμοποιήσετε το "this" για να αναφερθείτε στο GameObject στο οποίο είναι συνημμένη η script. Συχνά χρησιμοποιείται για την πρόσβαση σε components και properties του τρέχοντος GameObject.

Μπορούμε να χρησιμοποιήσουμε το "this" και το "other", αλλά αν απλά χρησιμοποιήσουμε το "other" για να καταστρέψουμε, θα αφαιρέσει μόνο τη σκανδάλη του επιταχυντή ή αν χρησιμοποιήσουμε μόνο "this" το τρέχον script και όχι το ίδιο το GameObject. Για να αναφερθείτε στο πραγματικό GameObject ώστε να μπορείτε να το καταστρέψετε, τότε πρέπει να χρησιμοποιήσετε την εντολή **other.gameObject**.

Χρησιμοποιώντας το παραπάνω script, θα παρατηρήσετε ότι η μπάλα καταστρέφεται μόλις αγγίξει το **"LowerEnd"** GameObject και ενεργοποιείται το Function **"OnTriggerEnter"** ενώ ταυτόχρονα θα καταστρέψει την τρέχουσα primitive Sphere που έχει ενεργοποιήσει το Function. Για να κάνουμε τα πράγματα πιο ενδιαφέροντα, ας δημιουργήσουμε έναν Loop στη Fucntion **"OnTriggerEnter"** που θα δημιουργήσει περισσότερες από μία Instantiations.

Τροποποιήστε τον κώδικα έτσι ώστε ένας απλό loop FOR να επαναλαμβάνεται μερικές φορές. Για το παράδειγμα εδώ ο κώδικας χρησιμοποιεί ένα loop FOR που θα επαναληφθεί 3 φορές και θα δημιουργήσει 3 instantiations του Ball prefab που τοποθετείται στη μεταβλητή **myPrefab**.

```
void OnTriggerEnter(Collider other)
{
    for (int i = 1; i <= 3; i++)// Iterate 3 times
    {// Instantiate the object named MyPrefab to that location
        Instantiate(myPrefab, Location.transform.position, Quaternion.identity);
    }
    Destroy(other.gameObject); // Destroy an object

}
```

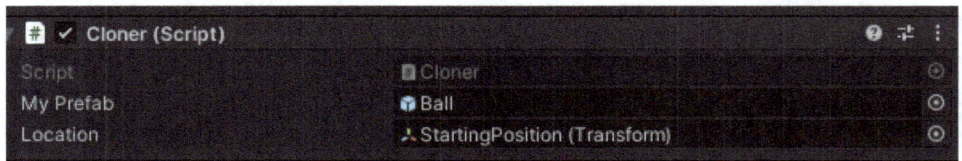

Εικόνα 65 – Τοποθέτηση Objects/Prefabs στο Instantiate procedure για χρήση σε script.

! Σημείωση: Αποφύγετε τη χρήση του Destroy(other) και χρησιμοποιήστε το Destroy(other.gameObject) καθώς το πρώτο θα διαγράψει το Trigger Collider component και όχι το πραγματικό GameObject)

Όταν εκτελείτε το παραπάνω script, θα δείτε ότι το Prefab Ball κλωνοποιειται και ότι τα GameObjects καταστρέφονται καθώς αγγίζουν το "**LowerEnd".** Ίσως χρειαστεί να αυξήσετε το μέγεθος του "**LowerEnd"** καθώς θα παρατηρήσετε ότι δεδομένου ότι τα Prefab δημιουργούνται αμέσως στην ίδια θέση, αναπηδούν / συντρίβονται στους Colliders του άλλου. Δεδομένου ότι αυτό δημιουργεί μια δύναμη (Force/Physics), τα GameObjects θα μπορούσαν απλά να πετάξουν μακριά το ένα από το άλλο καθώς η φυσική εφαρμόζεται σε αυτά. Μπορούμε να το σταματήσουμε αυτό είτε εφαρμόζοντας μια καθυστέρηση κατά τη διάρκεια της Instantiate είτε απλά δημιουργώντας ένα διαφορετικό σημείο αναπαραγωγής για κάθε Prefab αλλάζοντας την τιμή Location.transform.position σε μια τιμή Vector3 και παίζοντας με αυτήν την τιμή σύμφωνα με το πώς θέλουμε να δημιουργήσουμε τα Prefab.

Ας αλλαξουμε το αντικείμενο "**LowerEnd"** που περιλαμβάνει τα scripts ώστε να έχει scale Transform 100,0.1,100, καθώς αυτό θα διασφαλίσει ότι καμία από τις κλωνοποιημένες προκατασκευασμένες (Prefabs) σφαίρες δεν πέφτει απλώς στο άπειρο διάστημα.

! Σημείωση: Σε μεταγενέστερες ενότητες, **το Instantiation** χρησιμοποιείται για τη δημιουργία βλημάτων όπου κάθε βλήμα θα μπορούσε να δημιουργηθεί μόλις κληθεί ή πατηθεί ένα κουμπί.

Ως άσκηση και για να κατανοήσετε καλύτερα τη δημιουργία Prefabs και Instantiate, δοκιμάστε τον ακόλουθο κώδικα ή αντιγράψτε/επικολλήστε τον κώδικα από τον παρεχόμενο σύνδεσμο.

MoveAndSpawn Script - https://tinyurl.com/tvjjtydz

```csharp
public GameObject block;
public GameObject myPrefab;
public Transform Location;
private int y = 0;  //integer named Y with value 0. All x,y,z to represent coordinates
private int x =-5;  //integer named Y with value -5
private int z = -1; //integer named Y with value -1
private bool stop = false; // A Boolean type
void OnTriggerEnter(Collider other)
    {
        if (stop == false)  // Using a Boolean value to force the script to stop
        {
            for (int i = 1; i <= 3; i++) / Repeating 3 times
            {
                Instantiate(myPrefab, Location.transform.position, Quaternion.identity);
            }
            Instantiate(block, new Vector3(x, y, z), Quaternion.identity);  // Instantiating
            x=x+1;  // Adding 1 on X each time
            if (x == 5)  // Checking if X is 5
            {
                x = -5; // Setting x to -5
                y=y+1; // Adding 1 on Y each time
                if (y == 10) // Checking if Y is 10
                {
                    stop = true;  // Setting the boolean value Stop to True
                }
            }
        }
    Destroy(other.gameObject); // Destroying the object that touched the trigger.
    }
```

Εικόνα 66 – Άσκηση για μετακίνηση και Spawn Script

1.   Τι κάνει αυτός ο κώδικας;
2.   Εάν αλλάξουμε τις αξίες των μεταβλητών Y, X και Z , τί θα γίνει;
3.   Δημιουργήστε ένα νέο project, εισαγάγετε έναν Cube primitive και δημιουργήστε ένα Prefab. Εισαγάγετε τον παραπάνω κώδικα στο script και δείτε πώς λειτουργεί.
4.   Δοκιμάστε το script σε δυο διαφορετικά GameObjects με διαφορετικές αξίες στην κάθε μεταβλητή.

Instantiating Prefabs – VS – PlayMaker

Σε αυτό το κεφάλαιο θα μάθετε για:

- Χρήση των Prefabs με FSMs
- Δημιουργία και καταστροφή των GameObjects με FMSs

Για το κεφάλαιο αυτό δεν απαιτείται προηγούμενη γνώση προγραμματισμού.

Ο τρόπος για να δημιουργήσετε Prefab (ή οποιοδήποτε άλλο αντικείμενο) στο PlayMaker είναι απλά χρησιμοποιώντας το action **"Create Object"**.

Η δημιουργία του FSM στην *Εικόνα 67* είναι αρκετά απλή, αλλά απαιτεί να οριστεί η πρόσθετη παράμετρος στο **"Trigger Event"**. Επιπλέον, είναι συνετό να διατηρήσετε τις πληροφορίες του Trigger για μελλοντική αναφορά, επομένως το action **"Get Trigger Info"** είναι επίσης χρήσιμη για συμπερίληψη αλλά όχι υποχρεωτική.

Συνδέστε το FSM για να δημιουργήσετε ένα loop. Το action **"Create Object"** προστίθεται δύο φορές, καθώς απαιτούμε δύο Prefab σε αυτό το

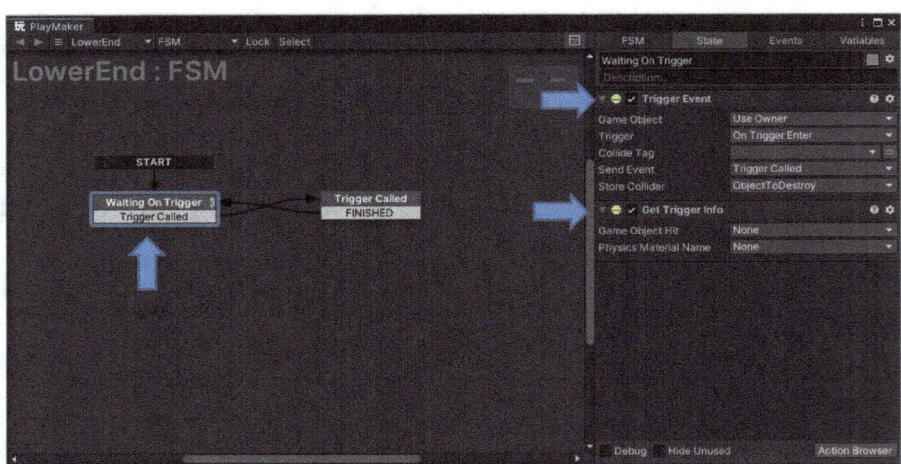

Εικόνα 67 – Χρήση του Create Object Action στο PlayMaker

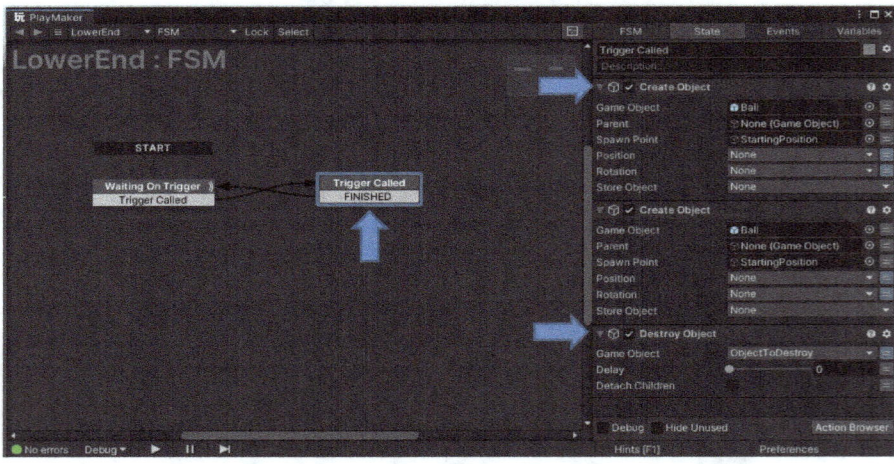

Εικόνα 68 – Πρόσθεση του Create και του Destroy Object Actions

παράδειγμα για αναπαραγωγή για κάθε Trigger Collider που καλείται. Εάν ένα παιχνίδι απαιτεί, για παράδειγμα, τη δημιουργία ενός NPC (Non-Player Character) ή πολλαπλών βλημάτων με κάθε μεμονωμένο Γεγονός, τότε το FSM θα πρέπει να περιλαμβάνει όσα **"Create Object"** χρειάζεται (Εικόνα 68).

Το action **"Destroy Object"** πρέπει να αναφέρεται στο προηγούμενο GameObject που κάλεσε το Trigger (το GameObject που ενεργοποίησε το **"LowerEnd"** GameObject). Δεδομένου ότι αυτό το GameObject

ΔΕΝ είναι static GameObject και πιθανότατα είναι ένα νέο GameObject που μόλις δημιουργήθηκε, το όνομα του GameObject πιθανότατα δεν έχει οριστεί ακόμη από τον προγραμματιστή (με scripts χειριζόμαστε αυτό με την παράμετρο **"this"** ή **"other"**.) Εδώ είναι χρήσιμες οι πληροφορίες **"Store Collider"** και **"Get Collider"** του προηγούμενου Action Event. Απλά αποθηκεύουμε τις πληροφορίες σε μια μεταβλητή που θα δημιουργήσουμε.

Για να το κάνουμε αυτό, κάνουμε κλικ στο **"Store Collider"** στο action **"Trigger Event"** και επιλέγουμε **"New Variable".** Ονομάστε τη μεταβλητή **"ObjectToDestroy"** και ορίστε την (Εικόνα 69).

Στη συνέχεια, στην κατάσταση Trigger Called , στο **"Destroy Object",** επιλέξτε τη μεταβλητή **"ObjectToDestroy"** (Εικόνα 69).

Με αυτήν τη ρύθμιση, το FSM θα κάνει τα εξής::

1. Περιμένει μέχρι να υπάρξει ένα Trigger Event οπού το object θα συγκρουστεί με ενα Collider Trigger που έχει οριστεί στο τρέχον αντικείμενό μας με το FSM.
2. Μόλις κληθεί το trigger, το FSM θα στείλει ένα action (που σημαίνει **"Go to next State"**) αλλά ταυτόχρονα θα αποθηκεύσει στη μεταβλητή τις πληροφορίες αυτού του GameObject που ξεκίνησε το trigger.
3. Το FSM θα μετακινηθεί στην επόμενη state που ονομάζεται **"Trigger Called"** και εκεί θα δημιουργήσει δύο GameObject/Prefab στο σημείο αναπαραγωγής του **"StartingPosition"** (το κενό GameObject μας που είναι απλώς ένα σύμβολο κράτησης θέσης για μια θέση Transform)
4. Θα καταστρέψει το αντικείμενο που αποθηκεύτηκε στη μεταβλητή **"ObjectToDestroy"** που αποθηκεύτηκε από την προηγούμενη state.

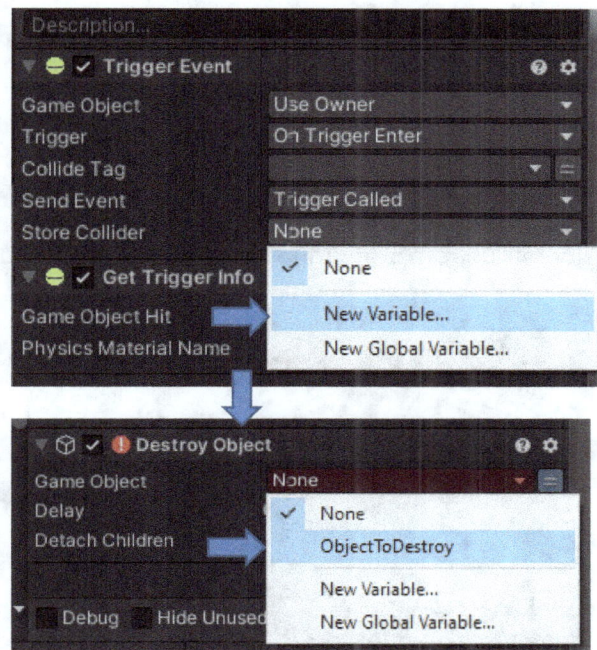

Εικόνα 69 – Χρήση του Get Trigger Info και του Destroy

5. Μόλις ολοκληρωθούν όλες οι actions της state **"Trigger Called"** τότε το FSM θα μετακινηθεί στο state **"FINISHED"** και θα επιστρέψει στην state **"Waiting On Trigger"**.

Όπως μπορείτε να δείτε, το Visual scripting είναι πολύ πιο απλό στη χρήση και εξοικονομεί πολύ χρόνο και εντοπισμό σφαλμάτων. Από την άλλη ωστόσο, είναι αρκετά περιοριστικό, καθώς κάθε action είναι προκαθορισμένο και τυχόν αλλαγές είναι αρκετά περιορισμένες ή απαιτούν εκτεταμένο και περίπλοκο FSM για να τις χειριστεί..

Ως άσκηση και για να κατανοήσετε καλύτερα τις FSM, δοκιμάστε τα εξής:

1. Δημιουργήστε ένα FSM που θα καλέσει δύο actions μόλις ενεργοποιηθεί ένα trigger και μεταβείτε σε δύο διαφορετικές states με κάθε state να δημιουργεί ένα διαφορετικό Prefab σε διαφορετικές τοποθεσίες.
2. Περαιτέρω αναπτύξτε την εργασία 1 όπου μία από τις δευτερεύουσες states έχει επίσης ένα action event και θα μεταβεί σε μια άλλη state που θα καταστρέψει ένα ακίνητο GameObject.

Animations

Σε αυτό το κεφάλαιο θα μάθετε για :

- Δημιουργία σημείων αγκύρωσης (Anchor points) και χρήση τους.
- Χρήση και δημιουργία Parent και Child GameObject, την λογική και τον τρόπο δημιουργίας της σχέσης.
- Δημιουργία απλου Animation Clips και Animations.
- Χρησιμοποιώντας την Animation καρτέλα και τις λειτουργίες της.
- Recording Mode και Timelines.
- Χρησιμοποιώντας τα Key Frames.

Για το κεφάλαιο αυτό δεν απαιτείται προηγούμενη γνώση προγραμματισμού.

Τώρα που έχουμε μια καλύτερη κατανόηση μερικών σε μερικά από τα χαρακτηριστικά του Unity ας ξαναδούμε το παιχνίδι Pinball μας από το μηδέν.

Προσπαθήστε να δημιουργήσετε μια scene παρόμοια με αυτή στην *Εικόνα 70* χρησιμοποιώντας Cube

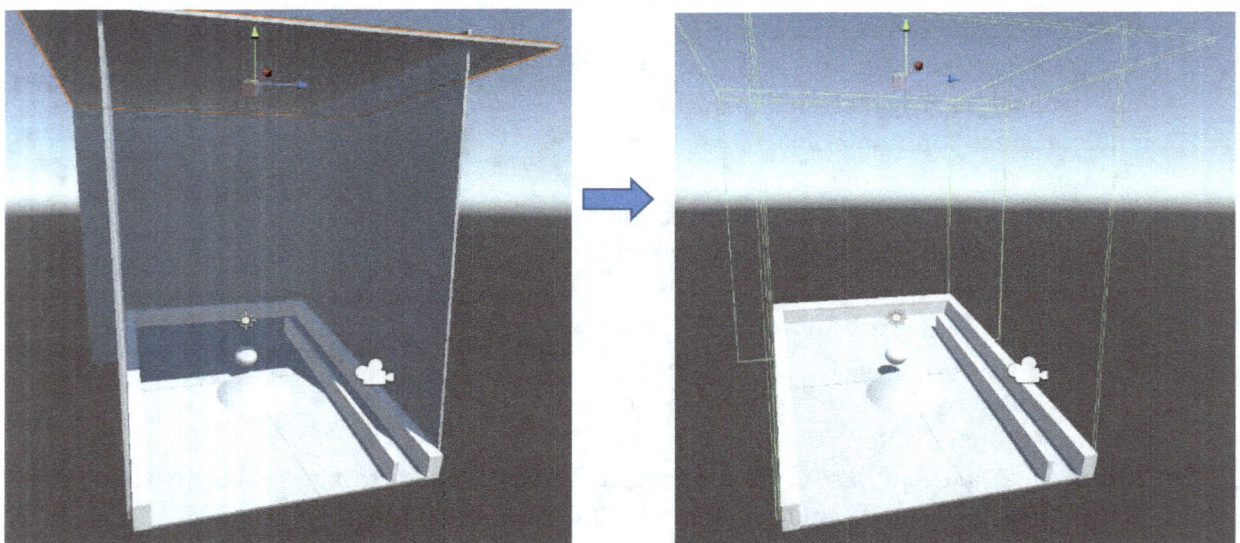

Εικόνα 70 – Παράδειγμα τοποθέτησης του Pinball

Εικόνα 71 - Pinball Game για να εκμάθηση των animations

primitives (να είστε δημιουργικοί!) και μόλις το έχετε έτοιμο *(Αριστερά της Εικόνας 70)* τότε αφαιρέστε το Mesh Renderer Component από τα γύρω Cube Primitives *(Δεξιά της Εικόνας 70)*. Αυτό θα αφήσει τους Colliders τους μόνο και θα λειτουργήσουν ως αόρατος τοίχος για να συνεχίσουν να κάνουν instantiate GameObjects μέσα *(Εικόνα 71)*,

Ρυθμίστε την κάμερα ανάλογα, ώστε να βλέπουμε μόνο το μέρος για το οποίο μας ενδιαφέρει.

Το τελικό μας αποτέλεσμα θα πρέπει να είναι κάτι σαν το παράδειγμα στην *Εικόνα 71*. Μην ανησυχείτε αν δεν είναι ακριβώς η ίδια scene και προσπαθήστε να είστε δημιουργικοί στη ρύθμιση της scene σας. Ο στόχος αυτή τη στιγμή είναι να "παγιδεύσουμε" τις σφαίρες μέσα στη σκηνή μας, ώστε να μπορέσουμε επιτέλους να αρχίσουμε να βάζουμε όλα τα κομμάτια μαζί και να αφήσουμε τη φαντασία μας να δουλέψει! Για να γίνει αυτό, απαιτούνται animations.

Το Unity έχει διάφορους τρόπους να κάνει animations ανάλογα με την πολυπλοκότητα του animation και την ταχύτητα που θέλουμε να είναι αυτά τα animations. Ορισμένα animations που είναι κυρίως για ανθρωποειδή γίνονται χρησιμοποιώντας το ενσωματωμένο σύστημα της Unity που ονομάζεται **Mecanim,** το οποίο παρέχει μια εύκολη ροή εργασίας όταν ασχολείστε με χαρακτήρες παικτών.

Δεδομένου ότι αυτό το παράδειγμα παιχνιδιού δεν έχει ανθρωποειδή χαρακτήρες αυτή τη στιγμή, είναι καλύτερο να χρησιμοποιήσετε το απλό σύστημα εγγραφής Animation Clip. Αυτό το σύστημα χρησιμοποιεί <u>Key frames</u> όπου ένα Key frame είναι ένα συγκεκριμένο χρονικό σημείο μέσα σε ένα animation που καθορίζει τις τιμές ή τις ιδιότητες ενός Gameobject ή component εκείνη τη στιγμή. Τα Key frames χρησιμοποιούνται για τη δημιουργία animation καθορίζοντας τον τρόπο με τον οποίο ένα GameObject πρέπει να αλλάζει ή να μετακινείται με την πάροδο του χρόνου και καταγράφει τις ενέργειες του προγραμματιστή με βάση το Frame Per Second (FPS) που θα ορίσει στο τρεχον animation clip. Αυτό σημαίνει ότι μπορούμε να δημιουργήσουμε αμέσως ένα animation σε οποιοδήποτε δεδομένο GameObject εάν γνωρίζουμε πώς πρέπει να είναι αυτό το animation και εάν το Transform αυτού του GameObject το επιτρέπει.

Για παράδειγμα, σε αυτό το παιχνίδι PinBall, ο στόχος είναι να έχουμε τα κάτω μέρη του ταμπλό να κινούνται όταν πατάμε ένα πλήκτρο στο πληκτρολόγιο, ώστε να ωθήσουμε προς τα πίσω την εισερχόμενη ροή των μπαλών. Μπορούμε να το προσομοιώσουμε μεταβαίνοντας στην προβολή Scene ενώ βρισκόμαστε σε προβολή Game (ενώ το Play είναι ακόμα ενεργοποιημένο) όπου μπορούμε να ελέγξουμε μέρη των GameObject. Γίνεται όμως φανερό ότι υπάρχει ένα πρόβλημα με την περιστροφή μερικών GameObject, καθώς πάντα θα περιστρέφονται στο κέντρο τους.

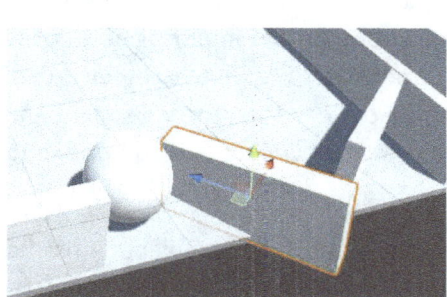

Για να λύσουμε αυτό το πρόβλημα θα χρησιμοποιήσουμε μια **"άγκυρα"** ή **"Hinge"** ώστε να μπορούμε να περιστρέφουμε αντικείμενα σε διαφορετικό κέντρο αντί για το δικό τους.

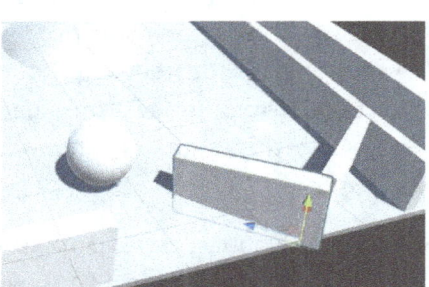

Εικόνα 73 – Παράδειγμα ενός λανθασμένου anchor point που περιστρέφει το κέντρο του GameObject

Εικόνα 72 - Παράδειγμα ενός σωστού anchor point που περιστρέφει τα άκρα του GameObject

Parent Objects και σημεία αγκύρωσης

Ένα Parent Object είναι ένα GameObject που περιέχει άλλα GameObject μέσα σε αυτό. Η μετακίνηση του parent GameObject θα μετακινήσει αυτόματα όλα τα GameObject μαζί του και αυτό ανοίγει πολλές χρήσεις, πέρα από την απλή μετακίνηση πολλών GameObject ταυτόχρονα και μπορεί να είναι χρήσιμο σε πιο σύνθετες εφαρμογές.

> **Parent Object:** Αυτό είναι το GameObject με το οποίο συνδέονται άλλα GameObject. Λειτουργεί ως κοντέινερ ή οργανωτής για ένα ή περισσότερα child GameObject. Όταν μετακινείτε, περιστρέφετε ή κλιμακώνετε ένα parent GameObject, τα child του θα επηρεαστούν επίσης από τον ίδιο μετασχηματισμό.
>
> **Child Object:** Αυτά είναι GameObjects που είναι συνημμένα σε ένα parent αντικείμενο. Τα child GameObject κληρονομούν τον Transform (θέση, περιστροφή, κλίμακα) του parent τους. Εάν μετακινήσετε τον parent, τα child κινούνται μαζί του σε σχέση με την τοπική τους θέση. Τα child GameObject οργανώνονται κάτω από έναν parent στην Hierarchy καρτέλα στην Unity, διευκολύνοντας τη διαχείριση και το χειρισμό σχετικών GameObject.

Πρώτον, εάν τοποθετήσουμε έναν αριθμό GameObject κάτω από ένα άλλο parent GameObject και απενεργοποιήσουμε ή καταστρέψουμε αυτό το συγκεκριμένο parent GameObject, τότε τα child GameObject μέσα στο parent αντικείμενο θα απενεργοποιηθούν ή θα καταστραφούν επίσης, εκτός εάν καταργήσουμε τον parent του child GameObject που θέλουμε να κρατήσουμε. Αυτό είναι πολύ χρήσιμο καθώς μπορούμε να καταστρέψουμε άμεσα πολλά GameObject απλά έχοντας τα όλα στον ίδιο parent αντί να καταστρέφουμε μεμονωμένα κάθε GameObject κάθε φορά ένα-ένα.

Δεύτερον, μπορούμε επίσης να χρησιμοποιήσουμε parent GameObject ως **σημεία αγκύρωσης.** Ένα σημείο αγκύρωσης θα κρατήσει βασικά ένα GameObject να περιστρέφεται από αυτό το συγκεκριμένο σημείο, όπως μια πόρτα αρθρώνεται σε ένα πλαίσιο πόρτας. Σε αυτό το παράδειγμα, το πλαίσιο της πόρτας είναι το parent και η πόρτα είναι το GameObject. Εάν η πόρτα δεν ήταν προσαρτημένη στο πλαίσιο της πόρτας, τότε περιστρέφοντας την πόρτα θα πρέπει απλώς η πόρτα να περιστρέφεται στο κέντρο της (όπως μια περιστρεφόμενη πόρτα), ενώ εάν η πόρτα είναι αρθρωτή θα περιστρέφεται στην πλευρά της πόρτας που είναι προσαρτημένη. Ομοίως, το parent GameObject θα κάνει ακριβώς αυτό! Εάν τοποθετήσουμε ένα κενό parent GameObject στη θέση που θέλουμε να περιστραφεί το άλλο GameObject, τότε απλά κάνουμε αυτό το GameObject child του parent GameObject και το πρόβλημα λύνεται.

Αυτό το κάνουμε με το να απλά drag/drop το child GameObject στο parent GameObject. Αυτό θα προσθέσει το GameObject και θα δημιουργήσει μια δομή τύπου δέντρου/tree στην καρτέλα Hierarchy όπου στη συνέχεια προσαρμόζουμε και τα δύο ανάλογα με το πώς θέλουμε να μετακινηθούν.

Στο παράδειγμα στην *Εικόνα 74*, το **"Flipper"** GameObject είναι child του **"Empty Parent Object Left"**

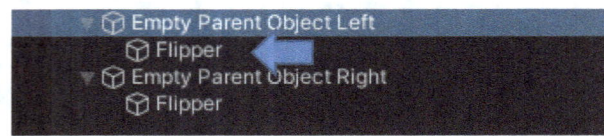

Εικόνα 74 – Parenting ένα Object σε άλλο

GameObject καθώς ο parent είναι πάντα στην κορυφή όταν πρόκειται για ιεραρχία. Λάβετε υπόψη ότι ένα child μπορεί επίσης να είναι parent ενός άλλου GameObject που θα βρίσκεται μέσα στην ίδια δομή, αλλά ένα child μπορεί να ανήκει μόνο σε ένα parent GameObject.

Αυτή η διαδικασία είναι σημαντικό να γίνει πριν εργαστούμε με οποιοδήποτε είδος animation που θέλουμε να εφαρμόσουμε στα GameObjects, καθώς επηρεάζει σε μεγάλο βαθμό τον τρόπο με τον οποίο αυτά τα GameObjects θα συμπεριφερθούν στο Transform τους.

> **!** Σημείωση: Λάβετε υπόψη ότι οποιαδήποτε animation έχουμε που εφαρμόζεται σε child GameObjects θα καταρρεύσει εάν αυτά τα GameObjects είναι αργότερα un-parented.

Animation Clips

Στο παράδειγμα παιχνιδιού Pinball, τα GameObjects Flippers (αριστερά και δεξιά) θα πρέπει να κινούνται όταν πατάτε ένα πλήκτρο. Πριν από τη δημιουργία της input, πρώτα είναι απαραίτητο να δημιουργήσετε το animation clip που θα αναπαραχθεί μόλις πατηθεί ένα πλήκτρο.

Πρώτον, απαιτείται κάποια κατανόηση του τί και είναι το "animation clip" και τί το "animation".

Ένα animation στο Unity είναι ένα component που περιέχει δεδομένα animation, το οποίο είναι ένα από τα βασικά component του συστήματος animation. Επισυνάπτοντας ένα **"Animation Clip"** στο Animation Component, αυτά τα δεδομένα animation μπορούν να εφαρμοστούν όπου βρίσκεται το Animation Component. Στην περίπτωσή μας τα **"Flipper"** GameObjects, αλλά δεδομένου ότι απαιτείται το **"Flipper"** GameObject να μετακινηθεί με βάση το parent σημείο αγκύρωσης, τότε τc animation θα πρέπει να εφαρμοστεί στο **"Empty Parent Object"** (αριστερά ή δεξιά) αντί για το πραγματικό GameObject (σε αυτό το παράδειγμα το **"Flipper"** GameObject)

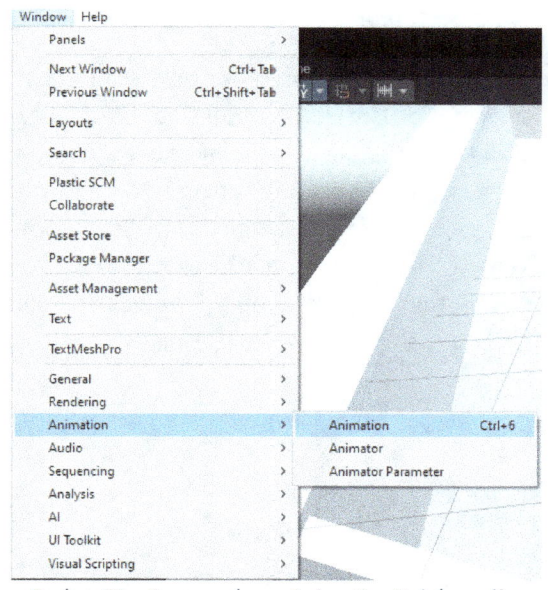

Για να προσθέσουμε αυτό το component, πρέπει πρώτα να δούμε την καρτέλα **"Animations"** που μπορείτε να βρείτε πατώντας το συνδυασμό πλήκτρων Ctrl + 6 ή επιλέγοντας:

Window→Animation→Animation (Εικόνα 75)

Μην συγχέετε το **"Animation"** με το **"Animator"**, καθώς αυτό είναι το πιο περίπλοκο και φυσικά ένα πολύ πιο ισχυρό εργαλείο για χρήση.

Μόλις εμφανιστεί η καρτέλα **"Animation"** drag/drop την στην προτιμώμενη θέση στη διάταξη της οθόνης σας. Τοποθετήστε το σε μια τοποθεσία οπου δεν θα μπλοκάρει την scene view σας, καθώς είναι επίσης απαραίτητη για τη δημιουργία του animation μας.

Εικόνα 75 – Εισαγωγή του Animation Tab/καρτέλα

Με την καρτέλα **"Animation"** ανοιχτή και επιλεγμένο το **"Empty Parent Game Object"** , κάντε κλικ στο

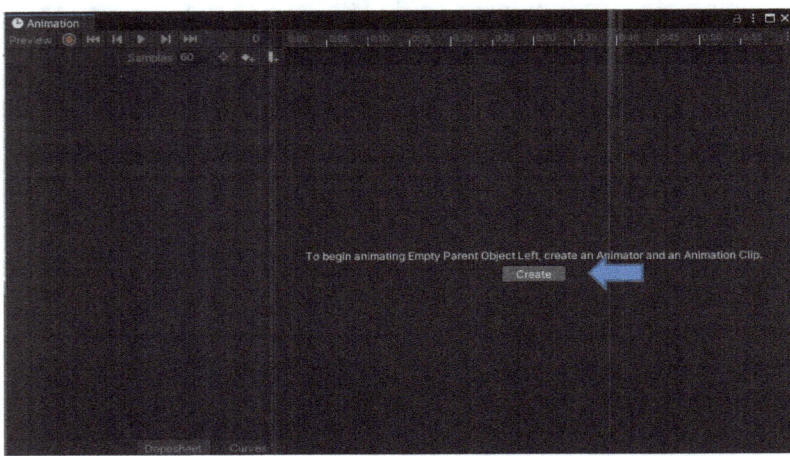

κουμπί **"Create"** *(Εικόνα 76)* για να δημιουργήσετε ένα Controller και ένα animation clip. Αυτό το Controller δημιουργείται αυτόματα για εμάς και θα μάθουμε να τον προσαρμόζουμε στο επόμενο βιβλίο.

Η Unity θα σας ζητήσει να αποθηκεύσετε το animation clip, ώστε να μπορείτε να το χρησιμοποιήσετε ξανά αργότερα, αν το χρειαστείτε. Ονομάστε αυτό το animation clip

Εικόνα 76 – Το Animation Tab/καρτέλα

"MyFirstAnimation" ή οποιοδήποτε όνομα της επιλογής σας και κάντε κλικ στο ΟΚ για να το αποθηκεύσετε.

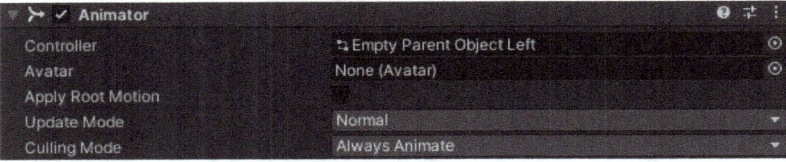

Παρατηρήστε ότι τώρα το GameObject έχει ένα Animator Component με το GameObject να έχει οριστεί ως **"Controller"** (*Εικόνα 77*)

Εικόνα 77 - Το Animator Component

> **Σημείωση:** Στην Unity, ένας controller αναφέρεται συνήθως σε ένα script ή component που διαχειρίζεται τη συμπεριφορά και την αλληλεπίδραση GameObjects ή χαρακτήρων παιχνιδιού. Τα controllers χρησιμοποιούνται συχνά για τη διαχείριση Input, κίνησης, animationν και άλλων πτυχών του παιχνιδιού. Χρησιμεύουν ως εγκέφαλος πίσω από το πώς τα GameObjects ή χαρακτήρες που ανταποκρίνονται στο input των παικτών και στα γεγονότα του παιχνιδιού. Για παράδειγμα, ένας Character Controller μπορεί να χειριστεί τον τρόπο με τον οποίο ένας χαρακτήρας παίκτη κινείται, πηδά και αλληλεπιδρά με τον κόσμο του παιχνιδιού. Οι controllers αποτελούν θεμελιώδες μέρη των script και του προγραμματισμού στη Unity.

Η καρτέλα/Tab Animation

Εικόνα 78 - Το Animation Tab/καρτέλα Layout

1. Όνομα του Animation Clip
2. Πρόσθεση Key Frame
3. Πρόσθεση Event (Δεν καλύπτεται σε αυτό το βιβλίο)
4. Timeline

Frames

Επί του παρόντος, υπάρχουν δύο τύποι Frames, δηλαδή τα Key Frames και τα απλά Frames (in-betweens).

Όπως αναφέρθηκε στην προηγούμενη ενότητα , ένα Key Frame είναι ένα συγκεκριμένο χρονικό σημείο μέσα σε ένα animation που καθορίζει τις τιμές ή τις ιδιότητες ενός Gameobject ή compcnent εκείνη τη στιγμή. Τα Key Frame χρησιμοποιούνται για τη δημιουργία animation καθορίζοντας τον τρόπο με τον οποίο ένα GameObject πρέπει να αλλάζει ή να μετακινείται με την πάροδο του χρόνου και καταγράφει τις ενέργειες του προγραμματιστή με βάση το Frame ανά δευτερόλεπτο (FPS) που θα ορίσει στο τρέχον animation clip. Με απλά λόγια, ένα Key Frame είναι ένα Frame που σηματοδοτεί το σημείο έναρξης ή λήξης μιας μετάβασης σε ένα animation.

Τα Frame μεταξύ των Key Frame ονομάζονται "in-betweens", όπου αυτά τα Frame αντιπροσωπεύουν τις σταδιακές αλλαγές στη θέση, την περιστροφή ή την εμφάνιση που απαιτούνται για την απρόσκοπτη ροή του animation από το ένα βασικό Frame στο άλλο. Τα in-betweens frames υπολογίζονται αυτόματα, διασφαλίζοντας ότι το animation φαίνεται ομαλό και φυσικό.

Για να δημιουργήσουμε ένα animation, πρέπει πρώτα να προσθέσουμε το πρώτο μας Key frame το οποίο θα ορίσει την αρχική θέση εκκίνησης, περιστροφή κ.λπ. και στη συνέχεια να κάνουμε το animation που απαιτείται. Στο τέλος θα προσθέσουμε ένα άλλο Key Frame, και αυτό θα "κλειδώσει" το animation έτσι ώστε να ξεκινά από το Key Frame 1 και να μετακινείται μέχρι το animation να βρίσκεται στο Key Frame 2. Αν θέλουμε να συνεχιστεί το animation, τότε απλά μεταβαίνουμε στο Key Frame 3 και ούτω καθεξής.

Record Modes και Timeline

Μόλις αποθηκεύσετε το νέο Animation Clip Asset, Είστε έτοιμοι να αρχίσετε να προσθέτετε Key frames στο clip.

Υπάρχουν δύο διαφορετικές μέθοδοι που μπορείτε να χρησιμοποιήσετε για να κάνετε animate Objects στο Animation:

Record Mode και Preview Mode.

Record Mode:

Εικόνα 79 - Recording Mode του Animation

(Αναφέρεται επίσης ως "auto-key" mode)

Στη Record Mode (*Εικόνα 79*), η Unity δημιουργεί αυτόματα Key Frames στην TimeLine όταν μετακινείτε, περιστρέφετε ή τροποποιείτε με άλλο τρόπο οποιαδήποτε ιδιότητα με δυνατότητα κίνησης στο κινούμενο GameObject σας. Πατήστε το κουμπί με τον κόκκινο κύκλο για να ενεργοποιήσετε τη Record Mode. Η γραμμή χρόνου του παραθύρου **"Animation"** χρωματίζεται με κόκκινο χρώμα όταν βρίσκεται σε Record Mode.

Preview Mode:

Εικόνα 80 - Preview Mode του Animation

Στη Preview Mode (*Εικόνα 80*), η τροποποίηση του κινούμενου G σας δεν δημιουργεί αυτόματα Key Frames. Πρέπει να δημιουργείτε χειροκίνητα Key Frames κάθε φορά που τροποποιείτε το GameObject σας σε μια επιθυμητή νέα κατάσταση (για παράδειγμα, μετακινώντας ή περιστρέφοντάς το). Πατήστε το κουμπί "**Preview**" για να ενεργοποιήσετε τη Preview Mode. Η λωρίδα χρόνου του παραθύρου **"Animation"** χρωματίζεται με μπλε χρώμα όταν βρίσκεστε preview mode.

> ! Σημείωση: Στο "Record" mode, το "Preview" κουμπί είναι επίσης ενεργό, επειδή κάνετε προεπισκόπηση της υπάρχουσας κίνησης και εγγραφή νέων Key Frame ταυτόχρονα.

Recording keyframes

Για να ξεκινήσετε την εγγραφή Key Frame για το επιλεγμένο GameObject, κάντε κλικ στο κουμπί **"Animation Record"**.

Αυτό εισάγει το Animation στο **"Record Mode",** όπου οι αλλαγές στο GameObject καταγράφονται στο Animation Clip.

Μόλις μπείτε στο **"Record Mode"**, μπορείτε να δημιουργήσετε Key Frames ρυθμίζοντας τη λευκή κεφαλή αναπαραγωγής στην επιθυμητή ώρα στη γραμμή χρόνου animation και, στη συνέχεια, τροποποιήστε το GameObject σας στην κατάσταση που θέλετε να είναι εκείνη τη στιγμή.

Οι αλλαγές που κάνετε στο GameObject καταγράφονται ως Key Frames την τρέχουσα χρονική στιγμή που εμφανίζεται από τη λευκή γραμμή (την κεφαλή αναπαραγωγής) στο παράθυρο Animation.

Οποιαδήποτε αλλαγή σε μια ιδιότητα με δυνατότητα κίνησης (όπως η θέση ή η περιστροφή της) θα προκαλέσει την εμφάνιση ενός Key Frame για αυτήν την ιδιότητα στο παράθυρο Animation.

Κάνοντας κλικ ή σύροντας στη γραμμή χρονικής γραμμής μετακινείται η κεφαλή αναπαραγωγής και εμφανίζεται η κατάσταση του animation στην τρέχουσα ώρα της κεφαλής αναπαραγωγής.

Στο παράδειγμα project, θέλουμε να κάνουμε το GameObject **"Flipper"** να κινείται ξαφνικά προς τα πάνω για να σπρώξει τις μπάλες με δύναμη και στη συνέχεια να επιστρέψει ελαφρώς πιο αργά πίσω στην αρχική του θέση. Η αποθήκευση της αρχικής θέσης είναι σημαντική, καθώς αυτό θα δώσει μια αίσθηση ροής και συνέχειας στο animation, ώστε να μην λείπουν frames. Για το λόγο αυτό, πρέπει να αντιγράψουμε/φυλάξουμε την αρχική θέση πριν

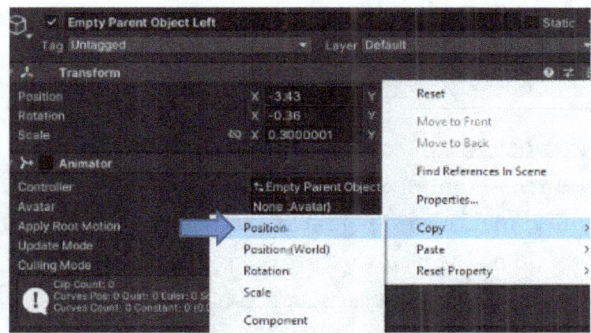

Εικόνα 81 - Αντιγραφή της θέσης ενός GameObject

ξεκινήσουμε (*Εικόνα 81*) . Μόλις αποθηκεύσουμε τη θέση στο πρόχειρό μας, μπορούμε να συνεχίσουμε με τη δημιουργία του animation.

Κάντε κλικ στο κουμπί **Record** (ενώ βρίσκεστε στο parent GameObject) και εισαγάγετε ένα Key Frame στο χρονικό πλαίσιο 0. Το animation θα ξεκινήσει από εδώ. Θα παρατηρήσετε επίσης ότι ένα σύμβολο διαμαντιού έχει εμφανιστεί εκεί όπου δημιουργήθηκε το Key Frame (*Εικόνα 82*)

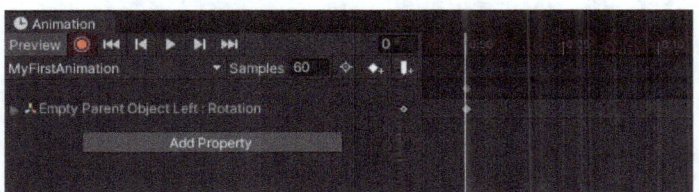

Εικόνα 82 – Εισαγωγή ενός Key Frame

Χρησιμοποιήστε τη λειτουργία κύλισης στο ποντίκι σας για να μεγεθύνετε (μεγεθύνετε) τη λωρίδα χρόνου και να προσθέσετε επιπλέον δευτερόλεπτα στο animation, εάν χρειάζεται. Για αυτό το παράδειγμα, θα προσθέσουμε μια περιστροφή στο **"Flipper"** για τα πρώτα 0,5 (0,30) δευτερόλεπτα και στη συνέχεια θα το επιστρέψουμε στην αρχική του θέση στα 1,5 (1,30) δευτερόλεπτα.

Παρατηρήστε τις ακόλουθες πληροφορίες που μας παρέχει η Unity κατά τη δημιουργία του animation στην *Εικόνα 83*:

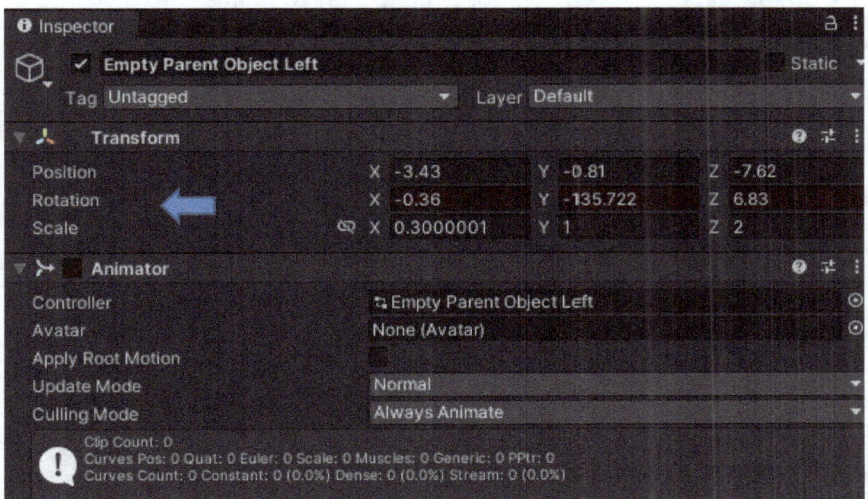

Εικόνα 83 – Πληροφορίες κατά την διάρκεια του Recording ενός animation

Πρώτον, η περιστροφή (rotation) στον Inspector επισημαίνεται με κόκκινο χρώμα. Αυτό γίνεται για να μας δείξει ότι το animation καταγράφει την περιστροφή και ότι οι άλλοι Transforms δεν επηρεάζονται σε αυτό το σημείο από το animation.

Δεύτερον, τα Key Frames δείχνουν επίσης την περιστροφή καθώς βρίσκονται στην ίδια σειρά με την περιστροφή στη γραμμή χρόνου.

Κάνοντας ξανά κλικ στο κουμπί **"Record"** θα σταματήσει η εγγραφή και μπορούμε να δούμε το animation χρησιμοποιώντας το κουμπί **"Preview"**.

Εάν δεν είστε ικανοποιημένοι με το animation, μπορείτε να διαγράψετε τα Key Frame και να συνεχίσετε από αυτήν τη θέση ή μπορείτε εύκολα να επαναλάβετε το animation από την αρχή.

Επαναλάβετε την ίδια ακριβώς διαδικασία στο άλλο **"Flipper"**, αλλά θυμηθείτε να δημιουργήσετε ένα νέο animation και σε αυτό το parent GameObject.

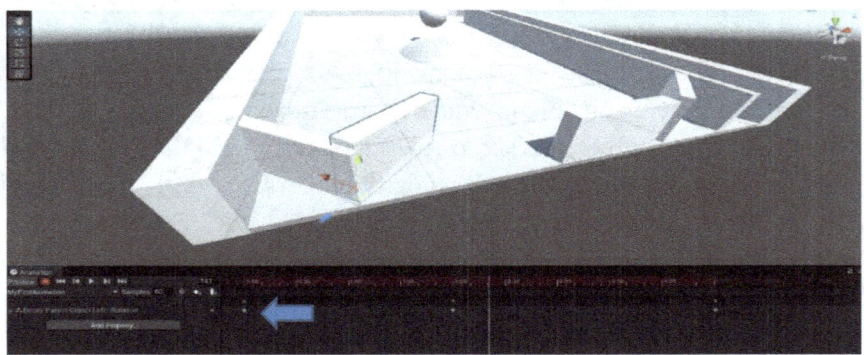

Εικόνα 84 – Επιστροφή ενός GameObject στην αρχική του θέση με την χρήση των animations

Με τα δύο νέα animation έτοιμα χρειαζόμαστε μια τελευταία ρύθμιση για να αλλάξουμε πριν μπορέσουμε να δούμε το animation σε πραγματικό χρόνο παιχνιδιού και αυτό είναι να το ρυθμίσουμε να χρησιμοποιείται από τον παίκτη (επόμενη ενότητα) , καθώς επί του παρόντος το animation θα παίζει συνεχώς σε loop στη scene μας ανεξάρτητα από το input του χρήστη.

Ως άσκηση και για να κατανοήσετε καλύτερα τα animations, δοκιμάστε τα εξής:

1. Δημιουργήστε ένα νέο GameObject Sphere και βάλτε το να πετάει γύρω από τη scene ενώ παίζετε το παιχνίδι.
2. Επεκτείνετε περαιτέρω το μέρος 1 προσθέτοντας ένα 2ο GameObject της επιλογής σας το οποίο θα "ενοχλήσει" τις μπάλες στη scene (για παράδειγμα ένας Cube που σπρώχνει τις μπάλες προς τα πάνω ή μια Sphere που κινείται πάνω/κάτω στο έδαφος
3. Δημιουργήστε τουλάχιστον 4 Key Frames και ζητήστε από το αντικείμενο να επιστρέψει στην αρχική του θέση, ώστε να φαίνεται ότι κινείται απεριόριστα.
4. Δημιουργήστε μια σχέση parent/child με τουλάχιστον 3 GameObjects (Parent – Child/Child).

Input από Χρήστη

Σε αυτό το κεφάλαιο θα μάθετε για:

- Χρήση των Input Manager setting και του Input System
- Εισαγωγή και δημιουργία των Key Codes
- Χρησιμοποιώντας Start και Update functions και τη διαφορά τους.
- Παίζοντας ένα Legacy animation χρησιμοποιώντας ένα script και Wrap modes.
- Πώς να πάρουμε ένα Component από ένα Object και πώς να το χρησιμοποιήσουμε.
- Εκτέλεση ενός script Μόλις ένα Key Code έχει πιεστεί.

Για αυτό το κεφάλαιο, προτιμάται μικρή γνώση προγραμματισμού.

Οι εκπαιδευόμενοι θα πρέπει να είναι εξοικειωμένοι με την κωδικοποίηση:

IF statements (Επιλογές)

Στο Unity και στο C#, μια statement **if** είναι μια θεμελιώδης δομή ελέγχου που χρησιμοποιείται για τη λήψη αποφάσεων στον κώδικά σας. Σας επιτρέπει να εκτελέσετε ένα μπλοκ κώδικα εάν μια καθορισμένη συνθήκη είναι αληθής (True).

Απλή εξήγηση:

Εάν η συνθήκη είναι αληθής((True), θα εκτελεστεί ο κώδικας μέσα στο μπλοκ if.

Εάν η συνθήκη είναι ψευδής(False), ο κώδικας μέσα στο μπλοκ if θα παραλειφθεί.

Ακολουθεί ένα παράδειγμα:

```
int number = 10;

if (number > 5)

{

        Debug.Log ("The number is greater than 5.");

}
```

Σε αυτό το παράδειγμα:

Έχουμε έναν μεταβλητό αριθμό που έχει οριστεί σε 10.

Η δήλωση if ελέγχει εάν ο αριθμός είναι μεγαλύτερος από 5, κάτι που ισχύει σε αυτήν την περίπτωση.

Επειδή η συνθήκη είναι αληθής, ο κωδικός μέσα στο μπλοκ if εκτελείται και η ένδειξη "The number is greater than 5." θα εμφανιστεί στην κονσόλα.

Σημείωση: Για να συγκρίνουμε εάν δύο τιμές είναι ίσες χρησιμοποιούμε το διπλό == και όχι ένα μονό =

Ένα σύγχρονο παιχνίδι απαιτεί από έναν παίκτη κάποιο είδος αλληλεπίδρασης με αυτό που βλέπει, διαφορετικά δεν είναι παιχνίδι, αλλά μάλλον μια "οπτική εμπειρία" όπως μια ταινία. Η όλη ιδέα ενός παιχνιδιού είναι ότι ο παίκτης θα κληθεί να συγχρονίσει την input που παρέχει στο παιχνίδι για να επιτύχει μια συγκεκριμένη εργασία και αυτή η input χρήστη είναι τις περισσότερες φορές με τη μορφή πλήκτρων στο πληκτρολόγιο ή ένα joystick / gamepad ή / και το ποντίκι.

Η Unity παρέχει δύο τρόπους λήψης user input:

- Input Manager
- Input System

Το Input Manager Το παράθυρο σάς επιτρέπει να ορίσετε άξονες input και τις συσχετισμένες ενέργειές τους για το project σας. Για να αποκτήσετε πρόσβαση σε αυτό, από το κύριο μενού του Unity, μεταβείτε στο

Properties → Project Settings και, στη συνέχεια, επιλέξτε "**Input Manager**" από την περιήγηση στα δεξιά.

Το Input Manager (*Εικόνα 85*) Χρησιμοποιεί τους ακόλουθους τύπους ελέγχου:

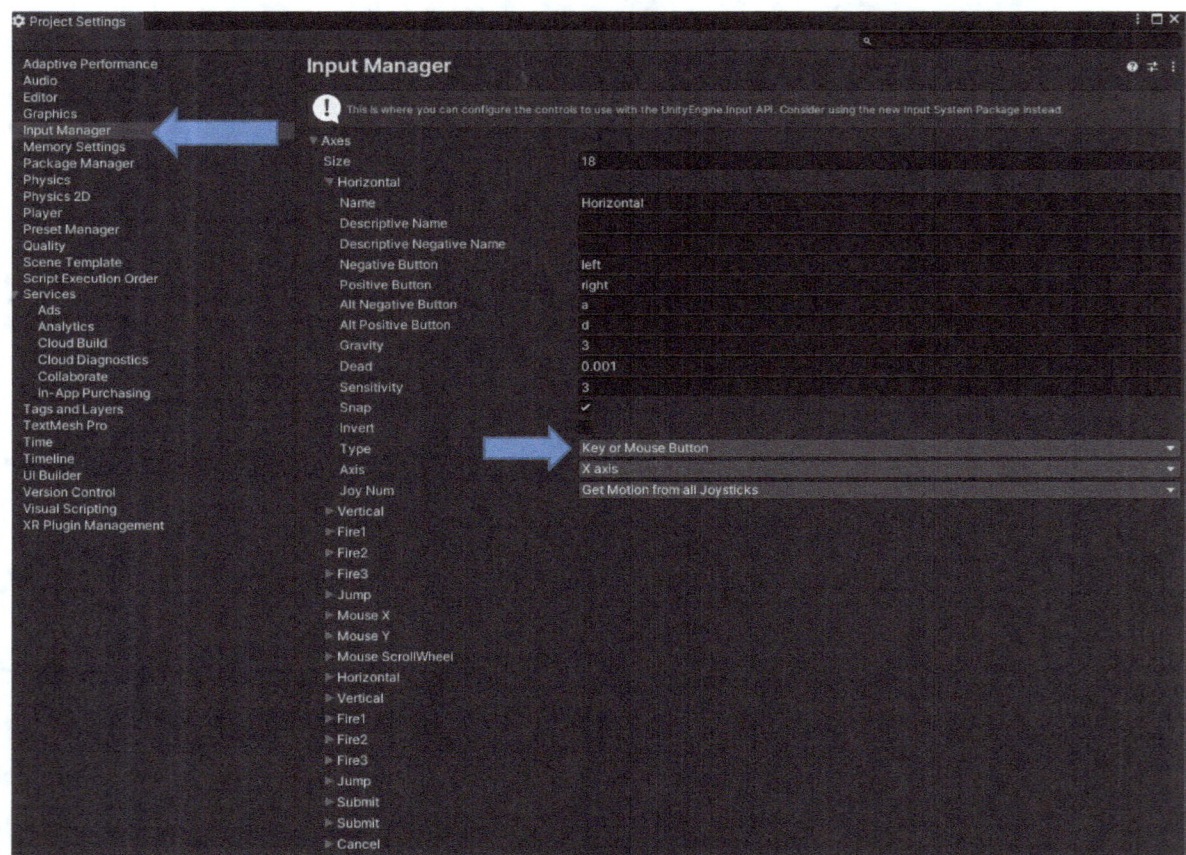

Εικόνα 85 – Το Input Manager

- **Key** αναφέρεται σε οποιοδήποτε πλήκτρο σε ένα φυσικό πληκτρολόγιο, όπως το W, το Shift ή το πλήκτρο Space.
- **Button** αναφέρεται σε οποιοδήποτε κουμπί σε ένα φυσικό χειριστήριο (για παράδειγμα, χειριστήρια παιχνιδιών), όπως το κουμπί Χ σε ένα χειριστήριο Xbox One.

- **A virtual axis** (πληθυντικός: axes) αντιστοιχίζεται σε ένα στοιχείο ελέγχου, όπως ένα κουμπί ή ένα πλήκτρο. Όταν ο χρήστης ενεργοποιεί το στοιχείο ελέγχου, ο άξονας λαμβάνει μια τιμή στην περιοχή από -1 έως 1 και μπορούμε να τη χρησιμοποιήσουμε στα σενάριά μας.

Το πακέτο Input System υλοποιεί ένα σύστημα για τη χρήση οποιουδήποτε είδους συσκευής εισόδου για τον έλεγχο του περιεχομένου σας Unity. Προορίζεται να είναι μια πιο ισχυρή, ευέλικτη και διαμορφώσιμη αντικατάσταση του κλασικού Input Manager της Unity, αλλά απαιτεί ξεχωριστή εγκατάσταση από το Asset Store και χρησιμοποιεί το πλαίσιο .NET 4.

Για αυτή την ενότητα θα συνεργαστούμε με τον Input Manager και το scripting θα αναφέρεται στους **KeyCodes** που βρίσκονται στο τέλος αυτού του βιβλίου (*Παράρτημα 1*). Είναι σημαντικό το Input Manager να έχει ρυθμιστεί σωστά, διαφορετικά τα script σας δεν θα λειτουργούν όπως προβλέπεται, επομένως οι αλλαγές που γίνονται στο Input Manager πρέπει να απεικονίζουν τις εν λόγω scripts, εκτός εάν τα scripts έχουν ρυθμιστεί με τρόπο που επιτρέπει αλλαγές στο Input.

Input με C# και τα Void Start / Update

Στο παράδειγμά μας, θέλουμε το animation να αναπαράγεται μόνο όταν ένας παίκτης επιλέγει να πατήσει ένα πλήκτρο. Επί του παρόντος, ως έχει, θα επαναλαμβάνεται συνεχώς ανεξάρτητα από οποιαδήποτε input παρέχει ο χρήστης.

Είναι καλό να θυμάστε ότι το input από το χρήστη μπορεί να επηρεάσει περισσότερα από ένα GameObject, ακόμη και αν αυτό το GameObject δεν είναι ορατό στο χρήστη εκείνη τη στιγμή. Μόνο τα GameObject που ανήκουν σε διαφορετικές scenes που δεν έχουν φορτωθεί αυτήν τη στιγμή δεν θα επηρεαστούν. Οτιδήποτε άλλο, εάν έχει ένα script που περιμένει το input από τον χρήστη, θα ενεργήσει ανάλογα.

Δεδομένου ότι το input του χρήστη πρέπει και μπορεί να γίνει σε οποιοδήποτε σημείο του παιχνιδιού και όχι όταν συμβαίνει μόνο ένα action, ο κώδικας που θα χειριστεί το action πρέπει να τοποθετηθεί και να χρησιμοποιηθεί ανάλογα και πρέπει επίσης να ρυθμίσουμε το script έτσι ώστε να γράψουμε τον κώδικα μόνο μία φορά αλλά να μπορούμε να τον επαναχρησιμοποιήσουμε στο 2ο GameObject **"flipper"** (και όσα άλλα GameObjects θέλουμε).

Ας ρίξουμε μια άλλη ματιά σε ορισμένα μέρη των script C# που παραλείψαμε στα προηγούμενα κεφάλαια.

```csharp
using System.Collections;
using System.Collections.Generic;
using UnityEngine;

public class clicked : MonoBehaviour
{
    // Start is called before the first frame update
    void Start()
    {
    }

    // Update is called once per frame
    void Update()
    {
    }
}
```

Οι μέθοδοι Void Start() και Void Update() είναι μέρη κώδικα που θα εκτελούνται διαφορετικά από τον κανονικό κώδικα C#, καθώς **το Void Start θα εκτελείται μόνο μία φορά** κατά την έναρξη του παιχνιδιού, ενώ το **Void Update() θα εκτελείται κάθε frame** του παιχνιδιού.

Στην Unity, τόσο το void Start() όσο και το void Update() είναι ειδικές μέθοδοι που μπορείτε να χρησιμοποιήσετε στα script σας για να ελέγξετε τη συμπεριφορά των GameObject του παιχνιδιού. Ωστόσο, εξυπηρετούν διαφορετικούς σκοπούς και καλούνται σε διαφορετικές χρονικές στιγμές κατά τη διάρκεια του παιχνιδιού ενός GameObject:

void Start():

- Αυτή η μέθοδος καλείται μία φορά, στην αρχή, όταν προετοιμάζεται για πρώτη φορά το συσχετισμένο GameObject παιχνιδιού του script ή όταν το GameObject παιχνιδιού ενεργοποιείται στη σκηνή.
- Χρησιμοποιείται συνήθως για τη ρύθμιση αρχικών τιμών σε μεταβλητές, αναφορών ή Transform για το GameObject παιχνιδιού σας.
- Μπορείτε να το χρησιμοποιήσετε για να εκτελέσετε εφάπαξ εργασίες εγκατάστασης, όπως προετοιμασία μεταβλητών ή λήψη αναφορών σε άλλα αντικείμενα ή στοιχεία.

Για παράδειγμα:

```
void Start()
{
    // Initialize variables or obtain references here
}
```

void Update():

Αυτή η μέθοδος καλείται κάθε Frame, <u>συνήθως</u> 60 φορές ανά δευτερόλεπτο (ή όσο συχνά εκτελείται το παιχνίδι σας). Χρησιμοποιείται για συνεχείς ενημερώσεις και αλληλεπιδράσεις Frame-by-Frame.

Θα βάλουμε κώδικα στο Update() αν θέλουμε κάτι να συμβαίνει επανειλημμένα ή συνεχώς, όπως η επεξεργασία input παίκτη, η κίνηση χαρακτήρων ή η συνεχής λογική του παιχνιδιού.

Για παράδειγμα:

```
void Update()
{
    // Code that runs every frame, e.g., checking for player input
}
```

Το Start() χρησιμοποιείται για εφάπαξ (one-off) εργασίες εγκατάστασης κατά την προετοιμασία του GameObject, ενώ το Update() χρησιμοποιείται για συνεχείς ενημερώσεις frame-by-frame κατά την εκτέλεση του παιχνιδιού.

Είναι πολύ συνηθισμένο να συγχέουμε τη λειτουργικότητα αυτών των δύο και είναι σημαντικό να καταλάβουμε ότι αυτά τρέχουν με κάθε frame και όχι κάθε δευτερόλεπτο. Αυτό σημαίνει ότι αυτά δεν μπορούν να χρονομετρηθούν καθώς θα τρέξουν πιο γρήγορα ή πιο αργά ανάλογα με την CPU/GPU που θα τρέξει το συγκεκριμένο παιχνίδι. Εάν επιθυμείτε να χρησιμοποιήσετε λειτουργίες χρονισμού στην Unity, όπως καθυστέρηση μερικών δευτερολέπτων, θα τις καλύψουμε στην επόμενη ενότητα (**Intermediate** ενότητα).

Δεδομένου ότι όλα στο Update() τρέχουν συνεχώς, είναι η τέλεια τοποθεσία για να χρησιμοποιήσουμε κώδικα που θα περιμένει input από τον χρήστη ανά πάσα στιγμή, ωστόσο πρέπει να είμαστε ιδιαίτερα προσεκτικοί με όλα όσα συμπεριλαμβάνουμε στο Void Update() σαν να τρέχουν συνεχώς υπερβολικές ποσότητες άχρηστου κώδικα, τότε θα επιβραδύνει τη διαδικασία και τη λειτουργικότητα του παιχνιδιού μας. Είναι πάντα καλό να χρησιμοποιείτε κατάλληλες τεχνικές προγραμματισμού εδώ και να χωρίζετε τα πάντα σε methods / procedures / functions και να χρησιμοποιείτε δηλώσεις IF που θα παραλείψουν περιττά κομμάτια κώδικα.

Για να παίξουμε ένα animation χρησιμοποιώντας ένα script πρέπει να κάνουμε τις ακόλουθες προσαρμογές που θα εξηγηθούν περαιτέρω σε αυτό το κεφάλαιο::

1. Ρύθμιση του animation ώστε να μην επαναλαμβάνεται.
2. Να προσθέσουμε ένα Animation Component
3. Ρύθμιση του Animation σαν Legacy
4. Να πάρουμε το Component που περιέχει το animation και ορίστε την σε ένα Animation variable.

Μέχρι τώρα, το animation που δημιουργήσαμε ήταν ένα animation που έπαιζε συνεχώς χωρίς καμία παρέμβαση του χρήστη. Για να κάνετε το animation να περιμένει μέχρι ο χρήστης να ξεκινήσει την ενέργεια για αναπαραγωγή (play), χρειάζονται κάποιες προσαρμογές στα scripts, αλλά και στις ρυθμίσεις του animation.

Πρώτον, πρέπει να σταματήσουμε τη συνεχή αναπαραγωγή (replay) του Animation και να αφαιρέσουμε το περιττό component Animator και να το αντικαταστήσουμε με ένα component Animation.

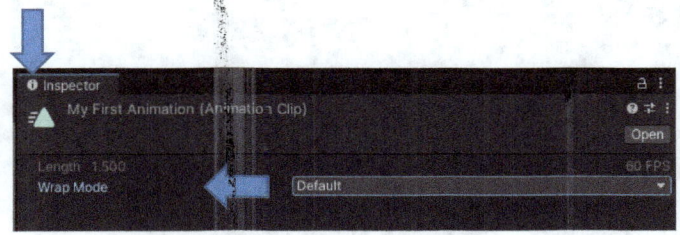

Εικόνα 86 – Αλλαγή του Wrap Mode

Βρείτε το animation **"MyFirstAnimation"** στην καρτέλα **"Project"** και κάντε κλικ σε αυτήν (ένα μόνο κλικ) για να εμφανίσετε τις ιδιότητες κίνησης στην καρτέλα **"Inspector"**. Η λειτουργία **"Wrap"** είναι ο τρόπος με τον οποίο θα επαναληφθεί το animationκαι είναι ο τρόπος με τον οποίο θα ενεργήσει ένα animation μόλις τελειώσει και αν πρέπει να

επαναληφθεί και θα πρέπει να οριστεί σε **"Default"** *(Εικόνα 86)*.

Στη συνέχεια, κάντε κλικ στο **"Empty Parent Object"** και αφαιρέστε (ή απενεργοποιήστε) το **"Animator Component"**. Αντικαταστήστε το με ένα **"Animation Component"** και ορίστε το animation στη λίστα ώστε να είναι το **"MyFirstAnimation"** είτε με drag/drop είτε κάνοντας κλικ στα διαθέσιμα animations.

Στη συνέχεια, προσθέστε ένα script **"New Script"** και ονομάστε το **"Clicked"**.

Το Inspector του GameObject σας θα πρέπει να είναι παρόμοιο με αυτό στην *Εικόνα 87*. Καταργήστε την επιλογή του **"Play Automatically"** από το πλαίσιο.

Τώρα πρέπει να ορίσουμε το animation ως **"Legacy",** καθώς αυτό είναι το παλιό σύστημα που η Unity χειριζόταν κινούμενα σχέδια πριν από την εισαγωγή του Mecanim, αλλά εξακολουθούμε να μπορούμε να το χρησιμοποιήσουμε για την απλότητα και τη γρήγορη λειτουργικότητά του.

Για να ορίσουμε ένα animation ως **"Legacy"**, πρέπει να αλλάξουμε τον **"Inspector"** από την παραδοσιακή

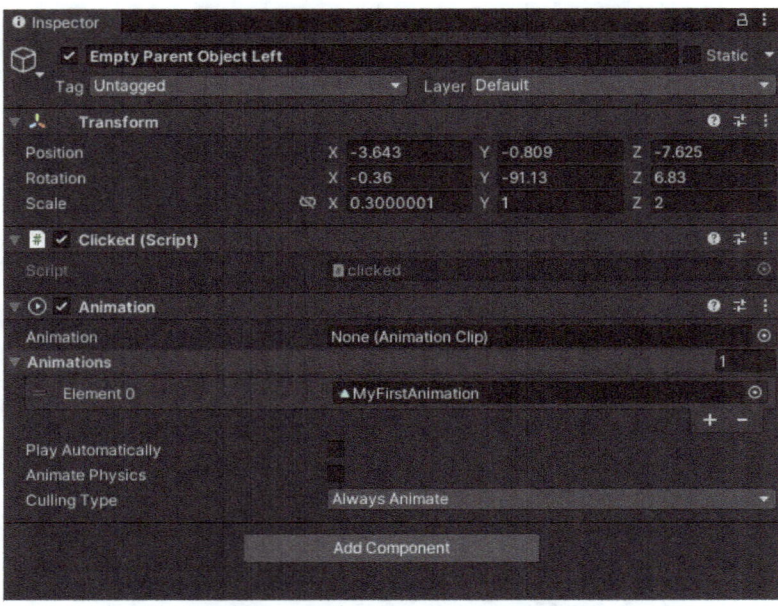

Εικόνα 88 - Παράδειγμα ενός GameObject με Animation και Script

προβολή **"Normal"** σε **"Debug"**, καθώς η επιλογή είναι κρυμμένη στο μενού **"Debug"**.

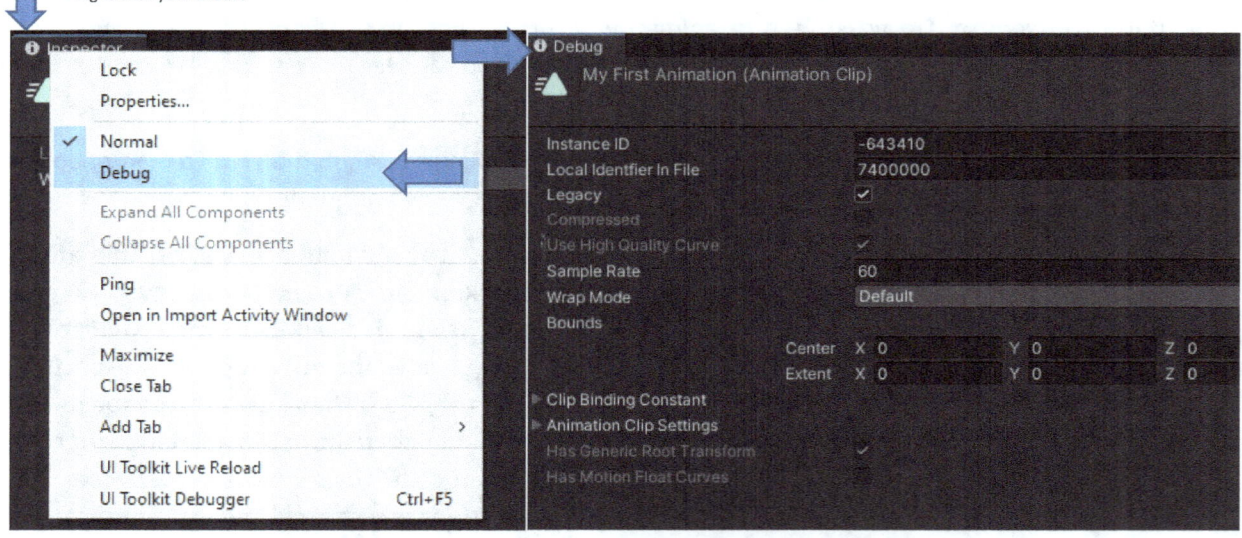

Εικόνα 87 – Ενεργοποίηση του Legacy και επιστροφή πίσω σε Normal

Επιλέξτε το animation από την καρτέλα **"Projects"** όπως κάναμε νωρίτερα για να ρυθμίσετε τη λειτουργία Wrap, αλλά αυτή τη φορά κάντε δεξί κλικ στην καρτέλα **"Inspector"** και επιλέξτε **"Debug"**.

Επιλέγοντας **"Debug"** θα αποκαλυφθούν μερικές ακόμη επιλογές και μία από αυτές είναι **το "Legacy"** *(Εικόνα 88)*

Μόλις τελειώσουμε, ρυθμίστε τον **"Inspector"** πίσω στο **"Normal".**

Τέλος, μπορούμε να γράψουμε τον κώδικα που θα μας επιτρέψει να χρησιμοποιήσουμε το animation όπως κρίνουμε κατάλληλα.

[Clicked Script](https://tinyurl.com/2r72nemj) - https://tinyurl.com/2r72nemj

```csharp
public class Clicked : MonoBehaviour
{
    // Start is called before the first frame update
    private Animation anim; // Declaring private a variable anim to be a Animation
    void Start()
    {
        anim = gameObject.GetComponent<Animation>();
        // Setting anim to the Game Objects animation component
    }

    // Update is called once per frame
    void Update()
    {
        if (Input.GetKeyDown(KeyCode.Space)) // Checking if a key is pressed
        {
            anim.Play("MyFirstAnimation"); // Playing the animation
        }
    }
}
```

Παρατηρούμε αμέσως μερικές νέες functions:

```
gameObject.GetComponent<Animation>();
```

Το κομμάτι "gameObject" δείχνει το τρέχον GameObject το οποίο σε αυτήν την περίπτωση είναι το γονικό κενό parent GameObject αριστερό (ή δεξιό) object στο παιχνίδι μας.

Το ". GetComponent<Animation>();" είναι η function που θα κοιτάξει στο GameObject που έχουμε συνδέσει αυτή τη function και θα αναζητήσει αν έχει ένα component Animation (που προσθέσαμε προηγουμένως) και θα τοποθετήσει αυτό το animation component στη μεταβλητή του animation με το όνομα **"anim"**.

> ❗ Σημείωση: Προς το παρόν, πρέπει να χρησιμοποιήσουμε τη μέθοδο GetComponent, αλλά θα διερευνήσουμε περισσότερα σχετικά με αυτήν τη μέθοδο στην επόμενη ενότητα (Intermediate).

Παρατηρήστε ότι αυτό δεν μπορούσε να γίνει αυτόματα, καθώς πρέπει να ορίσουμε και να ορίσουμε μια μεταβλητή animation που θα περάσουν τα δεδομένα animation πριν τη χρησιμοποιήσουμε.

Αυτό γίνεται στο Start() καθώς αυτό πρέπει να γίνει <u>μόνο μία φορά</u> στην αρχή του παιχνιδιού, καθώς η μεταβλητή θα κρατήσει τις πληροφορίες και δεν χρειάζεται να λαμβάνετε συνεχώς το animation σε κάθε frame.

```
Input.GetKeyDown(KeyCode.Space)
```

Οι KeyCodes βρίσκονται στο τέλος αυτού του βιβλίου στο *Παράρτημα 1*. Η εντολή Input.GetKeyDown επιστρέφει μια boolean τιμή True μόλις γίνει κλικ στο KeyCode που μεταβιβάζεται ως παράμετρος (σε αυτήν την περίπτωση, το κουμπί Space).

Αξίζει να σημειωθεί ότι έχουμε το GetKeyDown αλλά επίσης και ένα GetKeyUp για όταν ένας παίκτης απελευθερώνει ένα κουμπί.

```
anim.Play("MyFirstAnimation");
```

Αυτό το σενάριο είναι τώρα κλειδωμενο έτσι ώστε να παίζει το **"MyFirstAnimation"** μόλις κάνετε κλικ στο κουμπί Space στο πληκτρολόγιο. Για να επαναχρησιμοποιήσουμε αυτό το script, πρέπει να αλλάξουμε το **"MyFirstAnimation"** σε μεταβλητή Public με δημόσιο εύρος που μπορεί να ορίσει ο προγραμματιστής για κάθε script που θα επαναχρησιμοποιήσει. Αυτό μπορεί να γίνει αλλάζοντας τη γραμμή σε:

```
anim.Play(animationName);
```

και συμπεριλαμβανομένης της Public μεταβλητής string animationName πάνω από το Update()

```
public string animationName;
```

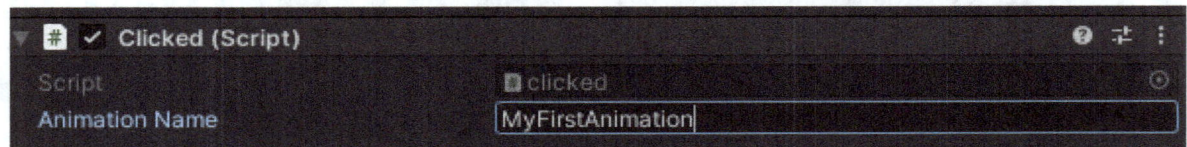

Αυτό θα επιτρέψει στον προγραμματιστή του παιχνιδιού να αλλάξει τα ονόματα ανάλογα εισάγοντας το όνομα animation στον Inspector ή να χρησιμοποιήσει το script για άλλο animation αλλάζοντας απλώς το όνομα του animation που θα αναπαραχθεί.

Χρησιμοποιήστε όποιον τρόπο προτιμάτε!

Μπορούμε τώρα να δοκιμάσουμε τον κώδικα και το animation μας και να δούμε ότι πατώντας το πλήκτρο – Space που θα τρέξει το script **"Clicked"** και θα κάνει το **"Flipper"** να κάνει το animation περιστροφής και να χτυπήσει την εισερχόμενη ροή κυλιόμενων σφαιρών.

Ως άσκηση και για να κατανοήσετε καλύτερα τα animations, δοκιμάστε τα εξής:

1. Δημιουργήστε ένα script που θα δημιουργήσει (instantiate) ένα prefab κύβο μόλις πατηθεί το κουμπί K.
2. Τροποποιήστε το script από το μέρος 1 έτσι ώστε το Cube να περιστρέφεται μόλις πατηθεί το κουμπί R.
3. Δημιουργήστε ένα script που θα δημιουργήσει δέκα Spheres με Rigidbodies μόλις πατηθεί ένα κουμπί και αν ο παίκτης αποφασίσει να πατήσει ξανά το κουμπί, θα πρέπει να κάνουν Instantiate δύο φορές περισσότερο από ό, τι προηγουμένως.

Input με FSM – PlayMaker

Σε αυτό το κεφάλαιο θα μάθετε για:

- Λήψη δεδομένων (input) με χρήση FSMs
- Πώς να αναπαράγουμε Animations με χρήση FSMs

Για το κεφάλαιο αυτό δεν απαιτείται προηγούμενη γνώση προγραμματισμού.

Είναι πολύ πιο εύκολο να παίξετε ένα animation χρησιμοποιώντας το PlayMaker με FSMs. Πρώτα προσθέστε ένα component FSM στο parent GameObject. Να θυμάστε ότι αυτό το parent GameObject πρέπει να έχει το component Animation. Εάν δεν έχει ρυθμιστεί έτσι και έχετε ένα component Animator, τότε πρέπει να το αντικαταστήσετε με ένα **Animation** (*Εικόνα 89*).

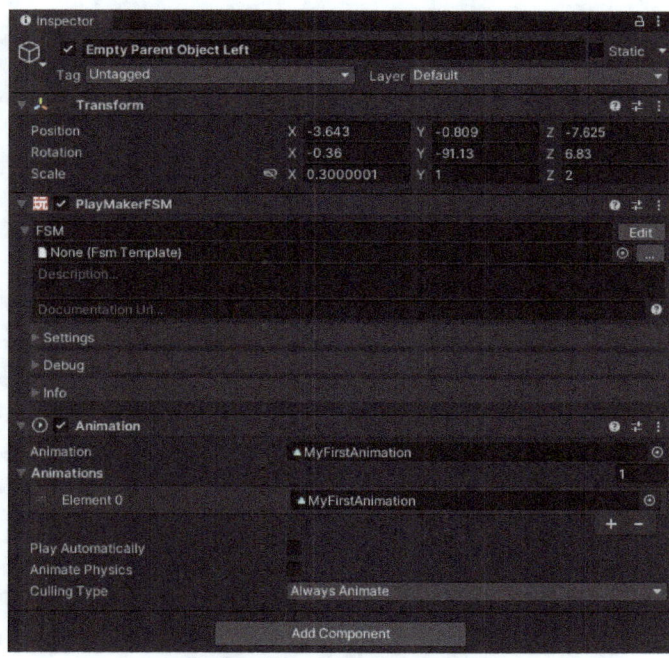

Εικόνα 89 – Animations με FSM

Κάντε κλικ στο κουμπί **"Edit"** στο FSM για να ανοίξετε την καρτέλα του FSM και να εισαγάγετε μια 2η state.

Η λογική του FSM θα είναι ότι θα ελέγχουμε συνεχώς μια τιμή Boolean (True ή False) που ελέγχει εάν ένα κουμπί πιέζεται προς τα κάτω και μόλις πατηθεί αυτό το κουμπί προς τα κάτω, το FSM θα αλλάξει αυτήν τη μεταβλητή τιμής Boolean σε True. Δεδομένου ότι αυτό γίνεται κάθε frame, δεν χρειάζεται να ανησυχούμε για την επαναφορά του στο False.

Το action **"Get Key"** ελέγχει κάθε frame εάν έχει πατηθεί ο ένα κουμπί και μόλις το κάνει, θα ορίσει τη μεταβλητή **"SpaceClicked"** σε True. Εναλλακτικά, θα ορίζει συνεχώς τη μεταβλητή σε **False**

Στη *Εικόνα 90,* η action **"Bool Test"** ελέγχει εάν το action **"Get Key"** έχει κάνει αλλαγές στη μεταβλητή **"SpaceClicked"**. Μόλις αυτή η μεταβλητή αλλάξει σε True, θα στείλει τη state στην **"Clicked"**.

Εικόνα 90 – Χρήση του Bool Test με FSM

Παρατηρήστε ότι μπορούμε να το ελέγξουμε και για False, αλλά δεν χρειάζεται σε αυτήν την περίπτωση.

Η "**Clicked**" state πρέπει να αναπαράγει το animation, επομένως απαιτείται action "**Play Animation**".

Εάν τοποθετήσετε το action "**Play Animation**" αυτό απαιτεί ένα "**Play Animation Component**" και εκεί απλώς κάντε κλικ στο **Yes.**

Ορίστε το "**Finish Event**" σε "**Finished**", ώστε να επιστρέψει στην προηγούμενη state. Δεν χρειάζεται να ορίσετε το **loop event**, καθώς το κάνουμε απλώς επιστρέφοντας στην αρχική κατάσταση.

Το "**Anim Name**" θα πρέπει να συμπληρώνεται αυτόματα ή να το εισάγεται χρησιμοποιώντας τα "**...**" που βρίσκεται δίπλα στον κενό χώρο (*Εικόνα 91*). Εάν η animation δεν είναι ορατή εκεί, πιθανότατα σημαίνει ότι πρέπει να επιστρέψετε στο GameObject και να ελέγξετε εάν το Animation Component έχει ρυθμιστεί σωστά, καθώς το animation θα πρέπει να είναι ορατό στο action FSM.

Εικόνα 91 – Χρήση του Animation Name σε ένα FSM

Δοκιμάστε το animation clip με το input του χρήστη και δείτε τη λειτουργικότητα του.

Κάντε το ίδιο για το άλλο GameObject με απλά copy/paste του FSM σε αυτό.

Ως άσκηση και για να κατανοήσετε καλύτερα τις inputs του χρήστη, δοκιμάστε τα εξής:

1. Δημιουργήστε ένα νέο project και προσθέστε ένα έδαφος και μια Capsule. Κάντε ένα animation στην Capsule έτσι ώστε κάνοντας κλικ στο *Space* να κάνει την Capsule να "πηδήξει"
2. Επεκτείνετε περαιτέρω την εργασία 1 έχοντας την Capsule σε κεκλιμένο έδαφος και κάθε φορά που κάνετε κλικ στο Space, η Capsule όχι μόνο θα πηδάει, αλλά θα δημιουργεί μια μπάλα (Sphere) που θα κυλήσει στην Capsule.
3. Επεκτείνετε περαιτέρω την εργασία 2 καταστρέφοντας την Capsule εάν την αγγίξει οποιαδήποτε από τις μπάλες που κυλούν προς το μέρος της.

Εισαγωγή στα Materials

Σε αυτό το κεφάλαιο θα μάθετε για:

- Δημιουργία απλων Materials
- Βάζοντας τα Materials σε Objects

Για το κεφάλαιο αυτό δεν απαιτείται προηγούμενη γνώση προγραμματισμού.

Μέχρι στιγμής, όλα τα primitives που χρησιμοποιούνται στο Game Development μας έχουν ένα συμπαγές χρώμα λευκού/γκρίζου. Για να βελτιώσουμε την εμπειρία του παιχνιδιού μας, τότε προφανώς πρέπει να χρησιμοποιήσουμε περισσότερα από ένα χρώματα και ως εκ τούτου να χρησιμοποιήσουμε Materials.

Στην Unity, τα materials είναι components που καθορίζουν τον τρόπο απόδοσης της επιφάνειας των 3D GameObject. Καθορίζουν τις οπτικές ιδιότητες ενός GameObject, όπως το χρώμα, την υφή, τη γυαλάδα και τη διαφάνειά του.

> **Σημείωση:** Materials στην Unity είναι σαν το "μπογιά" που εφαρμόζετε σε αντικείμενα 3D στο παιχνίδι σας για να τα κάνετε να φαίνονται με έναν συγκεκριμένο τρόπο.

Τα materials ελέγχουν τον τρόπο εμφάνισης ενός GameObject όσον αφορά το χρώμα, την υφή, την αντανάκλαση και πολλά άλλα. Μπορείτε να χρησιμοποιήσετε materials για να δώσετε στα GameObjects την εμφάνιση ξύλου, μετάλλου, πλαστικού ή οποιασδήποτε άλλης επιφάνειας θέλετε και μπορείτε να αλλάξετε αυτές τις ιδιότητες δυναμικά στο παιχνίδι σας για να δημιουργήσετε διαφορετικά οπτικά εφέ.

Τα materials αποτελούν ουσιαστικό μέρος του συστήματος απόδοσης της Unity, επιτρέποντάς σας να κάνετε τα γραφικά του παιχνιδιού σας να φαίνονται ρεαλιστικά και οπτικά ελκυστικά. Αυτές είναι οι τυπικές ιδιότητες για materials που καθορίζουν διάφορες επιφανειακές ιδιότητες 3D GameObject, όπως:

- **Albedo**: Το βασικό χρώμα ή υφή που αντιπροσωπεύει το χρώμα της επιφάνειας του GameObject όταν φωτίζεται από καθαρό λευκό φως.
- **Metallic**: Καθορίζει πόσο το GameObject αντανακλάται σαν μέταλλο (1,0) ή σαν μη μέταλλο (0,0).
- **Smoothness** (ή Roughness): Ελέγχει πόσο λεία ή τραχιά εμφανίζεται η επιφάνεια. Οι υψηλότερες τιμές το καθιστούν πιο ομαλό, ενώ οι χαμηλότερες τιμές το καθιστούν πιο σκληρό.
- **Normal Map**: Μια υφή (texture) που προσομοιώνει μικρές λεπτομέρειες επιφάνειας και παραλλαγές φωτισμού χωρίς να προσθέτει πραγματική γεωμετρία.
- **Height Map** (Displacement): Τροποποιεί τη γεωμετρία του GameObject για να προσθέσει λεπτομέρειες επιφάνειας.
- **Emission**: Κάνει το GameObject να φαίνεται ότι εκπέμπει φως.

206

Δημιουργία Materials

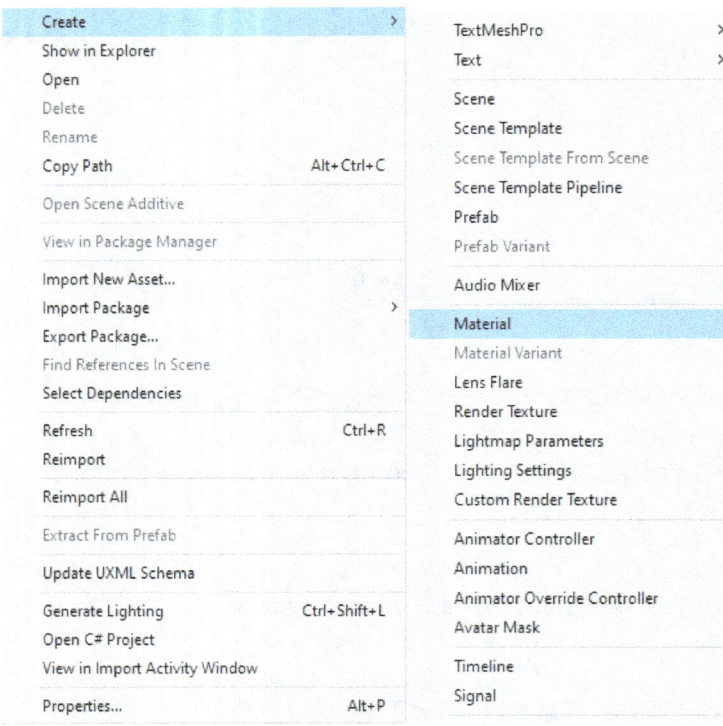

Εικόνα 92 – Δημιουργία ενός Material

Τα materials ποικίλλουν από πολύ απλά όταν είναι μόνο ένα χρώμα (για παράδειγμα το κόκκινο χρώμα) ή πολύ περίπλοκα όπου μπορούν να αντιπροσωπεύουν μια ολόκληρη ποικιλία χρωμάτων και υφών/textures (για παράδειγμα η θωράκιση ενός άρματος μάχης)

Σε αυτή την ενότητα θα ξεκινήσουμε με τα απλά χρώματα, αλλά μη διστάσετε να πειραματιστείτε με τα materials, καθώς μπορείτε να είστε όσο δημιουργικοί θέλετε με αυτά.

Για να χρησιμοποιήσουμε ένα material, πρέπει πρώτα να το δημιουργήσουμε (*Εικόνα 92*). Απλά κάντε δεξί κλικ στην καρτέλα "Project" και επιλέξτε:

Create → Material

Αυτό θα δημιουργήσει ένα νέο material και πρέπει να του δώσετε ένα κατάλληλο όνομα. Για το παράδειγμά μας, χρησιμοποιήστε το όνομα **"Floor"** καθώς θα δημιουργήσουμε το υλικό για το πάτωμα / βάση του παιχνιδιού Pinball.

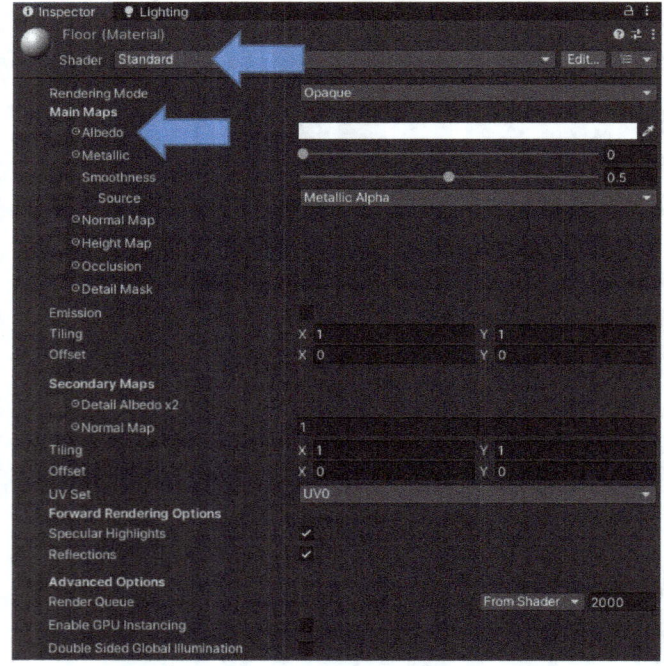

Εικόνα 93 – Δουλεύοντας με τα Materials

Κάνοντας κλικ στο **"Material Component"** θα ανοίξει στην καρτέλα "**Inspector**" τις ιδιότητες του material όπου θα παρατηρήσετε αμέσως ότι έχουμε αρκετές επιλογές. Προς το παρόν, θα δουλέψουμε μόνο με το **"Albedo"** και το **"Shader"** ρυθμισμένα στο Standard (*Εικόνα 93*)

Shaders

Στο πλαίσιο των γραφικών και της ανάπτυξης παιχνιδιών, ένα **"shader"** είναι ένα πρόγραμμα ή script που χρησιμοποιείται για τον έλεγχο του τρόπου με τον οποίο η οπτική εμφάνιση των GameObject αποδίδεται ή εμφανίζεται σε μια οθόνη. Τα shaders είναι απαραίτητα για τη δημιουργία ρεαλιστικών και οπτικά ελκυστικών γραφικών σε βιντεοπαιχνίδια και άλλες εικόνες που δημιουργούνται από υπολογιστή.

207

Τα shaders καθορίζουν τον τρόπο με τον οποίο το φως αλληλεπιδρά με τις επιφάνειες των GameObject 3D, καθορίζοντας χαρακτηριστικά όπως το χρώμα, η υφή, η αντανάκλαση, η διαφάνεια και άλλα. Μπορούν να χρησιμοποιηθούν για την επίτευξη διαφόρων οπτικών εφέ, από την προσομοίωση ρεαλιστικού φωτισμού και σκιών έως τη δημιουργία καλλιτεχνικών εφέ.

Τα shaders είναι συνήθως γραμμένα σε εξειδικευμένες γλώσσες προγραμματισμού σκίασης όπως HLSL (High-Level Shading Language) για DirectX ή GLSL (OpenGL Shading Language) για OpenGL και έχουν σχεδιαστεί για να εκτελούνται αποτελεσματικά στη GPU (Graphics Processing Unit) για να εξασφαλίζουν απόδοση σε πραγματικό χρόνο.

Στην Unity και σε άλλες μηχανές Game Development, τα shaders μπορούν να δημιουργηθούν και να εφαρμοστούν σε materials για τον έλεγχο του τρόπου εμφάνισης των GameObject στον κόσμο του παιχνιδιού, καθιστώντας τα θεμελιώδες μέρος του αγωγού απόδοσης για την επίτευξη γραφικών υψηλής ποιότητας.

Για το τρέχον μοντέλο χρειάζεται μόνο να γνωρίζουμε τι είναι το Shader και ότι πρέπει να οριστεί σε **"Standard"**.

Albedo

Στο Unity, το **"Albedo"** αναφέρεται στο μέτρο του πόσο φως αντανακλά ένα GameObject διάχυτα. Πιο απλά, είναι το βασικό χρώμα ή το βασικό χρώμα ενός GameObject, που αντιπροσωπεύει το χρώμα της επιφάνειας ενός GameObject όταν φωτίζεται από καθαρό λευκό φως. Η τιμή του Albedo ενός αντικειμένου καθορίζει πόσο από το εισερχόμενο φως απορροφάται και πόσο αντανακλάται.

Στο Standard Shader της Unity, το Albedo αντιπροσωπεύει το κύριο χρώμα ή την υφή της επιφάνειας του GameObject. Μπορείτε να ρυθμίσετε το χρώμα Albedo για να επιτύχετε την επιθυμητή εμφάνιση για ένα GameObject ή μπορείτε να χρησιμοποιήσετε μια υφή ως Albedo για να προσθέσετε πιο περίπλοκες λεπτομέρειες επιφάνειας.

Για παράδειγμα, εάν έχετε ένα κόκκινο μήλο, το χρώμα Albedo για την επιφάνεια του μήλου θα είναι κόκκινο. Εάν δημιουργούσατε ένα material για το μήλο στο Unity, θα ρυθμίζατε το χρώμα Albedo σε κόκκινο για να αντιπροσωπεύσετε αυτό το βασικό χρώμα επιφάνειας. Στο παράδειγμά μας, το πάτωμα πρέπει να ρυθμιστεί σε πράσινο, ώστε να αλλάξουμε αυτό το χρώμα σε καφέ. Απλά κάντε κλικ στο Albedo και αλλάξτε το χρώμα στο πράσινο χρώμα (ή σε οποιοδήποτε χρώμα προτιμάτε)

Το Albedo είναι ένας κρίσιμος παράγοντας στη σκίαση και την απόδοση, καθώς όταν το φως αλληλεπιδρά με την επιφάνεια ενός GameObject, η τιμή Albedo καθορίζει πόσο από αυτό το φως αντανακλάται και τι χρώμα φαίνεται να είναι. Χρησιμεύει ως βάση για πιο προηγμένους υπολογισμούς Shader και χρησιμοποιείται συχνά σε συνδυασμό με άλλες ιδιότητες υλικού όπως μεταλλικούς, ομαλούς και κανονικούς maps για τη δημιουργία ρεαλιστικών και οπτικά ελκυστικών 3D GameObject.

Χρησιμοποιώντας τα Materials

Όπως αναφέρθηκε στις προηγούμενες ενότητες, κάνοντας κλικ σε ένα GameObject θα αποκαλυφθούν τα components αυτού του GameObject, ένα από τα οποία είναι το material αυτού του GameObject. Παρατηρήστε ότι το προεπιλεγμένο material είναι λευκό και γκριζαρισμένο, επομένως δεν μπορείτε να το αλλάξετε. Για να τροποποιήσετε ένα material σε ένα primitive απλά drag/drop το material που μόλις δημιουργήσατε από την καρτέλα Assets το material στην Scene View (όχι στην καρτέλα Inspector) όπως στην *Εικόνα 94*.

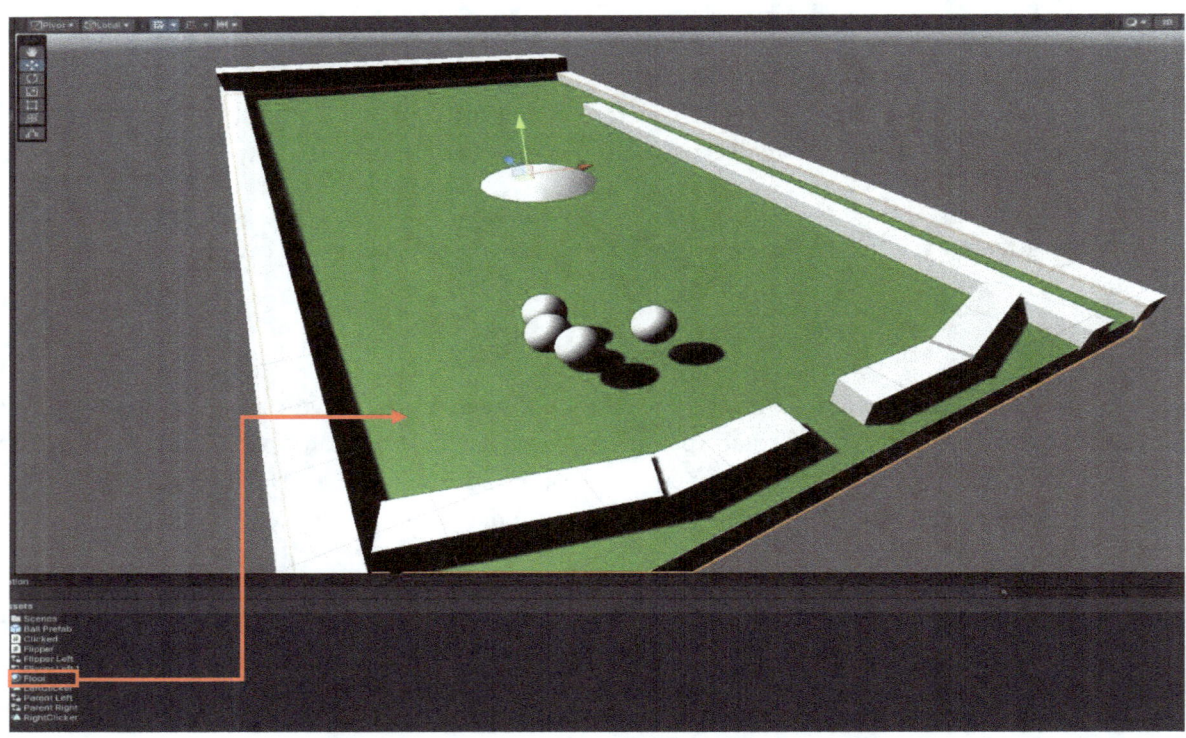

Εικόνα 94 – Χρήση των Materials πάνω σε ένα GameObject

Εναλλακτικά, δοκιμάστε να πειραματιστείτε με τις επιλογές Metallic και Smoothness για να αποκτήσετε έναν διαφορετικό τύπο material εκτός από τα χρώματα (*Εικόνα 95*) όπου μπορείτε να προσαρμόσετε τη

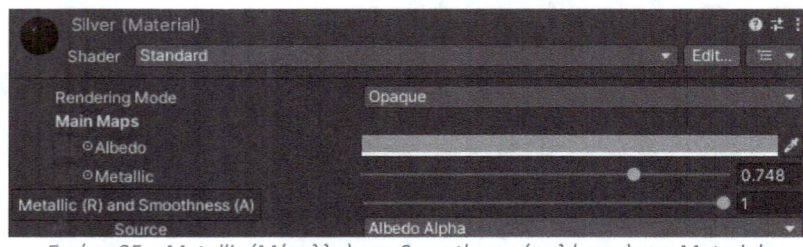

Εικόνα 95 – Metallic (Μέταλλο) και Smoothness (απλότητα) στα Materials

γυαλάδα ενός GameObject ανάλογα με το πώς το φως λάμπει σε αυτό το GameObject. Θα πρέπει πάντα να έχετε κατά νου ότι τα χρώματα και τα φώτα είναι πάντα αλληλένδετα και ότι θα δείτε διαφορετικά χρώματα ανάλογα με την ποσότητα φωτός που έχετε σε κάθε scene. Για παράδειγμα, θα δείτε πιο σκούρα και λιγότερο μεταλλικά "λαμπερά" χρώματα όταν δεν υπάρχει φως και αντίστροφα. Τα φώτα καλύπτονται στην επόμενη **Intermediate** ενότητα .

Ως άσκηση και για να κατανοήσετε καλύτερα τα material, δοκιμάστε τα εξής:

1. Προσθέστε ένα διαφορετικό material σε όλα τα GameObjects και Prefabs στο δικό σας Pinball project.

1. Δημιουργήστε ένα νέο project και προσπαθήστε να χτίσετε ένα εξωτερικό σπίτι χρησιμοποιώντας μόνο primitive και τυποποιημένα materials.
2. Δημιουργήστε ένα νέο project και προσπαθήστε να φτιάξετε ένα κανονι χρησιμοποιώντας μόνο primitive και τυποποιημένα materials.

Intermediate Module

Αυτό το κεφάλαιο προϋποθέτει ότι είστε εξοικειωμένοι με όλα όσα διδάσκονται παραπάνω, αλλά **δεν απαιτεί να έχετε δημιουργήσει τα projects που έγιναν σε προηγούμενες ενότητες**. Θα ξεκινήσετε από ένα νέο καθαρό project.

Σε αυτή την ενότητα, θα εμβαθύνουμε σε μια πιο λεπτομερή προσέγγιση των λειτουργιών και των διαδικασιών που μπορούμε να χρησιμοποιήσουμε στα scripts για να κάνουμε το παιχνίδι μας να τρέχει πιο ομαλά, πιο γρήγορα και πιο έξυπνα μαζί με μια περαιτέρω κατανόηση των Components.

Απαιτούμενοι/προηγούμενοι μαθησιακοί στόχοι:

- Να δουλεύουμε με το Unity User Interface
- Rigidbodies και Cameras
- Finite State Machines
- Δημιουργία απλών Trigger Scripts στην C#
- Η χρήση των Colliders and Triggers
- Δημιουργία Prefabs
- Να δεχόμαστε User Input με scripts
- Instantiating GameObjects
- Δημιουργία απλών Animations και ενεργοποιώντας τα μέσω script
- Να βάζουμε Materials σε GameObjects

Οι μαθητές/εκπαιδευόμενοι σε αυτή την ενότητα θα:

- Μαθαίνουν για τα Lights
- Ενεργοποίηση/απενεργοποίηση των Components
- Λήψη Components από Objects
- Ενεργοποίηση Game Objects, Καταστροφή και Checking States
- Διαφοροποίηση μεταξύ Delta Times και Frames
- Invoking Game Objects και Forces (Projectiles)
- Χρησιμοποιώντας τα Tags
- Χρήση και δημιουργία Static Variables
- Δημιουργία απλών Menus και Canvases

Σημείωση: Αυτή η ενότητα θα χρησιμοποιεί αναφορές και παραδείγματα που χρησιμοποιούνται από το **Unity 2022.2.1f1 και το Hub 3.0.1,** επομένως συνιστάται ιδιαίτερα να κάνετε λήψη των ακόλουθων εκδόσεων, καθώς οι πιο πρόσφατες ή παλαιότερες εκδόσεις ενδέχεται να διαφέρουν από τα παραδείγματα που θα ακολουθήσουν.

Εισαγωγή στο Φωτισμό (Lights)

Σε αυτό το κεφάλαιο θα μάθετε για:

- Χρήση των κυρίων τύπων Lights (Directional/Point/Spot/Area)
- Ενεργοποίηση και Απενεργοποίηση Components σε Objects
- Χρήση και δημιουργία Public και Private Variables
- Δημιουργία Lights

Για αυτό το κεφάλαιο, απαιτείται μικρή γνώση προγραμματισμού.

Τα Lights είναι ένα από τα πιο κρίσιμα components σε ένα παιχνίδι. Ένα σκοτεινό και ζοφερό περιβάλλον αντισταθμίζει ένα καλό παιχνίδι τρόμου, ενώ ένα φωτεινό και πολύχρωμο περιβάλλον είναι καλό για ένα παιχνίδι δράσης-περιπέτειας. Και στα δύο αυτά παραδείγματα, αυτό που έχει μεγαλύτερη σημασία είναι τα φώτα και το πώς παρουσιάζουν το περιβάλλον που έχετε δημιουργήσει.

Τα Lights είναι επίσης ο βασικός παράγοντας για τις σκιές, που είναι ένα από προβλήματα αποστράγγισης GPU και CPU οποιουδήποτε παιχνιδιού, καθώς ο παγκόσμιος φωτισμός με άμεσα και έμμεσα φώτα και σκιές θα προσθέσει ρεαλισμό σε ένα παιχνίδι, αλλά ταυτόχρονα θα απαιτήσει πολλή επεξεργαστική ισχύ.

Προς το παρόν, θα κάνουμε μια γρήγορη εισαγωγή στα Lights και Lightning, αλλά θα εξερευνήσουμε περισσότερα για αυτά στην **"Advanced Module"** του επομένου βιβλίου αυτής της σειράς.

Lighting Modes

Στο Unity, όσον αφορά τον φωτισμό, υπάρχουν τρία βασικά lighting modes (*Εικόνα 96*):

- Baked
- Mixed
- Realtime

Κάθε λειτουργία έχει διαφορετικά χαρακτηριστικά και περιπτώσεις χρήσης:

Baked φωτισμός:

Προϋπολογισμένος: Ο baked φωτισμός αναφέρεται σε προϋπολογισμένο ή στατικό φωτισμό. Υπολογίζεται και αποθηκεύεται πριν

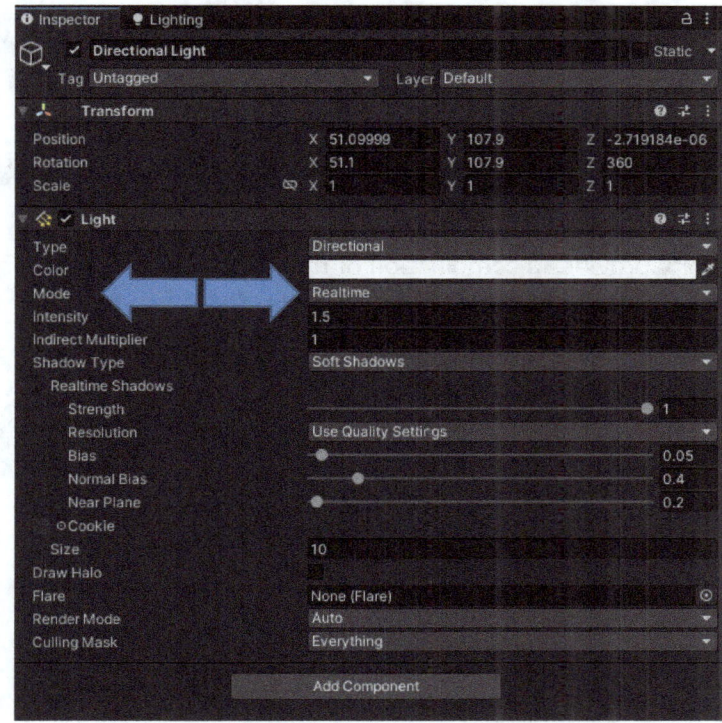

Εικόνα 96 – Αλλαγή του light Mode

212

από την εκτέλεση του παιχνιδιού, συνήθως κατά τη φάση σχεδιασμού.

Αποδοτικότητα: Ο baked φωτισμός είναι υπολογιστικά αποδοτικός, επειδή οι πληροφορίες φωτισμού είναι εκ των προτέρων υπολογισμένες και δεν αλλάζουν κατά το χρόνο εκτέλεσης.

Χρήση σε σενάριο: Ο baked φωτισμός είναι ιδανικός για στατικά αντικείμενα ή σκηνές όπου ο φωτισμός δεν αλλάζει, όπως αρχιτεκτονική απεικόνιση, εσωτερική διακόσμηση ή σκηνές με περιορισμένα dynamic GameObjects.

Mixed φωτισμός:

Συνδυάζει Baked και Realtime: Mixed φωτισμός Συνδυάζει στοιχεία τόσο baked όσο και Realtime. Είναι κατάλληλο για σενάρια όπου έχετε ένα μείγμα static και dynamic GameObject στη scene.

Static σκιές και σκιές σε Realtime: Τα static GameObject χρησιμοποιούν baked φωτισμό και τα dynamic GameObject μπορούν να λαμβάνουν και να ρίχνουν σκιές σε Realtime.

Χρήση σεναρίων: Ο mixed φωτισμός χρησιμοποιείται συχνά σε παιχνίδια όπου θέλετε ορισμένα αντικείμενα να λαμβάνουν τα πλεονεκτήματα του προυπολογισμένου φωτισμού (baked), ενώ εξακολουθούν να έχουν dynamic, κινητά GameObjects που μπορούν να ρίχνουν και να λαμβάνουν σκιές σε Realtime.

Realtime φωτισμός:

Dynamic και Realtime: Ο φωτισμός σε Realtime υπολογίζεται και ενημερώνεται σε πραγματικό χρόνο κατά τη διάρκεια του παιχνιδιού.

Ευελιξία: Επιτρέπει δυναμικές αλλαγές στον φωτισμό, όπως κινούμενα φώτα, κύκλους ημέρας-νύχτας και δυναμικές αλληλεπιδράσεις με GameObjects.

Ζητήματα απόδοσης: Ο φωτισμός σε Realtime μπορεί να είναι πιο απαιτητικός υπολογιστικά και μπορεί να επηρεάσει την απόδοση, ειδικά σε πολύπλοκες σκηνές.

Χρήση σεναρίων: Ο φωτισμός σε Realtime είναι κατάλληλος για παιχνίδια και προσομοιώσεις όπου οι συνθήκες φωτισμού αλλάζουν συχνά και δυναμικά, όπως παιχνίδια δράσης, παιχνίδια ανοιχτού κόσμου και εμπειρίες VR.

Unity provides a combination of these lighting modes to allow developers to choose the best approach for their specific project requirements. The choice between baked, mixed, or Realtime lighting depends on the nature of the scene and the desired level of visual fidelity and performance.

Τύποι Light

Στην Unity, όσον αφορά τον φωτισμό, υπάρχουν τέσσερις κύριοι τύποι Lights (*Εικόνα 97*):

- Directional light
- Point light
- Spotlight
- Area light

213

Το καθένα με τα δικά του ιδιαίτερα χαρακτηριστικά και απαιτήσεις.

Directional lights είναι φώτα που υποτίθεται ότι είναι απείρως μακριά και εκπέμπουν φως προς μια συγκεκριμένη κατεύθυνση. Η μετακίνησή τους γύρω από την καρτέλα scene θα έχει επίδραση σε ολόκληρη τη scene καθώς βρίσκονται "απεριόριστα" μακριά, αλλά η περιστροφή τους θα αλλάξει τον τρόπο με τον οποίο ρίχνουν σκιές. Ένα καλό πραγματικό παράδειγμα αυτού είναι ο ήλιος ή το φεγγάρι.

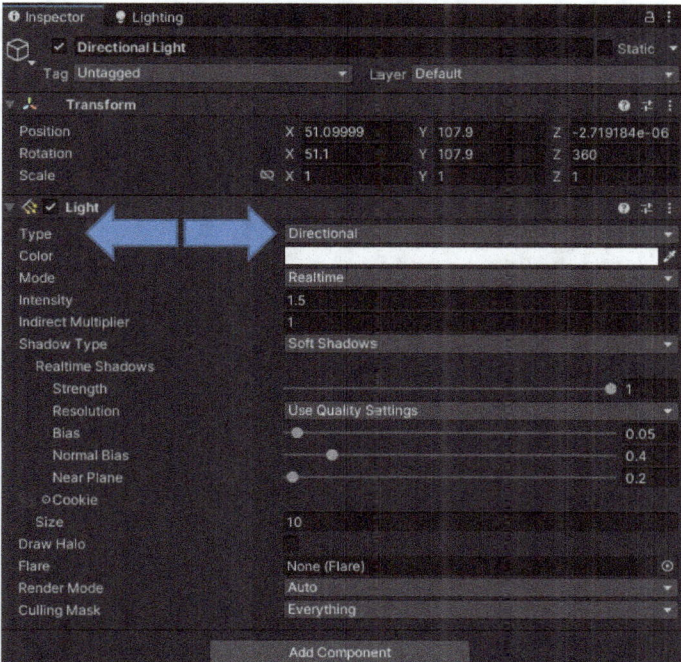

Εικόνα 97 – Αλλαγή του light Type

1. Κάθε φορά που ξεκινάμε μια νέα scene, η Unity θα προσθέτει από προεπιλογή ένα directional light. Αυτός είναι ο λόγος για τον οποίο βλέπετε σκιές στην πρώτη scene.

2. Δεδομένου ότι τα directional lights όταν περιστρέφονται θα δώσουν διαφορετικές γωνίες ή θα παρέχουν ρεαλιστικές σκιές, έχουν εκπληκτικά αποτελέσματα όταν χρησιμοποιούνται με scripts όπου μπορείτε να τα περιστρέψετε και να προσομοιώσετε ένα ρεαλιστικό περιβάλλον όπως το πρωί που μετατρέπεται σε νύχτα και ούτω καθεξής, ωστόσο, αυτά τα φώτα απαιτούν αρκετή ισχύ επεξεργασίας όταν υπολογίζονται σε Realtime, οπότε θα πρέπει να χρησιμοποιούνται με προσοχή και λαμβάνοντας υπόψη τις επιπτώσεις της επεξεργασίας.

3. Για καλύτερα αποτελέσματα, θα πρέπει να έχετε μόνο ένα directional light στη scene σας.

Point Lights εκπέμπουν φως προς όλες τις κατευθύνσεις σε ίση ακτίνα σαν κύκλος. Αυτά χρησιμοποιούνται συνήθως ως μικρά φώτα όπως λαμπτήρες ή καθημερινό εσωτερικό φως. Αυτά τα lights δεν απαιτούν χρόνο επεξεργασίας εάν έχουν ρυθμιστεί ως **"Baked"**, καθώς αυτός ο τύπος λειτουργίας είναι static light. Αυτό θα δώσει το αποτέλεσμα ενός light, αλλά θα είναι ένα σταθερό σημείο φωτός, έτσι ώστε οποιεσδήποτε αλλαγές γίνουν σε αυτό στη συνέχεια δεν θα έχουν κανένα αποτέλεσμα, ακόμη και αν το φως απενεργοποιηθεί αργότερα.

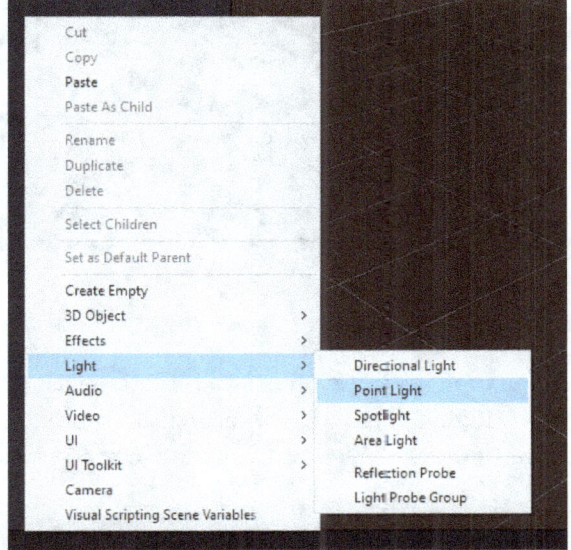

SpotLights εκπέμπουν φως χρησιμοποιώντας μια κωνική έκδοση του Point light. Λειτουργούν παρόμοια με τους φακούς στην πραγματική ζωή και αυτά τα Lights μπορούν επίσης να είναι Baked ή Realtime.

Area Lights εκπέμπουν φως σε ορθογώνια ή δίσκους με συγκεκριμένο εύρος όπου το φως θα εξασθενίσει. Αυτά είναι καλά για την προβολή φωτός από μια

Εικόνα 98 – Πρόσθεση ενος light

214

ολόκληρη περιοχή και όχι μόνο από ένα συγκεκριμένο σημείο ή εύρος.

Γενικά, τα lights είναι πολύ σημαντικά για τη scene μας και τον ρεαλισμό του περιβάλλοντός μας, αλλά μπορεί να είναι πολύ πιεστικά για το CPU, οπότε πρέπει να χρησιμοποιούνται με σύνεση. Στο επόμενο βιβλίο αυτής της σειράς θα καλύψουμε μερικούς τρόπους για να αυξήσουμε την απόδοση των Lights και να χρησιμοποιήσουμε το Occlusion Culling μαζί με την τροποποίηση των Lights και τη χαρτογράφηση φωτός σύμφωνα με τις προτιμήσεις μας. Προς το παρόν, ας προσθέσουμε μερικά Lights και ας δούμε πώς επηρεάζουν το περιβάλλον / scene μας.

Για να προσθέσετε ένα φως, απλά **κάντε δεξί κλικ** στην καρτέλα **"Hierarchy"** και επιλέξτε το light που θέλετε από τους τέσσερις διαθέσιμους τύπους. Στη συνέχεια, μπορείτε να αλλάξετε τη λειτουργία ανάλογα με τις ανάγκες / απαιτήσεις της scene όπως στην *Εικόνα 98*.

Ενεργοποίηση και Απενεργοποίηση Components σε Objects

Πρώτον, για αυτό το παράδειγμα απαιτείται να παράγουμε ένα project παρόμοιο με την *Εικόνα 99*.

Ξεκινήστε δημιουργώντας ένα νέο project και δημιουργήστε ένα κοίλο κουτί που βλέπει στην camera. Αναδημιουργήστε τη scene χρησιμοποιώντας κύβους και προσαρμόζοντας τις κλίμακες τους.

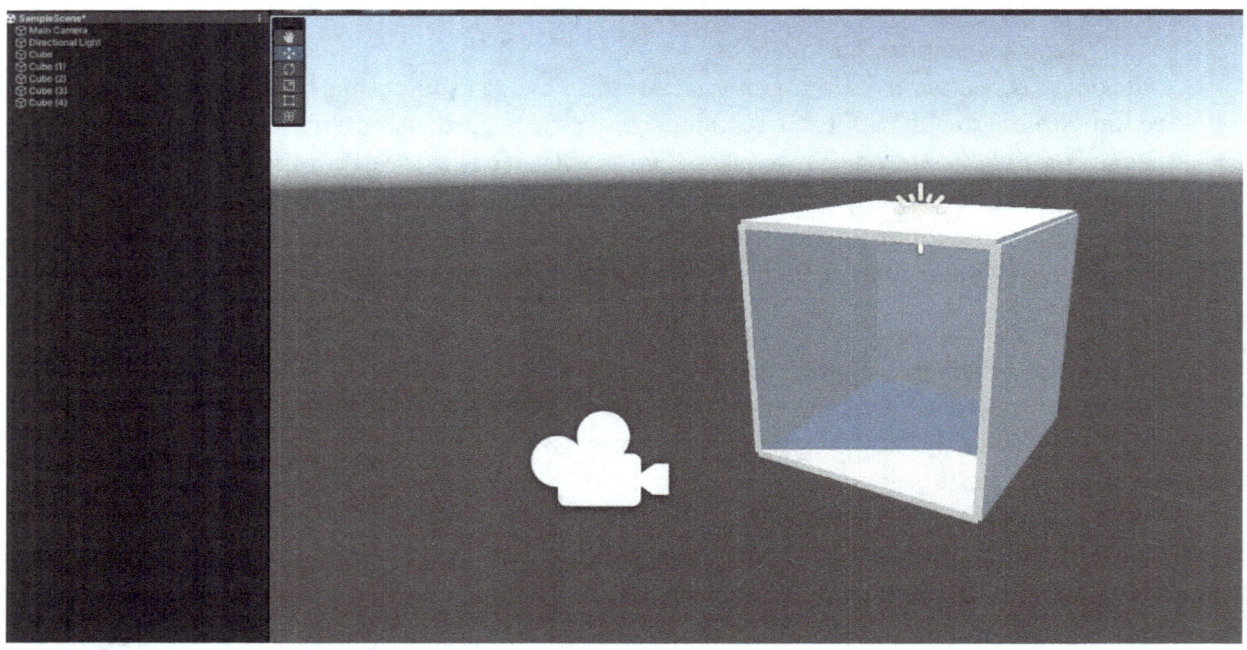

Εικόνα 99 – Παράδειγμα για εκμάθηση του φωτισμού στην Unity

Προς το παρόν, διαγράψτε το Directional Light και προσθέστε ένα **"Point Light"**. Για να προσθέσετε ένα light **Right Click** στο **"Hierarchy"** Tab και επιλέξτε **"Light"** ακολουθούμενο από **"Point Light"**. Τοποθετήστε το **"Point Light"** στο κέντρο του κουτιού που έχετε δημιουργήσει.

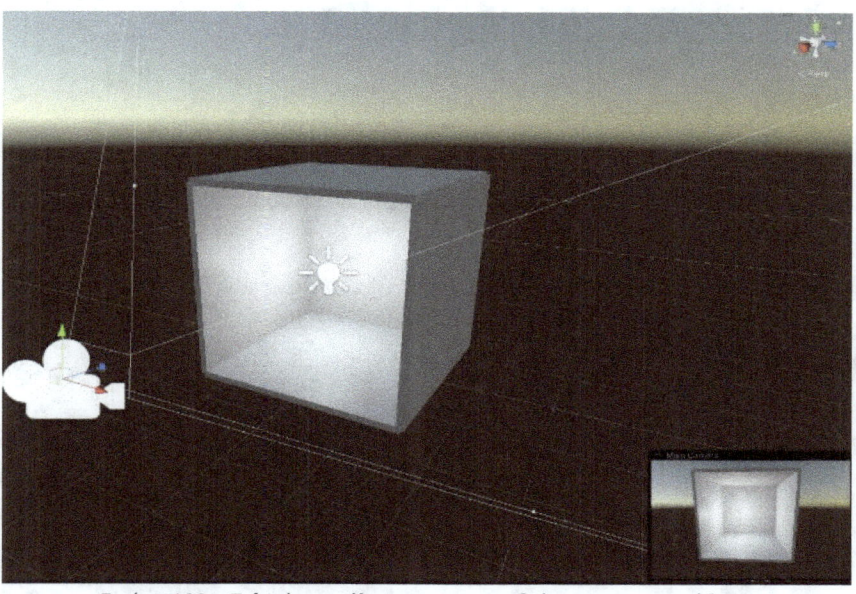

Εικόνα 100 – Τελικό αποτέλεσμα του παραδείγματος για εκμάθηση

Το project σας τώρα θα πρέπει τώρα να μοιάζει με την *Εικόνα 100*. Ο στόχος αυτού του παραδείγματος είναι να ανάβει και να **σβήνει το "Point Light"** κάθε φορά που ο παίκτης θα πατήσει ένα πλήκτρο. Είναι πάντα καλύτερο να απενεργοποιείτε / ενεργοποιείτε το component ενός GameObject παρά το ίδιο το GameObject.

Αυτό είναι εξαιρετικά σημαντικό καθώς η ενεργοποίηση / απενεργοποίηση ολόκληρων GameObject (Enable / Disable)

απαιτεί από το CPU να τα επαναφορτώνει κάθε φορά, ενώ η ενεργοποίηση / απενεργοποίηση μόνο ενός component αυτού του GameObject (ακόμα κι αν αυτό το GameObject έχει μόνο ένα component) είναι ταχύτερη και παρέχει λιγότερη πίεση στην επεξεργασία του παιχνιδιού.

Για να το καταλάβετε καλύτερα, φανταστείτε ότι θέλετε να προσθέσετε μια δυνατότητα στον ήρωά σας στο παιχνίδι. Θα είναι πολύ αντιπαραγωγικό να πρέπει να αναδημιουργείτε κάθε φορά ένα νέο αντικείμενο παίκτη με αυτό το χαρακτηριστικό αντί να έχετε τον παίκτη να έχει όλα τα χαρακτηριστικά στην αρχή και απλά να τα ενεργοποιεί/απενεργοποιεί ανάλογα. Αυτό εξοικονομεί πολύτιμο χρόνο επεξεργασίας και κάνει το παιχνίδι να τρέχει πιο γρήγορα και πιο ομαλά.

Στο Point Light, δημιουργήστε το script.

> ❗ Σημείωση: Αυτό μπορεί να εφαρμοστεί σε όλα σχεδόν τα GameObject που περιέχουν components.

Ονομάστε το script ως **"EnableComponents"** και εισαγάγετε τον ακόλουθο κώδικα ή αντιγράψτε τον κώδικα από τη σύνδεση.

EnableComponents Script - https://tinyurl.com/yt5kwj64

```
using UnityEngine;
using System.Collections;

public class EnableComponents : MonoBehaviour
{
    private Light myLight; // Creating a Light variable named myLight

    void Start()
    {
        myLight = GetComponent<Light>();      //Getting the Light component information
and storing it in my variable
    }

    void Update()
    {
```

```
        if (Input.GetKeyUp(KeyCode.Space))      //Checking for keypress
        {
            myLight.enabled = !myLight.enabled;         //Disabling the light if enabled
and enabling the light if disabled
        }
    }
}
```

Τρέξετε το παιχνίδι σας και θα δείτε ότι πατώντας το πλήκτρο **"Space"** θα ανάψει και θα σβήσει το φως *(Εικόνα 101)*

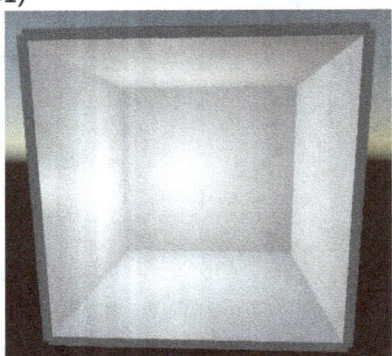  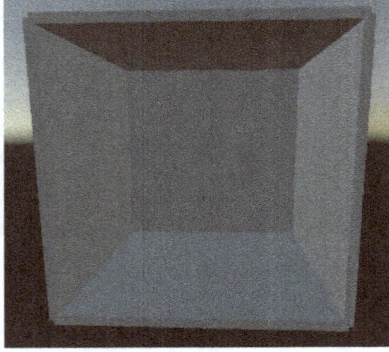

Εικόνα 101 – Ενεργοποίηση/Enabling και Απενεργοποίηση/Disabling του Components με script

Και πάλι, αυτό διαφέρει σημαντικά από την ενεργοποίηση/ απενεργοποίηση ολόκληρου του GameObject, καθώς αυτό αλλάζει μόνο ένα στοιχείο που είναι συνδεδεμένο στο τρέχον GameObject.

Ας μελετήσουμε τώρα αυτόν τον κώδικα και ας δούμε πώς λειτουργεί.

Με απλά λόγια, η Unity δεν γνωρίζει (παρόλο που βρισκόμαστε σε αυτό το GameObject) ποιο Light θέλουμε να ανάψουμε/απενεργοποιήσουμε, οπότε πρέπει πρώτα να δημιουργήσουμε μια μεταβλητή που θα κρατήσει αυτό το Light και στη συνέχεια να την ενεργοποιήσουμε/απενεργοποιήσουμε.

```
private Light myLight;
```

Μέχρι στιγμής, οι περισσότερες μεταβλητές με τις οποίες εργαστήκαμε ορίστηκαν ως **Public** όπου σε αυτό το παράδειγμα χρησιμοποιούμε ένα σύνολο μεταβλητών ως **Private**.

Public μεταβλητές χρησιμοποιούνται συχνά για τιμές που θέλετε να εκθέσετε στο Unity Inspector, επιτρέποντάς σας να τροποποιήσετε τις τιμές τους χωρίς να τροποποιήσετε τον κώδικα του script. Αυτό είναι χρήσιμο για να κάνετε τα script σας πιο προσαρμόσιμα και διαμορφώσιμα χωρίς να χρειάζεται να επεξεργαστείτε τον κώδικα, αλλά και τα script από άλλα GameObjects μπορούν επίσης να έχουν πρόσβαση σε αυτές τις μεταβλητές, συνδέοντας και περνώντας πληροφορίες μεταξύ δύο ή περισσότερων script, ενώ τα **Private** χρησιμοποιούνται συχνά για εσωτερικές μεταβλητές και δεδομένα που δεν πρέπει να είναι άμεσα προσβάσιμα ή τροποποιήσιμα εκτός του script. Είναι ενθυλακωμένα και μπορούν να βοηθήσουν στη διατήρηση της ακεραιότητας των δεδομένων και στην προστασία ευαίσθητων πληροφοριών.

Δεδομένου ότι το **"myLight"** εδώ είναι μια μεταβλητή τύπου Light, δεν υπάρχει λόγος να το ορίσουμε σε Public αφου έχουμε ήδη το script για το GameObject, αλλά αν θέλαμε να το αλλάξουμε σε ένα φως από ένα άλλο Gameοbject τότε θα πρέπει να ορίσουμε είναι ως **Public** και να drag/drop το Light στη μεταβλητή μας.

Εικόνα 102 – Διάφορες των Private και Public μεταβλητων στο Unity Editor

Αλλάξτε τη μεταβλητή από Private σε Public και δείτε τη διαφορά στο Unity **"Inspector"** *(Εικόνα 102)*.

Ο ορισμός της μεταβλητής **"myLight"** ως Public έχει κάνει τη μεταβλητή να είναι σε θέση να δεχτεί ένα διαφορετικό Light από αυτό που χρησιμοποιούμε αυτήν τη στιγμή. Αυτό είναι χρήσιμο σε περιπτώσεις που θέλουμε να ελέγχουμε πολλαπλά components από πολλά GameObjects από ένα μόνο script, αλλά σε αυτήν την περίπτωση όπου θέλουμε απλώς να ανάψουμε / σβήσουμε το Light ενώ το script βρίσκεται στο ίδιο GameObject τότε δεν υπάρχει λόγος να το έχουμε ως Public.

```
void Start ()
{
    myLight = GetComponent<Light>();
}
```

Όπως γνωρίζουμε από την προηγούμενη ενότητα, η μέθοδος Void Start() και όλα μέσα στις αγκύλες αυτής της μεθόδου θα τρέξουν στην αρχή του παιχνιδιού μόνο μία φορά.

Μέχρι στιγμής, έχουμε δημιουργήσει μια μεταβλητή **"myLight"** τύπου Light, αλλά αυτή η τιμή είναι προς το παρόν κενή, καθώς δεν της έχουμε εκχωρήσει τιμή. Πρέπει να δώσουμε το φως που έχουμε τοποθετήσει στο παιχνίδι μας, καθώς αυτό είναι το φως που θέλουμε να αλλάξουμε στο script μας. Για να γίνει αυτό, πρέπει πρώτα να πάρουμε το Light component του τρέχοντος GameObject μας και να το αντιστοιχίσουμε στη μεταβλητή Light που δημιουργήσαμε (δηλαδή **"myLight"**).

 Προειδοποίηση 1: Εάν αντιστοιχίσετε διαφορετικούς τύπους δεδομένων σε διαφορετικά components, θα λάβετε σφάλματα.

Προειδοποίηση 2: Το GetComponent θα λάβει μόνο το 1ο component που θα βρει αυτού του τύπου δεδομένων. Έτσι, εάν για παράδειγμα έχετε 2 Light components σε ένα μόνο GameObject, ο παραπάνω κώδικας θα επιστρέψει μόνο το 1ο component που θα βρει σε αυτό το GameObject.

Έτσι, η μεταβλητή **"myLight"** τώρα εκχωρείται (παίρνει τις τιμές) της συνιστώσας Light στο τρέχον GameObject μας.

Αυτό λειτουργεί παρόμοια και με άλλους τύπους όπως:

1. Transform
2. Light
3. AudioSource
4. Animation
5. Rigidbody

Για παράδειγμα, ένα σενάριο που θα σας επιτρέψει να μετακινήσετε το Light (ή οποιοδήποτε GameObject τοποθετείτε σε αυτήν τη μεταβλητή) θα είναι κάτι σαν το ακόλουθο script **"MovingLight"**

MovingLight Script - https://tinyurl.com/2teafudr

```csharp
using System.Collections;
using System.Collections.Generic;
using UnityEngine;

public class MovingLight : MonoBehaviour
{
    private Transform myTransform;
    public GameObject myobject;

    void Start()
    {
        myTransform = myobject.GetComponent<Transform>();  // Getting the Transform
component
    }

    void Update()
    {
        if (Input.GetKeyUp(KeyCode.S))                 //Waiting for a key to be pressed
        {
            myobject.transform.Translate(0, 0.1f, 0);  //Changing the transform by 0.1
on the Y axis
        }
        else if (Input.GetKeyUp(KeyCode.W))
        {
            myobject.transform.Translate(0, -0.1f, 0);
        }
    }
}
```

Και πάλι, αυτό λειτουργεί παίρνοντας το component αυτού του GameObject (στα παραπάνω παραδείγματα το Light και το Transform) και αλλάζοντας τα σύμφωνα με τις ανάγκες μας.

```
myLight.enabled = !myLight.enabled;
```

Τέλος, για να ενεργοποιήσουμε ή να απενεργοποιήσουμε ένα component χρησιμοποιούμε το <variable>.enable ή ! <variable>.enable εντολές.

Το "!" μπροστά από το σύμβολο ίσον = σημαίνει ΟΧΙ και θα απενεργοποιήσει το component.

Εάν θέλουμε να ενεργοποιήσουμε ένα component και να το διατηρήσουμε ενεργοποιημένο, τότε χρησιμοποιούμε **"True"** ή **"False"**. Για παράδειγμα, για να απενεργοποιήσουμε μόνιμα θα χρησιμοποιήσουμε:

```
myLight.enabled = False;
```

και για να ενεργοποιήσουμε μόνιμα θα χρησιμοποιήσουμε :

```
myLight.enabled = True;
```

Simple Generation / Baking Lights

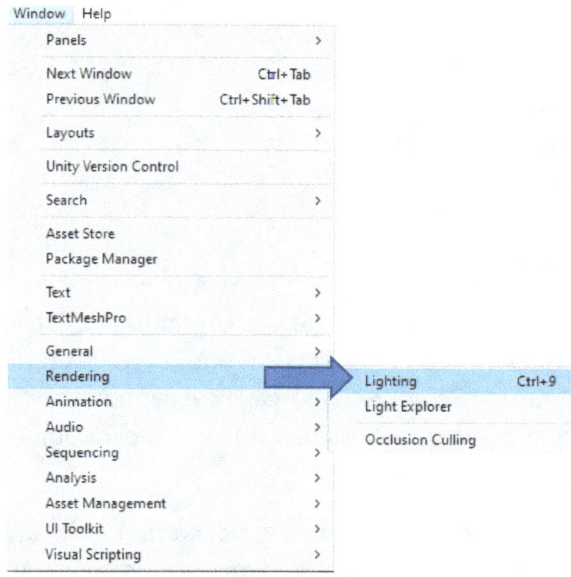

Εικόνα 103 – Εμφάνιση της καρτέλας/Tab Lighting

Μόλις δημιουργηθεί και διαμορφωθε. ένα Light, το Unity θα μας δείξει μια αναπαράσταση του πώς αυτό το φως θα επηρεάσει την τρέχουσα scene. Αυτή η αναπαράσταση, ωστόσο, είναι απλώς μια οπτική εκτίμηση του φωτός και όχι πώς το φως θα είναι πραγματικά στην τελική scene ή παιχνίδι.

Ανεξάρτητα από τον τύπο φωτισμού που χρησιμοποιεί η scene, πρέπει να παράγουμε τα Lights για κάθε scene και περιβάλλον, ώστε να μπορούμε να έχουμε τη βελτιστοποιημένη και οπτικά υψηλότερης ποιότητας scene.

Για να δημιουργήσουμε τα Lights για κάθε σκηνή πρέπει να δούμε την καρτέλα **"Lightning"**. Αυτό μπορεί να γίνει επιλέγοντας **Window → Rendering → Lighting** όπως στην *Εικόνα 103*.

Το **"Lightning"** Tab παρέχει επιλογές για τη διαμόρφωση του τρόπου με τον οποίο θα λειτουργούν τα φώτα στη σκηνή, το περιβάλλον, ενώ επιτρέπει επίσης προσαρμογές στα Baked και Realtime Lightmaps.

 Σημείωση: Το Lightmap είναι μια υφή/texture που αποθηκεύει πληροφορίες σχετικά με το πώς θα λειτουργούν τα φώτα και οι σκιές σε μια scene.

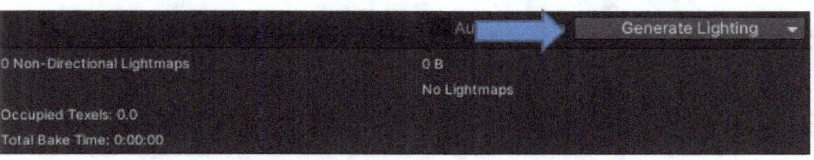

Εικόνα 104 – Το Generate Lightning κουμπί

Μόλις δούμε την καρτέλα **"Lightning"** στην επιλογή **"Scene",** απλά κάντε κλικ στο κουμπί **"Generate Lighting"** (*Εικόνα 104*) έτσι ώστε η Unity να αρχίσει να δημιουργεί τη βελτιστοποιημένη έκδοση των Light στην scene. Μην χρησιμοποιείτε συνέχεια το κουμπί **"Generate Lightning",** καθώς ανάλογα με τον αριθμό των Lights και τον τύπο των Lights που η scene αυτό θα απαιτήσει σημαντικό χρόνο επεξεργασίας.

Ως άσκηση και για να κατανοήσετε καλύτερα την Ενεργοποίηση components, δοκιμάστε τα εξής:

1. Δημιουργήστε ένα νέο project και προσθέστε 3 νεα Lights και, στη συνέχεια, δημιουργήστε ένα script που θα ανάβει/απενεργοποιεί κάθε Light κάθε φορά που ένας παίκτης κάνει κλικ στα κουμπιά 1, 2 ή 3. Μπορείτε να βρείτε τον βασικό οδηγό για τα κουμπια στο τέλος αυτού του βιβλίου στο Appendix 1.
2. Προσθέστε ένα Light σε RealTime στην Εργασία 1 και δημιουργήστε (Generate) τον φωτισμό.
3. Δημιουργήστε ένα νέο project και προσθέστε έδαφος και μια μπάλα. Βάλτε την μπάλα να κινηθεί (αλλάξτε τη Transform της) αριστερά, δεξιά, μπροστά ή πίσω χρησιμοποιώντας πλήκτρα της επιλογής σας.
4. Προσθέστε τείχους στο έδαφος στην Εργασία 3 και ρυθμίστε το παιχνίδι σας έτσι ώστε όταν μια μπάλα αγγίζει έναν τοίχο να ανάβει ένα φως.

Ενεργοποίηση / Απενεργοποίηση των Game Objects

Σε αυτό το κεφάλαιο θα μάθετε για:

- Ενεργοποίηση και απενεργοποίηση GameObject χρησιμοποιώντας scripts

Για αυτό το κεφάλαιο, απαιτείται μικρή γνώση προγραμματισμού.

Η ενεργοποίηση ενός GameObject διαφέρει από την απενεργοποίηση ενός component. Όπως καλύφθηκε προηγουμένως, ένα GameObject μπορεί να έχει πολλά components και μπορεί να θέλουμε να απενεργοποιήσουμε/ενεργοποιήσουμε μόνο ένα από αυτά τα components ενώ η ενεργοποίηση ή η απενεργοποίηση ενός ολόκληρου GameObject είναι διαφορετική, καθώς θα απενεργοποιήσει ολόκληρο το GameObject με όλα τα components του αμέσως.

Λάβετε υπόψη ότι η απενεργοποίηση ενός component ή GameObject είναι διαφορετική από την καταστροφή του, καθώς η καταστροφή ενός component ή GameObject θα το αφαιρέσει εντελώς από τη μνήμη ενώ η απενεργοποίησή του θα το διατηρήσει στη μνήμη, αλλά δεν θα είναι ενεργό μέχρι να το ενεργοποιήσουμε ξανά. Αυτό σημαίνει ότι εάν δεν χρειάζεστε ένα GameObject που αναφέρεται στη μνήμη, τότε δεν πρέπει να το απενεργοποιήσετε αλλά μάλλον να το καταστρέψετε.

Το script θα ενεργοποιήσει/απενεργοποιήσει ένα GameObject. Χρησιμοποιώντας τις παραμέτρους false ή true στη function **SetActive**, θα κάνει την αλλαγή σε αυτό το εν λόγω GameObject.

ActiveObjects Script - https://tinyurl.com/yjfvk58t

```csharp
using UnityEngine;
using System.Collections;

public class ActiveObjects : MonoBehaviour
{
    void Start ()
    {
        gameObject.SetActive(false); //Deactivating an object.
    }
}
```

Ο παρακάτω κώδικας θα απενεργοποιήσει ένα GameObject.

```csharp
gameObject.SetActive(false); //Deactivating an object.
```

Ο παρακάτω κώδικας θα ενεργοποιήσει ένα GameObject.

```csharp
gameObject.SetActive(true); //Activating an object.
```

Υπάρχουν μερικά πράγματα που πρέπει να έχετε κατά νου κατά την ενεργοποίηση ή απενεργοποίηση ενός GameObject με ένα script. Το πρώτο και πιο σημαντικό είναι ότι εάν απενεργοποιήσετε ένα GameObject, τότε τα components του GameObject (τα οποία περιλαμβάνουν επίσης scripts) θα απενεργοποιηθούν επίσης. Είναι συνηθισμένο λάθος να απενεργοποιήσετε ένα script και στη συνέχεια να έχετε ένα SetActive (true) για να το ενεργοποιήσετε ξανά, κάτι που είναι αδύνατο, καθώς το script δεν λειτουργεί πλέον. Για το λόγο αυτό, αποφεύγουμε να έχουμε το SetActive(true) στο ίδιο GameObject, αλλά χρησιμοποιούμε ένα άλλο GameObject για να γυρίσουμε αυτό το GameObject ξανά σε ενεργό.

Δεύτερον, δεν πρέπει να αντιμετωπίζουμε το SetActive ως καταστροφή ενός GameObject για τους λόγους που εξηγήθηκαν παραπάνω.

Καταστροφή/Destroying ένα GameObject

Σε αυτό το κεφάλαιο θα μάθετε για:

- Καταστροφή GameObject χρησιμοποιώντας ένα script με και χωρίς καθυστέρηση.
- Χρησιμοποιώντας "this" και τη λειτουργικότητά του.
- Καταστροφή components των GameObject .

Για αυτό το κεφάλαιο, απαιτείται μικρή γνώση προγραμματισμού.

Η καταστροφή ενός GameObject θα καταργήσει αυτό το GameObject από τη μνήμη και το χρόνο εκτέλεσης. Κάθε είδους GameObject που δεν χρειάζεται πλέον θα πρέπει πάντα να αφαιρείται από τη μνήμη, καθώς αυτό είναι ζωτικής σημασίας για τη βελτιστοποίηση του παιχνιδιού μας. Όσο περισσότερα GameObject έχουμε φορτώσει στη scene (ορατά ή όχι) τόσο πιο αργό θα είναι το παιχνίδι μας.

Έχουμε δει ήδη για πρώτη φορά το Destroy όταν δημιουργούσαμε GameObject και μαθαίναμε πώς να δημιουργήσουμε ένα νέο GameObject χρησιμοποιώντας το Prefab.

```
Destroy(other.gameObject);  //Destroying an object
```

ο παραπάνω κώδικας κατέστρεφε το GameObject που άγγιξε τον Collider.

Μπορεί να χρησιμοποιηθεί μια πρόσθετη ακέραια παράμετρος όπου θα καθυστερήσει X αριθμό δευτερολέπτων πριν καταστραφεί το GameObject. Στο παρακάτω παράδειγμα, το GameObject θα λάβει την εντολή που θα καταστραφεί και θα περιμένει 3 δευτερόλεπτα πριν καταστραφεί πραγματικά το GameObject.

```
Destroy(gameObject , 3);   //Using an additional integer parameter to delay destroy
```

Μπορούμε επίσης να χρησιμοποιήσουμε την προκαθορισμένη παράμετρο **"this"** όπου θα καταστρέψει το script component, αλλά θα αφήσει το GameObject ανέπαφο. Αυτό διαφέρει από την απενεργοποίηση του component, καθώς ένα απενεργοποιημένο component μπορεί να ενεργοποιηθεί ξανά, ενώ ένα κατεστραμμένο component ή GameObject δεν μπορεί να ενεργοποιηθεί ξανά.

```
Destroy(this);  //Destroy the Script
```

Αυτό μπορεί επίσης να λειτουργήσει με το GetComponent που μάθαμε νωρίτερα. Για παράδειγμα, η παρακάτω εντολή θα αφαιρέσει το RigidBody από το τρέχον GameObject.

```
Destroy(GetComponent<Rigidbody>());   //Destroy a component of type RigidBody
```

Ως άσκηση και για να κατανοήσετε καλύτερα πώς να καταστρέψετε αντικείμενα, δοκιμάστε τα εξής:

1. Δημιουργήστε ένα script που θα δημιουργήσει ένα GameObject σε ένα πάτημα κουμπιού και, στη συνέχεια, θα καταστρέψει το ίδιο GameObject μετά από καθυστέρηση πέντε δευτερολέπτων.
2. Προσθέστε μερικά primitive GameObject και δημιουργήστε ένα script έτσι ώστε κάθε GameObject με το οποίο έρχεται σε επαφή το GameObject να καταστραφεί μετά από καθυστέρηση πέντε δευτερολέπτων και στη συνέχεια η ίδια η σφαίρα μετά από 10 δευτερόλεπτα.

Game Object State, Delta Time και τα Frames

Σε αυτό το κεφάλαιο θα μάθετε για:

- Δημιουργία του Debug Log για να μας βοηθά με τα scripts μας.
- Προβολή του Console.
- Γνωρίζοντας τη διαφορά μεταξύ ενός Delta Time και του Frame.

Για το κεφάλαιο αυτό απαιτείται γνώση προηγούμενων κεφαλαίων προγραμματισμού.

Πολλές φορές, κατά τη διάρκεια της φάσης δοκιμών μας θα αντιμετωπίσουμε προβλήματα και το να έχουμε έναν τρόπο επίλυσης αυτών των προβλημάτων είναι πάντα ευπρόσδεκτο. Ο ευκολότερος τρόπος για να λύσουμε ένα πρόβλημα είναι να λάβουμε πληροφορίες σχετικά με το πού βρίσκονται τα πάντα και τί κάνουν όλα, ώστε να μπορέσουμε να εντοπίσουμε το λάθος μας και να το διορθώσουμε. Για να γίνει αυτό θα πρέπει να έχουμε έναν τρόπο να ελέγχουμε τί κάνει κάθε GameObject ενώ παίζει το παιχνίδι και ποια είναι η κατάσταση του GameObject. Για να το κάνουμε αυτό θα χρησιμοποιήσουμε την εντολή **"Debug.Log"**.

GameObject State και το Debug.Log

Το **"Debug.Log"** θα εξάγει πληροφορίες σχετικά με το GameObject που θα συμπεριλάβουμε στην κονσόλα στο Unity όταν κάνουμε κλικ στο κουμπί **Play** για να μπορέσουμε να δοκιμάσουμε το παιχνίδι μας.

CheckState Script - https://tinyurl.com/yjfvk58t

```
using UnityEngine;
using System.Collections;

public class CheckState : MonoBehaviour
{
    public GameObject myObject;

    void Start ()
    {
        Debug.Log("Active Self:" + myObject.activeSelf); //Showing myObject information about
being Active in Hierachy on the console.
        Debug.Log("Active in Hierarchy" + myObject.activeInHierarchy); //Showing myObject
information about being Active on the console.
    }
}
```

Το παραπάνω script θα εμφανιστεί στην Console αν το GameObject **"myObject"** είναι Ενεργό και αν είναι ορατό στην καρτέλα **"Hierarchy"**.

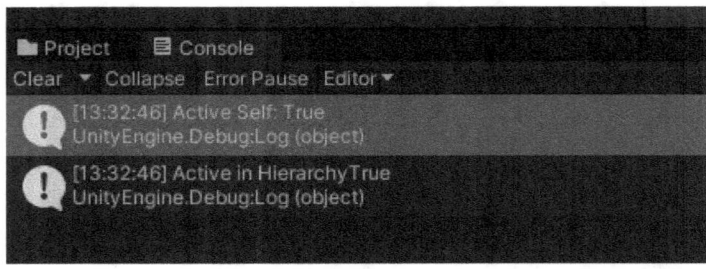

Εικόνα 106 – Εμφάνιση πληροφοριών στο Console με την χρήση του Debug.Log

Υπάρχουν πολλές άλλες έξοδοι που μπορείτε να παράγετε για να σας βοηθήσουν, όπως για παράδειγμα να σας δείξουμε (*Εικόνα 106*) την τιμή μιας τρέχουσας μεταβλητής ή Transform κ.λπ.

Delta Times vs Frames

Ο όρος **"Delta"** σημαίνει τη χρονική διαφορά μεταξύ δύο τιμών και στο Game Development, η function Delta-Time είναι βασικά η διαφορά μεταξύ κάθε Frame/update.

Αυτό είναι πολύ χρήσιμο όταν θέλουμε να εξομαλύνουμε την κίνησή μας και επίσης για τη συνέπεια του παιχνιδιού. Εάν ένα παιχνίδι εκτελείται σε γρήγορο υπολογιστή, ο ρυθμός των frames θα επηρεάσει το πόσο γρήγορα εκτελείται πραγματικά το παιχνίδι και η εκτέλεση πάνω από το Delta-Time μπορεί να διασφαλίσει ότι το παιχνίδι είναι συνεπές μεταξύ όλων των συσκευών. Σημαντικό να ξερουμε οτι ή οποιοδήποτε άλλο είδος αυξητικών / μειούμενων τιμών GameObject που χρειάζονται ομαλή αλλαγή στις τιμές τους.

Αν θυμάστε από την ενότητα **"Introduction"** αυτού του βιβλίου, η Unity χειρίζεται τα πάντα μέσω της διαδικασίας **"Update"** σε κάθε script και επομένως ανά Frame. Δεδομένου ότι ορισμένα Frame μπορεί να χρειαστούν περισσότερο χρόνο από άλλα, αυτή η function **"Update"** θα έχει πάντα διαφορετική τιμή χρόνου ολοκλήρωσης. Εάν προσπαθούμε να αυξήσουμε μια τιμή με κάθε κλήση ενημέρωσης, τότε ορισμένα scripts θα ολοκληρωθούν νωρίτερα από άλλα και αυτό θα δημιουργήσει μια ασυνέπεια όταν προσπαθούμε να ταιριάξουμε ή να δείξουμε μια ομαλότερη τιμή των GameObject.

Για να το καταλάβουμε καλυτέρα αυτό με περισσότερες λεπτομέρειες, φανταστείτε να έχετε δύο GameObject με τα δικά τους scripts όπου το **" GameObject A"** έχει μόνο μέσα τη διαδικασία **"Update"** που μετακινεί ένα αντικείμενο προς τα εμπρός ενώ το 2ο **" GameObject B"** έχει μια διαδικασία **"Update"** που έχει χιλιάδες γραμμές κώδικα. Σε αυτό το παράδειγμα, η κλήση διαδικασίας ενημέρωσης **"αντικείμενο Β"** θα διαρκέσει περισσότερο χρόνο για να ολοκληρωθεί κάθε φορά σε σύγκριση με το **"αντικείμενο Α"** και αυτό σημαίνει ότι το **"αντικείμενο Β"** θα κινείται πιο αργά από το **"αντικείμενο Α"**, ανεξάρτητα από το αν οι τιμές τους είναι ίδιες. Αυτό γίνεται σαφώς επειδή ο χρόνος μεταξύ κάθε frame δεν είναι σταθερός.

Για να εξομαλύνουμε τις τιμές και να εξισορροπήσουμε αυτό, χρησιμοποιούμε Delta Times όπου αν τροποποιήσουμε τις τιμές χρησιμοποιώντας το Delta Time, τότε αυτά τα GameObject θα δουν μια αύξηση στην τιμή που άλλαξε προκειμένου να ταιριάζει με εκεί που έπρεπε να είναι ή να εξομαλύνει την τιμή εάν είναι πιο αργά ή ταχύτερα.

Το συνολικό αποτέλεσμα αυτού θα είναι να έχετε ομαλότερες κινήσεις σε GameObject κατά την εκτέλεση πολλών scripts, ειδικά με GameObject που απαιτούν πολλαπλές κλήσεις στη διαδικασία ενημέρωσης (Update). Αυτό συμβαίνει επειδή τα scripts εκτελούνται με βάση το χρόνο και όχι τα frames ανά δευτερόλεπτο σε αυτές τις εν λόγω τιμές.

UsingDeltaTime Script - https://tinyurl.com/5t4xybrb

```csharp
using UnityEngine;
using System.Collections;

public class UsingDeltaTime : MonoBehaviour
{
    public float speed = 8.0f;

    void Update ()
    {
        if(Input.GetKey(KeyCode.RightArrow)) //Checking for Key press
        {
            transform.position = transform.position + new Vector3(speed * Time.deltaTime,
0.0f, 0.0f);  //adding on the transform position a new location using deltaTime
        }
    }
}
```

Ο κώδικας στο script **"UsingDeltaTime",** για παράδειγμα, θα μετακινήσει το τρέχον GameObject πολύ πιο ομαλά από τον προηγούμενο τρόπο, ο οποίος αύξανε το Transform κατά 1 κάθε φορά.

Για να δείξουμε περαιτέρω τη διαφορά του Delta Time, εξετάστε την αλλαγή του script **"UsingDeltaTime"** με το script **"AlterUsingDeltaTime"** όπου θα έχουμε μια ομαλότερη αύξηση στη μεταβλητή float "countdown" αντί για την τυπική ακέραια προσθήκη του 1-2-3-4 και ούτω καθεξής που θα είχαμε αν χρησιμοποιούσαμε μια αύξηση ενός στο **"Update"**

AlterUsingDeltaTime Script - https://tinyurl.com/4f2r6wyk

```csharp
using UnityEngine;
using System.Collections;

public class UsingDeltaTime : MonoBehaviour
{
    public float countdown = 3.0f;
    void Start()
    {

    }

    void Update()
    {
        countdown = countdown + Time.deltaTime; // Adding a float variable with a DeltaTime
    }
}
```

Ως άσκηση και για καλύτερη κατανόηση των Delta Times και Debug Logs, δοκιμάστε τα εξής:

1. Δημιουργήστε ένα νέο project και προσθέστε μια μπάλα (Sphere) και ένα έδαφος (Cube). Δημιουργήστε ένα script που με κάθε πάτημα πλήκτρων θα δημιουργήσει μερικά κουτιά σε μια τοποθεσία, ενώ επίσης με ένα άλλο κουμπί να μετακινήσει την μπάλα. Όταν η μπάλα αγγίξει τα κουτιά, τότε το script θα πρέπει να εξάγει ένα μήνυμα στην Console (Χρήση Debug.Log) και τα κουτιά θα πρέπει να καταστραφούν και να αφαιρεθούν από τη μνήμη.

2. Διαβάστε και χρησιμοποιήστε τον παρακάτω κώδικα. Κάντε τροποποιήσεις σε αυτό έτσι ώστε με κάθε κατεστραμμένο κουτί οι τιμές να αυξηθούν (όπως το γκάζι) έτσι ώστε το κουτί να κινείται πιο γρήγορα ή πιο αργά.

```csharp
using UnityEngine;
using System.Collections;

public class TransformFunctions : MonoBehaviour
{
    public float moveSpeed = 10f;
    public float turnSpeed = 50f;


    void Update ()
    {
        if(Input.GetKey(KeyCode.UpArrow))
            transform.Translate(Vector3.forward * moveSpeed * Time.deltaTime);

        if(Input.GetKey(KeyCode.DownArrow))
            transform.Translate(-Vector3.forward * moveSpeed * Time.deltaTime);

        if(Input.GetKey(KeyCode.LeftArrow))
            transform.Rotate(Vector3.up, -turnSpeed * Time.deltaTime);

        if(Input.GetKey(KeyCode.RightArrow))
            transform.Rotate(Vector3.up, turnSpeed * Time.deltaTime);
    }
}
```

Σημείωση: Τα {} δεν είναι απαραίτητα εάν το IF είναι σε μία γραμμή.

Invoking Game Objects και Forces (Projectiles)

Σε αυτό το κεφάλαιο θα μάθετε για :

- Invoking procedures/methods
- Πώς να δημιουργήσουμε το δικό μας Void procedure (method)
- Διαφοροποίηση μεταξύ ενός Delta Time και ενός Frame
- Διαφοροποίηση ανάμεσα **"Quaternion.identity"** και **"transform.rotation"**
- Εκτόξευση projectiles από ένα GameObject με χρήση μια δύναμης vector

Για το κεφάλαιο αυτό απαιτείται γνώση προηγούμενων κεφαλαίων προγραμματισμού.

Invoking ένα GameObject με απλά λόγια είναι παρόμοια με την καθυστέρηση στη διαδικασία καταστροφής (Destroy) που μάθαμε, αλλά αυτή τη φορά μπορείτε να εφαρμόσετε αυτή τη λογική σε ολόκληρο κομμάτι κώδικα.

```csharp
1.  public GameObject projectile;
2.  public float launchVelocity = 100f;
3.  // Launches a projectile in 5 seconds
4.  void Start()
5.  {
6.          Invoke("LaunchProjectile", 5.0f);
7.  }
8.
9.  void LaunchProjectile()
10. {
11.         // Do Something
12. }
13.
14. void Update()
15. {
16.     // Launches a projectile with every Left Mouse Button
17.     if (Input.GetButtonDown("Fire1"))
18.     {
19.       LaunchProjectile();
20.     }
21. }
```
*Οι αριθμοί γραμμών είναι μόνο για αναφορά.

Η μελέτη του παραπάνω κώδικα θα μας δώσει μια καλύτερη κατανόηση του τρόπου λειτουργίας της εντολής **"Invoke"** και του σκεπτικού πίσω από τη χρήση της.

Πρώτον, θα παρατηρήσετε ότι έχουμε μια άλλη μέθοδο/διαδικασία εκτός από τις δύο προεπιλεγμένες (**"Update"** και **"Start"**). Σε αντίθεση με τη διαδικασία **"OnTriggerEnter"** που μάθαμε στην Introduction ενότητα αυτού του βιβλίου, η οποία είναι μια σταθερή διαδικασία που πρέπει να γνωρίζουμε, η διαδικασία εδώ **"LaunchProjectile"** γίνεται και ονομάζεται εξ ολοκλήρου από τον προγραμματιστή παιχνιδιών.

Μπορούμε να δημιουργήσουμε οποιοδήποτε κομμάτι κώδικα θέλουμε και να το ονομάσουμε μέσα από το **"Update"** ή το **"Start"** απλά καλώντας το όνομά του όπως κάνουμε στη γραμμή 19.

```
LaunchProjectile();
```

Αυτό σημαίνει ότι το σενάριο εδώ θα συνεχίσει να καλεί τη procedure "**Update**" (γραμμές 14 - 21) έως ότου ο παίκτης κάνει κλικ στο κουμπί **"Fire1"**, το οποίο στη συνέχεια θα εκτελεστεί και θα περιλαμβάνει τη γραμμή 19.

Μόλις εκτελεστεί η γραμμή 19, θα καλέσει τα πάντα μέσα στη procedure "**LaunchProjectile**" (γραμμές 10-12) <u>μία φορά αμέσως</u> και στη συνέχεια θα επιστρέψει στη procedure "**Update**".

Ωστόσο, αυτός είναι ο τυπικός τρόπος κλήσης μιας procedure και παρόλο που είναι πολύ χρήσιμος, έχουμε επίσης τη μεγαλύτερη ευελιξία για τις χρήσεις μας, καθώς χρησιμοποιεί το όνομα της procedure ως είσοδο μέσω μιας μεταβλητής string και επιτρέπει επίσης μια καθυστέρηση πριν καλέσετε τη διαδικασία με το όνομα αυτής της string.

```
Invoke("LaunchProjectile", 5.0f);
```

Notice now line 6, where at the **"Start"** we Invoke the same procedure with an extra parameter of 5.0f (decimals). Notice also that the procedure here is not simply called but it is contained in "<name of procedure>". This is a big difference and a very common mistake while programming.

> **!** Σημείωση: Invoking μια procedure πρέπει να είναι με "<όνομα της procedure>" ενώ την ονομάζετε απλά χρησιμοποιήστε το <όνομα της procedure>

Όταν εκτελεστεί το script και τρέξει τη γραμμή 6 στην αρχή, θα περιμένει 5 δευτερόλεπτα πριν εκτελέσει αυτήν τη γραμμή κώδικα, αλλά λάβετε υπόψη ότι δεν θα σταματήσει ολόκληρο τον κώδικα! Θα τρέξει αυτή τη γραμμή, θα συνεχίσει να εργάζεται στα υπόλοιπα και παράλληλα (ταυτόχρονα) μόλις τελειώσουν τα 5 δευτερόλεπτα, τότε θα τρέξει αυτή τη procedure. Είναι πολύ σημαντικό όταν χρησιμοποιούμε το **Invoke()**, αν είναι δυνατόν, στο **Update()** ή **Start()** και να προσπαθήσουμε να αποφύγουμε τη χρήση περισσότερων από ένα. **Ως εναλλακτική λύση έχουμε επίσης Coroutines που παρέχουν καλύτερη απόδοση, αλλά αυτά καλύπτονται στην "Advanced" ενότητα του επομένου βιβλίου αυτής της σειράς.**

Συνεχίζοντας με τη μελέτη του script έχουμε κάνει κάποιες προσθήκες σε αυτό .

```
1.  public GameObject projectile;
2.  public float launchVelocity = 100f;
3.  // Launches a projectile in 5 seconds
4.  void Start()
5.  {
6.      Invoke("LaunchProjectile", 5.0f);
7.  }
8.
9.  void LaunchProjectile()
10. {
11.  GameObject ball = Instantiate(projectile, transform.position,transform.rotation);
12.
13. ball.GetComponent<Rigidbody>().AddRelativeForce(new    Vector3(Random.Range(-50.0f,
    50.0f),   launchVelocity  +  Random.Range(-50.0f,  50.0f),   Random.Range(-50.0f,
    50.0f)));
14.
15. }
```

```
16.
17. void Update()
18. {
19.     // Launches a projectile with every Left Mouse Button
20.     if (Input.GetButtonDown("Fire1"))
21.     {
22.       LaunchProjectile();
23.     }
24. }
```

Προσθέσαμε τις γραμμές 11 και 13. Ας δούμε τι κάνουν αυτές λεπτομερώς.

```
GameObject ball = Instantiate(projectile,transform.position,transform.rotation);
```

Η γραμμή 11 (παραπάνω) θα δημιουργήσει ένα αντικείμενο που ονομάζεται **"projectile",** αλλά παρατηρήστε ότι αυτή η έκδοση του **"Instantiate"** είναι διαφορετική από αυτή που μάθαμε στην **"Introductory"** ενότητα.

```
Instantiate(myPrefab, Location.transform.position, Quaternion.identity);
```

Το **"Quaternion.identity"** αντικαταστάθηκε από το **"transform.rotation"**.

Το **"Quaternion.identity"** με απλά λόγια, σημαίνει ότι δεν θα υπάρξει περιστροφή αυτού του GameObject και θα είναι τέλεια ευθυγραμμισμένο στους άξονές του κατά τη στιγμή της Instantiate. Το **"transform.rotation"** ωστόσο, μας επιτρέπει να τροποποιήσουμε αυτές τις τιμές και να αλλάξουμε την περιστροφή του GameObject. Αυτό είναι πολύ σημαντικό για το επόμενο βήμα όπου θα προσθέσουμε μια δύναμη σε αυτό το GameObject, ώστε να κινηθεί προς τη θέση που το αναγκάζουμε να πάει αντί να πέσει όπως έκαναν τα GameObjects μας μέχρι τώρα.

```
ball.GetComponent<Rigidbody>().AddRelativeForce(new Vector3(Random.Range(-50.0f, 50.0f),
launchVelocity + Random.Range(-50.0f, 50.0f), Random.Range(-50.0f, 50.0f)));
```

Στο παραπάνω παράδειγμα, στη γραμμή 13 πιέζουμε χρησιμοποιώντας μια δύναμη στο RigidBody (για να εφαρμόσουμε μια δύναμη απαιτείται ένα RigidBody) σύμφωνα με μια σταθερή τιμή που δηλώσαμε ως **"launchVelocity"** και επίσης μια τυχαία τιμή μεταξύ -50 και 50, οπότε θα προσθέσει μια παραλλαγή.

Για να δούμε πώς λειτουργεί αυτό, ας δημιουργήσουμε ένα νέο project και να κάνουμε το δικό μας απλό shooter όπου θα εμφανίζονται μπάλες και ο παίκτης μας θα τις πυροβολεί για να τις καταστρέψει.

Αρχικά, ας ξεκινήσουμε δημιουργώντας ένα έδαφος και ας τακτοποιήσουμε την κάμερά μας ώστε να βρίσκεται σε καλή ορατή θέση. Για τον **"Player"** προσθέστε μια κάψουλα και για ένα όπλο προσθέστε έναν Cylinder primitive. Προσαρμόστε τις κλίμακες ανάλογα για να το κάνετε παρόμοιο με το παράδειγμα στην *Εικόνα 107* και ονομάστε τα GameObjects ανάλογα.

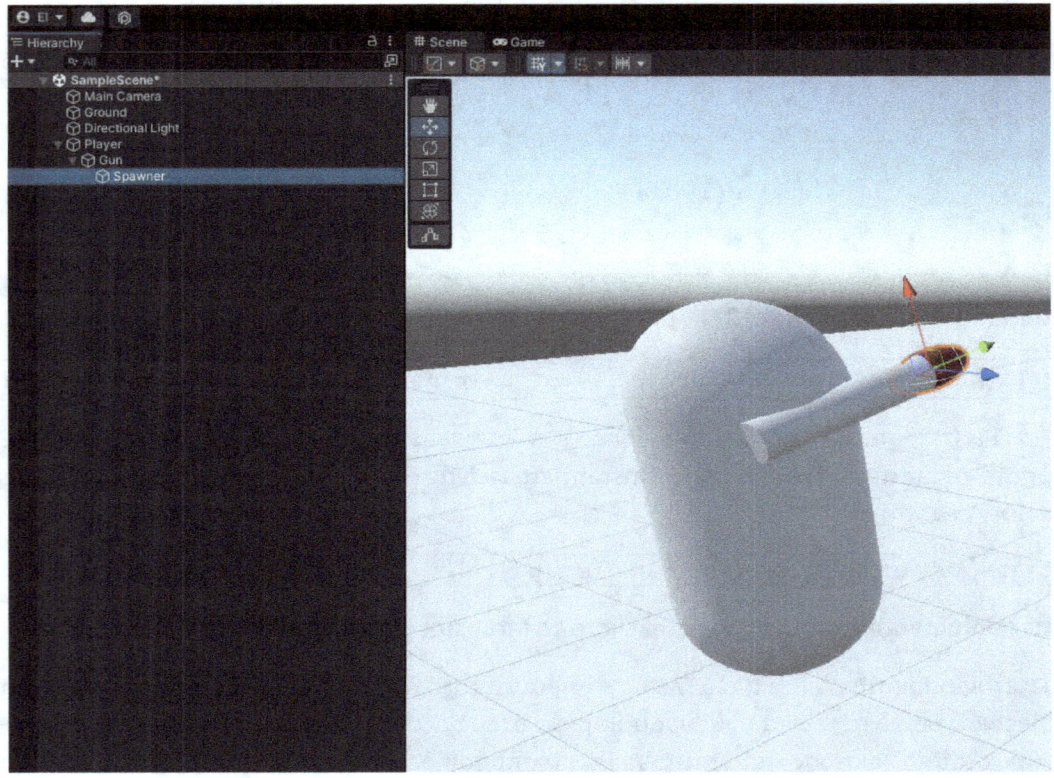

Εικόνα 107 – Αρχίζοντας ένα παιχνίδι shooter

 Σημείωση: Βεβαιωθείτε ότι έχετε κάνει parent το όπλο στο GameObject του Player όπως στην Εικόνα 107

Παρατηρήστε και δημιουργήστε στην *Εικόνα 107* τη θέση **"spawner"** που πρέπει να βρίσκεται στην άκρη του όπλου.

Δεδομένου ότι το GameObject **"Spawner"** πρόκειται να χρησιμοποιηθεί μόνο για το Transform του, δεν χρειαζόμαστε τίποτα άλλο, οπότε διαγράψτε όλα τα άλλα components αυτού του GameObject.

Προσαρμόστε την κάμερα σε μια κατάλληλη προβολή στυλ shooter τρίτου προσώπου, όπως φαίνεται στην *Εικόνα 108*.

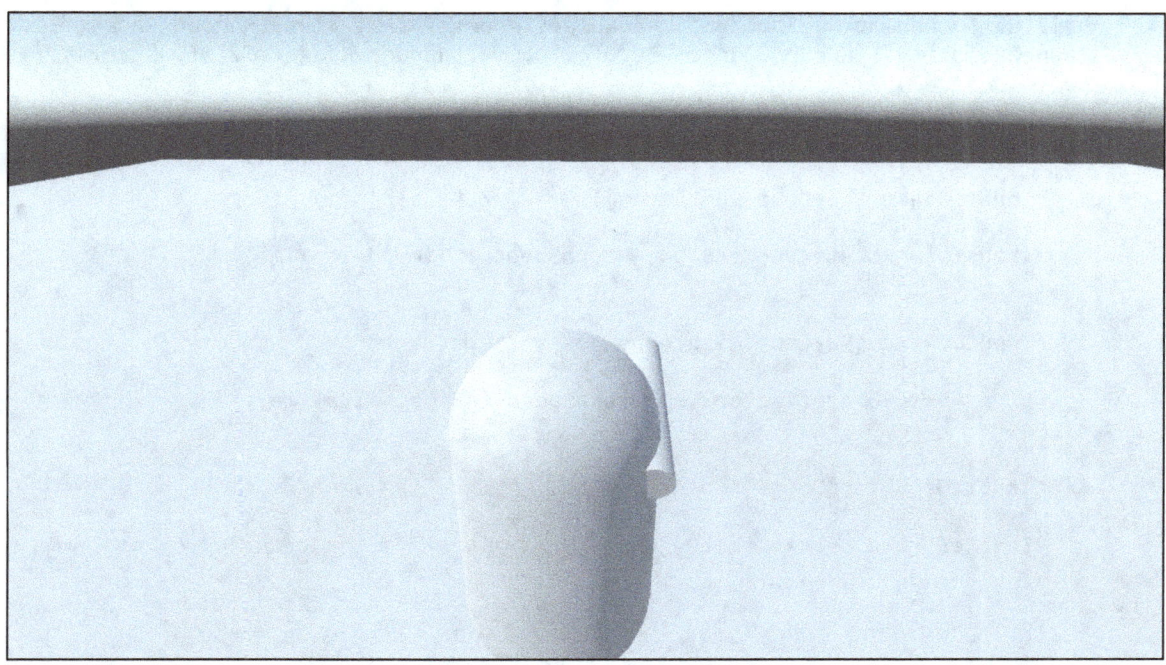

Εικόνα 108 – Αλλαγή της κάμερας για το παράδειγμα μας

Τώρα επιτέλους δημιουργήστε ένα prefab **"bullet"** δημιουργώντας απλά μια σφαίρα (Sphere), προσθέτοντας ένα RigidBody πάνω του και ορίστε τις κλίμακες στο 0,1 ενώ το ορίζετε επίσης ως Prefab σύροντάς το στην καρτέλα **"Project"**.

Τώρα πρέπει να ζωντανέψουμε τη scene μας προσθέτοντας κάποια κίνηση στην κάψουλα **"Player".** Για να γίνει αυτό θα χρειαστεί να δημιουργήσουμε ένα script στο GameObject **"Player"** το οποίο θα περιστρέφεται αριστερά και δεξιά. Μην προσθέσετε καμία άλλη κίνηση τώρα, αλλά μη διστάσετε να πειραματιστείτε με το παιχνίδι σας αργότερα.

Χρησιμοποιήστε το script **"PlayerControlBad"** και πληκτρολογήστε τον ακόλουθο κώδικα ή αντιγράψτε από το σύνδεσμο.

PlayerControlBad Script - https://tinyurl.com/mw7rnnnk

```
using UnityEngine;

public class PlayerControlBad : MonoBehaviour
{
    public GameObject projectile;        //Creating a GameObject for our projectile
    public float launchVelocity = 500f; //Creating necessary variables for Player
    public float moveSpeed = 10f;
    public float turnSpeed = 50f;

    void Start()
    {

    }

    void LaunchProjectile()
    {
        GameObject ball = Instantiate(projectile, transform.position,
transform.rotation);     //Instantiating the gameobject
```

```
        ball.GetComponent<Rigidbody>().AddRelativeForce(new Vector3(Random.Range(-50.0f,
50.0f), launchVelocity + Random.Range(-50.0f, 50.0f), Random.Range(-50.0f, 50.0f)));
//Applying velocity
    }
    void Update()
    {
        if (Input.GetKey(KeyCode.LeftArrow))        //Checking for Key press
        {
            transform.Rotate(Vector3.up, -turnSpeed * Time.deltaTime);  // Turning when
key is pressed Left
        }
        if (Input.GetKey(KeyCode.RightArrow))       //Checking for Key press
        {
            transform.Rotate(Vector3.up, turnSpeed * Time.deltaTime);// Turning when key
is pressed Left
        }
        if (Input.GetButtonDown("Fire1"))           //Checking for Mouse press
        {
            Invoke("LaunchProjectile", 0.1f);       //Invoking the Launch Projectile method
        }
    }

}
```

Εκτελέστε το παιχνίδι και χρησιμοποιήστε τα πλήκτρα βέλους **"Left"** και **"Right"** για να στοχεύσετε ενώ πατάτε το **"Left Mouse Button"** για να πυροβολήσετε. Θα παρατηρήσετε αμέσως ότι υπάρχει πρόβλημα καθώς τα βλήματα εκτοξεύονται από την κάψουλα και όχι από τον **"Spawner"**.

Υπάρχουν δύο τρόποι για να διορθώσετε αυτό το ζήτημα με τον πρώτο να είναι ότι μπορούμε να πάρουμε τη θέση του GameObject **"Spawner"** κάθε φορά και στη συνέχεια να δημιουργήσουμε ένα GameObject με μια δύναμη, αλλά με αυτή τη μέθοδο θα απαιτήσουμε άσκοπα την παρακολούθηση του "Spawner" ανά πάσα στιγμή.

Η απλούστερη και ευκολότερη λύση είναι η δεύτερη μέθοδος που είναι να μετακινήσετε τα μέρη του κώδικα σε ένα δεύτερο script και να έχετε αυτό το script στον **"Spawner"**!

Πρώτον, κάνουμε κλικ στο αντικείμενο αναπαραγωγής και δημιουργούμε ένα σενάριο, ας το ονομάσουμε **"Shooter".**

Δεύτερον, μεταφέρουμε όλα όσα έχουν να κάνουν με τα γυρίσματα σε αυτό το σενάριο.

Αυτό θα έχει ως αποτέλεσμα δύο scripts. Ένα με το όνομα **"PlayerControl"** που θα επισυνάπτεται στην κάψουλα του **"Player"** μας και ένα άλλο script με το όνομα **"Shooter"** που θα επισυνάπτεται στο **"Spawner".**

PlayerControl Script - https://tinyurl.com/4x884x8t

```csharp
public class PlayerControl : MonoBehaviour
{
    public float moveSpeed = 10f;
    public float turnSpeed = 50f;
    void Start()
    {

    }
    void Update()
    {
        if (Input.GetKey(KeyCode.LeftArrow)) //Checking for Key press
        {
            transform.Rotate(Vector3.up, -turnSpeed * Time.deltaTime); // Turning when
key is pressed Left
        }
        if (Input.GetKey(KeyCode.RightArrow)) //Checking for Key press
        {
            transform.Rotate(Vector3.up, turnSpeed * Time.deltaTime); // Turning when
key is pressed Right
        }
    }
}
```

Shooter Script - https://tinyurl.com/3zepm3ab

```csharp
public class Shooter : MonoBehaviour
{
    public GameObject projectile;
    public float launchVelocity = 500f;
    void Start()
    {

    }
    void LaunchProjectile()
    {
        GameObject ball = Instantiate(projectile, transform.position,
transform.rotation);
        ball.GetComponent<Rigidbody>().AddRelativeForce(new Vector3(Random.Range(-50.0f,
50.0f), launchVelocity + Random.Range(-50.0f, 50.0f), Random.Range(-50.0f, 50.0f)));
    }
    void Update()
    {
            if (Input.GetButtonDown("Fire1"))                        //Checking
for Mouse press
        {
            Invoke("LaunchProjectile", 0.1f);                        //Invoking the Launch
Projectile method
        }
    }
}
```

> ! Σημείωση : Τα GameObjects πρέπει να είναι parented το ένα πάνω στο άλλο, διαφορετικά αυτό δεν θα έχει καμία επίδραση στην περιστροφή των αντικειμένων.

234

Παίζοντας το παιχνίδι τώρα θα μας επιτρέψει να περιστρέψουμε τον **"Player"** μας και να εκτοξεύσουμε projectiles (*Εικόνα 109*) .

Εικόνα 109 – Τα scripts σε λειτουργία κάνουν χρήση των projectiles.

Αλλά τώρα εμφανίζεται ένα άλλο πρόβλημα, καθώς πρέπει να καταστρέψουμε τα projectiles που αρχίζουν να συσσωρεύονται. Για να γίνει αυτό θα πρέπει να χρησιμοποιήσουμε το **"Destroy"** σε κάθε ένα από αυτά τα GameObject.

Απλά προσθέστε τον κώδικα:

```
Destroy(ball, 4);
```

Στο script **"Shooter"** αμέσως μετά την εμφάνιση του αντικειμένου ή την εφαρμογή της δύναμης. Αυτό θα καταστρέψει την μπάλα σε 4 δευτερόλεπτα.

Θα πρέπει να συνεχίσουμε με αυτό το παράδειγμα παιχνιδιού προσθέτοντας μερικές σφαίρες για να πυροβολήσουμε. Αυτό θα απαιτήσει ένα αντικείμενο σφαίρας για να χρησιμοποιηθεί ως προκάτ, το οποίο θα πρέπει να έχει ένα άκαμπτο σώμα, καθώς και για αυτό το παράδειγμα.

Σημείωση: Εναλλακτικά, μπορείτε να δημιουργήσετε animationsτων κουτιών που πετούν ή χρησιμοποιούν σφαίρες ή οτιδήποτε άλλο θέλετε (να είστε δημιουργικοί)

Ρυθμίστε τη scene ώστε να είναι παρόμοια με αυτή της *Εικόνας 110*.

Εικόνα 110 – Πυροβολώντας άλλα GameObjects

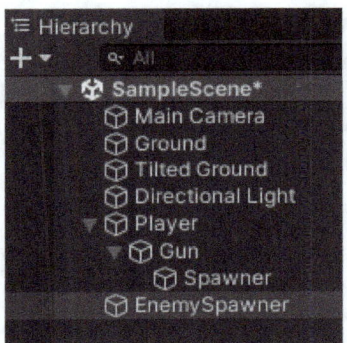

Εικόνα 111 – Δημιουργία ενός Spawner Script για Objects

Μόλις δημιουργήσετε αυτό το prefab Sphere, θα χρειαστεί να δημιουργήσουμε ένα script που θα χειριστεί την αναπαραγωγή των αντικειμένων και πρέπει επίσης να προσθέσουμε ένα κεκλιμένο έδαφος έτσι ώστε οι σφαίρες να κυλούν προς τον παίκτη μας.

Η scene σας θα πρέπει να είναι παρόμοια με τα GameObject που δημιουργούνται στην *Εικόνα 111*.

Τώρα πρέπει να δημιουργήσουμε το script **"SphereSpawner"** που θα χρησιμοποιηθεί για την αναπαραγωγή των σφαιρών. Αυτό το script μπορεί να προστεθεί οπουδήποτε, αλλά για αυτό το παράδειγμα θα το προσθέσουμε στο GameObject **"Ground"**.

SphereSpawner Script - https://tinyurl.com/4k89tdcd

```
public class SphereSpawner : MonoBehaviour
{
    public GameObject SphereObject;   //Creating a GameObject named SphereObject
    public Transform Location;        //Creating a Transform variable named Location

    void Start()
    {
        GameObject sphere = Instantiate(SphereObject, Location.transform.position,
transform.rotation); //Instantiating a SphereObject at Location Transform
        //Adding a force towards between the values -350 and 350 for x,y and z
        sphere.GetComponent<Rigidbody>().AddRelativeForce(new Vector3(Random.Range(-
350.0f, 350.0f), Random.Range(-350.0f, 350.0f), Random.Range(-350.0f, 350.0f)));

        Destroy(sphere, 50);  //Destroying the Sphere in 60sec
    }
}
```

236

Το script **"SphereSpawner"** θα δημιουργήσει μια prefab σφαίρα στη θέση που παρέχεται και θα την καταστρέψει μετά από 60 δευτερόλεπτα. Βεβαιωθείτε ότι λειτουργεί πριν προχωρήσετε στα επόμενα βήματα.

Είναι σημαντικό να σημειωθεί ότι θα επανεξετάσουμε και θα αναθεωρήσουμε πολλά από τα τρέχοντα scripts μας για να κάνουμε ένα πλουσιότερο gameplay.

Για αρχή, μια μόνο μπάλα που κυλάει προς τα κάτω δεν μετράει πραγματικά ως παιχνίδι. Πρέπει να είμαστε πιο δημιουργικοί και να αυξήσουμε τη δυσκολία καθώς προχωρά το παιχνίδι και επίσης, πρέπει να έχουμε ένα αποτέλεσμα όπου οι σφαίρες όχι μόνο θα σπρώξουν τις σφαίρες προς τα πίσω, αλλά και θα τις καταστρέψουν εντελώς.

Για να το κάνουμε αυτό, θα χρησιμοποιήσουμε το **"OnTriggerEnter"** που μάθαμε στην Introductory Ενότητα, αλλά θα πρέπει επίσης να γνωρίζουμε πώς να χρησιμοποιούμε **Tags (Ετικέτες)** στο επόμενο κεφάλαιο.

Ως άσκηση και για καλύτερη κατανόηση Invoke, Delta Times, Forces, Frames, δοκιμάστε τα εξής:

1. Δημιουργήστε ένα νέο project με μια νέα scene και προσθέστε μια μπάλα (Sphere) και δύο κύβους (Cubes). Τοποθετήστε τους δύο κύβους τον έναν κάτω από τον άλλο με αρκετό ύψος μεταξύ τους. Τοποθετήστε τη σφαίρα στον κάτω κύβο και δημιουργήστε ένα script έτσι ώστε με το πάτημα ενός κουμπιού ο κύβος να εφαρμόσει μια δύναμη σε αυτή τη σφαίρα και να την κάνει να πάει προς τα πάνω.
2. Τροποποιήστε το παραπάνω πρόγραμμα έτσι ώστε με κάθε πάτημα πλήκτρου η δύναμη να γίνεται μεγαλύτερη μέχρι η σφαίρα να χτυπήσει τον άλλο κύβο που βρίσκεται πάνω από τον πρώτο.

Tags - Ετικέτες

Σε αυτό το κεφάλαιο θα μάθετε για:

- Δημιουργία και χρήση Tags (Ετικετών).
- Πώς να αποκτήσετε πρόσβαση σε Tags μέσω ενός script.

Για το κεφάλαιο αυτό απαιτείται γνώση προηγούμενων κεφαλαίων προγραμματισμού.

Οι Tags είναι ο τρόπος της Unity να διαφοροποιεί τα GameObjects του παιχνιδιού. Τα GameObjects του παιχνιδιού μπορούν να έχουν μόνο μία Tag και σύμφωνα με το τι είναι οι εκχωρημένες Tags τότε διαφορετικά μέρη του κώδικά μας θα χρησιμοποιηθούν για κάθε GameObject ανάλογα με την Tag που έχει.

Εάν, για παράδειγμα, εάν στο script ο παίκτης αγγίξει μια συγκεκριμένη τοποθεσία, τότε μια πόρτα θα πρέπει να ανοίξει, αλλά δεν θέλουμε να συμβεί το ίδιο πράγμα εάν ένας εχθρός αγγίξει την πόρτα. Εάν χρησιμοποιήσουμε μια function **"OnTriggerEnter"**, τότε το παιχνίδι μας δεν θα είναι σε θέση να πει ποιος πραγματικά προκάλεσε τη function (εχθρός ή παίκτης) αλλά με τη βοήθεια των Tag μπορούμε να διαφοροποιήσουμε μεταξύ κάθε GameObject.

Οι Tags είναι εύκολο να δημιουργηθούν και μπορούμε να δημιουργήσουμε όσες θέλουμε, αλλά μόνο μία Tag μπορεί να εκχωρηθεί σε κάθε GameObject. Αν θέλουμε να κάνουμε πιο καλύτερη κωδικοποίηση για ένα συγκεκριμένο script, τότε λάβετε υπόψη ότι μπορούμε να δημιουργήσουμε και να χρησιμοποιήσουμε μια Tag για ένα parent GameObject, αλλά το child GameObject μπορεί να χρησιμοποιήσει μια διαφορετική Tag. Θα καλύψουμε περισσότερα σχετικά με τον τρόπο χρήσης και εύρεσης πολλαπλών Tag στην **_Advanced Ενότητα_** του παρακάτω βιβλίου αυτής της σειράς.

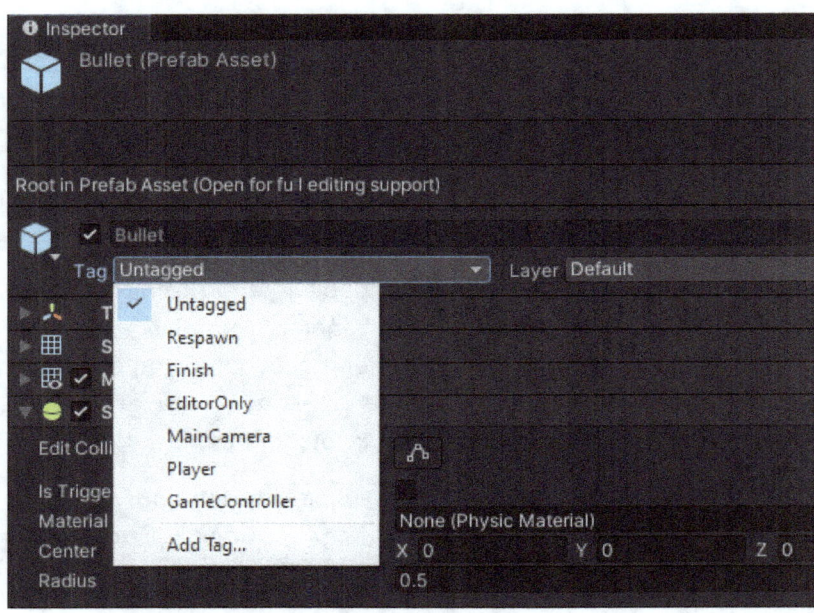

Εικόνα 113 – Τα διαθέσιμα Tags

Αρχικά, πρέπει να δημιουργήσουμε μια Tag ώστε να μπορούμε να τη χρησιμοποιήσουμε στο **"Bullets"** Prefab μας, ώστε να μπορούμε να τη διαφοροποιήσουμε από τα υπόλοιπα GameObjects.

Εντοπίστε την επιλογή Tag του prefab στην καρτέλα **"Project"** και στη συνέχεια κάντε κλικ στο **"Tag"** (*Εικόνα 113*).

Θα παρατηρήσετε ότι ορισμένες Tags έχουν ήδη δημιουργηθεί για εσάς.

- UnTagged
- Respawn
- MainCamera
- Player
- GameController

Αυτές είναι μερικές από τις τυπικές προεπιλεγμένες Tags που θα δείτε όταν θέλετε να δημιουργήσετε για πρώτη φορά μια Tag. Μπορείτε να τα χρησιμοποιήσετε εάν θέλετε ή μπορείτε να δημιουργήσετε νέα που είναι εντελώς προσαρμοσμένα στις ανάγκες σας. Τα ονόματα είναι άσχετα, αλλά τα ονόματα με νόημα προτιμώνται πάντα κατά τη δημιουργία Tag και μεταβλητών.

Δημιουργήστε μια ετικέτα για τις "…" κάνοντας κλικ στο **"New Tag…"** (*Εικόνα 111*)

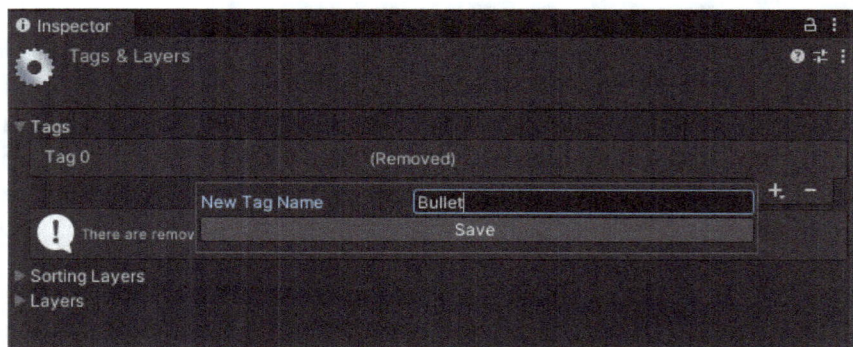

Εικόνα 114 – Δημιουργία ενός νέου Tag

Στην καρτέλα **"Inspector"** θα δείτε τώρα το **"Tags"** και **"Layers"** μενού. Προς το παρόν, θα εργαστούμε μόνο με **"Tags"** κάντε κλικ λοιπόν στο **"+"** και προσθέστε ένα **"New Tag"** (*Εικόνα 114*). Για αυτό το παράδειγμα, ονομάστε το Tag **"Bullet"** και κάντε κλικ στο κουμπί **"Save"** κουμπί.

Τώρα, όταν επιστρέψετε στο prefab και κάντε κλικ στο **"Tags"**, θα δείτε τη νέα Tag στο κάτω μέρος του μενού. Απλά κάντε κλικ πάνω του για να το επιλέξετε (*Εικόνα 115*)

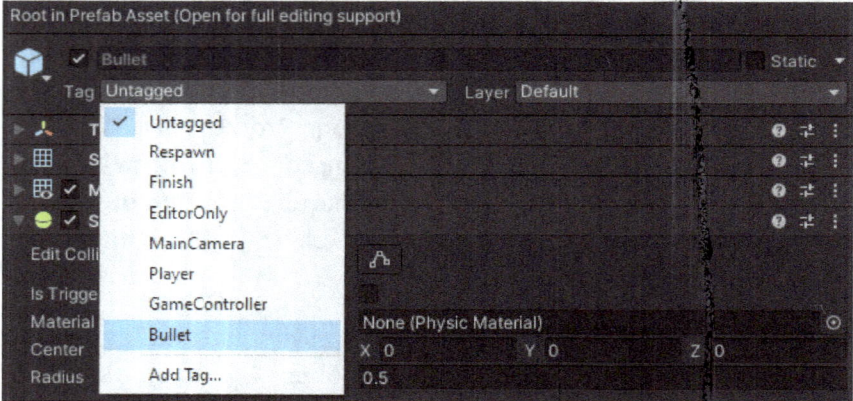

Εικόνα 115 – Χρήση του Tag σε ένα GameObject

Λάβετε υπόψη ότι τα Tags είναι CaSeSeNsiTivE, οπότε θα πρέπει πάντα να χρησιμοποιείτε την ίδια μορφή και να αποφεύγετε τη χρήση κενών, καθώς δημιουργούμε προβλήματα για εμάς κατά τη φάση κωδικοποίησης.

Τώρα που προσθέσαμε την Tag μας, ας την αξιοποιήσουμε σωστά.

Στο παιχνίδι μας, θέλουμε οι σφαίρες που εκτοξεύονται από το όπλο μας να καταστρέψουν τις μπάλες που κυλούν προς την κάψουλα του ήρωά μας.

Το παρακάτω κομμάτι κώδικα είναι ο τρόπος με τον οποίο ελέγχουμε την Tag ενός GameObject πριν κάνουμε μια ενέργεια.

239

```
void OnTriggerEnter(Collider other)
{
    if (other.gameObject.tag == "Bullet")
    {
        Destroy(other);
        Destroy(gameObject);
    }
}
```

Θα παρατηρήσετε ότι χρησιμοποιούμε ένα **"OnTriggerEnter",** οπότε πρέπει να δημιουργηθεί ένας collider και να οριστεί ως trigger (καλύπτεται στην Introductory ενότητα) στο prefab του Enemy Sphere μαζί με ένα script που θα χειριστεί τη action (το παραπάνω)

Το παραπάνω script θα εκτελεστεί μόλις ένας collider trigger αγγίξει την εχθρική σφαίρα. Δεδομένου ότι το έδαφος είναι επίσης ένας collider, τότε απαιτείται η function IF, καθώς χωρίς αυτήν η σφαίρα θα καταστραφεί αυτόματα μόλις κληθεί η trigger. Από την άλλη, αν εφαρμόσουμε αυτό το script στο prefab **"Bullets"** αντί για το **"Sphere"** τότε οι σφαίρες θα καταστραφούν μόλις ο collider αγγίξει οτιδήποτε, κάτι που και πάλι δεν είναι αυτό που θέλουμε καθώς θέλουμε οι σφαίρες να παραμείνουν (να παραμείνουν ζωντανές).

Με την function **IF,**

```
if (other.gameObject.tag == "Bullet")
```

Σημείωση : Το "other" είναι το GameObject που αγγίζει τον trigger collider. Βεβαιωθείτε ότι χρησιμοποιείτε == και όχι = καθώς το ένα είναι σύγκριση και το άλλο ανάθεση.

το GameObject Sphere θα ελέγξει τι είναι το **"Tag"** στο GameObject που αγγίζει είναι το Trigger Collider. Εάν αυτή η Tag είναι **"Bullet",** τότε θα τρέξει και θα καταστρέψει τόσο το τρέχον GameObject όσο και το GameObject με το οποίο ήρθε σε επαφή ("**other"**).

Προσθέστε το script για τον εχθρό **"Sphere"** prefab και δείτε πώς λειτουργεί.

Θα παρατηρήσετε τώρα ότι οι σφαίρες, μόλις χτυπήσουν, θα καταστρέψουν αμέσως αυτό το GameObject, ενώ επίσης η σφαίρα καταστρέφεται επίσης.

Εδώ μπορούμε επίσης να προσθέσουμε ήχους, εκρήξεις ή ακόμα και να αντικαταστήσουμε το τρέχον prefab με ένα άλλο όπου ο εχθρός θα πεθάνει ή θα κάνει ένα animation. Αυτό το μέρος εξαρτάται από τη φαντασία και τη δημιουργικότητά σας.

Θα συνεχίσουμε και θα επεκτείνουμε τον κώδικά μας κάνοντας το παιχνίδι λίγο πιο ενδιαφέρον. Από τώρα έχουμε μάθει πώς να καταστρέψουμε έναν εχθρό με ένα projectile, ας αυξήσουμε τη δυσκολία κάνοντας Instantiate περισσότερους εχθρούς κάθε φορά που θα καταστρέψετε έναν άλλο.

Αυτό γίνεται απλά δημιουργώντας έναν μετρητή (όπως ένα σκορ) κάθε φορά που καταστρέφετε κάτι. Το μόνο που έχουμε να κάνουμε είναι να δημιουργήσουμε μια μεταβλητή μετρητή (Counter) στο script μας και να την αυξάνουμε κάθε φορά που καταστρέφουμε ένα GameObject, ωστόσο θα υπήρχε πρόβλημα όπου θα καταστρέψει αυτόματα τη μεταβλητή μετρητή καθώς και την ίδια μόλις καταστραφεί το GameObject (αφού το script είναι προσαρτημένο στο GameObject που καταστρέφουμε).

240

Αυτό σημαίνει ότι θα χρειαστούμε έναν τρόπο είτε να περάσουμε τιμές από ένα script σε άλλο που βρίσκεται σε άλλο GameObject, είτε να έχουμε μεταβλητές που μπορούν να είναι προσβάσιμες από ολόκληρο το project και όχι μόνο από ένα μόνο GameObject. Για να γίνει αυτό, θα πρέπει να μάθουμε για τις μεταβλητές του Global Project στο επόμενο κεφάλαιο.

Ως άσκηση και για καλύτερη κατανόηση Tags, δοκιμάστε τα εξής:

1. Δημιουργήστε τρία Tags με τα ονόματα "Blue", "Red" και "Yellow". Προσθέστε ένα έδαφος και τρεις σφαίρες , καθεμία από αυτές με μία από τις Tags που μόλις δημιουργήσατε.
2. Δημιουργήστε ένα script στο έδαφος έτσι ώστε με ένα μόνο πάτημα πλήκτρου ενός κουμπιού να αφαιρέσει πρώτα τη σφαίρα με την "Blue" Tag. Με το ίδιο κουμπί πάλι για να αφαιρέσετε το "Red" και τέλος αν πατηθεί για τρίτη φορά για να αφαιρέσετε την "Yellow" σφαίρα.

Global Project μεταβλητές - Statics

Σε αυτό το κεφάλαιο θα μάθετε για:

- Δημιουργία Global Μεταβλητών.
- Εμφάνιση των περιεχομένων μιας Global μεταβλητής.
- Πέρασμα παραμέτρων στο Global μεταβλητή από διαφορετικά script.

Για το κεφάλαιο αυτό απαιτείται γνώση προηγούμενων κεφαλαίων προγραμματισμού.

Όπως εξηγήθηκε σε προηγούμενα κεφάλαια, μια Global project μεταβλητή είναι μια μεταβλητή στην οποία μπορούν να έχουν πρόσβαση όλα τα script σε ολόκληρο το project/παιχνίδι.

Αυτές οι μεταβλητές θα πρέπει να αντιμετωπίζονται πολύ προσεκτικά και να έχουν μοναδικά ονόματα που δεν θα εμφανιστούν ποτέ σε άλλα scripts, καθώς η ύπαρξη δύο μεταβλητών με το ίδιο όνομα θα δημιουργήσει σφάλμα. Αποφύγετε να έχετε μια μεταβλητή Global με το όνομα "score" και χρησιμοποιήστε κάτι όπως "GlobalScore" ή "ProjectScore" ή "g_Score".

Αρχικά, δημιουργήστε ένα κενό GameObject και, στη συνέχεια, προσθέστε ένα script σε αυτό. Ονομάστε το script **"GlobalValueHolder"**.

Το "Global" μέρος προέρχεται από την εντολή **"Static"**. Όλα όσα βλέπετε ως **"Static"** στον κώδικά μας σημαίνουν ότι η μεταβλητή, η procedure, function κ.λπ. μπορεί να είναι προσβάσιμη εκτός του τρέχοντος script. Οι μεταβλητές είναι αρκετά εύκολο να γίνουν και να κατανοηθούν, αλλά οι procedures/functions απαιτούν λίγο περισσότερο σκάψιμο για να τις κατανοήσουμε καλύτερα.

Ας ξεκινήσουμε πρώτα με τη μεταβλητή! Δημιουργήστε το **"GlobalValueHolder"** παρακάτω ή αντιγράψτε το από τον σύνδεσμο.

GlobalValueHolder Script - https://tinyurl.com/4c7cxj8s

```
using System.Collections;
using System.Collections.Generic;
using UnityEngine;

public class GlobalValueHolder : MonoBehaviour
{
    public static int GlobalScore;   // Creating a Global integer variable called
GlobalScore
    public int ShowScore;            //Creating a integer variable
    void Start()
    {

    }
    void Update()
    {
        ShowScore = GlobalScore;     // Assiging the value of GlobalSccre variable into
ShowScore
    }
}
```

Πρώτα παρατηρήστε ότι η μεταβλητή **"GlobalScore"** εδώ είναι αυτή που είναι παγκόσμια και μπορεί να φανεί από κάθε script στο παιχνίδι μας, αλλά ακόμα κι αν έχει οριστεί ως **"Public"**, θα παρατηρήσετε ότι δεν είναι ορατή στο Unity Inspector όπως όλες οι άλλες Public μεταβλητές και ενεργεί σαν να είναι private. Για να δείξουμε την τιμή μιας Static μεταβλητής, θα πρέπει να δημιουργήσουμε μια μεταβλητή του ίδιου τύπου δεδομένων, για παράδειγμα έναν integer και στη συνέχεια να συνεχίσουμε να εκχωρούμε αυτήν την τιμή στη μέθοδο ενημέρωσης όπως κάνει το παράδειγμα εδώ.

Για να έχουμε πρόσβαση σε αυτήν τώρα και να τροποποιήσουμε αυτή τη μεταβλητή, το μόνο που έχουμε να κάνουμε (από άλλο script) είναι απλώς να καλέσουμε το όνομα του script που περιέχεται η static μεταβλητή (σε αυτό το **"GlobalValueHolder"**) και να χρησιμοποιήσουμε την τελεία (.) για να γράψουμε τη μεταβλητή που θέλουμε να χρησιμοποιήσουμε.

Για παράδειγμα, αυτή η μεταβλητή μπορεί να προσπελαστεί και να αυξηθεί (προσθέστε 1) από κάθε script στην Unity απλά γράφοντας:

```
GlobalValueHolder.GlobalScore = GlobalValueHolder.GlobalScore + 1;
```

Ας προσθέσουμε αυτή τη γραμμή στο script **"Hit"**, έτσι ώστε κάθε φορά που καταστρέφουμε μια σφαίρα να αυξάνουμε τη βαθμολογία μας.

Για μεθόδους, procedures και functions calls από άλλο script, αυτή η λογική δεν είναι τόσο εύκολο να εφαρμοστεί όσο όλα στην Unity είναι **"MonoBehaviour"**. Όλα τα script που λειτουργούν με το Unity είναι **"MonoBehaviour"** καθώς αυτό είναι το masterclass που όλα τα GameObjects κληρονομούν τα method τους και έτσι είναι αδύνατο να καλέσετε μια **"static"** μέθοδο χωρίς να αλλάξετε ολόκληρη την class, καθώς θα χρειαστεί να εκτελέσετε ολόκληρη την class όπου ορίζονται οι μεταβλητές.

Με απλά λόγια, πρέπει να περάσετε τις παραμέτρους, τα GameObjects, τις τοποθεσίες κ.λπ. σε μια static μέθοδο, procedure κλπ εάν σκοπεύετε να το καλέσετε από άλλο script, καθώς αυτές οι μεταβλητές που έχετε δηλώσει σε αυτό το σενάριο θα είναι άγνωστες στη μέθοδο δεδομένου ότι θα τρέξει αμέσως αντί να τρέξει ολόκληρη την class.

Για παράδειγμα, το script σας **"Hit"** θα πρέπει να αλλάξει σε κάτι σαν το παρακάτω script, αλλά λάβετε υπόψη ότι δεδομένου ότι το ακόλουθο script καλεί μια procedure/function από άλλο script, τότε πρέπει επίσης να δημιουργήσουμε ή να τροποποιήσουμε και το άλλο script πριν το δοκιμάσουμε. Για αυτό το παράδειγμα, το script που θα περιέχει τη μέθοδο στην οποία θέλουμε να έχουμε πρόσβαση θα είναι το script **"SphereSpawner"** που δημιουργήσαμε νωρίτερα στο κεφάλαιο **"Invoking GameObjects"** αυτού του βιβλίου με την προσθήκη της μεθόδου **"Generator"** που εμφανίζεται στην επόμενη σελίδα.

Hit Script - https://tinyurl.com/5e2d2bbz

```csharp
using System.Collections;
using System.Collections.Generic;
using UnityEngine;

public class hit : MonoBehaviour        // Name of Class and : MonoBehavior. All Unity
default scripts are MonoBehavior
{
    private GameObject SphereObject; //Creating a GameObject named SphereObject
    private Transform Location;       //Creating a Transform named Location

    void OnTriggerEnter(Collider other)
    {
        if (other.gameObject.tag == "Bullet")   //Checking a gameObject's Tag
        {
            SphereObject = gameObject; // Assigining the object that has that Tag to the
variable SphereObject
            Location = SphereSpawner.GlobalLocation;      //Getting the value of the
Global variable GlobalLocation from the script SphereSpawner
            Destroy(other);         //Destroying the object that triggered the collider
            Destroy(gameObject);//Destroying the game object
            GlobalValueHolder.GlobalScore = GlobalValueHolder.GlobalScore + 1;
//Incrementing the global counter GlobalLocation by 1
            for (int i = 1; i <= GlobalValueHolder.GlobalScore; i++)        // Creating
a Loop that will iterate GlobalScore times
            {
                SphereSpawner.Generator(SphereObject, Location);            //Calling
the Generator method in the SphereSpawner script
            }
        }
    }
}
```

Το script **"SphereSpawner"** που δημιουργήσαμε νωρίτερα δημιουργεί ένα Sphere στην αρχή του παιχνιδιού και έχουμε περάσει αυτό το GameObject ως prefab και την τοποθεσία ως Transform ενός GameObject. Τώρα πρέπει να καλέσουμε ξανά αυτή τη procedure, αλλά επειδή είμαστε σε διαφορετικό script, πρέπει να αποκτήσουμε ξανά αυτά τα GameObjects κατά τη διάρκεια του χρόνου εκτέλεσης του παιχνιδιού μας. Για να το κάνουμε αυτό, δημιουργούμε δύο μεταβλητές του ίδιου τύπου δεδομένων (τα ονόματα εδώ είναι ακριβώς τα ίδια, αλλά αυτό δεν έχει σημασία) ως private τύπους δεδομένων.

Στη συνέχεια, αντιστοιχίζουμε αυτές τις μεταβλητές σε τιμές χρησιμοποιώντας τον ακόλουθο κώδικα

```csharp
SphereObject = gameObject;

Location = SphereSpawner.GlobalLocation;
```

και περάστε αυτές τις μεταβλητές στην global procedure που βρίσκεται στο script **"SphereSpawner"** με το όνομα **"Generator"**.

```csharp
SphereSpawner.Generator(SphereObject, Location);
```

Αυτό σημαίνει ότι όταν εκτελούμε το script μας, θα στέλνουμε όλες τις πληροφορίες, που απαιτεί η static procedure που καλούμε, για να εκτελεστεί.

Στο script "**SphereSpawner**" τώρα πρέπει να δημιουργήσουμε τη procedure "**Generator**", η οποία θα πρέπει επίσης να είναι **"Static"** για να λειτουργήσουν όλα, καθώς η παράλειψη του "Static" μέρους δεν θα επιτρέψει σε άλλα script να έχουν πρόσβαση σε αυτήν τη μέθοδο/procedure.

SphereSpawner Script με την Static μέθοδο Generator - https://tinyurl.com/2d9dnc7r

```
using System.Collections;
using System.Collections.Generic;
using UnityEngine;

public class SphereSpawner : MonoBehaviour
{
    public GameObject SphereObject;   //Creating a GameObject named SphereObject
    public Transform Location;        //Creating a Transform variable named Location

    void Start()
    {
        GameObject sphere = Instantiate(SphereObject, Location.transform.position,
transform.rotation); //Instantiating a SphereObject at Location Transform
        //Adding a force towards between the values -350 and 350 for x,y and z
        sphere.GetComponent<Rigidbody>().AddRelativeForce(new Vector3(Random.Range(-
350.0f, 350.0f), Random.Range(-350.0f, 350.0f), Random.Range(-350.0f, 350.0f)));

        Destroy(sphere, 60);  //Destroying the Sphere in 60sec
    }
    public static void Generator(GameObject SphereObject, Transform Location)  //Global
Method with 2 parameters of type GameObject and Transform
    {
        GameObject sphere = Instantiate(SphereObject, Location.transform.position,
Location.transform.rotation);  //Instantiating a GameObject

        sphere.GetComponent<Rigidbody>().AddRelativeForce(new Vector3(Random.Range(-
350.0f, 350.0f), Random.Range(-350.0f, 350.0f), Random.Range(-350.0f, 350.0f)));
//Adding a Force

        Destroy(sphere, 60);  //Destroying the object
    }

}
```

Παρατηρήστε ότι η procedure αυτή τη φορά περιέχει δύο παραμέτρους που υποδεικνύουν τους τύπους δεδομένων τους.

```
public static void Generator(GameObject SphereObject, Transform Location)
```

όπου το **"SphereObject"** ορίζεται ως **"GameObject"** και η μεταβλητή **"Location"** ως **"Transform"**.

Εικόνα 116 – Κάλεσμα ενός Static Method από άλλο script

Θυμηθείτε ότι ο τύπος δεδομένων πηγαίνει πρώτος, ακολουθούμενος από το όνομα της μεταβλητής κατά τη διέλευση παραμέτρων.

Τα υπόλοιπα είναι ακριβώς τα ίδια με τις προηγούμενες κλήσεις στα script μας για δημιουργία ενός GameObject.

Τέλος, η εκτέλεση του παιχνιδιού τώρα θα γεννά επιπλέον σφαίρες κάθε φορά που χτυπάτε μία και αυτέ γίνεται χρησιμοποιώντας μια static μέθοδο που περιέχεται σε ένα άλλο script (*Εικόνα 116*)

Ως άσκηση και για καλύτερη κατανόηση Static Variables και methods, δοκιμάστε τα εξής:

1. Συνεχίζοντας από το τρέχον project μας, τροποποιήστε το έτσι ώστε κάθε φορά που μια σφαίρα πηγαίνει πίσω από τον παίκτη να μειώσει το σκορ του.

2. Δημιουργήστε ένα νέο project όπου ο παίκτης θα έχει τον έλεγχο ενός κανονιού που θα πυροβολεί μπάλες κανονιών και θα σπάει κουτιά. Κάθε φορά που ένα κουτί καταστρέφεται, δημιουργήστε δύο επιπλέον κουτιά που έχουν το μισό μέγεθος στην ίδια θέση. Χρησιμοποιήστε τα αρχεία που είναι στο πιο κάτω σύνδεσμο.

Assets and objects can be obtained here:

Projectile_Demo Files - https://tinyurl.com/58wp8hγh

Καμβάς - Canvas / Δημιουργία Απλών Menus

Σε αυτό το κεφάλαιο θα μάθετε:

- Δημιουργία ενός Καμβά - Canvas και τι είναι.
- Δημιουργία ενός απλού Menu και προσθέτοντας απλά κουμπιά.
- Κλήση μιας μεθόδου/διαδικασίας στο κλικ του κουμπιού.

Για το κεφάλαιο αυτό απαιτείται γνώση προηγούμενων κεφαλαίων προγραμματισμού.

Ένα στοιχείο ή οθόνη διεπαφής χρήστη (UI) που επιτρέπει στους παίκτες να έχουν πρόσβαση σε διάφορες λειτουργίες και επιλογές εκτός του βασικού παιχνιδιού ονομάζεται Menu (μενού). Τα μενού είναι ένας τρόπος πλοήγησης, αλληλεπίδρασης και ελέγχου μέσα σε ένα παιχνίδι τόσο κατά τη διάρκεια όσο και πριν.

Εδώ είναι μερικοί από τους πιο τυπικούς τύπους μενού στα παιχνίδια:

Main Menu: Το main menu είναι συνήθως η πρώτη οθόνη που βλέπουν οι παίκτες όταν ξεκινούν ένα παιχνίδι. Παρέχει επιλογές για την έναρξη ενός νέου παιχνιδιού, τη φόρτωση ενός αποθηκευμένου παιχνιδιού, την προσαρμογή ρυθμίσεων (π.χ. γραφικά, ήχο και στοιχεία ελέγχου) και συχνά περιέχει συνδέσμους προς άλλα μενού όπως "Επιλογές", "Έξοδος" ή "Συνέχεια".

Options Menu: Αυτό το μενού επιτρέπει στους παίκτες να προσαρμόσουν τις ρυθμίσεις του παιχνιδιού στις προτιμήσεις τους. Συνήθως περιλαμβάνει επιλογές για ποιότητα γραφικών, ρυθμίσεις ήχου, στοιχεία ελέγχου, γλώσσα και άλλες διαμορφώσεις για συγκεκριμένα παιχνίδια.

Pause Menu: Όταν ένας παίκτης διακόπτει το παιχνίδι (συνήθως πατώντας το κουμπί ή το πλήκτρο παύσης), εμφανίζεται το μενού παύσης. Παρέχει επιλογές για τη συνέχιση του παιχνιδιού, την αποθήκευση προόδου, την προσαρμογή ρυθμίσεων και μερικές φορές τον τερματισμό του παιχνιδιού.

Inventory Menu: Σε πολλά παιχνίδια, οι παίκτες έχουν ένα απόθεμα όπου μπορούν να δουν και να διαχειριστούν αντικείμενα, εξοπλισμό και πόρους που έχουν συλλέξει κατά τη διάρκεια του παιχνιδιού. Το μενού αποθέματος επιτρέπει στους παίκτες να οργανώνουν, να χρησιμοποιούν και μερικές φορές να ανταλλάσσουν ή να κατασκευάζουν αντικείμενα.

Save/Load Menu: Οι παίκτες μπορούν να χρησιμοποιήσουν το μενού αποθήκευσης/φόρτωσης για να διαχειριστούν τα αποθηκευμένα αρχεία παιχνιδιών τους. Μπορούν να αποθηκεύσουν την πρόοδό τους, να φορτώσουν προηγούμενες αποθηκεύσεις και μερικές φορές να διαγράψουν ή να διαχειριστούν τα αποθηκευμένα δεδομένα τους.

Settings Menu: Το μενού ρυθμίσεων στο κύριο μενού περιέχει συχνά επιλογές για την προσαρμογή των γενικών ρυθμίσεων του παιχνιδιού, όπως ήχος, βίντεο, χειριστήρια και προσβασιμότητα.

Τα μενού στα παιχνίδια είναι απαραίτητα καθώς παρέχουν την πρώτη εμφάνιση του παιχνιδιού, τις ρυθμίσεις, το παιχνίδι, την έξοδο και άλλες διαφορετικές επιλογές που οι παίκτες μπορεί να θέλουν να επιλέξουν πριν ξεκινήσουν ή κατά τη διάρκεια του παιχνιδιού.

Όλα αυτά είναι προσβάσιμα με διάφορους τρόπους ανάλογα με το παιχνίδι που δημιουργείτε. Για παράδειγμα, ένα απλό μενού μπορεί να γίνει μόνο για να παρέχει μια αρχή και ένα τέλος του παιχνιδιού σας. Ένα άλλο παράδειγμα θα μπορούσε να είναι ο παίκτης που φτάνει σε ένα συγκεκριμένο σημείο όπου πρέπει να εμφανιστούν επιλογές, αυτό γίνεται επίσης μέσω ενός μενού.

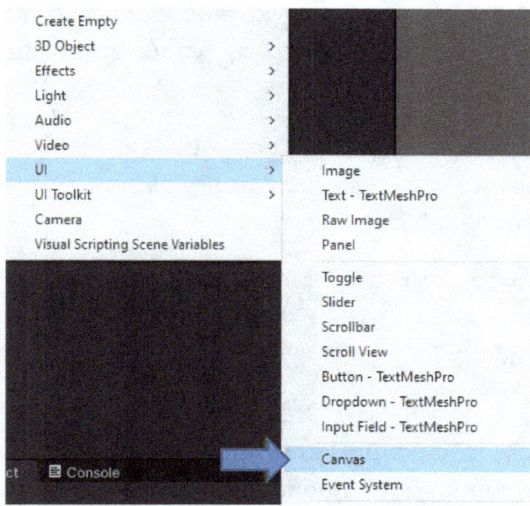

Στο Unity, υπάρχουν πολλοί τρόποι για να κάνετε ένα μενού, αλλά ο πιο συνηθισμένος είναι μέσω ενός καμβά (Canvas).

Κάντε δεξί κλικ στην καρτέλα **"Inspector"** και επιλέξτε → **"UI Canvas"** (*Εικόνα 117*)

Καμβάς (Canvas) είναι αυτό που περιέχει GameObjects τύπου περιβάλλοντος εργασίας χρήστη. Αυτό σημαίνει ότι μόλις έχουμε έναν καμβά, μπορούμε να προσθέσουμε τα υπόλοιπα αντικείμενα που χρειαζόμαστε, όπως εικόνες, κείμενα ή κουμπιά.

Εάν η Unity σε αυτό το σημείο ζητήσει να κάνετε λήψη ή ενεργοποίηση του **TextMeshPro**, επιτρέψτε την επιλογή και περιμένετε μέχρι να εγκατασταθεί το **TextMeshPro**.

Εικόνα 117 – Εισαγωγή ενός Canvas UI element

Το **TextMeshPro** είναι ένα πρόσθετο πακέτο Unity που επεκτείνει περαιτέρω τα πράγματα που μπορείτε να κάνετε με τα κείμενα. Θα εξετάσουμε λεπτομερέστερα το **TextMeshPro** στην **Advanced Ενότητα** στο επόμενο βιβλίο αυτής της σειράς, αλλά προς το παρόν, επιτρέψτε στην Unity να εγκαταστήσει όλα όσα απαιτούνται.

Μόλις έχετε ένα αντικείμενο καμβά, δημιουργήστε ένα child αυτού του αντικειμένου τύπου **"Button"** το οποίο θα δημιουργήσει επίσης αυτόματα ένα αντικείμενο **"Text"** και ένα **"EventSystem"**.

Εικόνα 118 – Παράδειγμα ενός κουμπιού με Text Canvas

Κάντε διπλό κλικ στο **"Button"** έτσι ώστε η Unity να σας περιστρέψει αυτόματα και να σας μεταφέρει στο αντικείμενο **"Button"** (*Εικόνα 118*)

Παρατηρήστε ότι το αντικείμενο **"Button"** φαίνεται να είναι τεράστιο σε σχέση με την κλίμακα με τα υπόλοιπα αντικείμενα του project. Αυτό είναι φυσιολογικό και γίνεται έτσι ώστε τα παιχνίδια με υψηλότερη ανάλυση να εξακολουθούν να εμφανίζουν το τρέχον μενού. Οτιδήποτε άλλο με χαμηλότερη ανάλυση (όπως το τρέχον έργο μας) θα αλλάξει αυτόματα το μέγεθος του καμβά στο μέγεθος που απαιτείται/απαιτείται. Αυτό είναι ζωτικής σημασίας εάν, για παράδειγμα, δημιουργείτε ένα παιχνίδι εφαρμογής τηλεφώνου (Phone App), όπου κάθε τηλέφωνο έχει διαφορετική ανάλυση και μέγεθος οθόνης, τότε το παιχνίδι θα εξακολουθεί να προσαρμόζεται ανάλογα με το μέγεθος της οθόνης και την ανάλυση του μηχανήματος που το εκτελεί. Ο καμβάς θα κλιμακωθεί αυτόματα και θα σας εξοικονομήσει για το μεγαλύτερο μέρος των προβλημάτων αλλαγής μεγέθους των μενού σας.

Κάνοντας κλικ στο αντικείμενο **"Text (TMP)"** θα εμφανιστούν τα ακόλουθα στην καρτέλα **"Inspector"**.

Αυτό το component ασχολείται με το πώς θα εμφανιστεί το κείμενο στο κουμπί και είναι σημαντικό να καταλάβουμε ότι δεν έχει καμία σχέση με το πραγματικό κουμπί που είναι το object **"Button"**.

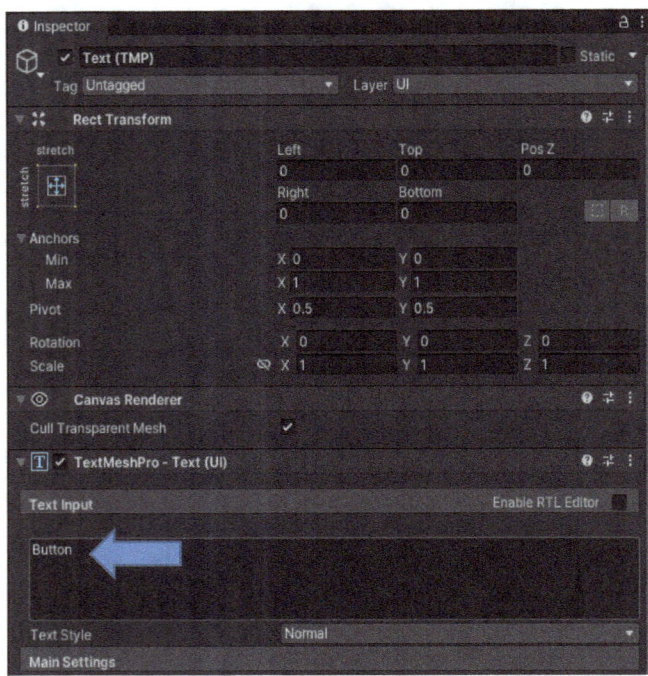

Εικόνα 119 – Εγράφη κειμένου σε ένα κουμπί με Canvas

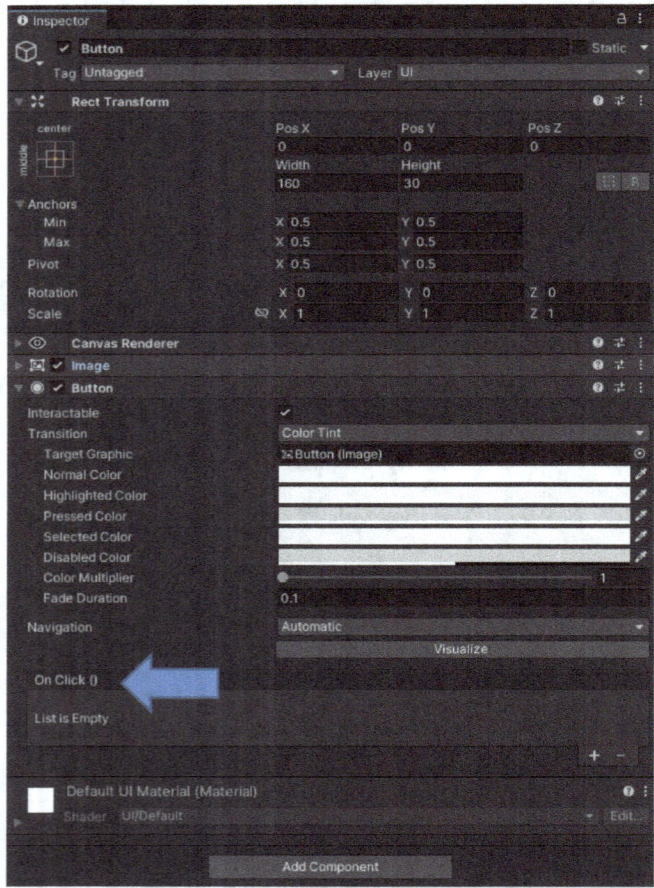

Εικόνα 120 - Το Click() σε ένα Canvas κουμπί

Το κείμενο μπορεί να αλλάξει από το **"Text Input"** στο component **"TextMeshPro"** ενώ επίσης εκεί μπορείτε να προσαρμόσετε το μέγεθος και τα χρώματα της γραμματοσειράς (*Εικόνα 119*)

Μπορείτε επίσης να προσαρμόσετε πού θα βρίσκεται το κείμενο του κουμπιού στο component **"Rect Transform"**.

Κάνοντας κλικ στο αντικείμενο **"Button"** θα εμφανιστούν τα ακόλουθα στην καρτέλα **"Inspector"**.

Εδώ μπορούμε να επεξεργαστούμε πώς θα μοιάζει το πραγματικό κουμπί (όχι το κείμενο). Μπορούμε να χρησιμοποιήσουμε άλλες εικόνες αντί για το πρότυπο που παρέχει το **TextMeshPro**, χρώματα κ.λπ.

Το πιο σημαντικό μέρος όμως είναι η διαδικασία **"On Click()"** που βλέπουμε στο κάτω μέρος (*Εικόνα 120*).

Προς το παρόν, το **"On Click()"** είναι κενό. Εάν χρειαζόμαστε αυτό το κουμπί για να κάνουμε κάτι όταν κάνουμε κλικ σε αυτό, χρειαζόμαστε ένα σενάριο που θα έχει μια **"public"** μέθοδο.

Το **"On Click()"** θα μας επιτρέψει να εκτελέσουμε οποιαδήποτε μέθοδο/procedure έχουμε δημιουργήσει και κάποιες προκαθορισμένες σε οποιοδήποτε GameObject απλά drag/drop το GameObject που θέλουμε να εκτελέσουμε.

Εάν, για παράδειγμα, θέλουμε τα εξής:

1. Ξεκινήστε το παιχνίδι και εμφανίστε το Μενού.
2. Κάνοντας κλικ στο **"Έναρξη παιχνιδιού"** στο μενού μας θα ξεκινήσει το παιχνίδι.
3. Απενεργοποιήστε το Μενού από την προβολή του προγράμματος αναπαραγωγής.

Για να γίνει αυτό, πρέπει να δημιουργήσουμε και τις τρεις αυτές διαδικασίες.

Το 1ο είναι αρκετά απλό καθώς το μόνο που έχουμε να κάνουμε είναι να δημιουργήσουμε ένα μενού χρησιμοποιώντας έναν καμβά και να αφήσουμε το παιχνίδι να ξεκινήσει. Το Μενού θα εμφανιστεί αυτόματα στην κάμερα του προγράμματος αναπαραγωγής.

Το 2ο, θα χρειαστεί να χρησιμοποιήσουμε ένα script που θα ξεκινήσει το παιχνίδι μας. Αυτό θα μπορούσε να είναι κάτι σαν τη δημιουργία του πρώτου εχθρού ή τη μετακίνηση του ήρωά μας εκεί που βρίσκονται οι εχθροί. Στο παιχνίδι Shooting, το παιχνίδι ξεκινά αυτόματα, οπότε θέλουμε να το σταματήσουμε και να αναγκάσουμε τον παίκτη να κάνει κλικ στο κουμπί μενού **"Έναρξη παιχνιδιού"** πριν μπορέσει να ξεκινήσει.

Για να το κάνουμε αυτό, απλά απενεργοποιούμε το αντικείμενο **"Player"** και το αρχικό αντικείμενο **"Spawner"** της πρώτης σφαίρας που βρίσκεται μέσα στο script μας.

Η απενεργοποίηση του αντικειμένου **"Player"** είναι αρκετά απλή καθώς αποεπιλέγουμε το αντικείμενο **"Player"** (*Εικόνα 121*)

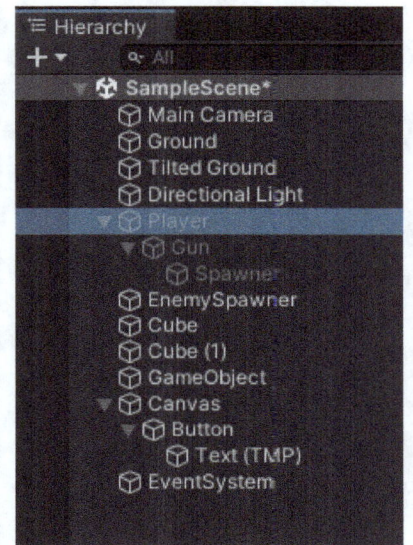 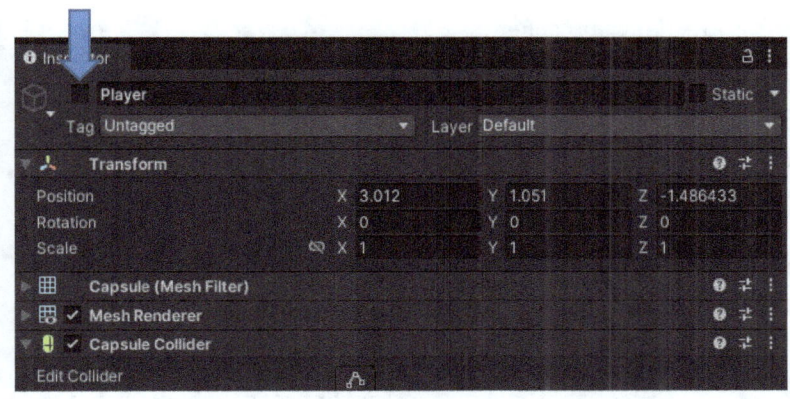

Εικόνα 121 – Απενεργοποίηση ενός GameObject από το Inspector Tab

Η απενεργοποίηση του αρχικού spawn της πρώτης σφαίρας, ωστόσο, είναι πιο δύσκολη, καθώς αυτό πρέπει να γίνει μέσω του script που έχουμε δημιουργήσει με το όνομα **"SphereSpawner".**

Τώρα πρέπει να τροποποιήσουμε αυτό το script έτσι ώστε η δημιουργία (αναπαραγωγή) αυτής της πρώτης σφαίρας να γίνεται σε μια **public procedure**, ώστε να μπορούμε αργότερα να ονομάσουμε αυτή τη διαδικασία όταν ο παίκτης κάνει κλικ στο **"Button"** μας.

Για να γίνει αυτό, πρέπει να επεξεργαστούμε το script **"SphereSpawner"** ώστε να είναι όπως το ενημερωμένο **"SphereSpawner"** που εμφανίζεται στο παρακάτω script ή να χρησιμοποιήσουμε τον σύνδεσμο. Προσέξτε ότι η διαδικασία **"ClickedStart()"** που δημιουργήσαμε έχει οριστεί ως public.

250

SphereSpawner Script - https://tinyurl.com/m5tf98c7

```csharp
using System.Collections;
using System.Collections.Generic;
using UnityEngine;

public class SphereSpawner : MonoBehaviour
{
    public GameObject SphereObject;//Creating a GameObject variable with name
SphereObject
    public Transform Location;   //Creating a Transform variable with the name Location
    public static Transform GlobalLocation;//Creating a Global Transform variable with
the name GlobalLocation

    public void ClickedStart()       //Creating a method called Clicked Start
    {
        GameObject sphere = Instantiate(SphereObject, Location.transform.position,
transform.rotation);  //Instantiating a Gameobject
        sphere.GetComponent<Rigidbody>().AddRelativeForce(new Vector3(Random.Range(-
350.0f, 350.0f), Random.Range(-350.0f, 350.0f), Random.Range(-350.0f, 350.0f))); //
Adding a force
        Destroy(sphere, 60); //Destroying the object
        GlobalLocation = Location; // Setting Location values to GlobalLocation variable
    }

    void Start()
    {
    }
    void Update()
    {
    }
    public static void generator(GameObject SphereObject, Transform Location)   //
Creating a global method called generator
    {
        GameObject sphere = Instantiate(SphereObject, Location.transform.position,
Location.transform.rotation); //Instantiating a Gameobject
        sphere.GetComponent<Rigidbody>().AddRelativeForce(new Vector3(Random.Range(-
350.0f, 350.0f), Random.Range(-350.0f, 350.0f), Random.Range(-350.0f, 350.0f)));//
Adding a force
        Destroy(sphere, 60);//Destroying the object
    }
}
```

Έχοντας μετακινήσει τη Instantiation από τη μέθοδο "**Start**" στη μέθοδο **"ClickedStart"** που δημιουργήσαμε, δεν θα κάνει τίποτα στην αρχη και θα περιμένει έως ότου μια άλλη μέθοδος καλέσει τη μέθοδο **"ClickedStart"**.

Τώρα που δημιουργήσαμε τη public μέθοδο που θέλουμε να καλέσουμε, πρέπει να τη χρησιμοποιήσουμε μέσα στο κουμπί μας.

On Click()

Κάντε κλικ στο σύμβολο "**+**" κάτω από το "**On Click()**" στο "**Button**"

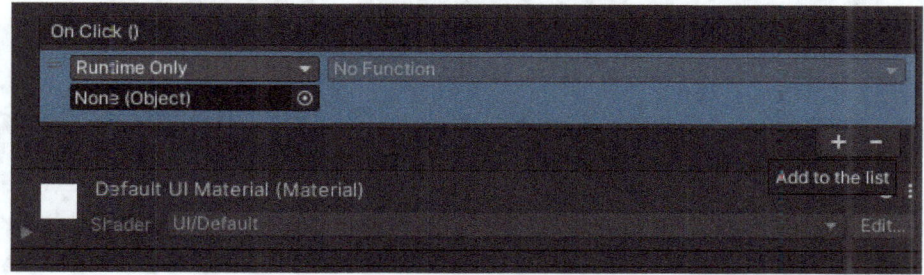

Εικόνα 122 – Εισαγωγή των Scripts στο On Click() method

Drag/Drop το GameObject που περιέχει το script που θέλετε να εκτελέσετε στο πεδίο του component **"None(Object)"** (*Εικόνα 122*) . Στο παράδειγμά μας, σύρετε και αποθέστε το αντικείμενο "**Ground**", καθώς αυτό είναι αυτό που περιέχει το script που θέλουμε να εκτελέσουμε.

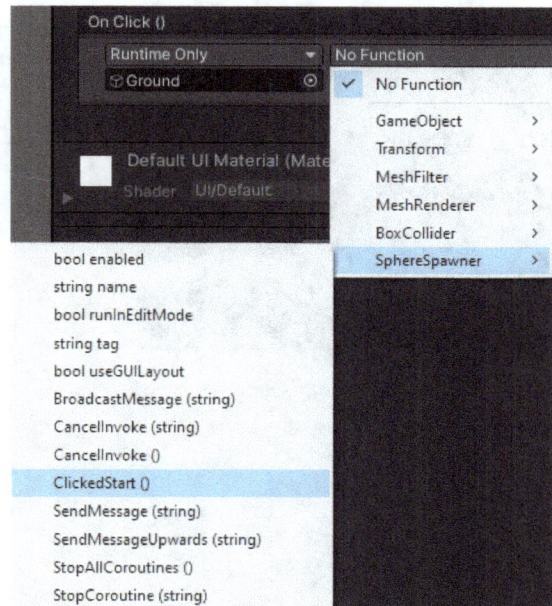

Εικόνα 123 – Επιλογες του On_Click() component με το method ClickStart()

Κάντε κλικ στο **"No Function"** και μπορείτε να δείτε τις προκαθορισμένες μεθόδους που μπορείτε να χρησιμοποιήσετε για το συγκεκριμένο αντικείμενο.

Δεδομένου ότι το δικό μας δεν είναι προκαθορισμένο και είναι κάτι που δημιουργήσαμε στο **"SphereSpawner"**, επιλέξτε το **"SphereSpawner"** και βρείτε τη διαδικασία που δημιουργήσατε. Στο παράδειγμά μας, η μέθοδος **"ClickedStart()"** μέσα από το script **"SphereSpawner"** (*Εικόνα 123*).

Παρατηρήστε ότι υπάρχουν αρκετά άλλα που δεν έχετε δημιουργήσει. Αυτά είναι προκαθορισμένα και είναι φυσιολογικό να τα έχουμε, αν και θα ήταν καλή πρακτική να τους ρίξουμε μια ματιά και να δούμε τι κάνουν, καθώς είναι αρκετά χρήσιμα και θα μας σώσουν από πολλή κωδικοποίηση αργότερα στην εμπειρία Game Development μας, αν γνωρίζουμε τι κάνουν. Παρατηρήστε επίσης ότι εκτός από το **"SphereSpawner"** βλέπουμε επίσης μια επιλογή

"GameObject" η οποία προσφέρει επίσης πολλές λειτουργίες που θα μπορούσαν να είναι χρήσιμες στα παιχνίδια μας, αλλά δεν θα καλύψουμε σε αυτό το βιβλίο για λόγους απλότητας, καθώς αυτές είναι

αρκετά εκτεταμένες.

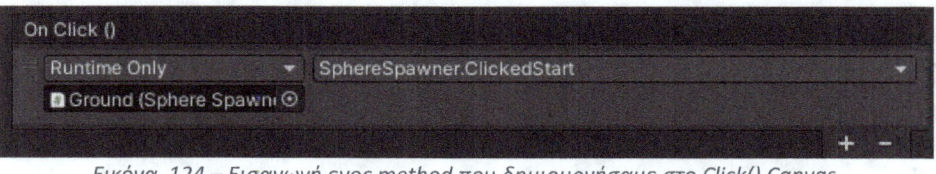

Εικόνα 124 – Εισαγωγή ενος method που δημιουργήσαμε στο Click() Canvas

Τέλος, θα πρέπει να μοιάζει με την *Εικόνα 124* χωρίς σφάλματα.

Θα πρέπει επίσης να εξοικειωθείτε με το *Εικόνα 124* καθώς θα πρέπει να μπορείτε να το διαβάσετε ως *"Κατά τη διάρκεια του χρόνου εκτέλεσης, αν κάνω κλικ σε αυτό το κουμπί, τότε θα εκτελεστεί η μέθοδος Clicked Start() στο script Sphere Spawner".*

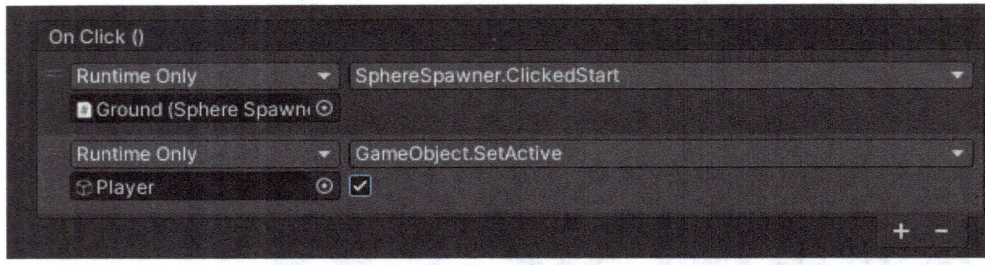

Εικόνα 125 – Ενεργοποίηση/Απενεργοποίηση ενός GameObject με το Active στο On Click()

Πρέπει επίσης να κάνουμε το GameObject **"Playerς"** να γίνει **"Active"**. Μπορούμε να το κάνουμε μέσω script αν το

επιθυμούμε, αλλά η Unity έχει συμπεριλάβει αυτό το εύκολο task ως ένα από τα προκαθορισμένα. Απλώς προσθέστε (χρησιμοποιώντας το **"+")** ένα **Event "On Click()"** και, στη συνέχεια, drag/drop το GameObject**"Player"**. Στη συνέχεια, επιλέξτε **"Set Active"** και είτε αφήστε το πλαίσιο κενό για απενεργοποίηση είτε βάλτε το σημάδι επιλογής για να ενεργοποιηθεί το GameObject.

Η *Εικόνα 125* θα ενεργοποιήσει το GameObject **"Player".** Ομοίως, μπορείτε να απενεργοποιήσετε αντικείμενα που είναι το 3ο βήμα καθώς τώρα θέλουμε να απενεργοποιήσουμε το Μενού όπως θέλουμε να παίξουμε το παιχνίδι μας.

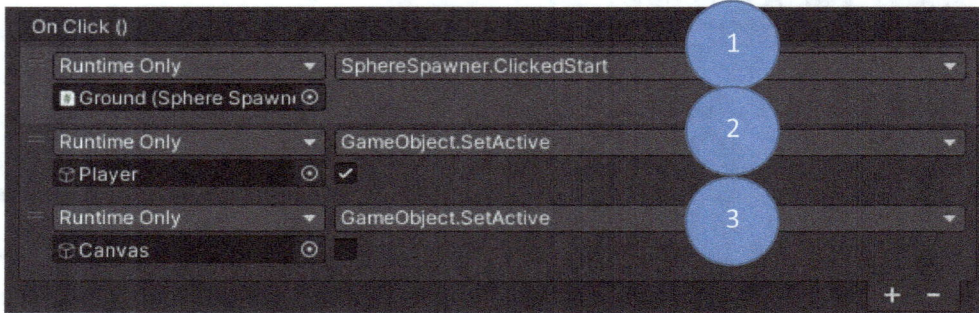

Εικόνα 126 – Χρήση του On Click σε πολλά GameObjects

Η *Εικόνα 126* θα:

1. Instantiate ένα sphere.

2. Activate/Ενεργοποίηση το Player GameObject.

3. Deactivate/Απενεργοποίηση το Μενού.

Εναλλακτικά, μπορείτε να έχετε το μενού να εμφανίζεται κάθε φορά που κάποιος κάνει κλικ στο κουμπί ESC ενεργοποιώντας απλώς το μενού καμβά μέσω script και μπορείτε να συνεχίσετε να προσθέτετε πολυπλοκότητα (όπως επιλογές, δυσκολία κ.λπ.) στα μενού σας.

Ως άσκηση και για καλύτερη κατανόηση καμβά, κουμπιά και μενού, δοκιμάστε τα εξής:

1. Συνεχίζοντας από το τρέχον project μας, προσθέστε ένα κουμπί **Easy** and **Hard** Menu όπου το Easy θα δημιουργήσει 1 σφαίρα όπως είναι τώρα και το κουμπί Hard θα ξεκινήσει με 5

2. Δημιουργήστε ένα μενού για το έργο Cannonball που δημιουργήσατε στην προηγούμενη ενότητα. Συμπεριλάβετε ένα κουμπί **Εύκολο**, **Σκληρό** και **Βοήθεια**.

Συγχαρητήρια για την ολοκλήρωση των **"Introductory και Intermediate"** ενοτήτων του *"Game Development in Unity"*! Το ταξίδι σας μέσα από αυτές τις σελίδες έχει ξεκλειδώσει τη δύναμη να δημιουργήσετε δυναμικούς και καθηλωτικούς κόσμους παιχνιδιών, ενώ έχετε επίσης αποτολμήσει στη συναρπαστική σφαίρα της ανάπτυξης παιχνιδιών και τώρα είστε εξοπλισμένοι με γνώσεις που θα σας βοηθήσουν να ζωντανέψετε τις ιδέες σας για τα παιχνίδια σας.

Σε όλο αυτό το βιβλίο, έχετε εμβαθύνει στη δημιουργία GameObjects, τα δομικά στοιχεία των διαδραστικών εμπειριών. Αυτές οι εικονικές οντότητες είναι οι χαρακτήρες, τα στηρίγματα και τα components που δίνουν ζωή στα ψηφιακά τοπία που δημιουργείτε.

Έχετε αξιοποιήσει τη μαγεία του script, όπου γραμμές κώδικα μετατρέπουν τις ιδέες σας σε λειτουργικούς μηχανισμούς παιχνιδιού. Από την κίνηση των παικτών μέχρι τα Rigidbodies, έχετε μάθει πώς να ζωντανεύετε τα παιχνίδια σας μέσω της δύναμης της κωδικοποίησης.

Όπως και στη διαδικασία ανάπτυξης παιχνιδιών, έχετε κατακτήσει την τέχνη των μενού και των διεπαφών του χρήστη. Όπως και στο κύριο μενού ενός παιχνιδιού, έχετε πλοηγηθεί σε κεφάλαια και ενότητες, αποκαλύπτοντας γνώσεις και αποκτώντας τις δεξιότητες που απαιτούνται για τη δημιουργία ελκυστικών διεπαφών χρήστη και εμπειριών παικτών.

Έχετε εφαρμόσει απλές αλλά ισχυρές τεχνικές, τελειοποιώντας τον φωτισμό και τη σκίαση για να δημιουργήσετε απλά γραφικά, αξιοποιώντας τη δύναμη των υλικών και των υφών και τελειοποιώντας τις έννοιες της albedo και της χαρτογράφησης φωτός για να δημιουργησετε περι3άλλοντα που αιχμαλωτίζουν τους παίκτες και τους προσελκύουν στους εικονικούς κόσμους σας.

Καθώς ολοκληρώνουμε αυτό το κεφάλαιο στην εκπαίδευση Game Development και τη μαθησιακή σας εμπειρία, θυμηθείτε ότι το εκπαιδευτικό σας ταξίδι μόλις ξεκίνησε. Το πάθος σας για τη δημιουργία, τα script, τη χρήση μενού, την εφαρμογή μηχανών πεπερασμένων καταστάσεων και τη χρήση μιας ποικιλίας απλών τεχνικών θα συνεχίσει να εξελίσσεται, βοηθώντας σας να πραγματοποιήσετε τα όνειρά σας στον κόσμο της ανάπτυξης παιχνιδιών.

Με κάθε βιβλίο που ολοκληρώνετε, κάνετε ένα ακόμη βήμα προς το να γίνετε προγραμματιστής παιχνιδιών. Συνεχίστε να γυρίζετε τις σελίδες της γνώσης, να αναπτύσσετε τις ιδέες σας και να αγκαλιάζετε τις προκλήσεις και τους θριάμβους της ανάπτυξης παιχνιδιών, όπου η περιπέτεια είναι γεμάτη με απεριόριστη δημιουργικότητα και τώρα είστε εξοπλισμένοι για να ξεκινήσετε τη μοναδική σας αναζήτηση.

Μπράβο και είθε το μέλλον σας στην ανάπτυξη παιχνιδιών να είναι τόσο συναρπαστικό και ικανοποιητικό όσο το βιβλίο που μόλις ολοκληρώσατε!

Για να βελτιώσετε περαιτέρω την εμπειρία σας, χρησιμοποιήστε το επόμενο βιβλίο αυτής της σειράς που περιέχει τις ενότητες **"Advanced &; Expert"** όπου θα μάθετε για μια πιο λεπτομερή ματιά στα υλικά, χρησιμοποιώντας εδάφη, δημιουργώντας τους δικούς σας χαρακτήρες, ξάρτια σωμάτων, κάνοντας ένα απλό παιχνίδι για πολλούς παίκτες και πολλά άλλα!

Appendix 0: Order of execution for an event function

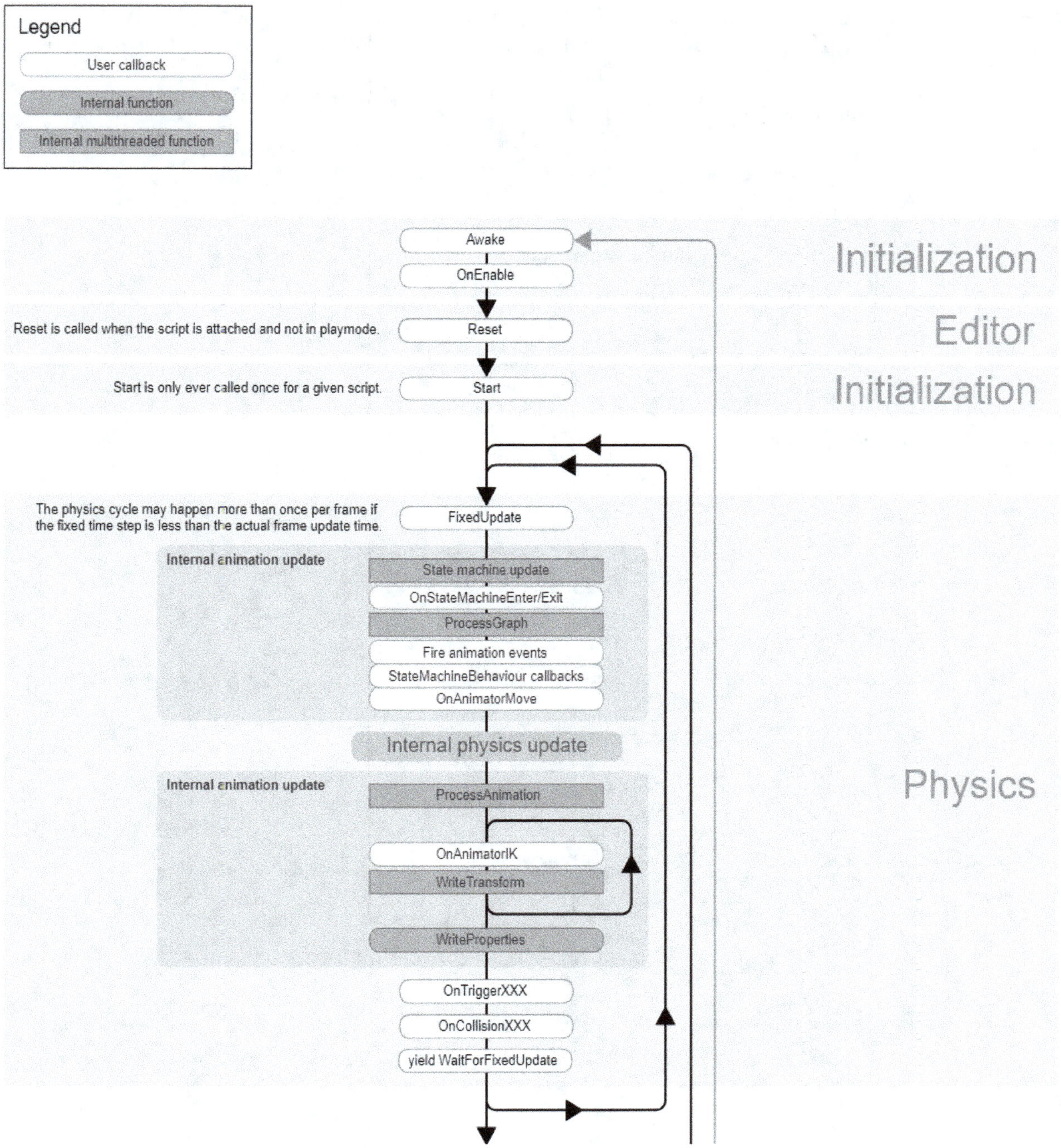

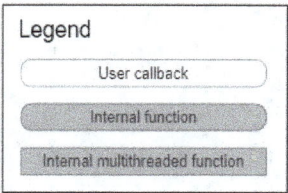

Legend
- User callback
- Internal function
- Internal multithreaded function

Awake	**Initialization**
OnEnable	
Reset *(Reset is called when the script is attached and not in playmode.)*	**Editor**
Start *(Start is only ever called once for a given script.)*	**Initialization**

The physics cycle may happen more than once per frame if the fixed time step is less than the actual frame update time.

FixedUpdate

Internal animation update
- State machine update
- OnStateMachineEnter/Exit
- ProcessGraph
- Fire animation events
- StateMachineBehaviour callbacks
- OnAnimatorMove

Internal physics update

Internal animation update
- ProcessAnimation
- OnAnimatorIK
- WriteTransform
- WriteProperties

Physics

- OnTriggerXXX
- OnCollisionXXX
- yield WaitForFixedUpdate

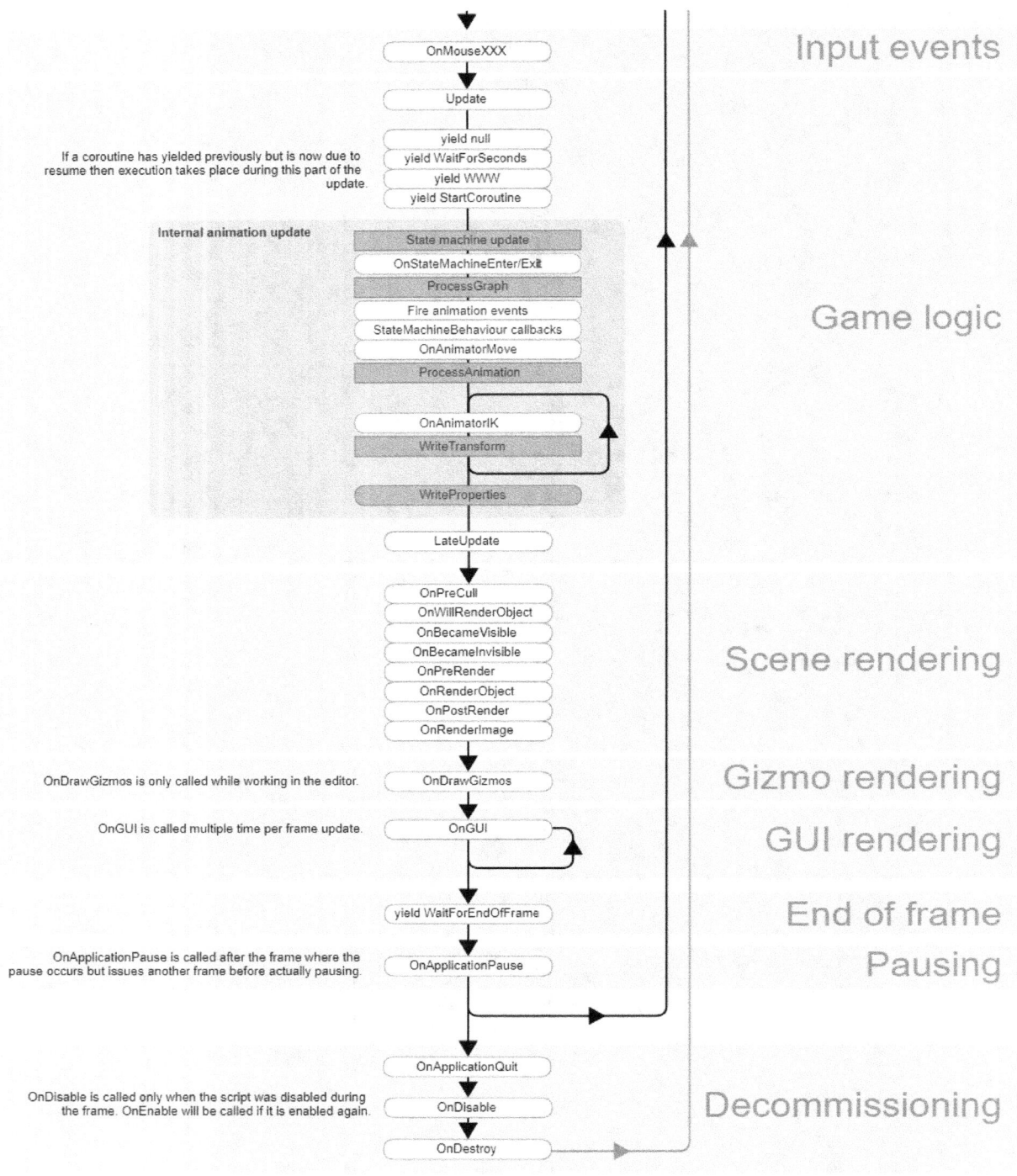

Appendix 1 : KeyCodes

Input.GetKeyDown & Input.GetKeyUp:

None	Not assigned (never returned as the result of a keystroke).
Backspace	The backspace key.
Delete	The forward delete key.
Tab	The tab key.
Clear	The Clear key.
Return	Return key.
Pause	Pause on PC machines.
Escape	Escape key.
Space	Space key.
Keypad0	Numeric keypad 0.
Keypad1	Numeric keypad 1.
Keypad2	Numeric keypad 2.
Keypad3	Numeric keypad 3.
Keypad4	Numeric keypad 4.
Keypad5	Numeric keypad 5.
Keypad6	Numeric keypad 6.
Keypad7	Numeric keypad 7.
Keypad8	Numeric keypad 8.
Keypad9	Numeric keypad 9.
KeypadPeriod	Numeric keypad '.'.
KeypadDivide	Numeric keypad '/'.
KeypadMultiply	Numeric keypad '*'.
KeypadMinus	Numeric keypad '-'.
KeypadPlus	Numeric keypad '+'.
KeypadEnter	Numeric keypad Enter.
KeypadEquals	Numeric keypad '='.
UpArrow	Up arrow key.
DownArrow	Down arrow key.
RightArrow	Right arrow key.
LeftArrow	Left arrow key.
Insert	Insert key key.

Home	Home key.
End	End key.
PageUp	Page up.
PageDown	Page down.
F1	F1 function key.
F2	F2 function key.
F3	F3 function key.
F4	F4 function key.
F5	F5 function key.
F6	F6 function key.
F7	F7 function key.
F8	F8 function key.
F9	F9 function key.
F10	F10 function key.
F11	F11 function key.
F12	F12 function key.
F13	F13 function key.
F14	F14 function key.
F15	F15 function key.
Alpha0	The '0' key on the top of the alphanumeric keyboard.
Alpha1	The '1' key on the top of the alphanumeric keyboard.
Alpha2	The '2' key on the top of the alphanumeric keyboard.
Alpha3	The '3' key on the top of the alphanumeric keyboard.
Alpha4	The '4' key on the top of the alphanumeric keyboard.
Alpha5	The '5' key on the top of the alphanumeric keyboard.
Alpha6	The '6' key on the top of the alphanumeric keyboard.
Alpha7	The '7' key on the top of the alphanumeric keyboard.
Alpha8	The '8' key on the top of the alphanumeric keyboard.
Alpha9	The '9' key on the top of the alphanumeric keyboard.
Exclaim	Exclamation mark key '!'.
DoubleQuote	Double quote key '"'.
Hash	Hash key '#'.
Dollar	Dollar sign key '$'.
Percent	Percent '%' key.

Ampersand	Ampersand key '&'.
Quote	Quote key '.
LeftParen	Left Parenthesis key '('.
RightParen	Right Parenthesis key ')'.
Asterisk	Asterisk key '*'.
Plus	Plus key '+'.
Comma	Comma ',' key.
Minus	Minus '-' key.
Period	Period '.' key.
Slash	Slash '/' key.
Colon	Colon ':' key.
Semicolon	Semicolon ';' key.
Less	Less than '<' key.
Equals	Equals '=' key.
Greater	Greater than '>' key.
Question	Question mark '?' key.
At	At key '@'.
LeftBracket	Left square bracket key '['.
Backslash	Backslash key '\'.
RightBracket	Right square bracket key ']'.
Caret	Caret key '^'.
Underscore	Underscore '_' key.
BackQuote	Back quote key '`'.
A	'a' key.
B	'b' key.
C	'c' key.
D	'd' key.
E	'e' key.
F	'f' key.
G	'g' key.
H	'h' key.
I	'i' key.
J	'j' key.
K	'k' key.

L	'l' key.
M	'm' key.
N	'n' key.
O	'o' key.
P	'p' key.
Q	'q' key.
R	'r' key.
S	's' key.
T	't' key.
U	'u' key.
V	'v' key.
W	'w' key.
X	'x' key.
Y	'y' key.
Z	'z' key.
LeftCurlyBracket	Left curly bracket key '{'.
Pipe	Pipe '|' key.
RightCurlyBracket	Right curly bracket key '}'.
Tilde	Tilde '~' key.
Numlock	Numlock key.
CapsLock	Capslock key.
ScrollLock	Scroll lock key.
RightShift	Right shift key.
LeftShift	Left shift key.
RightControl	Right Control key.
LeftControl	Left Control key.
RightAlt	Right Alt key.
LeftAlt	Left Alt key.
LeftCommand	Left Command key.
LeftApple	Left Command key.
LeftWindows	Left Windows key.
RightCommand	Right Command key.
RightApple	Right Command key.
RightWindows	Right Windows key.

AltGr	Alt Gr key.
Help	Help key.
Print	Print key.
SysReq	Sys Req key.
Break	Break key.
Menu	Menu key.
Mouse0	The Left (or primary) mouse button
Mouse1	Right mouse button (or secondary mouse button).
Mouse2	Middle mouse button (or third button).

Syllabus

Introductory Module

Section	Description	Hours Needed
1. Primitives	Students should understand the six (6) main primitives and their purposes.	2
	Students should know how to use the Cubes, Spheres, Cylinders and Capsules	
	Students should be able to modify the primitives using the Transform Component (Scale/Position/Rotation)	
2. Saving and Loading Scenes and Projects	Students should be able to save and load scenes on the hard disk.	1
	Students should be able to save and load projects on the hard disk.	
	Students should be able to understand the difference between a project and a scene	
3. RigidBodies and Physics	Students should be able to understand the use of a Rigidbody in the game development environment.	2

Students should be able to modify an object so that it has a RigidBody and Physics can be applied to that object

4. Cameras	Students should be able to move and rotate the Main Camera	1
	Students should be able to reduce or expand the clipping panes of a camera	
5. Colliders and Triggers	Students should be able to understand the logic of a collider and the main types (Primitive, Compound, Mesh) and when to use each.	2
	Students should be able to differentiate between a Trigger and a Collider	
	Students should know how to set a Collider as a Trigger	
6. Scripting C# with Trigger Colliders	Students should know how to: • Declare Public Transform Variables • Understand the Trigger main functions and their differences. • Be able to write a small script that includes the above	8
7. Finite State Machines (FSM)	Students should know how to create their own FSM using PlayMaker or Bolt	4
	Students should know how to name their FSMs.	
	Students should know how to create/connect Transitions between FSMs and be able to use a Trigger in the FSM	
	Students should know how to create a loop using FSM	
8. Prefabs	Students should understand the logic of a prefab and its difference from a normal object.	2

Students should be able to create their own prefabs from objects and edit current prefabs.

9. Instantiating Prefabs and using Keys	Students should be able to Instantiate prefabs.	8
	Students should be able to Destroy objects or Prefabs.	
	Students should be able to create a simple For Loop	
	Students should be able to use Keys as Input	
10. Animations	Students should be able to create simple Animations on primitive objects.	4
	Students should understand what a Key Frame is.	
	Students should be able to start an animation using a key press or if an object trigger collider becomes active.	
11. Materials	Students should be able to create their own Materials based on the Standard Shader.	6
	Students should be able to apply Materials on Objects and Modify them	

Introductory Module - Additional information

Introductory Module starts by introducing the basics of the Unity Platform and Game Development. Students should spend a decent amount of time experimenting and getting familiar with the GUI before they proceed into the coding part in section 6.

Sections 6-11 require more dedicated time, and students are encouraged to do trial-error at their own time while also spending time in class working on various examples to better understand the logic. It is imperative that students work on example projects for practice for at least 10-12 hours to better understand the material.

Project assets for example projects (used with permission from the owners under this book) can be found at the end of the syllabus.

Total estimated teaching periods (60min): 42-46 hours

Intermediate Module

Section	Description	Hours Needed
1. **Lights**	Students must be able to create the four (4) basic lights and understand the usage of each	2
	Students must be able to rotate/position a light and change its values.	
	Declaring a Variable as a Light data Type	
2. **Enabling / Disabling Components**	Students should understand the difference between Activating/Deactivating and object and Enabling/Disabling a component.	5
	Students should be able to Enable and Disable a component using a script.	
	Students should be able to Get a Component either from current or another object to use in a script.	
	Students should be able to assign a value to the following data types:	

- Transform
- Light
- AudioSource

- Animation
- Rigidbody

After they receive it using a script.

3.	**Activating / Deactivating Objects**	Students should be able to Activate and Deactivate an object using a script.	1
4.	**Destroying Objects and Components with time delay**	Students should be able to further expand on the Destroy to include Components.	2
		Students should be able to further expand on the Destroy to allow a small, timed delay before an object is destroyed	
5.	**Checking Game States**	Students should know what Game States do and how to use it.	3
		Students should be able to output on the console Logs , outputs or potential errors.	
6.	**Delta Times and Frames**	Students should be able to differentiate between Delta Time and a Frame	3
		Student should be able to explain the difference between them.	
		Students should be able to write code that includes Delta times.	
7.	**Invoking Game Objects**	Students should understand the concept of Invoke	4
		Students should be able to write code using Invoke	
		Students should be able to write their own Procedures or Functions (methods) that would be used during Invoke	
		Students should be able to use Invoke with a certain delay.	

8. Projectiles	Students should understand the logic of creating a projectile.	8
	Students should be able to write code that will instantiate projectiles by adding relative forces.	
	Students should be able to modify the said forces either via script or via variable change.	
9. Tags	Students should understand the concept of using Tags.	4
	Students should be able to create and delete Tags.	
	Students should be able to write code that will use a Tag in combination with a Trigger Collider.	
10. Static Variables	Students should understand why Static Variables are needed.	6
	Students should be able to write code to create a static variable.	
	Students should be able to write code to modify a static variable using a different script.	
	Student should understand what a Public Static Void usage is and how to use it.	
11. Canvas/Menus	Students should understand why we use Menus.	5
	Students should be able to create a simple Canvas and create a simple Button	
	Students should be able to modify the Button settings and locations.	
	Students should be able to assign methods when a button is being Clicked.	
	Students should be able to Activate and Deactivate objects during Runtime while a button is being pressed.	

Intermediate Module - Additional information

Intermediate Module students should be familiar with C# coding as it introduces 5 new data types in sections 1 and 2. Sections 3-5 further expand on how to work with objects with scripting. Sections 6-10 introduce programming techniques and code that are exclusive to Game Developing programming. Students should take their time familiarizing themselves with those sections. Section 11 introduces Menus for customization.

It is imperative that students work on example projects for practice for at least 10-12 hours to better understand the material.

Project assets for example projects (used with permission from the owners under this book) can be found here at the end of the syllabus.

Total estimated teaching periods (60min): 42-46 hours

Project assets for example projects that students can use:

Tanks - http://tinyurl.com/2wtzn6vx

Good for learning projectiles and movement/rotation using keys – By Comeback

Trees - http://tinyurl.com/w23runup

Useful for creativity purposes – By AdaKing

Space Robot Kyle - http://tinyurl.com/y3mp6jyb

Good for creating simple animations – By Unity

For more information about the "Advanced" and "Expert" modules please contact the book author at: Constantinos@GameDevUnity.com